Amsterdam

Zeit für das Beste

Highlights – Geheimtipps – Wohlfühladressen

»Ruth hatte die Stadt
von Anfang an in ihr Herz geschlossen:
die Grachten, die Brücken, die
vielen Fahrräder, die Cafés und die Restaurants.«

John Irving, Witwe für ein Jahr (1998)

BRUCKMANN

Amsterdam

Zeit für das Beste

Dr. Silke Heller-Jung
Hans Zaglitsch

BRUCKMANN

Seite 2/3: Abends erstrahlen die historischen Gebäude am Rande des alten Hafens in hellem Licht.
Oben: Am Koningsdag trägt ganz Amsterdam Orange.
Mitte: Das ehemalige Mädchen-Waisenhaus am Spui
Unten: Das Kulturspektakel Uitmarkt

INHALTSVERZEICHNIS

Oben: Bevorzugte Wohnlage: ein Hausboot an der Prinsengracht
Mitte: Zum Anbeißen: die Auslage eines Käsegeschäfts
Unten: Amsterdam ist reich an netten Lokalen.

DIE TOP TEN

DER GRACHTENGÜRTEL (S.66)

Im wörtlichen wie im übertragenen Sinne ist der Grachtengürtel die größte Sehenswürdigkeit Amsterdams. Wie die Schalen einer Zwiebel legen sich die breiten, baumbestandenen Kanäle um die historische Innenstadt. An ihren Ufern reihen sich die vornehmen Stadthäuser der reichen Kaufleute. Willkommen im Goldenen Zeitalter!

DER JORDAAN (S.106)

Hier waren die kleinen Leute zu Hause: Im ehemaligen Arbeiterviertel Jordaan sind auch die Häuser kleiner und die Grachten schmaler als am hochherrschaftlichen Grachtengürtel. Heute präsentiert er sich als In-Viertel mit hübschen Lädchen, tollen Kneipen, alternativem Charme und malerischen Innenhöfen.

DAS ANNE FRANK HAUS (S.78)

Zwei Jahre lang versteckte sich das jüdische Mädchen Anne Frank mit ihrer Familie in einem Amsterdamer Hinterhaus vor den deutschen Besatzern. Vergebens, sie wurde deportiert und starb in einem Konzentrationslager. Ihr Tagebuch, das nach ihrem Tod veröffentlicht wurde, bewegt bis heute Menschen in aller Welt.

DAS RIJKSMUSEUM (S.150)

Die Kosten explodierten, aus der Renovierung wurde eine Dauerbaustelle: Gut zehn Jahre war die »Schatzkiste« der Nation wegen Umbaus geschlossen. Doch das Warten hat sich gelohnt: Die versammelten Meisterwerke von Rembrandt bis Vermeer erstrahlen in der runderneuerten Pracht jetzt noch mal so schön!

DER VONDELPARK (S.164)

Unsere Stadt soll schöner werden, beschloss eine Gruppe vermögender Honoratioren Ende des 19. Jahrhunderts und ließ diesen Park anlegen. Die Amsterdamer danken es ihnen noch heute. Das citynahe Grün ist so etwas wie der gemeinsame Garten der Stadt.

WESTERTOREN (S.74)

Obwohl er streng genommen außerhalb des Jordaan liegt, haben die Jordanezen den Turm der Westerkerk zu ihrem Wahrzeichen erkoren. Von hier oben genießt man einen unvergleichlichen Blick über die ganze Stadt. Die Kaiserkrone trägt der viel besungene Ouwe Wester darum nicht nur in den Augen der stolzen Jordaan-Bewohner völlig zu Recht.

BEGIJNHOF (S.50)

Man geht durch einen Torbogen und ist in einer völlig anderen Welt: Der Beginenhof ist eine unerwartete Oase der Stille in der quirligen Innenstadt. Weißgestrichene Häuser scharen sich um einen baumbestandenen Innenhof. Die Beginen lebten hier einst in einer spirituellen Gemeinschaft, aber selbstbestimmter und freier als im Kloster.

ONS' LIEVE HEER OP SOLDER (S.42)

Als Amsterdam protestantisch wurde, durften die katholischen Bewohner der Stadt ihre Gottesdienste nicht mehr öffentlich feiern. Überall in der Stadt entstanden versteckte Geheimkirchen. »Unser lieber Herrgott auf dem Dachboden« liegt mitten im Rotlichtviertel und ist die einzige dieser Schlupfkirchen, die noch im Originalzustand erhalten ist.

VAN GOGH-MUSEUM (S.156)

Maler Vincent van Gogh war seiner Zeit weit voraus. Darum verkaufte er zu Lebzeiten kaum ein Bild. Seine Familie vermachte den umfangreichen Nachlass des Künstlers dem Van Gogh-Museum, das aus diesem Grund die weltweit größte Sammlung von Werken des Künstlers sein eigen nennt.

WISSENSCHAFTSMUSEUM NEMO (S.226)

Wer mit Kindern nach Amsterdam fährt, kommt um dieses interaktive Wissenschaftsmuseum nicht herum. Ausprobieren ist ausdrücklich erlaubt. Von der Dachterrasse des kupfergrünen Gebäudes, das sich wie ein Schiff aus dem Wasser erhebt, hat man einen schönen Blick über den alten Hafen, die Neubauten am IJ-Ufer und die historische Altstadt.

Willkommen in Amsterdam!

Oben: Das Papeneiland ist ein beliebtes Fotomotiv.
Mitte: Auf Holländisch heißt das Fahrrad »fiets«.
Unten: Zwei Freundinnen genießen die Sonne in einem Café am Zeedijk.

In Amsterdam gibt es mehr Brücken als in Venedig und mehr Fahrräder als Einwohner. Die gemütliche Metropole ist zwar Hauptstadt, aber nicht Regierungssitz und darum sehr entspannt – ebenso wie ihre Bewohner, denen das Prinzip »leben und leben lassen« in Fleisch und Blut übergegangen ist. Ihre einzigartige Mischung aus Tradition und Moderne entdeckt man am besten auf ausgedehnten Spaziergängen durch die Stadt.

Den Brückenschlag zwischen Vergangenheit und Zukunft beherrscht Amsterdam perfekt. Das gesamte Stadtzentrum steht unter Denkmalschutz, insgesamt zählt die Stadt weit über 7000 Baudenkmäler. Trotzdem fühlt man sich nicht wie in einem Museum, wenn man beispielsweise am Grachtengürtel entlangspaziert. Das liegt zum einen am ungezwungenen Umgang der Amsterdamer mit ihrem historischen Erbe: Direkt vor dem königlichen Palast dreht sich während einer Kirmes das Riesenrad, unbekümmert werden Industriedenkmäler zu Kulturzentren umgewidmet und nicht mehr ausgelastete Kirchen in Büroräume umgewandelt. Zum anderen ist die Stadt nicht in historischer Schönheit erstarrt, sondern verändert ihr Gesicht fortlaufend durch immer neue Bauprojekte.

Junge, alte Stadt

Vor allem aber lebt die Stadt durch ihre Menschen. Amsterdam ist jung und multikulturell. Über die Hälfte der Bewohner ist jünger als 35 Jahre und jeder zweite Amsterdamer hat ausländische Wurzeln. Rund 180 Nationalitäten sind hier

Steckbrief Amsterdam

Lage: 52° 22' nördliche Breite und 4° 53' östliche Länge

Höhe: Der Amsterdamer Pegel (Normaal Amsterdams Peil) ist seit 1818 die Grundlage für Höhenmessungen in den Niederlanden und wurde von vielen angrenzenden Ländern, so auch Deutschland, übernommen.

Fläche: gut 219 Quadratkilometer davon Wasserfläche: rund 53 Quadratkilometer

Brücken: über 128

Einwohner: rund 800 000 im Stadtgebiet, etwa 2,4 Millionen im Großraum Amsterdam (Stand: Februar 2013)

In der Bevölkerung vertretene Nationalitäten: 180

Stadtbezirke: 8, davon 7 mit eigenständiger Verwaltung

Stadtwappen:

Das Wappen zeigt einen senkrechten schwarzen Streifen auf rotem Grund, darauf drei übereinander angeordnete weiße Andreaskreuze.

Bürgermeister: 1

Gemeinderat: 1 mit 45 Mitgliedern

Hausboote: 2500

Fahrräder je 100 Einwohner: 110

Autos je 100 Einwohner: 35

Anteil der Menschen, die täglich Rad fahren: 58 Prozent

Wirtschaft: Amsterdam hat eine lange Tradition als Hafenstadt, Handelszentrum und Finanzplatz. Noch heute ist der Hafen von Amsterdam nach Rotterdam der wichtigste der Niederlande. Die Stadt zählt zu den wichtigsten Finanzplätzen weltweit, die führenden inländischen und viele ausländische Geldinstitute, Versicherungen und Finanzdienstleister haben hier ihre Zentralen oder große Niederlassungen, ebenso viele Konzerne. Der Amsterdamer Flughafen Schiphol ist der größte der Niederlande und Sitz der größten Fluggesellschaft des Landes, der KLM. Nur wenige Autominuten davon entfernt entsteht mit der Zuidas (Südachse) ein neues Geschäftszentrum mit mehr als 650 000 Quadratmetern Bürofläche. Ein wichtiger Wirtschaftsfaktor ist der Tourismus.

Kultur: Kunst und Kultur spielen eine wichtige Rolle im Amsterdamer Stadtleben. In Amsterdam gibt es 51 Museen unterschiedlichster Größe und 55 Theater- und Konzertsäle. Die Zahl der Konzert- und Theateraufführungen pro Jahr liegt bei über 16 000. Amsterdam hat zwei Universitäten, zwei Kunstakademien und eine ganze Reihe von Business- und anderen Hochschulen.

Oben: Diese unkonventionelle Haarpracht leuchtet in den Landesfarben.
Mitte: Beim Gay Pride Festival feiern Homosexuelle aus aller Welt.
Unten: Amsterdam ist jung und multikulturell.

vertreten. Das sorgt auf der einen Seite für eine unglaublich lebendige Atmosphäre, auf der anderen Seite führt das Zusammenleben so vieler unterschiedlicher Kulturen auch zu Spannungen, die die Stadt vor neue Herausforderungen stellen.

Liberal aus Überzeugung

Weltoffen, unternehmungslustig, gastfreundlich, pragmatisch, geschäftstüchtig und gesellig – all das sind Attribute, die man den Amsterdamern gemeinhin zuspricht. Auch einen ausgeprägten Eigensinn sagt man ihnen nach und wenn ihnen etwas gegen den Strich geht, gehen sie unerschrocken auf die Barrikaden: Gegen die Obrigkeit beim Jordaanaufstand Ende des 19. Jahrhunderts, gegen die deutschen Besatzer beim Generalstreik im Februar 1941, gegen die Stadtverwaltung angesichts umstrittener Bauvorhaben und mangelnden Wohnraums in den 1970er-Jahren.

Geradezu sprichwörtlich ist andererseits die Toleranz der Amsterdamer, ihre Bereitschaft, Neues vorurteilsfrei zu betrachten, verbunden mit der Fähigkeit, Gegensätze auszuhalten und in die Gemeinschaft einzubinden. 1976 machten die Niederlande Schlagzeilen mit ihrer Ankündigung, den Besitz und Konsum von kleinen Mengen weicher Drogen nicht mehr strafrechtlich zu verfolgen, ohne aber das grundsätzliche Verbot aufzuheben. Auch Amsterdam lebt seitdem mit seinen Coffeeshops. Seit 2000 ist die Prostitution im Rotlichtviertel rund um die Oude Kerk legal, 2001 wurden in Amsterdam die ersten gleichgeschlechtlichen Paare getraut.

Leben mit Zuwanderern

Bekannt für ihre Liberalität war die Stadt schon im 16. und 17. Jahrhundert. Dankbare jüdische Glaubensflüchtlinge gaben ihr den Beinamen *mokum aleph*, was sich sinngemäß mit »sicherer Hafen« übersetzen lässt. Auch Protestanten und Hugenotten flohen vor der Unterdrückung in ihren Heimatländern hierher. In Amsterdam herrschte seit 1597 Glaubensfreiheit, 1632 wurde die Pressefreiheit eingeführt. Der französische Philosoph René Descartes (1596–1650) schätzte die Gedankenfreiheit in Amsterdam und Baruch de Spinoza, einer der Vordenker der Aufklärung, wuchs hier auf.

Nach der Machtergreifung der Nationalsozialisten wurden die Niederlande zur Zuflucht für deutsche Juden, darunter auch die Familie von Anne Frank. Während der deutschen Besatzung war die Stadt das Zentrum des niederländischen Widerstands; viele Niederländer versteckten Juden oder verhalfen ihnen zur Flucht. Nach dem Ende der Kolonialzeit fanden auch zahlreiche Zuwanderer aus den ehemaligen Kolonien eine neue Heimat in Amsterdam.

Toleranz auf dem Prüfstand

Der bekannte niederländische Autor Geert Mak, dessen lesenswerte Biografie Amsterdams 1997 in deutscher Sprache erschien, hat für die Stadt den Titel einer »Welthauptstadt der Toleranz« geprägt. Tatsächlich galten die Niederlande, und speziell Amsterdam, lange als Musterbeispiel für eine gut funktionierende multikulturelle Gesellschaft. Dieses Bild wurde jedoch seit den 1990er-Jahren einer zunehmend kritischen Überprüfung unterzogen. Vor dem Hintergrund, dass Arbeitslosigkeit und Sozialhilfebezug unter Zuwanderern deutlich häufiger auftraten als bei Einheimischen, legte die Stadtverwaltung eine Reihe von Integrationsprogrammen auf.

Am 2. November 2004 erschütterte ein brutaler Mord auf offener Straße die Stadt und das ganze Land. Ein radikalisierter junger Niederländer marokkanischer Abstammung schoss den Filmema-

Oben: Im Oosterpark erinnert ein Denkmal an das Ende der Sklaverei.
Unten: Das Jüdische Museum befindet sich in einem ehemaligen Synagogenkomplex.

cher Theo van Gogh nieder und stach auf ihn ein. Van Gogh hatte in seinem letzten Film *Submission* die Unterdrückung der Frau im Islam angeprangert. Die Niederlande standen unter Schock, es kam aber auch zu Brandanschlägen auf Moscheen und islamische Schulen. Der Mord an Theo van Gogh wurde als Angriff auf die in den Niederlanden traditionell hoch geschätzte Meinungsfreiheit gewertet. Die Geschehnisse rückten aber auch die mangelnde Integration einer großen Gruppe muslimischer Jugendlicher in den Fokus der Aufmerksamkeit, die immer wieder durch Übergriffe, etwa gegen Homosexuelle, in Erscheinung traten.

Am 1. Januar 2007 trat in den Niederlanden nach langen, konfliktreichen Debatten das Gesetz zur zivilen Integration in Kraft. Zuwanderungswillige müssen seither zunächst in ihrem Heimatland in einem gebührenpflichtigen Test Sprach- und Landeskenntnisse unter Beweis stellen, um eine einjährige Aufenthaltsgenehmigung zu erhalten. Nur wer innerhalb von drei Jahren einen weiteren Integrationstest besteht, erhält eine dauerhafte Aufenthaltsgenehmigung. Im Gegenzug bemüht sich die Stadtverwaltung intensiv darum, Problemgruppen gezielt zu fördern und zu unterstützen.

Störenfriede raus!

Auf der anderen Seite greift Amsterdam auch zu ungewöhnlichen Mitteln, um den Schutz von Minderheiten sicherzustellen. Ende 2012 legte die Stadtregierung einen Aktionsplan gegen massives Mobbing in der Nachbarschaft vor. Immer wieder, so die Initiatoren des Plans, würden etwa Behinderte, Homosexuelle oder Migranten terrorisiert und systematisch aus ihrem Wohnumfeld hinausgeekelt. Ab 2013 sollen Meldungen über derartige Übergriffe zentral gesammelt und schwerwiegende Fälle mithilfe eines mehrstufigen Verfahrens

Oben: Der Sarphatipark ist eine der vielen grünen Oasen Amsterdams. **Unten:** Plausch am Marktstand bei einem Fest im Oosterpark

mit Gesprächen, Beratungs- und Mediationsangeboten befriedet werden. Bürger, die ihre Nachbarn dennoch weiter terrorisieren, können für eine begrenzte Zeit ihrer Wohnung verwiesen und in Auffangquartieren, etwa umgebauten Schiffscontainern am Stadtrand, untergebracht werden. Die Begründung für das geplante harte Durchgreifen lautet: *Juist in Amsterdam moet iedereen zichzelf kunnen zijn en in vrede kunnen leven.* Das heißt: »Gerade in Amsterdam muss jeder er selbst sein und in Frieden leben können.« Da ist es wieder, das Amsterdamer Leitmotiv...

Eine Stadt im Tulpenwahn

Noch eine weitere Eigenschaft soll angeblich typisch für die Bewohner von Amsterdam sein: Es heißt, dass sie ihr Geld gern mit vollen Händen ausgeben. Das wäre vielleicht eine Erklärung für den kollektiven Kaufrausch, der in der ersten Hälfte des 17. Jahrhunderts die Stadt erfasste. Objekte der Begierde waren Tulpenzwiebeln. Über Österreich waren die ersten Tulpen in die Niederlande gelangt und standen schnell hoch im Kurs. Eine ungesunde Spirale aus Kauflust und Kaufmannsgeist setzte sich in Gang, rasch avancierten die unscheinbaren Knollen zu Spekulationsobjekten. Auf dem Höhepunkt des Tulpenwahnsinns gingen besonders seltene Exemplare für den Preis eines kompletten Grachtenhauses über den Tisch.

Bald handelte man nicht nur mit den Zwiebeln selbst, sondern mit Optionsscheinen darauf. Immer mehr Spekulanten – auch kleine Leute, die auf Pump kauften – sprangen auf den fahrenden Zug auf. 1637 platzte die Blase und viele Amsterdamer waren ruiniert. Doch in dieser Situation zeigte sich: Auch die Kunst, stets nach vorn zu schauen und aus jeder Situation das Beste zu machen, beherrschen die Amsterdamer offenbar in

Oben: In Amsterdam steht der größte buddhistische Tempel Europas.
Mitte: Ein spontanes Freiluftkonzert
Unten: Im Frühling blühen überall in Amsterdam die Tulpen.

Oben: Romantischer Lichterglanz an der Prinsengracht
Unten: Feierabendstimmung auf einem der vielen Wohnboote

besonderem Maße. Die Stadt erholte sich rasch, der wirtschaftliche Aufschwung ging weiter.

Leben mit dem Wasser

Eine besonderse Beziehung haben die Amsterdamer zum Wasser. Den Boden, auf dem sie ihre Stadt errichteten, mussten sie dem Wasser Stück für Stück abtrotzen. Sie bauten Deiche, gruben Entwässerungskanäle und schütteten künstliche Inseln auf. Und sie rammten über fünf Millionen Pfähle in den schlammigen Untergrund, damit ihre Häuser festen Boden unter den Füßen hatten. Würde man Amsterdam auf den Kopf stellen, dann käme wohl ein ganzer Wald ans Tageslicht, sinnierte einst der Dichter Joost van den Vondel (1587–1679). Wie viele Baumstämme den gewaltigen Königspalast am Dam tragen, weiß in Holland jedes Kind: Soviele Tage wie das Jahr, eine Eins davor und eine Neun dahinter – genau 13659 sollen es sein.

Frachten auf den Grachten

Gleichzeitig machten sich die Amsterdamer zu allen Zeiten das allgegenwärtige Wasser auch zunutze. Das verzweigte Netz der Grachten diente als engmaschiges Verkehrswegenetz für Menschen, Vieh und vor allem Waren. Auf flachen Kähnen wurden die Güter bis vor die Türen der Packhäuser gebracht. Experten zufolge konnten auf diese Weise deutlich größere Warenmengen durch die Stadt bewegt werden als heute in der gleichen Zeit per Lieferwagen durch die schmalen Straßen, die häufig durch in zweiter Reihe stehende Fahrzeuge blockiert sind.

Das Logistikunternehmen DHL besann sich darum schon 1997 auf die altbewährte Methode. Seitdem tuckert ein knallgelbes *pakjesboot* durch die Grachten. An festen Haltepunkten übernehmen Fahrradkuriere die Sendungen und liefern sie aus. Vor einiger Zeit hat der kleine gelbe Pionier Gesellschaft bekommen. Unter dem Namen »Mokum Mariteam« bringt eine Flotte von Elektrobooten schnell und umweltfreundlich Frachten durch die Grachten.

Hausputz auf dem Wasser

Bis ins 19. Jahrhundert hinein dienten die Kanäle auch als Kanalisation. Im Sommer und bei niedrigem Wasserstand war der Gestank manchmal kaum auszuhalten. Wer es sich leisten konnte, floh dann aufs Land. Heute hält ein Netz von Pumpen und Schleusen den Wasserstand im gesamten Stadtgebiet weitgehend konstant. Ein zu niedriger Wasserstand wäre ebenso fatal wie ein zu hoher, denn die Pfähle, die die Stadt tragen, dürfen nicht trockenfallen – an der Luft würden sie verrotten. Ein großes Schöpfwerk pumpt nachts Wasser aus dem IJsselmeer in die Stadt, um die Grachten durchzuspülen. Die Gemeinde unterhält speziell ausgerüstete Reinigungsschiffe, die mit Netzen den Unrat von den Wasseroberflächen fischen. Große Kähne mit Greifarmen bergen regelmäßig verrostete Fahrradwracks und anderes vom Grund der Grachten. In Amsterdam sagt man trotzdem, die Grachten seien insgesamt drei Meter tief: ein Meter Schlamm, ein Meter Fahrräder, ein Meter Wasser.

Während früher gelegentlich Zugpferde in die Gracht stürzten, gehen heute immer wieder Autos »baden«. Meist haben sich deren Fahrer beim Einparken verschätzt, doch im Sommer 2009 berichteten die Zeitungen alarmiert über eine neue Form des Vandalismus: das *Smart smijten* (»Smarts schmeißen«). Innerhalb weniger Wochen hatten übermütige junge Leute in Amsterdam mehrere am Grachtenrand geparkte Kleinwagen dieser Marke aus Jux mit vereinten Kräften ins Wasser geworfen...

Oben: Ein dichtes Netz von Kanälen durchzieht das Stadtgebiet.
Mitte: An den Ufern liegen Schiffe aller Größen und Formen.
Unten: Modernes Wohnboot vor historischer Grachtenhauskulisse

Oben: Die reichen Kaufleute wetteiferten um den schönsten Giebel.
Mitte: Einfach praktisch: die allgegenwärtigen Lastenfahrräder
Unten: Die jährliche Gay-Parade ist ein schrill-buntes Spektakel.

Spaß auf allen Kanälen

Bei schönem Wetter begeben sich viele Amsterdamer gern aufs Wasser. Dann sieht man ganze Familien mit Picknickkorb und Hund gemütlich im Bötchen über die Grachten tuckern. Auch im Festkalender haben die Kanäle einen festen Platz. Am Koninginne- oder Koningsdag Ende April (dazu später mehr) drängen sich die Boote mit feiernden Menschen auf den Grachten. Am ersten Wochenende im August bildet ein schrill-bunter Bootskorso den Höhepunkt des jährlichen »Gay Pride«, einer großen Kundgebung für die Rechte von Homosexuellen. Ausgesprochen kultiviert geht es Mitte August beim Grachtenfestival zu, wenn auf zahlreichen Bühnen am und auf dem Wasser fünf Tage lang klassische Musik erklingt.

Ende November kommt Sinterklaas, der niederländische Nikolaus, mit seinen Gehilfen, den *Zwarten Pieten*, per Schiff über die Amstel in die Stadt – das tut er, mit einer Unterbrechung im Kriegswinter 1944, schon seit 1934. Tausende von Zuschauern verfolgen den Bootsumzug jedes Jahr vom Ufer aus. Ein weiterer winterlicher Bootsumzug, die Christmas Canal Parade, hatte 2012 im Rahmen des Amsterdam Licht Festival Premiere.

Platznot macht erfinderisch

Vierhundert Jahre sind seit dem ersten Spatenstich vergangen, doch der Grachtengürtel gilt bis heute als architektonisches und städtebauliches Meisterwerk. Als »Vorbild für die Stadtarchitektur in der modernen Welt« ernannte ihn die UNESCO 2010 zum Weltkulturerbe. Dabei war der Grund für das Jahrhundertbauwerk ein ganz banaler: Im alten Stadtzentrum wurde es schlicht zu eng. Amsterdam boomte, der Handel florierte, immer mehr Menschen drängten in die Stadt. Es fehlte an Anlegeplätzen, an Stau- und Wohnraum. Schließlich beschlossen die Stadtväter, mit einem großen Wurf alle diese Probleme auf einen Schlag zu lösen.

Der Platzmangel zieht sich wie ein roter Faden durch die Geschichte der Stadt und hat die Amsterdamer immer wieder zu kreativen Lösungen angespornt. Der Grachtengürtel blieb bei weitem nicht das einzige innovative Städtebauprojekt. Bis in die Gegenwart hinein gehen den Amsterdamern die kühnen Ideen für die immer wieder nötigen Stadterweiterungen nicht aus.

Die Amsterdamer Schule

Deutlicher als anderswo zeigten sich in Amsterdam im ausgehenden 19. Jahrhundert die Schattenseiten der Industrialisierung. Vor allem in Arbeitervierteln wie dem Jordaan lebten die Menschen in zum Teil unbeschreiblichen Verhältnissen. Ein 1901 verabschiedetes Gesetz zum Volkswohnungsbau gab den Startschuss für eine Reihe von äußerst innovativen Projekten des sozialen Wohnungsbaus, von denen einige Architekturgeschichte schrieben. Die Entwürfe der sogenannten Amsterdamer Schule entwickelten auf der Grundlage traditioneller Materialien, vor allem dem roten Backstein, eine ganz neue, expressionistische Formensprache mit wellenförmige Fassaden, imposanten Türmen und dekorativen Steinarbeiten. Zahlreiche Arbeitersiedlungen wurden in diesem Stil errichtet. Das prominenteste Beispiel ist der 1921 fertiggestellte Wohnblock Het Ship.

Auch mit neuen Formen des Zusammenlebens wurde experimentiert: In der Zeit zwischen den Weltkriegen entstand eine Reihe von »Gartendörfern«, die gezielt das soziale Miteinander fördern sollten. Weil nach dem Krieg Baumaterial knapp und teuer war, erprobte man dabei auch neue Baustoffe. Im Bezirk Watergraafsmeer entstand so das *Betondorp*,

Oben: In Amsterdam findet wohl jeder seinen Lieblingsplatz.
Mitte: Mittelmeer? Nein, Grachtengürtel!
Unten: Verschnaufpause in einem der vielen Straßencafés

Geschichte im Überblick

1275 wird die Siedlung am Amsteldamm erstmals urkundlich erwähnt. Graf Floris V. von Holland gewährt den Bewohnern der Ortschaft Zollfreiheit.

1306 Der Bischof von Utrecht verleiht Amsterdam die Stadtrechte. Die Oude Kerk wird gebaut.

1323 Amsterdam wird zum Zollhafen für den Import von Bier.

1345 Das Wunder von Amsterdam macht die Stadt zum Wallfahrtsort.

1421 Der erste große Stadtbrand verwüstet weite Teile Amsterdams. Nach einem weiteren Brand 1452 wird Holz als Baumaterial verboten.

1489 Kaiser Maximilian verleiht Amsterdam das Recht, die Kaiserkrone im Stadtwappen zu tragen.

1500 Amsterdam ist durch den Ostseehandel zur wichtigsten Stadt in der Provinz Holland avanciert. Karl V. bekämpft den Protestantismus, der sich in Nordeuropa ausbreitet, mit aller Gewalt. Dennoch entwickelt sich Amsterdam zu einem Zentrum der Täuferbewegung.

1535 Wiedertäufer versuchen, das Amsterdamer Rathaus zu stürmen. Die Anführer des Aufstands werden hingerichtet.

1566 Die protestantische Bevölkerung rebelliert. Katholische Kirchen werden gestürmt.

1568 Als Statthalter der holländischen Provinzen führt Wilhelm von Oranien den protestantischen Widerstand an. Amsterdam bleibt zunächst katholisch.

1578 Amsterdam kapituliert vor der Belagerung durch Wilhelm von Oranien. Mit der sogenannten Alteratie wird die katholische Stadtregierung abgesetzt und der Protestantismus zur offiziellen Religion. Der Katholizismus wird zwar toleriert, darf aber nicht öffentlich praktiziert werden. Darum entstehen zahlreiche Geheimkirchen.

1579 Die sieben nördlichen Provinzen der Niederlande sagen sich vom katholischen Süden los.

1580 Spanien annektiert Portugal. Die Niederlande, bislang nur Zwischenhändler, rüsten nun Schiffe auf und suchen eigene Handelsrouten.

1585 Nachdem die Spanier Antwerpen eingenommen haben, strömen Tausende von Glaubensflüchtlingen nach Amsterdam.

1602 Die Vereenigte Oost-Indische Compagnie (VOC) wird gegründet. Sie wächst rasch zu einer enormen Handelsmacht. Fast 200 Jahre hat sie das Monopol auf den Südostasien-, Südafrika- und Südamerikahandel.

1613 Amsterdam boomt. Der erste Bauabschnitt des Grachtengürtels entsteht, um dringend benötigten Wohn- und Lagerraum zu schaffen. Reiche

Kaufleute stiften Wohnhöfe für bedürftige Alte.

1621 Die West-Indische Compagnie (WIC) wird gegründet. Sie hat ein Handelsmonopol für Westafrika, Nord- und Südamerika und betreibt auch Piraterie und Sklavenhandel.

1637 Die Spekulationsblase um die Modeblume Tulpe platzt. Amsterdam erlebt eine Zeit der wirtschaftlichen und kulturellen Blüte: das Goldene Zeitalter.

1648 Mit dem Westfälischen Frieden enden 80 Jahre Krieg. Das Amsterdamer Rathaus, der heutige Königspalast, wird gebaut.

1663 Die zweite Bauphase des Grachtengürtels beginnt.

1685 Das Edikt von Nantes führt zu einem Zustrom von Hugenotten.

1784 Die niederländische Flotte verliert den Vierten Seekrieg gegen England.

1791 Die VOC wird aufgelöst.

1795 Nach dem Einmarsch französischer Truppen wird die Batavische Republik ausgerufen. 1806 ernennt Napoleon Bonaparte seinen Bruder Louis zum König der Niederlande.

1876 Bau des Nordostseekanals

1914–1918 Im ersten Weltkrieg bleiben die Niederlande neutral.

1934 Die Kürzung der Arbeitslosenunterstützung führt zum Jordaan-Aufruhr.

1940 Deutsche Truppen besetzen die Niederlande. Aus Protest gegen die Repressalien gegen die jüdische Bevölkerung kommt es 1941 zum Generalstreik.

1945 Die alliierten Truppen befreien Amsterdam. Der Hungerwinter 1944/1945 kostet viele Menschenleben.

1966 Trotz vehementer Proteste heiratet Kronprinzessin Beatrix den Deutschen Claus von Amsberg.

1976 Die niederländische Regierung verkündet die Duldung weicher Drogen.

1980 Königin Beatrix' Krönungstag wird von gewalttätigen Auseinandersetzungen zwischen Hausbesetzern und Polizei überschattet.

1992 Ein israelisches Transportflugzeug stürzt über dem Amsterdamer Stadtteil Bijlmermeer ab.

2002 Kronprinz Willem-Alexander heiratet in der Nieuwe Kerk seine argentinische Verlobte Máxima.

2004 Ermordung des Filmemachers Theo van Gogh

2010 Der Grachtengürtel wird UNESCO-Weltkulturerbe.

2013 Königin Beatrix dankt zugunsten ihres Sohnes Willem-Alexander ab.

Oben: Die neue Stadtbibliothek ist innen wie außen höchst modern. **Unten:** Verwitterter Charme: Straßenschilder im ehemaligen Arbeiterviertel Jordaan

das heute als Paradebeispiel der nüchtern-sachlichen Architekturrichtung De Stijl gilt.

Die Kraker kommen

In den 1950er- und 1960er-Jahren wurden am Stadtrand große Neubaugebiete im Stil der Neuen Sachlichkeit errichtet. Im Zentrum waren bezahlbare Wohnungen so knapp, dass viele Familien zu dieser Zeit abwanderten. Die Innenstadt sollte grundlegend modernisiert und zur autofreundlichen Stadt umgebaut werden. Dabei wurde unter anderem erwogen, die Grachten zuzuschütten und zu Straßen umzuwidmen. Auch für einige Stadtteile, darunter den Jordaan, gab es umfangreiche Abriss- und Neubaupläne. Vieles davon scheiterte letztlich am Widerstand der Bewohner. Junge Leute fingen an, leerstehende Wohnungen und Häuser zu besetzen.

Als in den 1970er-Jahren für einen umstrittenen U-Bahn-Neubau der Abriss alter Häuser mit Gewalt durchgesetzt wurde, brachte das die Volksseele zum Kochen. Die Wohnraumbesetzungen, *Kraken* genannt, wurden als Ausdruck des politischen Protests beinahe so etwas wie ein Volkssport. Zeitweise waren Tausende von Wohnungen besetzt. Die Sympathien der Amsterdamer waren lange auf der Seite der Kraker. Die Stimmung schlug erst um, als 1980 massive Ausschreitungen die Feierlichkeiten zur Thronbesteigung der Königin Beatrix überschatteten. Unter der Parole *Geen woning, geen kroning* (»Keine Wohnung, keine Krönung«) protestierten am Krönungstag Jugendliche zunächst friedlich, dann aber gewalttätig gegen die Wohnungsnot.

Auf zu neuen Ufern

Pünktlich zur Jahrtausendwende hat Amsterdam seine Wasserseite wiederentdeckt und sie zu einer

Art Freilichtlabor des zeitgenössischen Bauens gemacht: Eine ganze Reihe von spektakulären Gebäuden ist östlich des Zentrums entstanden, etwa das Muziekgebouw aan't IJ, das Wissenschaftsmuseum NEMO und das neue Domizil der Stadtbibliothek. Auch westlich des Hauptbahnhofs haben sich renommierte Architekten mit kühnen Entwürfen verewigt – ein prominentes Beispiel ist der auf drei Seiten von Wasser umgebene Wohnblock Silodam. Jenseits des IJ zieht das hypermoderne neue Filmmuseum alle Blicke auf sich.

Und wenn der Platz an Land nicht reicht, dann schaffen sich die Amsterdamer eben neuen. Mit dem Aufschütten künstlicher Inseln hat man hier ja seine Erfahrungen. *Grondwinning* heißt die Methode, mit der schon zu Beginn des 17. Jahrhunderts die Grundlagen für die geplante westliche Hafenerweiterung gelegt wurden. Zur Jahrtausendwende durfte es nun ein bisschen mehr sein: Für den neuen Stadtteil Ijburg entsteht neben dem Zeeburgereiland im IJ seit 1999 in Etappen ein Archipel aus künstlichen Inseln. Über 15 000 Einwohner haben die neuen Inseln schon, bis zu 45 000 Menschen sollen es einmal werden. Ein Mammutprojekt war auch der Ende 2012 fertiggestellte neue Justizpalast auf der eigens dafür geschaffenen künstlichen Halbinsel Ijdock, nur einen Steinwurf von der Innenstadt entfernt.

Oranje boven

Auch der prunkvolle Königspalast am Dam war zu seiner Zeit ein hochmodernes Stück Architektur. Die königliche Familie wohnt dort heute aber nicht, das Gebäude wird nur für repräsentative Anlässe genutzt. Den meisten Amsterdamern ist das herzlich egal, denn mit der Monarchie hat man hier seit jeher nicht sonderlich viel am Hut. Einmal im Jahr machen die Amsterdamer aber

Oben: Auf dem Dach des Museums NEMO: Relaxen mit Aussicht
Mitte: Musikalisches Urgestein: Johnny Jordaan (vorn) und Johnny Meyer
Unten: Moderne Wohnhäuser auf Java-Eiland

Oben: *Oranje boven*: eine extravagante Kopfbedeckung
Mitte: Hoch soll er leben! Am Koningsdag wird ausgelassen gefeiert.
Unten: Je verrückter, desto besser: Eine Stadt im *oranje*-Fieber

eine Ausnahme: Am Konings-, früher Koninginnedag! Dann verwandelt sich die ganze Stadt in eine ausgelassene, orangefarbene Partymeile.

Eingeführt wurde der Festtag ursprünglich als Princessedag: Der erste fand am 31. August 1889, am neunten Geburtstag von Prinzessin Wilhelmina, statt und wurde fortan jährlich gefeiert. Während der Regierungszeit von Königin Juliana feierte man das landesweite Fest an deren Geburtstag, dem 30. April. Als Königin Beatrix 1980 den Thron bestieg, behielt sie dieses Datum einfach bei (ihr eigener Geburtstag fällt nämlich in den kalten, ungemütlichen Januar).

Der Monarchengeburtstag ist ein nationaler Feiertag. Fällt er auf einen Sonntag, dann wird die Party einen Tag vorverlegt. Ganz Amsterdam erstrahlt dann in der Farbe des Königshauses Oranien: Orange! In Kneipen und Parks, auf den Straßen und Plätzen und auf unzähligen Booten auf den Grachten wird ausgelassen gefeiert – leuchtend-orangefarbene Kostümierung ist dabei Ehrensache. Königin Beatrix feierte diesen Tag jedes Jahr in einer anderen Stadt und brachte zur Freude der Einwohner stets ihre gesamte Familie mit. In Apeldoorn entging sie dabei 2009 nur knapp einem Attentat: Bei dem Versuch, den Bus der Königsfamilie zu rammen, raste ein Autofahrer in die jubelnde Zuschauermenge am Straßenrand und tötete sieben Menschen.

Mit Willem-Alexander, der seiner Mutter Beatrix auf den Thron folgte, hat das Land seit dem 30. April 2013 nach 123 Jahren weiblicher Regierung wieder einen König. Statt am 30. April steigt die Party (die nun nicht mehr Koninginne-, sondern Koningsdag heißt) fortan am 27. April, dem Geburtstag von Willem-Alexander (es sei denn, der fällt auf einen Sonntag). Da der volkstümliche

Willem-Alexander und seine Frau Máxima sehr beliebt sind, ist dieses Datum für die Amsterdamer ein guter Grund zum Feiern und dazu auf das Wohl des Königspaars anzustoßen.

Rijsttafel und Moksi Meti

Getrunken und gegessen wird in Amsterdam überhaupt gern und gut. Mehr als tausend Restaurants bieten eine reichhaltige Auswahl, vom schnellen Imbiss bis zum Sternerestaurant. Neben der traditionell niederländischen nimmt aufgrund der kolonialen Vergangenheit die indonesische Küche breiten Raum ein. Vor allem die *rijsttafel* (ein Essen, das sich aus einer Vielzahl von gleichzeitig servierten Hauptgerichten und Beilagen zusammensetzt) steht nach wie vor hoch im Kurs. Man findet aber auch diverse karibische, afrikanische, indische und surinamische Lokale. Die surinamische Küche gilt geradezu als Spezialität von Amsterdam und vereinigt verschiedenste Einflüsse – asiatische, afrikanische, karibische, javanische, aber auch libanesische und jüdische. Ein Klassiker ist hier zum Beispiel *Moksi Meti*, ein Reisgericht mit mehreren Sorten Fleisch.

Essengehen ist in Amsterdam recht teuer. Ein Renner ist darum seit Jahren die Restaurantweek. Zweimal im Jahr, im Frühjahr und im Herbst, bieten mehr als 150 Lokale ein spezielles Drei-Gänge-Menü zu einem moderaten Preis an. Weil auch viele Amsterdamer gern diese Gelegenheit nutzen, sich einmal so richtig verwöhnen zu lassen, ist eine frühzeitige Reservierung ein Muss.

Leckere Tussendoortjes

Viele Restaurants haben eine gesonderte Mittagskarte, die sich oft von der Abendkarte unterscheidet. Für den kleinen Hunger zwischendurch emp-

Oben: Gesellig! Die Terrasse des »Café Cuba«
Mitte: Essen kommen! Der Tisch ist schon einladend gedeckt.
Unten: Leckeren Fisch gibt's hier in reicher Auswahl.

fiehlt sich ansonsten der Besuch in einem »Eetcafé«, das neben Kaffee und Kuchen auch kleinere Mahlzeiten serviert – etwa einen *uitsmijter*. Dieser »Rausschmeißer« ist zum Glück kein muskelbepackter Türsteher, sondern entspricht dem hiesigen »Strammen Max«, also einem Spiegelei mit gebratenem Schinken auf Brot.

Eine sehr beliebte Zwischenmahlzeit, *tussendoortje* genannt, sind *belegde broodjes*. Solche *broodjes* sind oft kulinarische Kleinkunstwerke und mit dem Begriff »belegte Brote« nur unzureichend beschrieben. Lecker sind auch die Pommes, die in den Niederlanden *patat* oder *Vlamse frites* heißen, aus frischen Kartoffeln gemacht und mit den verschiedensten Soßen angeboten werden. Eine gute Alternative sind die Heringsstände und die vielen, oft asiatischen Take-aways. Nicht nur für Touristen sind die Automatenrestaurants der lokalen Kette »Febo« eine Attraktion: Hinter gläsernen Sichtfenstern warten fertige Snacks. Nach dem Geldeinwurf kann man das Kläppchen seiner Wahl öffnen und beispielsweise eine *frikandel* (ja, mit einem »n« in der Mitte) herausnehmen. Dabei handelt sich um eine Art Mischwurst ohne Pelle, in der Friteuse zubereitet und mit reichlich Mayonnaise und Ketchup garniert.

Die Auswahl an Snacks ist deshalb so groß, weil man in vielen niederländischen Familien mittags nur eine Kleinigkeit isst. Die warme Hauptmahlzeit gibt es abends gegen 18 Uhr. Auch in den Restaurants wird relativ früh gegessen, oft steht darum auf der Karte, wann die Küche schließt.

Ein Gläschen in Ehren

Nach Feierabend geht man (nicht nur) in Amsterdam mit Freunden oder Kollegen gern *gezellig een borreltje nehmen*. Ein *borreltje* ist ein Schnäps-

Oben: Urig geht's zu im »Café Brakke« an der Rozengracht.
Mitte: Frischen Matjes sollte man unbedingt einmal probieren.
Unten: Viele Lokale und Läden haben noch alte Holzfassaden.

chen, meist ein Genever, ein Wacholderschnaps. Mit einem Bier dazu wird daraus ein *Kopstoot*, ein »Kopfstoß«. Zum *borreltje* gehört traditionell eine *bittergarnituur*, eine Auswahl von kleinen herzhaften Häppchen, zum Beispiel ein Stück Gouda, *bitterballen* (das sind kleine, frittierte Bällchen mit Ragoutfüllung) und *Amsterdamse ossenworst*. Das Rezept für diese Wurstspezialität aus Ochsenfleisch stammt aus dem 17. Jahrhundert; abgeschmeckt wurde sie schon damals mit Pfeffer, Muskat und anderen Gewürzen aus den Kolonien. Dazu reicht man gern *Amsterdamse uitjes* – kleine, in Essig und Safran eingelegte Perlzwiebeln, die dadurch eine intensiv gelbe Farbe haben.

Rookworst und Olieballen

Die traditionelle niederländische Küche besteht aus unterschiedlichen Variationen von Kartoffeln, Fleisch und Gemüse. Die meisten Gerichte sind eher deftig. Klassiker sind Eintöpfe (*stamppot*) wie die *dikke erwtensoep*, eine sämige Erbsensuppe, oder der traditionelle *hutspot*, der ursprünglich aus weißen Bohnen und Pastinaken bestand und heute häufig auch Karotten, Kartoffeln und als Fleischeinlage oft ein Stück Hohe Rippe (*klapstuk*) enthält. Ein Klassiker sind auch die *pannekoken*, die es sowohl herzhaft und süß gibt.

Süßes aller Art steht in Amsterdam hoch im Kurs: *Appeltaart met slagroom* steht auf jeder Speisekarte. *Poffertjes*, kleine runde Eierpfannkuchen, werden in einer speziellen Pfanne mit runden Vertiefungen gebacken und mit Puderzucker bestreut gegessen. Und bevor man wieder nach Hause fährt, sollte man unbedingt noch die mit Sirup gefüllten dünnen *stroopwafels* probieren. Die besten gibt es frisch auf die Hand auf dem Albert-Cuyp-Markt im Stadtteil De Pijp. *Eet smakelijk!* »Guten Appetit!«

Oben: Kunterbunte Augenweide: Das »Café De Taart van m'n Tante«
Mitte: Die niederländische Küche ist deftig und nahrhaft.
Unten: Amsterdamer Café in skandinavisch anmutendem Design

DAS ALTE ZENTRUM

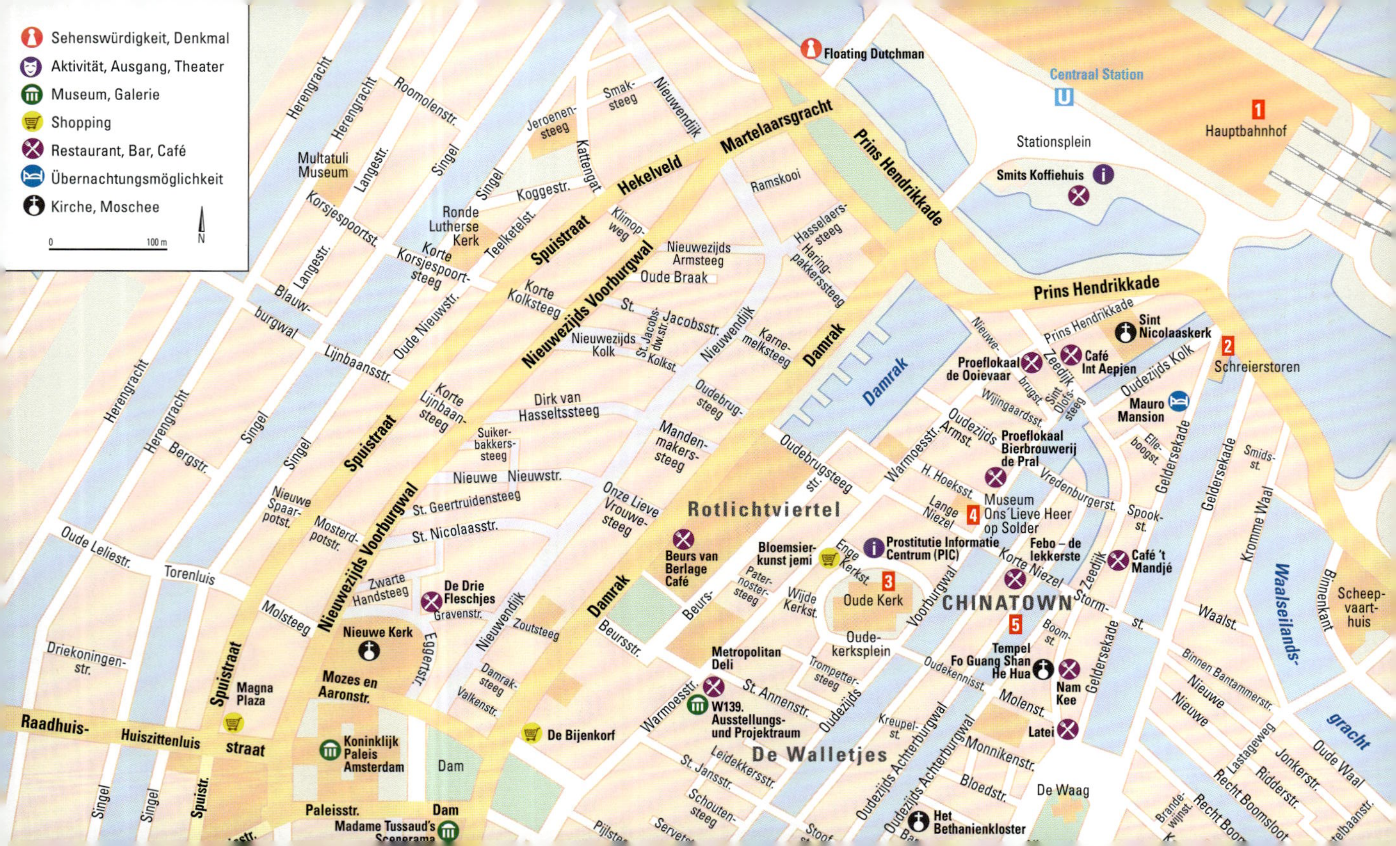
Sehenswürdigkeit, Denkmal
Aktivität, Ausgang, Theater
Museum, Galerie
Shopping
Restaurant, Bar, Café
Übernachtungsmöglichkeit
Kirche, Moschee
0
100 m
N
Floating Dutchman
Centraal Station
Hauptbahnhof
Stationsplein
Smits Koffiehuis
Prins Hendrikkade
Martelaarsgracht
Hekelveld
Spuistraat
Nieuwezijds Voorburgwal
Damrak
Rotlichtviertel
CHINATOWN
De Walletjes
Sint Nicolaaskerk
Schreierstoren
Café Int Aepjen
Proeflokaal de Ooievaar
Mauro Mansion
Proeflokaal Bierbrouwerij de Pral
Museum Ons' Lieve Heer op Solder
Prostitutie Informatie Centrum (PIC)
Bloemsierkunst jemi
Oude Kerk
Oudekerksplein
Febo – de lekkerste
Café 't Mandjé
Tempel Fo Guang Shan He Hua
Nam Kee
Latei
De Waag
Het Bethanienklooster
Metropolitan Deli
W139. Ausstellungs- und Projektraum
Beurs van Berlage Café
De Bijenkorf
De Drie Fleschjes
Nieuwe Kerk
Mozes en Aaronstr.
Koninklijk Paleis Amsterdam
Dam
Paleisstr.
Madame Tussaud's Scenerama
Magna Plaza
Raadhuisstraat
Huiszittenluis
Multatuli Museum
Ronde Lutherse Kerk
Waalseilandsgracht
Scheepvaarthuis
Binnenkant
Kromme Waal
Geldersekade
Oudezijds Kolk
Zeedijk
Vredenburgerst.
Warmoesstr.
Oudezijds Voorburgwal
Oudezijds Achterburgwal
Herengracht
Singel
Roomolenstr.
Langestr.
Korsjespoortst.
Korte Korsjespoortsteeg
Blauwburgwal
Lijnbaansstr.
Oude Nieuwstr.
Korte Lijnbaansteeg
Koggestr.
Teelketelst.
Kattengat
Jeroenensteeg
Smaksteeg
Nieuwendijk
Ramskooi
Hasselaerssteeg
Haringpakkerssteeg
Nieuwezijds Armsteeg
Oude Braak
Korte Kolksteeg
St. Jacobsstr.
Nieuwezijds Kolk
Karnemelksteeg
Oudebrugsteeg
Dirk van Hasseltssteeg
Mandenmakerssteeg
Suikerbakkerssteeg
Nieuwe Nieuwstr.
St. Geertruidensteeg
St. Nicolaasstr.
Onze Lieve Vrouwesteeg
Zwarte Handsteeg
Gravenstr.
Eggertstr.
Zoutsteeg
Damraksteeg
Valkenstr.
Beursstr.
Molsteeg
Torenluis
Oude Leliestr.
Driekoningenstr.
Nieuwe Spaarpotst.
Mosterdpotstr.
Oudebrugsteeg
Paternostersteeg
Wijde Kerkst.
Enge Kerkst.
Trompettersteeg
St. Annenstr.
Leidekkersstr.
St. Jansstr.
Schoutensteeg
Kreupelst.
Oudekennisst.
Molenst.
Monnikenstr.
Bloedstr.
Korte Niezel
Lange Niezel
H. Hoeksst.
Oudezijds Armst.
Wijngaardsst.
Sint Olofssteeg
Ellebooghst.
Spookst.
Stormst.
Boomst.
Waalst.
Smidsst.
Binnen Bantammerstr.
Nieuwe
Lastageweg
Jonkerstr.
Ridderstr.
Oude Waal
Recht Boomssloot
Brandewijnst.

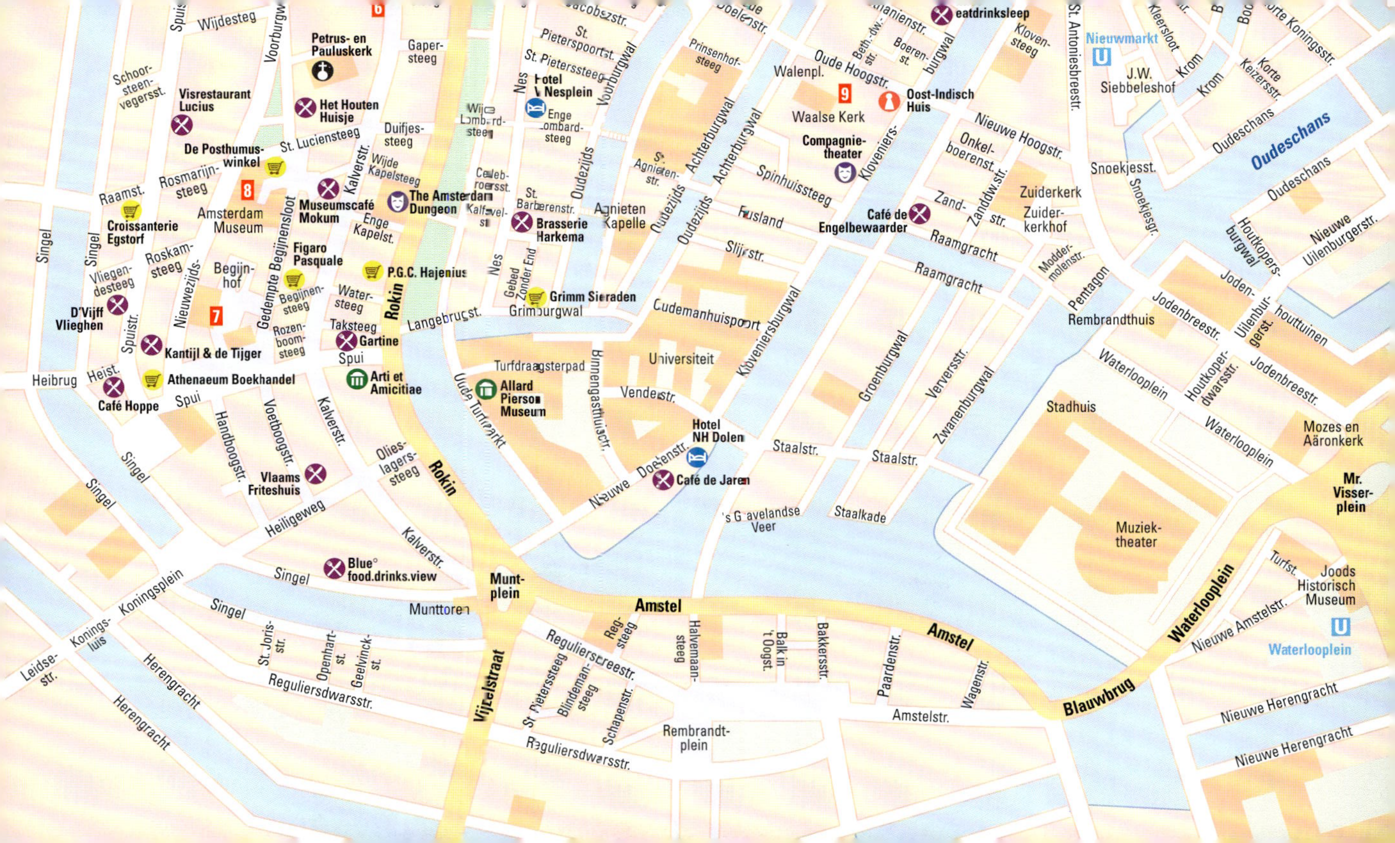

Wijdesteg
Voorburgwal
Petrus- en Pauluskerk
Gaper-steeg
St. Pieterspoortst.
St. Pieterssteeg
Hotel Nesplein
Nes
Enge Lombard-steeg
Oudezijds
Voorburgwal
Prinsenhof-steeg
Walenpl.
Oude Hoogstr.
Boeren-st.
Oost-Indisch Huis
Nieuwe Hoogstr.
eatdrinksleep
Kloven-steeg
St. Antoniesbreestr.
Nieuwmarkt
J.W. Siebbeleshof
Krom
Korte Keizersstr.
Oudeschans
Schoor-steen-vegersst.
Visrestaurant Lucius
Het Houten Huisje
Duifjes-steeg
St. Luciensteeg
De Posthumus-winkel
Wijde Kapelsteeg
Kalverstr.
The Amsterdam Dungeon
Celeb-roersst.
Kalfsvel-st.
St. Barberenstr.
Agnieten Kapelle
St. Agnieten-str.
Achterburgwal
Waalse Kerk
Compagnie-theater
Kloveniers-
Spinhuissteeg
Onkel-boerenst.
Zanddw.str.
Zuiderkerk
Zuider-kerkhof
Snoekjesst.
Snoekjesgr.
Houtkopers-burgwal
Nieuwe Uilenburgerstr.
Raamst.
Rosmarijn-steeg
Amsterdam Museum
Museumscafé Mokum
Enge Kapelst.
Brasserie Harkema
Fusland
Café de Engelbewaarder
Zand-str.
Raamgracht
Modder-molenst.
Croissanterie Egstorf
Singel
Roskam-steeg
Begijn-hof
Gedempte Begijnensloot
Figaro Pasquale
Begijnen-steeg
P.G.C. Hajenius
Gebed Zonder End
Grimm Sieraden
Grimburgwal
Slijkstr.
Cudemanhuispoort
Kloveniersburgwal
Pentagon
Rembrandthuis
Jodenbreestr.
Joden-houttuinen
Uilenburgerst.
Vliegen-desteeg
D'Vijff Vlieghen
Spuistr.
Nieuwezijds-
Water-steeg
Rozen-boom-steeg
Taksteeg
Langebrugst.
Rokin
Gartine
Kantijl & de Tijger
Spui
Heibrug
Heist.
Athenaeum Boekhandel
Arti et Amicitiae
Turfdraagsterpad
Universiteit
Binnengasthuisstr.
Groenburgwal
Ververstr.
Zwanenburgwal
Waterlooplein
Houtkoper-dwarsstr.
Café Hoppe
Handboogstr.
Voetboogstr.
Oude Turfmarkt
Allard Pierson Museum
Vendestr.
Hotel NH Dolen
Doelenstr.
Nieuwe Doelenstr.
Staalstr.
Stadhuis
Mozes en Aäronkerk
Mr. Visser-plein
Vlaams Friteshuis
Olies-lagers-steeg
Café de Jaren
's Gravelandse Veer
Staalkade
Muziek-theater
Heiligeweg
Blue° food.drinks.view
Munt-plein
Munttoren
Amstel
Turfst.
Joods Historisch Museum
Nieuwe Amstelstr.
Koningsplein
Konings-luis
Leidse-str.
St. Joris-str.
Openhart-st.
Geelvinck-st.
Reg-steeg
Halvemaan-steeg
Balk in 't Oogst.
Bakkersstr.
Paardenstr.
Wagenstr.
Waterlooplein
Herengracht
Reguliersdwarsstr.
Vijzelstraat
Reguliersbreestr.
St. Pieterssteeg
Bindeman-steeg
Schapenstr.
Amstelstr.
Blauwbrug
Nieuwe Herengracht
Rembrandt-plein
6
7
8
9

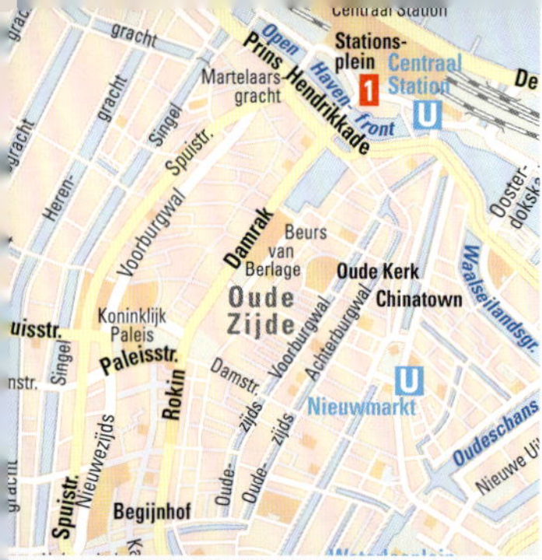

Seite 26/27: Vom Schreierstoren winkten die Frauen den Seeleuten nach.
Oben: Viele der Rundfahrtboote legen in der Nähe der Centraal Station ab.
Unten: Der Amsterdamer Bahnhof ähnelt einem Palast.

1 Stationsplein, Damrak und Dam

Wo alles begann

Wo sich heute der prächtige Hauptbahnhof erhebt, stand einst die »Waage« Amsterdams: An der Stelle, an der die Amstel in Het IJ mündete, ließen sich die ersten Siedler nieder. Vom Bahnhof aus führt der Weg in die Stadt über den Damrak, eine laute, eher touristisch geprägte Flaniermeile. Sie mündet in einen der zentralen Plätze Amsterdams, den Dam, an dem der Königspalast und das Nationalmonument liegen.

Früher ragte an der Stelle des heutigen Stationsplein ein Wald von Masten in den Himmel. Hier landeten die großen Schiffe an, die nach Übersee segelten und im Goldenen Zeitalter den Reichtum der Niederlande begründeten. Doch als an dieser Stelle Ende des 19. Jahrhunderts der Bahnhof gebaut werden sollte, musste der Hafen weichen. Der 1889 fertiggestellte Backsteinbau im Stil der niederländischen Neorenaissance ruht auf künstlichen Inseln und 8687 Pfählen im ehemaligen Ha-

MAL EHRLICH

SPRECHEN SIE ENGLISCH?

Viele Niederländer sprechen oder verstehen die deutsche Sprache. Die wenigsten schätzen es jedoch, wenn Besucher das als selbstverständlich voraussetzen. Die Erinnerung an die deutsche Besatzungszeit ist bei vielen, auch jüngeren Menschen noch sehr wach. Nach einer höflichen Ansprache auf Englisch (oder noch besser: in noch so holprigem Niederländisch) wechseln viele Amsterdamer bereitwillig von sich aus ins Deutsche.

Im Wartesaal erster Klasse ist heute ein Café.

fenbecken. Bis heute hadern viele Amsterdamer mit dem prachtvollen Gebäude, weil es den Blick vom Stadtzentrum auf die weite Wasserfläche des IJ versperrt. Was sie daran zusätzlich wurmt, ist der Umstand, dass dieser Bahnhofsbau seinerzeit über die Köpfe der Amsterdamer hinweg in Den Haag beschlossen wurde – Amsterdam ist zwar die Hauptstadt der Niederlande, der Regierungssitz aber ist Den Haag.

Architekt Petrus J. H. Cuypers (1827–1921) konzipierte das Bahnhofsgebäude als prachtvollen Palast der Reisenden. Zwei mächtige Türme flankieren den Mittelbau. Die Sandsteinreliefs an der über 300 Meter langen Fassade zeigen allegorische Darstellungen von Schifffahrt, Handel und Handwerk. In luftiger Höhe symbolisiert ein goldenes Rad mit Flügeln die moderne Technik der Eisenbahn. Auch die Innenausstattung ist sehr prunkvoll, vor allem im Wartesaal der ersten Klasse.

Stationsplein und Damrak

Auf dem belebten Bahnhofsvorplatz wimmelt es von Einheimischen und Touristen, Radfahrern, Fußgängern, Kleinkünstlern und Taschendieben.

AUTORENTIPP!

ALLE MANN AN BORD!
Ein besonders spritziges Vergnügen bietet eine Stadtrundfahrt mit dem »Floating Dutchman«, einem Amphibienbus. Die ungefähr zweistündige Tour beginnt an Land, doch dann taucht das Gefährt ins Wasser ein und setzt seine Fahrt auf den Grachten fort. Das weißblaue Vehikel wurde eigens für den Betrieb in Amsterdam entwickelt: Akkubetrieben und emissionsfrei gondelt es durch die Grachten. Der Bus bietet Platz für 48 Personen, ist aber leider nicht für Rollstuhlfahrer geeignet. Es ist ratsam (und auch 10 Prozent preiswerter), die Tickets vorab online zu buchen.

Rederij Lovers. Grachtenrundfahrten mit dem »Floating Dutchman«. Abfahrtszeiten: im Sommer Di–So 10, 12.30, 15 und 17 Uhr, Einstieg am »Van Gogh Café«, gegenüber dem Hauptbahnhof an der Prins Hendrikkade 25, 1012 TM Amsterdam, Tel. 020 530 10 90, info@lovers.nl, www.floatingdutchman.nl

Oben: Das imposante Börsengebäude am Dam
Mitte: De Bijenkorf, das erste Großkaufhaus der Niederlande
Unten: Die Konkurskammer im Königspalast, dem früheren Rathaus

Vom Stationsplein fahren zahlreiche Busse und Straßenbahnen ab. Nach rechts fällt der Blick auf ein riesiges mehrstöckiges Fahrradparkhaus. Linker Hand liegt jenseits des Vorplatzes die Zentrale der Amsterdamer Touristeninformation, die im weißen Gebäude von »Smits Koffiehuis« untergebracht ist. Das Lokal ist ein beliebter Treffpunkt – vor allem die rückwärtige Terrasse zur Open Havenfront, wie die Gracht entlang des Stationsplein noch heute heißt.

Hafenbecken

Vom Bahnhof aus führt der Damrak, die beliebte Flaniermeile, geradewegs in Amsterdams »gute Stube«, zum Dam. Früher verlief hier der Unterlauf der Amstel. Er wurde im 19. Jahrhundert bis auf einen kleinen Teil zugeschüttet, um einen prachtvollen Boulevard anzulegen. Vom geschäftigen Binnenhafen blieb nur ein kleines Becken nördlich des Damrak übrig, in dem heute die Grachtenrundfahrtboote dicht an dicht schaukeln. Die ehemals prachtvolle Flaniermeile hat viel von ihrem Flair eingebüsst: Andenkenläden und Imbissbuden laden kaum noch zum Verweilen ein. Nur wer den Kopf in den Nacken legt, entdeckt oberhalb der Neonreklamen noch Reste der früheren Eleganz: So manche Fassade krönt ein schön geschwungener oder reich verzierter Giebel.

Beurs van Berlage

Gleich hinter dem kleinen Hafenbecken ragt der monumentale Backsteinturm der alten Börse, der Beurs van Berlage, (1898–1903) in den Himmel. Der Bau markiert den Beginn der modernen Architektur in den Niederlanden. Aus rund neun Millionen Backsteinen, Glas und Eisen schuf der Architekt Hendrik Petrus Berlage (1856–1934) ein funktionales Gesamtkunstwerk, geschmückt mit

Glasfenstern, Wandmalereien, Reliefs und Skulpturen zeitgenössischer Künstler. Ein Standbild erinnert an Gijsbrecht van Amstel (1230–1303), den legendären Gründer der Stadt Amsterdam. Die Waren- und Getreidebörsen sind längst ausgezogen; heute wird die Beurs van Berlage für Veranstaltungen und Konzerte genutzt. 2002 wurden hier Kronprinz Willem-Alexander und Máxima Zorreguieta standesamtlich getraut.

Königspalast

Wenige Schritte weiter erreicht man den Dam. Ursprünglich befand sich hier eine Schleusenanlage. Als erstes fällt die klassizistische Fassade des Königspalasts (von 1648 bis 1665 erbaut) ins Auge, der ursprünglich als Rathaus diente. Als sich der Amsterdamer Magistrat Mitte des 17. Jahrhunderts einen neuen, repräsentativen Amtssitz bauen ließ, setzte der Architekt Jacob van Campen (1595–1657) die Wünsche seiner Auftraggeber stilsicher um: Auf einem Unterbau aus 13 659 Pfählen, die in den weichen Untergrund gerammt wurden, entstand das seinerzeit größte Rathaus Europas. Die herrschaftliche Fassade krönt ein Glockenturm, auf dessen Spitze sich eine Wetterfahne in Form eines Handelsschiffs dreht. Der über 20 Meter hohe Burgerzaal mit seinem riesigen Deckengemälde gilt als einer der schönsten Festsäle Europas. Doch als Napoleon Bonaparte (1769–1821) seinen Bruder Louis Napoleon (1778–1846) 1806 zum König der annektierten Niederlande ausrief, funktionierte dieser das prachtvolle Gebäude kurzerhand zur Residenz für sich um und ließ das Gebäude der öffentlichen Waage auf dem Dam abreißen. Die Amsterdamer bekamen ihr Rathaus nie mehr zurück. Heute nutzt das niederländische Königshaus den Palast gelegentlich für offizielle Empfänge; in der übrigen Zeit kann er besichtigt werden.

AUTORENTIPP!

DE DRIE FLESCHJES

Früher war es üblich, vor dem Kauf einer Flasche Genever oder Likör erst einmal ein *Proeflokaal* (Probierstube) aufzusuchen und dort einige Sorten zu verkosten, bevor man sich für eine entschied. In einer engen Gasse hinter der Nieuwe Kerk ist seit 1650 das *Proeflokaal* »De Drie Fleschjes« beheimatet. Heute werden die kleinen Gläschen mit alkoholischen Getränken zwar nicht mehr kostenlos ausgeschenkt, aber ansonsten scheint die Zeit stehengeblieben zu sein. Bevor die großen Zeitungen aus der Innenstadt an den Stadtrand zogen, trafen sich hier nach Feierabend vorzugsweise Journalisten auf einen »Absacker«. Auch heute ist das traditionsreiche Lokal immer noch gut besucht.

De Drie Fleschjes. Mo–Sa 14–20.30 Uhr, So 15–19 Uhr. Gravenstraat 18, 1012 NM Amsterdam, Tel. 020 624 84 43, drie.fleschjes@worldonline.nl, www.dedriefleschjes.nl

Nieuwe Kerk Amsterdam

Gleich neben dem Königlichen Palast liegt die Nieuwe Kerk, die traditionelle Krönungskirche der Oranier. Als erster schwor hier 1814 Willem I. (1772–1843) den Amtseid, als vorerst letzter folgte im April 2013 König Willem-Alexander. Das rasche Wachstum der Stadt hatte im ausgehenden 14. Jahrhundert den Bau einer zweiten Kirche neben der Oude Kerk erforderlich gemacht. Im Jahr 1408 genehmigte der Bischof von Utrecht den Bau. Nach mehreren Bränden und Renovierungen erhielt die Nieuwe Kerk um das Jahr 1540 ihre heutige Form. Mittlerweile wird die Kirche als beliebter Ausstellungsraum genutzt. Sehenswert ist die barocke Kanzel aus dem 17. Jahrhundert. Die berühmten Glockengießer François (1609–1667) und Pieter (1619–1680) Hemony, die unter anderem das Glockenspiel der Oude Kerk gefertigt haben, sind hier bestattet. 2002 heiratete in der Nieuwe Kerk Kronprinz Willem-Alexander seine Frau Máxima.

Hinter der Nieuwe Kerk beherbergt das neugotische Gebäude des ehemaligen Hauptpostamts (1895–1899) das luxuriöse Kaufhaus Magna Plaza. Interessant für Rembrandt-Fans: Eine Ende 2012 im Haus eröffnete Dauerausstellung zeigt in chronologischer Reihenfolge sämtliche Gemälde des Meisters als originalgetreue Reproduktionen.

Direkt am Dam prangt De Bijenkorf, das erste in den Niederlanden errichtete Großkaufhaus (1912–1914), im neobarocken Stil mit klassizistischen Akzenten. Für eine stilvolle Mittagspause empfiehlt sich der unter Denkmalschutz stehende stilvolle Wintergarten des benachbarten Grandhotels »Krasnapolsky«. Das gewaltige Eckhaus von Peek & Cloppenburg (1917) jenseits des Platzes bekam bald nach der Eröffnung den Spitznamen Broekenpalais (»Hosenpalast«).

Oben: Das elegante Kaufhaus Magna Plaza in der ehemaligen Hauptpost
Mitte: Licht durchflutet das Innere der Nieuwe Kerk.
Unten: Das Nationaal Monument am Dam ist ein beliebter Treffpunkt.

Infos und Adressen

SEHENSWÜRDIGKEITEN

De Nieuwe Kerk Amsterdam. Wechselnde Ausstellungen und schöne Orgelkonzerte in der Krönungskirche. Mo–So 10–17 Uhr, 1. Jan. und 25. Dez. geschl., Dam, 1012 JS Amsterdam, Tel. 020/638 69 09, mail@nieuwekerk.nl, www.nieuwekerk.nl

Koninklijk Paleis Amsterdam. Aktuelle Besichtigungstermine auf der Webseite. An Besuchstagen 11–17 Uhr, Dam, 1001 AM Amsterdam, Tel. 020/620 40 60, info@dkh.nl, www.paleisamsterdam.nl

ESSEN UND TRINKEN

Beurs van Berlage Café. Stilvolles Café in der Vorhalle der ehemaligen Börse. Mo–Sa 10–18 Uhr, So 11–18 Uhr, Damrak 277/Beursplein, 1012 ZJ Amsterdam, Tel. 020/530 41 46, info@beursvanberlage.nl, www.beursvanberlage.nl/cafe

Distilleerderij De Liefde. Seit 1679 wird im Hause Wynand Fockink Genever gebrannt, verkauft und ausgeschenkt. Mo–Fr 10–17 Uhr, Sa 12–19 Uhr, Destillerieführung ohne Voranmeldung: Sa 12.30 Uhr (engl.) und 13.30 Uhr (niederl.), Pijlsteeg 43, 1012 HH Amsterdam, Tel. 020/639 26 95, contact@wynand-fockink.nl, www.wynand-fockink.nl

Smits Koffiehuis. Nettes Restaurant mit schöner Terrasse am Wasser. Mo–Sa 9–21 Uhr, So 10–21 Uhr (Küche bis 20.30 Uhr), 1. Jan., 25./26. Dez. geschl., Stationsplein 10, 1012 AB Amsterdam, Tel. 020/623 37 77, info@smitskoffiehuis.nl, www.smitskoffiehuis.nl

EINKAUFEN

De Bijenkorf. Einkaufstempel in bester Lage. Di–Mi 10–20 Uhr, Do–Fr 10–21 Uhr, Sa 9.30–20 Uhr, So–Mo 11–20 Uhr, Dam 1, 1012 JS Amsterdam, Tel. 0800/08 18, www.debijenkorf.nl

Magna Plaza. Shoppingparadies in der alten Post. Mo 11–19 Uhr, Di–Sa 10–19 Uhr, Do bis 21 Uhr, So 12–19 Uhr, 25. Dez., 1. Jan. und 30. April geschl., Nieuwezijds Voorburgwal 182, 1012 SJ Amsterdam, www.magnaplaza.nl

AKTIVITÄTEN

Madame Tussaud's Scenerama. Tipp: Karten online kaufen. Tgl. 10–17.30 Uhr, Dam 20, 1012 NP Amsterdam, Tel. 020/522 10 10, info@madametussauds.nl, www.madametussauds.nl

Eine der vielen Caféterrassen im historischen Stadtzentrum

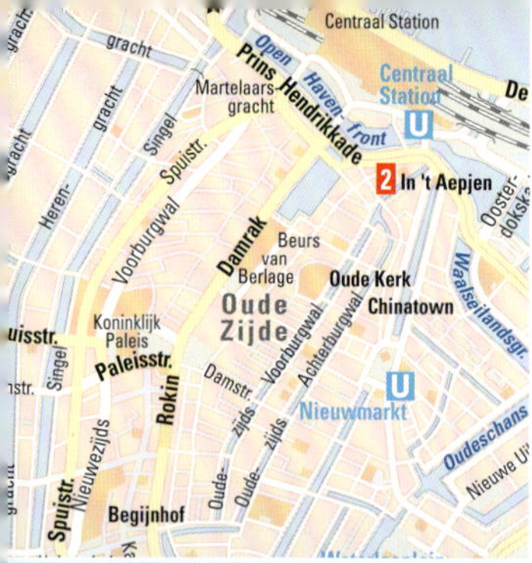

Oben: In der Sint Nicolaaskerk gibt es oft schöne Konzerte.
Unten: Heute geht es im alten Hafenviertel geruhsam zu.

2 Altes Hafenviertel

Neues Leben hinterm Deich

Die höher gelegene Straße Zeedijk markiert den Verlauf des früheren Deichs. Hier wohnten die Seeleute, bis sie auf dem nächsten Schiff anheuerten. Die Gegend am Rande des Rotlichtviertels war über Jahrhunderte als Elendsviertel bekannt. Seit den 1970er-Jahren blühten hier Drogenhandel und Kriminalität. Anwohner und Polizei haben die Situation aber in den Griff bekommen.

Der Zeedijk, einer der ältesten Straßenzüge der Stadt, verläuft entlang der alten Stadtbefestigung. An der Einmündung der Straße Sint Olofspoort lag früher eines der wichtigsten Stadttore. Gleich neben diesem Tor wurde um 1440 die Sint Olofskapel, die älteste Kapelle Amsterdams, errichtet. Nachdem sie im Laufe der Jahrhunderte unter anderem als Börse und als Käsemarkt diente, ist sie heute durch einen unterirdischen Tunnel mit dem »Barbizon Hotel« verbunden und wird als Tagungszentrum genutzt. Die Fassaden der Häuser an dieser Kreuzung, die sich in unterschiedliche Richtungen neigen, sind ein beliebtes Fotomotiv. Ihre »Schlagseite« ist beabsichtigt: Viele Häuser in Amsterdam haben oben am Giebel Takelbalken, an denen Waren in die Lagerräume unter dem Dach gezogen wurden. Damit die Lasten nicht vor die Fassade prallten, neigt sich diese der Straße zu.

Wer möchte, kann hier »tierisch« gut ausgehen: Im Eckhaus Sint Olofspoort/Zeedijk befindet sich das winzige »Proeflokaal de Ooievaar« (»Zum Storchen«). Nur ein paar Schritte weiter ist auf der anderen Straßenseite das Café »Int Aepjen« (»Zum Äffchen«), dessen Wurzeln bis in das Jahr 1560 zurückreichen. Wenn einst Seeleute ihre Zeche nicht bezahlen konnten, akzeptierte der Wirt dieses Cafés als Zahlungsmittel auch Äffchen, die die Matrosen von ihren Reisen mitbrachten. Das Haus Zeedijk Nr. 1, in dem sich das Lokal befindet, ist eines von zwei in ganz Amsterdam noch erhaltenen Häusern mit hölzernem Obergeschoss. Holzhäuser prägten lange Zeit das Stadtbild von Amsterdam, doch immer wieder fielen ganze Straßenzüge verheerenden Feuern zum Opfer.

Bei Tante Bet

Ein Stück den Zeedijk hinunter führte im Haus Nr. 63 die legendäre Bet van Beeren (1902–1967) das »Café 't Mandje«, eines der ersten Lokale, in denen sich homosexuelle Männer und Frauen treffen konnten. Nach ihrem Tod wurde »Tante Bet« zwei Tage lang auf dem Billardtisch ihres Cafés aufgebahrt. Ihre jüngere Schwester führte das Lokal bis 1982 weiter. Nach der Schließung lag es dann 17 Jahre im Dornröschenschlaf, bis eine Nichte der beiden es renovierte und nahezu im Originalzustand wieder eröffnete.

Sint Nicolaaskerk

An der Kolksluis quert der Zeedijk den Oudezijds Kolk, an dessen Ufer eine malerische Gasse entlangführt. Im Wasser spiegelt sich die Sint Nicolaaskerk (1887). Die mächtige Basilika ist eine der wichtigsten römisch-katholischen Kirchen der Stadt und die dort stattfindenden Konzerte auf der Orgel des berühmten deutschen Orgelbauers Wilhelm Sauer (1831–1916) ziehen im Sommer viele Musikfreunde an. Wo der Oudezijds Kolk auf die Gelderse Kade trifft, ist mit dem wuchtigen Schreierstoren (zwischen 1480 und 1487) noch ein Teil der mittelalterlichen Stadtmauer erhalten geblieben.

Eine alte Farbenfabrik am Zeedijk

Infos und Adressen

ESSEN UND TRINKEN

Café Int Aepjen. Gastfreundlich seit 1560. So–Do 12–1 Uhr, Fr–Sa 12–3 Uhr, Zeedijk 1, 1012 AN Amsterdam, Tel. 020/428 82 91, info@schreierstoren.nl, www.cafeintaepjen.nl

Café 't Mandje. Ein begehbares Gesamtkunstwerk. Di–Mi 16–1 Uhr, Do 15–1 Uhr, Fr–Sa 14–3 Uhr, So 14–1 Uhr, Zeedijk 63, 1012 AS Amsterdam, Tel. 020/622 53 75, tmandje@xs4all.nl, www.cafetmandje.nl

Proeflokaal de Ooievaar. Winzig und urig. Tgl. ab 12 Uhr, Sint Olofspoort 1, 1012 AJ Amsterdam, Tel. 020/420 80 04, info@proeflokaaldeooievaar.nl, www.proeflokaaldeooievaar.nl

ÜBERNACHTEN

Mauro Mansion. Altes Grachtenhaus mit neun stilvollen Zimmern für Gäste ab 12 J., Geldersekade 16, 1012 BH Amsterdam, Buchung nur online/per Mail, info@mauromansion.nl, www.mauromansion.com

VERANSTALTUNGEN

Konzerte in Sint Nicolaaskerk. Chor- und Orgelkonzerte erleben. Prins Hendrikkade 73, 1012 AD Amsterdam, Konzerttermine online, info@muziekindenicolaas.nl, www.muziekindenicolaas.nl

Oben: Amsterdams sündige Meile – Abendstimmung in de Walletjes
Unten: Bunte Kondome in einer Schaufensterauslage im Rotlichtbezirk

3 Oude Kerk im Rotlichtviertel

Streifzug durch die Walletjes

Spärlich bekleidete Damen, die in Schaufenstern auf Freier warten – auch das gehört zu Amsterdam. Seinen Namen *de Walletjes* verdankt des Rotlichtviertel vermutlich seiner Lage an zwei der ältesten Grachten der Stadt: dem Oudezijds Voor- und dem Oudezijds Achterburgwal. Mitten im Gewirr der engen Gässchen steht die Oude Kerk, die älteste Kirche der Stadt, auch liebevoll das »Wohnzimmer von Amsterdam« genannt.

Ursprünglich war es die Nähe zum alten Hafen, die in den Sträßchen zwischen Zeedijk und Warmoesstraat, Damstraat und Kloveniersburgwal die Prostitution blühen ließ. Auch als der Hafen verlegt wurde, blieb und gedieh der Rotlichtbezirk, wo er war. Weit verbreitet ist bis heute die Fensterprostitution: In rötlich beleuchteten Schaufenstern präsentieren sich die Prostituierten den Schaulustigen. Lokale Berühmtheiten sind die

MAL EHRLICH

FOTOGRAFIEREN VERBOTEN!
Auf keinen Fall sollte man eine Fensterprostituierte fotografieren oder auch nur in der Nähe eines solchen Fensters Aufnahmen machen. Die Prostituierten legen großen Wert auf ihre Privatsphäre und verteidigen sie vehement, notfalls auch handgreiflich. Die Ex-Prostituierte Mariska Majoor weiß den Grund dafür: Viele Frauen führen ein Doppelleben und möchten auf keinen Fall, dass ihre Familien oder Nachbarn von ihrer Tätigkeit erfahren.

Oude Kerk im Rotlichtviertel

Zwillingsschwestern Louise und Martine Fokkens, die über fünfzig Jahre lang als Prostituierte im Rotlichtviertel arbeiteten und über ihre Erlebnisse schließlich ein Buch schrieben.

Prostitutie Informatie Centrum

Immer wieder gab es erfolglose Versuche, die Prostitution einzudämmen oder zu verbieten. Heute ist sie ganz pragmatisch offiziell als Gewerbe anerkannt, fällt unter die Steuerpflicht und das niederländische Arbeitsschutzgesetz. Dass die Frauen gesellschaftlich akzeptiert werden, ist auch das Ziel der ehemaligen Prostituierten Mariska Majoor, die 1994 im Schatten der Oude Kerk das Prostitutie Informatie Centrum (PIC) eröffnete. Nach Voranmeldung kann man im Informationszentrum selbst einmal ausprobieren, wie es ist, im Schaufenster zu sitzen und auf Kundschaft zu warten.

Project 1012

Der amerikanische Romancier John Irving schickt in seinem Buch *Witwe für ein Jahr* seine Hauptfigur nach Amsterdam, wo sie, hinter einem Vorhang versteckt, den Mord an einer Prostituierten mit ansehen muss. Tatsächlich nahm in den 1980er-Jahren die Kriminalität in de Walletjes überhand, Geldwäsche und Zwangsprostitution griffen um sich. Doch seit im Sommer 2007 das »Project 1012« angelaufen ist, hat sich das Gesicht des Rotlichtbezirks verändert. Damals begann die Stadtverwaltung damit, gezielt Häuser aufzukaufen und an junge Designer und Künstler zu vermieten. Diskutiert wurden auch nächtliche Sperrstunden, strengere Kontrollen und eine Altersuntergrenze von 23 Jahren für Prostituierte. Im Viertel selbst sind diese Maßnahmen allerdings nicht unumstritten.

AUTORENTIPP!

EINFACH NUR SCHÖN!

Der alteingesessene Blumenladen »Jemi Bloemsierkunst« in der Warmoesstraat ist zu jeder Jahreszeit einen Abstecher wert. Der schmale Laden am Rande des Rotlichtsviertels ist sicher eines der meistfotografierten Geschäfte der Stadt. Schon vor der Tür macht die liebevoll arrangierte Auslage Lust auf mehr. Im Inneren staunt man, was sich mit und aus Blumen so alles machen lässt. Regelmäßig stattet »Jemi« die Modenschauen des Designers Ronald Kolk aus. Hotels, Restaurants, Museen, aber auch die Heilsarmee zählen zu den Stammkunden, Leute aus der Nachbarschaft kommen gern auf einen Schwatz vorbei. Eine tolle Idee ist das Blumenabonnement, bei dem wöchentlich ein frischer Strauß nach Hause geliefert wird.

Jemi Bloemsierkunst. Mo–Fr 9–17.30 Uhr, Warmoesstraat 83a, 1012 HZ Amsterdam, Tel. 020/625 60 34, bloemen@jemi.nl, www.jemi.nl

Oben: Die Oude Kerk hat eine bewegte Geschichte.
Unten: Der »letzte Engel Amsterdams« entging dem Bildersturm im 16. Jahrhundert.

Baugeschichte der Oude Kerk

Inmitten des Rotlichtdistrikts erhebt sich die Oude Kerk, die im September 1306 dem Heiligen Nikolaus geweiht wurde. Die einschiffige gotische Kirche entstand an der Stelle einer kleinen, von Fischern gestifteten hölzernen Kapelle aus dem 13. Jahrhundert und wurde in den folgenden Jahrhunderten immer wieder erweitert, an- und umgebaut. In den kleinen Häuschen, die sich an ihren Außenmauern drängen, waren früher Läden untergebracht. Im 16. und 17. Jahrhundert diente die mittlerweile zur dreischiffigen Basilika ausgebaute Kirche als Markt. Im hohen schlanken Kirchturm, der Mitte des 16. Jahrhunderts den bisherigen ersetzte, hängt ein Glockenspiel der berühmten Brüder François (1609–1667) und Pieter (1619–1680) Hemony. Große Teile der prachtvollen Innenausstattung fielen im ausgehenden 16. Jahrhundert den Bilderstürmern zum Opfer. Die goldene Decke aber und das geschnitzte Chorgestühl, das bildliche Darstellungen von Sprichwörtern zeigt, haben die Zeiten überdauert. Ein Schmuckstück ist auch die große barocke Orgel. In einem Seitenschiff liegt die schlichte Grabplatte von Saskia van Uylenburgh (1612–1642), der Ehefrau des Malers Rembrandt van Rijn (1606–1669). Über der Tür zur Sakristei, wo früher die Trauungen stattfanden und auch die Rembrandts ihr Aufgebot bestellten, mahnt eine Inschrift im Türsturz zur Besonnenheit: *Tis haest getrout dat lange rout* heißt so viel wie »Mit Hast gefreit, lang bereut«. Noch immer finden in der Oude Kerk Gottesdienste, aber auch Konzerte und Kunstausstellungen statt. Direkt vor der Kirche verläuft der Oudezijds Voorburgwal. Wo einst per Schiff Bier aus Deutschland angelandet wurde, siedelten sich später Brauereien an. Die Brauerei »de Prael« am Oudezijds Armsteeg, deren Biersorten alle die Namen beliebter Volkssänger tragen, bietet auch Führungen an.

Infos und Adressen

SEHENSWÜRDIGKEITEN

De Oude Kerk. Die älteste Kirche der Stadt. Mo–Sa 11–17 Uhr, So 13–17 Uhr, 1. Jan., 30. April und 15. Dez. geschl., Turmbesichtigung: April–Sept. Do, Fr und Sa 13–17 Uhr (jede halbe Stunde), Glockenspielkonzert (Carillon): Di 15 Uhr und Sa 16 Uhr, Oudekerksplein, 1012 GX Amsterdam, Tel. 020/625 82 84, info@oudekerk.nl, www.oudekerk.nl

W139. Ausstellungs- und Projektraum, 1979 von jungen Künstlern gegründet, spannende zeitgenössische Kunst in industriell anmutender Kulisse. Mo–So 12–18 Uhr, Warmoesstraat 139, 1012 JB Amsterdam, Tel. 020/622 94 34, info@w139.nl, www.w139.nl

ESSEN UND TRINKEN

Metropolitan Deli. Ein Traum für Schokoladen- und Eisliebhaber mit regelmäßigen Workshops und Verkostungen. So–Do 9–24 Uhr, Fr–Sa 9–1 Uhr, Warmoesstraat 135, 1012 JB Amsterdam, Tel. 020 330 19 55, info@metropolitandeli.nl, www.metropolitandeli.nl

Proeflokaal Bierbrouwerij de Prael. Gemütliches Lokal mit Wohnzimmeratmosphäre und Blick in die Brauerei. Führungen nach Voranmeldung per Mail, Lokal: Di–Sa 12–24 Uhr, So 12–23 Uhr, Brauerei:

In diesen Häuschen residiert die Brauerei.

Mo–Fr 9–17 Uhr, Oudezijds Armsteeg 26, 1012 GP Amsterdam, Tel. 020/408 44 69, boekingen@deprael.nl, www.deprael.nl

AKTIVITÄTEN

Prostitutie Informatie Centrum (PIC). Mini-Museum mit kundigen Führungen durch das Rotlichtviertel und die Möglichkeit, selbst einmal in einem Prostituiertenfenster Platz zu nehmen. Enge Kerksteeg 3, 1012 GV Amsterdam, pic@pic-amsterdam.com, www.pic-amsterdam.com

Zeit für ein Schwätzchen in der Mittagssonne

Oben: Wo sich der Herrgott auf dem Dachboden verstecken musste...
Unten: Der Kirchenraum bot vielen katholischen Gläubigen Platz.

4 Ons' Lieve Heer op Solder

Eine Kirche im Verborgenen

Nachdem sich Amsterdam im Jahr 1578 offiziell zum Calvinismus bekannt hatte, durften die katholischen Bewohner der Stadt ihren Glauben nicht mehr öffentlich praktizieren. Um dennoch weiter Gottesdienste feiern zu können, entstanden zahlreiche Geheimkirchen. Ons' Lieve Heer op Solder, also »Unser Lieber Herrgott auf dem Dachboden«, ist eine der schönsten und zudem erstaunlich gut erhalten geblieben.

Als der Kaufmann Jan Hartman (1619–1668) 1661 das elegante Grachtenhaus nebst zweier kleinerer rückwärtig angrenzender Häuser kaufte, erwarb er ein Immobilienpaket in guter Lage. Die »Samtene Gracht« wurde der Oudezijds Voorburgwal im Volksmund genannt – wegen der gediegenen Kleidung seiner wohlhabenden Anwohner. Kaum hatte Hartman das Anwesen erworben, begann er auch schon mit dem Umbau: Im Erdgeschoss entstanden Geschäfts- und Lagerräume, im ersten Stock ein repräsentativer Empfangssalon und auf dem Dachboden eine Geheimkirche (1663). Denn Jan Hartman war katholisch und gehörte damit im calvinistisch dominierten Amsterdam einer beargwöhnten Minderheit an. Katholische Messen waren als »papistische Götzendienste« verpönt und durften nicht öffentlich abgehalten werden. Aus diesem Grund entstanden zahlreiche Geheimkirchen, die der Obrigkeit zwar durchaus bekannt waren, aber stillschweigend geduldet wurden, solange die katholischen Gläubigen pünktlich ihre Abgaben bezahlten und sich ansonsten diskret verhielten.

Ons' Lieve Heer op Solder

Andacht auf engstem Raum

In den drei ineinander übergehenden Dachböden des Anwesens entstand ein beeindruckender Andachtsraum für bis zu 150 Gläubige, die teils im schmalen Kirchenschiff, teils auf zwei übereinander angeordneten umlaufenden Galerien Platz fanden. Von außen durfte nichts auf eine Kirche hinweisen; darum benutzten die Gläubigen auch nicht den Haupteingang zur Gracht, sondern erklommen vom Seiteneingang im Heintje Hoekssteeg aus eine steile Treppenflucht.

Die beengten Platzverhältnisse beflügelten den Einfallsreichtum der Erbauer: Die mächtigen Säulen links und rechts des Altars etwa wären aus echtem Marmor viel zu schwer gewesen, also wurden sie aus Holz gefertigt und kunstvoll bemalt. Die Kanzel verschwindet im Sockel der linken Säule und wurde nur bei Bedarf hervorgezogen. Das prächtige Gemälde über dem Altar konnte – passend zu verschiedenen Anlässen im Kirchenjahr – ausgetauscht werden. Hinter dem Altarraum liegt noch eine winzige Marienkapelle, Taufbecken und Beichtstuhl wurden auf einem Treppenabsatz untergebracht.

Mehr als 200 Jahre lang diente Hartmans Dachboden als Pfarrkirche für die Katholiken in der Innenstadt. Erst mit dem Bau der großen Sint Nicolaaskerk (1887) (s. S. 37) wurde die Geheimkirche überflüssig. Eine Gruppe von historisch interessierten Bürgern, die sich *Amstelkring* nannten, kaufte das Ensemble und wandelte es in ein Museum um. Nach umfangreichen Renovierungsarbeiten steht nun das nächste ehrgeizige Projekt an: Das Nachbarhaus jenseits der Gasse wurde angekauft und soll durch eine unterirdische Passage mit dem Museum verbunden werden. Der Erweiterungsbau wird dann die Serviceräume, ein Café und den Museumsshop aufnehmen.

Schlafzimmer unterhalb der Kirche

Infos und Adressen

SEHENSWÜRDIGKEITEN

Museum Ons' Lieve Heer op Solder. Diese katholische Geheimkirche ist ein verstecktes Juwel, für die steilen Stiegen muss man aber gut zu Fuß sein. Ein informativer Audioguide ist an der Kasse erhältlich. Mo–Sa 10–17 Uhr, So und Feiertag 13–17 Uhr, 1. Jan. und am 30. April geschl., Oudezijds Voorburgwal 40, 1012 GE Amsterdam, Tel. 020/624 66 04, info@opsolder.nl, www.opsolder.nl

ESSEN UND TRINKEN

Febo – de lekkerste! Seit über 25 Jahren ist diese Filiale einer örtlichen Automatenrestaurant-Kette die Anlaufstelle für Touristen, Nachtschwärmer und Einheimische: Geld einwerfen, Kläppchen öffnen, Kroketten oder Fleischbällchen rausholen und reinbeißen. So–Do 12–3 Uhr, Fr–Sa 12–4 Uhr, Oudezijds Voorburgwal 33, 1012 EJ Amsterdam, Tel. 020/626 03 60, www.febodelekkerste.nl

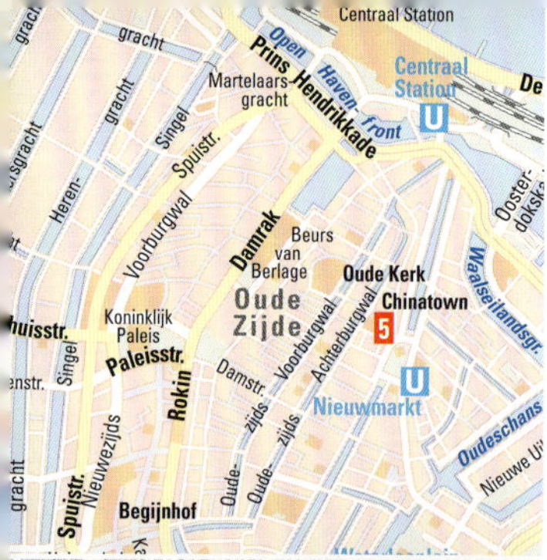

5 Chinatown

In einer anderen Welt

Der erste buddhistische Tempel in Europa wurde in Amsterdams Chinatown erbaut. Seit über 100 Jahren sind die Straßen zwischen Stormsteeg und Nieuwmarkt, Geldersekade und Zeedijk eine Welt für sich, mit zweisprachigen Straßenschildern, chinesischen Restaurants, Akupunkturpraxen und Lebensmittelläden. Ein farbenprächtiges Schauspiel ist alljährlich das chinesische Neujahrsfest.

Als im Sommer 1911 die niederländischen Seeleute streikten, um bessere Arbeitsbedingungen durchzusetzen, heuerten die Reedereien kurzerhand chinesische Seeleute aus der Provinz Kanton an, die fortan als Heizer und Kohlentrimmer auf den Schiffen schufteten. Rund um die Binnen Bantammerstraat entstanden Logierhäuser und kleine Garküchen, doch im Bewusstsein der Amsterdamer Bevölkerung spielten die Neuankömmlinge zunächst keine nennenswerte Rolle.

Oben: Straßenszene in Amsterdams Chinatown
Unten: Parkverbot für Fahrräder – zweisprachig

Geschichte der Besiedlung

Das änderte sich jedoch schlagartig, als sich im Sommer 1912 zwei rivalisierende chinesische Geheimgesellschaften auf der Prins Hendrikkade eine Straßenschlacht lieferten. Die Regierung griff hart durch und schob mehr als 200 Chinesen ab. Im Sog der Weltwirtschaftskrise in den 1920er-Jahren brachen harte Zeiten für die chinesischen Seeleute an: Sie fanden keine Arbeit mehr. Manche hielten sich mit dem Verkauf selbstgemachter Süßigkeiten aus Zucker und Erdnüssen (*pindas*) über Wasser; in Amsterdam zogen zeitweise bis zu 200 »Pindamannetjes« durch die Straßen. Nachdem

Amsterdam in dieser Zeit zum Sammelbecken für chinesische Einwanderer aus ganz Europa geworden war, kam es am Vorabend des Zweiten Weltkriegs zu einer weiteren Abschiebungswelle.

Die Kriegsjahre selbst markierten dann einen Wendepunkt in der Geschichte der in Amsterdam lebenden Chinesen. Abgeschnitten von allen Möglichkeiten, in ihr Herkunftsland zurückzukehren, entstand zum einen eine Schicksalsgemeinschaft, die die Keimzelle einer selbstbewussten chinesischen Enklave werden sollte. Zum anderen brachten die gemeinsam überstandenen harten Zeiten aber auch Einheimische und Zuwanderer einander näher.

In der Nachkriegszeit waren es vor allem chinesische Restaurants, die den wirtschaftlichen Erfolg der Einwanderer begründeten. Inzwischen existiert längst eine Vielzahl unterschiedlichster niederländisch-chinesischer Unternehmen, von denen viele rund um den Zeedijk ansässig sind. Das Restaurant »Nam Kee« brachte es sogar zu literarischen Ehren: Der Autor Kees van Beijnum verewigte es in seinem Buch *Die Austern von Nam Kee*.

Buddhistischer Tempel

Heute leben Schätzungen zufolge etwa 10 000 chinesischstämmige Menschen in Amsterdam. Ein weithin sichtbares Zeichen ihres »Angekommenseins« ist der farbenprächtige buddhistische Tempel Fo Guang Shan He Hua, der auf die Initiative wohlhabender chinesischer Einwanderer zurückgeht und im September 2000 von Königin Beatrix eröffnet wurde. Der niederländische Architekt Fred Greven entwarf das beeindruckende Gebäude am Zeedijk. Der Name des Tempels heißt übersetzt etwa »Eine Hoffnung spendende, blühende Lotusblume für den Buddhismus in den Niederlanden«.

Im Tempel Fo Guang Shan He Hua

Infos und Adressen

SEHENSWÜRDIGKEITEN

Tempel Fo Guang Shan He Hua. Die große Halle des Tempels ist frei zugänglich. Di–Sa 12–17 Uhr, So 10–17 Uhr, montags und 1. Jan. geschl., Zeedijk 106–118, 1012 BB Amsterdam, Tel. 020/420 23 57, ibpsholland@gmail.de, www.ibps.nl

ESSEN UND TRINKEN

Latei. Kuriose Mischung aus Café und Trödelladen; die gesamte Deko (überwiegend aus den 1960er Jahren) ist käuflich. Der Kaffee und der Apfelkuchen sind ein Gedicht. Mo–Mi 8–18 Uhr, Do–Fr 8–22 Uhr, Sa 9–22 Uhr, So 11–18 Uhr, Zeedijk 143, 1012 AW Amsterdam, Tel. 020/625 74 85, info@latei.net, www.latei.net

Nam Kee. Ursprünglich komplett weiß gekachelt bietet das Lokal nach einer umfassenden Renovierung nun ein anheimelnderes Ambiente; das Essen ist gut und die Mitarbeiter ausgesprochen freundlich. Tgl. 12–23 Uhr, Zeedijk 111–113, 1012 AV Amsterdam, Tel. 020/624 34 70, www.namkee.net

6 Kalverstraat, Rokin und Spui

Schicke Läden, ein Wunder und ein Gassenjunge

Der Lauf der Amstel teilte das mittelalterliche Amsterdam in zwei Hälften: Am östlichen Ufer lag die Oude, am westlichen die Nieuwe Zijde, die sich vom heutigen Damrak bis zum Singel erstreckte. Im Mittelalter strömten Pilgerscharen in diesen Teil der Stadt, heute schieben sich tagein, tagaus Menschenmassen entlang der Schaufenster des beliebten Einkaufsviertels zwischen Kalverstraat und Rokin.

Der Rokin genannte Teil der Amstel zwischen den Plätzen Dam und Spui wurde in den 1930er-Jahren teilweise zugeschüttet, um eine vorzeigbare elegante Geschäftsstraße anzulegen. Durch die Baustelle der U-Bahn Nord-Zuidlijn wird der Rokin seit vielen Jahren in Mitleidenschaft gezogen, sodass bereits einige traditionsreiche Geschäfte schließen mussten.

Oben: Wohlhabende Bürger schmückten ihre Häuser mit prächtigen Giebeln.
Unten: Eine elegante Schaufensterfront am Rokin

MAL EHRLICH

NICHT MIT DEM AUTO IN DIE STADT!
Amsterdam ist keine Stadt für Autofahrer. In der Innenstadt der »kleinsten Metropole der Welt« kommt man zu Fuß, per (Leih-)Rad oder mit der Straßenbahn viel besser und schneller voran. Hinzu kommt, dass trotz der vielen Geländer am Ufer angeblich einmal pro Woche irgendwo ein Auto in eine Gracht fährt. Da außerdem die Parkmöglichkeiten im Zentrum knapp und teuer sind, empfiehlt es sich, eine der vielen gut gelegenen »Park&Ride«-Möglichkeiten rund um Amsterdam zu nutzen.

Pilgern zur Wallfahrtskapelle

Ab dem 14. Jahrhundert zog das »Wunder von Amsterdam«, das sich im März 1345 zugetragen haben soll, Pilger aus ganz Europa an. Der Legende nach hatte ein todkranker Mann in der Kalverstraat gerade die heilige Kommunion empfangen, als er sich auf einmal übergeben musste. Die erbrochene Hostie wurde ins Feuer geworfen, doch sie verbrannte nicht und schon bald hieß es, dass sie Kranke heilen könne. Zwischen Kalverstraat und Rokin wurde eine Wallfahrtskapelle errichtet. Selbst der spätere Kaiser Maximilian I. von Habsburg (1459–1519) pilgerte 1489 hierher und gestattete der Stadt zum Dank für seine Genesung, die Kaiserkrone im Wappen zu führen. Von der Kapelle, die 1908 abgerissen wurde, blieb nur eine Granitsäule, die 2003 dem U-Bahnbau weichen musste. Doch jedes Jahr ziehen im März mehrere tausend Gläubige in einer nächtlichen Prozession, dem »Stille Omgang«, vom Spui aus entlang des mittelalterlichen Prozessionswegs. Am unteren Ende des Rokin hat mit dem Maison de Bonneterie (1905) eines der eleganten Großkaufhäuser der Jahrhundertwende überdauert.

Kalverstraat

In der Kalverstraat, einer der ältesten Straßen der Stadt, wurde im Mittelalter der Viehmarkt abgehalten. Heute ist die schmale Straße eine beliebte Bummelmeile, allerdings prägen auch hier inzwischen die üblichen Ketten das Straßenbild. Etwas exklusiver geht es im Einkaufszentrum Kalvertoren am Ende der Fußgängerzone zu; das Café »blue°« auf dem Dach des Komplexes bietet einen spektakulären Rundumblick über Amsterdam. Vom Heiligeweg aus führt die Rasphuispoort (1603) in das Einkaufszentrum. Sie war der Eingang zum Zuchthaus für Männer, dessen Insassen Rotholz für das Färben von Stoffen raspeln mussten.

AUTORENTIPP!

EIN PARADIES FÜR LESER

Das 1966 gegründete Athenaeum am Spui ist nicht nur einer der letzten großen unabhängigen Buchläden der Niederlande, sondern auch einer der bestsortierten. Das imposante weiße Eckhaus mit den markanten rot-weiß-gestreiften Markisen ist ein Anziehungspunkt für Buchliebhaber aus aller Welt. Das Sortiment umfasst neben wissenschaftlicher Literatur vor allem europäische Belletristik. Regelmäßig finden Lesungen statt. Im angeschlossenen Nieuwscentrum gibt es eine erstaunliche Auswahl internationaler Zeitungen und Zeitschriften sowie zahlreiche Bücher über Design, Jazz und Popmusik.

Athenaeum Boekhandel. Mo 11–18 Uhr, Di, Mi, Sa 9.30–18 Uhr, Do 9.30–21 Uhr, Fr 9.30–18.30 Uhr, So 12–17.30 Uhr, Spui 14–16, 1012 XA Amsterdam, Tel. 020/514 14 60, info@athenaeum.nl, www.athenaeum.nl

Noch ein Paradies für Bücherfreunde

Oben: Das Wahrzeichen der Kirche »de Papegaai«
Mitte: Ein Elefant als farbenfroher Blickfang auf dem Spui
Unten: Dieser Lausejunge hat es faustdick hinter den Ohren.

Eingeklemmt zwischen den Schaufenstern der Häuser Kalverstraat 56 und 60 ist das Portal der neugotischen Petrus- und Paulus-Kirche. Sie verdankt ihren Beinamen »de Papegaai« einem aus Bronze gearbeiteten Papagei, der an der linken Seite des Giebels auf seiner Stange thront. Im 17. Jahrhundert lag an dieser Stelle, versteckt in einem Garten, eine katholische Geheimkirche. Durch die von einem mächtigen Stadtwappen gekrönte Weeshuispoort (1581) betritt man den weitläufigen Gebäudekomplex des ehemaligen Waisenhauses, das jetzt die stadthistorische Sammlung des Amsterdam Museums beherbergt (s. S. 52).

Der Lausejunge auf dem Spui

Der Spui bildete bis zum 14. Jahrhundert die Stadtgrenze. In den 1960er-Jahren war er ein Zentrum der Provo-Bewegung, einer jugendlichen Protestbewegung gegen das bürgerliche Establishment. Im Mittelpunkt der Tumulte stand das Denkmal eines Amsterdamer Gassenjungen (1960), der als *Het Lieverdje* bekannt ist – was man sowohl mit »Schätzchen« als auch mit »Früchtchen« übersetzen kann. Freitags findet hier rund ums Jahr ein Büchermarkt statt, zwischen März und Dezember stellen sonntags Künstler ihre Werke aus. Am Spui liegt eines der ältesten Lokale der Stadt, das 1670 gegründete »Café Hoppe« mit seiner denkmalgeschützten Inneneinrichtung. Dominiert wird der Platz von der mächtigen Fassade des Maagdenhuis, das von 1570 bis 1952 als römisch-katholisches Mädchenwaisenhaus diente und heute die Universitätsverwaltung beherbergt. An der Ecke Rokin/Spui steht das bemerkenswerte Gebäude von Arti et Amicitiae (1856), einer Vereinigung, die sich seit 1839 der Förderung der bildenden Kunst verschrieben hat. Hier finden regelmäßig Ausstellungen statt.

Infos und Adressen

SEHENSWÜRDIGKEITEN

Arti et Amicitiae. Zeitgenössische Kunst in historischem Rahmen. Öffnungszeiten: Mo–Fr 10–24 Uhr, Ausstellungssäle Di–So 12–18 Uhr, Rokin 112, 1012 LB Amsterdam, Tel. 020/624 51 34, arti@arti.nl, www.arti.nl

Petrus- en Pauluskerk/De Papegaai. Eine Oase der Stille an der Shoppingmeile. Öffnungszeiten: Mo–Sa 10–16 Uhr, So 10–ca. 13.30 Uhr (Gottesdienstende), Kalverstraat 58, 1012 PG Amsterdam, papegaaiamsterdam@gmail.com, www.nicolaas-parochie.nl

ESSEN UND TRINKEN

blue°. Rundum verglaster Restaurantturm oben auf der Mall Kalvertoren mit atemberaubender Aussicht. Mo 11–18.30 Uhr, Di, Mi, Fr, Sa 10–18.30 Uhr, Do 10–21 Uhr, So 12–18.30 Uhr, Singel 457, 1012 WP Amsterdam, Tel. 020/427 39 01, welcome@blue-amsterdam.nl, www.blue-amsterdam.nl

Café Hoppe. Uriges Traditionslokal mit separatem Steh- und Sitzbereich. So–Do 8–1 Uhr, Fr–Sa 8–2 Uhr, 25. Dez. geschl., Spui 18–20, 1012 XA Amsterdam, Tel. 020/420 44 20, info@cafehoppe.com, www.cafehoppe.com

Gartine. Behagliches kleines Café mit eigenem

Künstler auf dem Spui

Kühle Moderne: das Einkaufszentrum Kalvertoren

Kräutergarten. Reservieren ist ratsam! Mi–So 10–18 Uhr, Taksteeg 7, 1012 PB Amsterdam, Tel. 020/320 41 32, www.gartine.nl

Vlaams Friteshuis Vleminckx. Nur ein Verkaufsfenster in einer Häuserwand, aber die besten Pommes der Stadt. So–Mo 12–19 Uhr, Di–Sa 11–19, Do bis 21 Uhr, Voetboegstraat 33, 1012 XK Amsterdam, Tel. 020/624 60 75.

ÜBERNACHTEN

Hotel V Nesplein. Nagelneues Vier-Sterne-Boutiquehotel in modern-minimalistischem Design. Nes 49, 1012 KD Amsterdam, Tel. 020/662 32 33, stay@hotelv.nl, www.hotelvnesplein.nl

EINKAUFEN

P.G.C. Hajenius. Alteingesessenes Zigarrenhaus mit feinstem Art-déco-Interieur. Mo 12–18 Uhr, Di–Sa 9.30–18 Uhr, So 12–17 Uhr, Rokin 96, 1012 KZ Amsterdam, Tel. 020/623 74 94, info@hajenius.com, www.hajenius.com

AKTIVITÄTEN

The Amsterdam Dungeon. Gruselrundgang durch die Stadtgeschichte. Tgl. 11–17 Uhr, 30. April geschl., Rokin 78, 1012 KW Amsterdam, Tel. 020/530 85 00, info@theamsterdamdungeon.nl, www.the-dungeons.nl/amsterdam

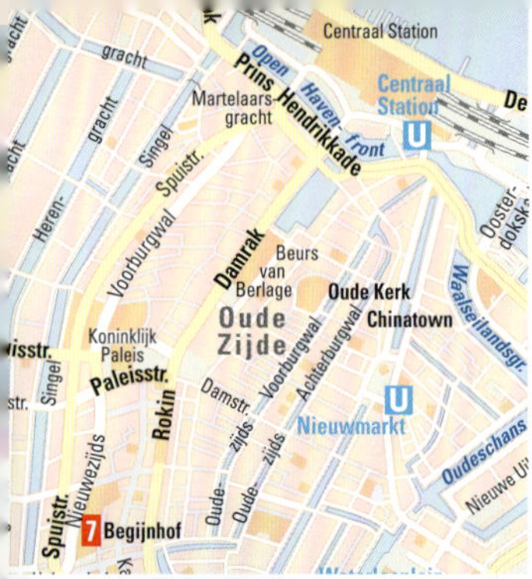

Oben: Ein Hort der Stille ist der Begijnhof.
Unten: Hinter dieser unscheinbaren Tür verbirgt sich eine andere Welt.

7 Begijnhof

Eine Oase der Stille

Durch eine schmale Pforte gelangt man in eine andere Welt. Wie auf einem mittelalterlichen Platz gruppieren sich malerische Häuser mit schmucken Giebeln um eine weißgestrichene Kirche. Die winzigen Gärtchen vor den Häusern quellen im Sommer fast über vor Blumen. Nur wenige Schritte trennen den Begijnhof vom lebhaften Treiben in der Innenstadt. Doch in dem versteckten Idyll scheint die Zeit stehengeblieben zu sein.

Die hübsche abgeschlossene Wohnanlage ist das größte und älteste *hofje* in Amsterdam und liegt als einziges im mittelalterlichen Stadtgebiet. Der Begijnhof wird im Jahre 1346 erstmals urkundlich erwähnt. Die meisten der insgesamt 47 Häuser, die sich um zwei baumbestandene Rasenflächen scharen, stammen aus dem 17. Jahrhundert. Das um 1470 erbaute Haus mit der Nummer 34 ist vermutlich das älteste Holzhaus in den Niederlanden. Die Beginen waren fromme, unverheiratete Frauen, die in einer religiös geprägten Gemeinschaft zusammenlebten, aber nicht in ein Kloster eintreten wollten. Sie konnten ihren weltlichen Besitz behalten und die Gemeinschaft jederzeit verlassen, etwa, um zu heiraten. Die Beginen waren sozial sehr engagiert, vor allem in der Kranken- und Altenpflege.

Bis ins Jahr 1417 erstreckte sich der Begijnhof nur bis zum heutigen Begijnsteeg, das weitere Gelände bis zum Spui war ein einziger Morast. Um ihren Hof erweitern zu können, legten die Beginen dieses Areal in mühevoller Arbeit trocken. Die Stadt Amsterdam verpflichtete sich im

Gegenzug, das Gebiet des heutigen Platzes Spui niemals zu bebauen. Im Zuge dieser ersten Erweiterung wurde die bisherige Kapelle durch eine Kirche ersetzt, in der die Beginen fortan auch bestattet wurden. Nach zwei verheerenden Bränden im 15. Jahrhundert wurde der Begijnhof wieder aufgebaut und ab dem Jahr 1511 noch einmal erweitert.

Engelse Kerk

In einer unblutigen Revolution, der sogenannten »Alteratie«, übernahmen 1578 die Protestanten die Herrschaft in Amsterdam. Katholische Kirchen und Klöster wurden enteignet. Da der Zusammenschluss der Beginen kein Nonnenorden war, durften sie ihren Hof behalten, mussten aber ihre Kirche, die seit dieser Zeit den Namen »Engelse Kerk« trägt, an die englisch-presbyterianische Gemeinde abtreten. Eine Begine namens Cornelia Arents war darüber so empört, dass sie nach ihrem Tode nicht in der Kirche bestattet werden wollte. Lieber wolle sie in der Gosse am Kirchpfad ihre letzte Ruhe finden. Als sie im Oktober 1654 starb, setzte man sie zunächst in der Kirche bei. Doch schon im nächsten Frühjahr wurde sie ihrem Wunsch entsprechend umgebettet. Ihre Grabplatte an der Mauer gegenuber der Kirche wird immer noch am 2. Mai jedes Jahres mit Blumen geschmückt. Um weiter die Messe feiern zu können, richteten die Beginen in den Häusern gegenüber der Kirche eine Geheimkirche ein.

Die letzte Begine, Schwester Antonia, starb 1971. 1979 wurde der Begijnhof restauriert und die ursprünglich 140 Wohnungen (die meisten davon mit nur einem Zimmer) zu Zwei- und Drei-Zimmer-Wohnungen zusammengelegt. Bis heute leben im Begijnhof ausschließlich alleinstehende Frauen – neben Seniorinnen auch Studentinnen.

Infos und Adressen

ESSEN UND TRINKEN

D'Vijff Vlieghen. Das »kulinarische Museum« serviert gehobene niederländische Küche in beeindruckendem historischem Ambiente. Tgl. 18–22 Uhr, Spuistraat 294–302, 1012 VX Amsterdam, Tel. 020/53 04 060, vijffvlieghen@nh-hotels.com, www.vijffvlieghen.nl

Kantijl & de Tijger. Das Lokal mit offener Küche ist seit über 20 Jahren bekannt für sein hervorragendes indonesisches Essen. Tgl. 12–16.30 Uhr und 16.30–23 Uhr, 4., 5. Feb. geschl., Spuistraat 291–293, 1012 VS Amsterdam, Tel. 020/620 09 94, eat@kantijl.nl, www.kantijl.nl

AKTIVITÄTEN

Figaro Pasquale. Eine Institution: Seit 1965 betreibt Pasquale Capone seinen winzigen Barbierladen, jetzt arbeitet er einen Nachfolger ein. Di–Do ca. 13–18 Uhr, Begijnensteeg 10, 1012 PN Amsterdam, Tel. 020/622 20 78, figaropasquale@zonnet.nl, www.figaropasquale.nl

INFORMATION

Begijnhof. Der Hof ist tgl. 8–17 Uhr durch ein Tor am Spui oder über den Begijnensteeg von der Kalverstraat aus zugänglich, der kleine Laden Mo–Sa 12.30–15.30 Uhr. In die Begijnhof-Kapelle gelangt man vom Spui aus auch außerhalb der Öffnungszeiten des Hofes (Mo 13–18.30 Uhr, Di–Fr 9–18.30 Uhr, Sa–So 9–18 Uhr). Infos unter: www.begijnhofamsterdam.nl.
In der Engelse Kerk findet Mi 12.30 Uhr ein Gottesdienst in niederländischer, So 10.30 Uhr in englischer Sprache statt. Besichtigungen Mo, Do 11–16 Uhr, Di 10.30–15 Uhr, Fr 13–17 Uhr.

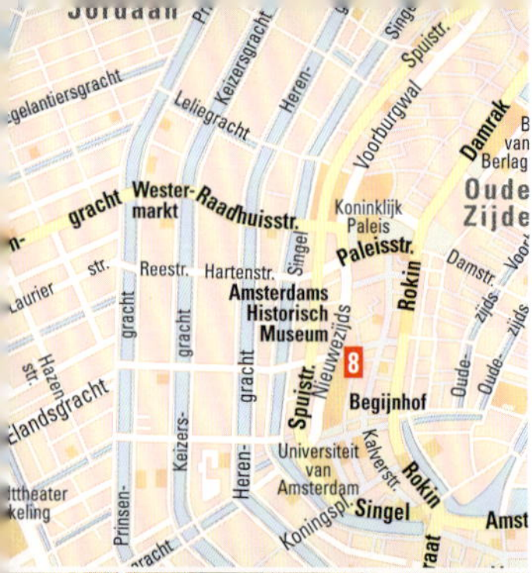

Oben: Das Amsterdam Museum lädt zu einem Streifzug durch die Geschichte ein.
Unten: In diesen Fächern verwahrten einst die Waisenkinder ihre Habe.

8 Amsterdam Museum
Eine spannende Zeitreise

Mitten im Herzen der Stadt gelegen hält das Amsterdam Museum die Geschichte der Metropole lebendig und verknüpft sie auf spannende Art und Weise mit der Gegenwart der Stadt. Die beeindruckende Sammlung umfasst mehr als 75 000 Stücke, die über 700 Jahre Stadtgeschichte widerspiegeln. Zusammen mit wechselnden Ausstellungen zu aktuellen Themen entsteht ein vielschichtiges Bild der traditionsreichen und lebendigen Stadt.

Durch die imposante Weeshuispoort gelangt man von der Kalverstraat aus in den Innenhof des ehemaligen Waisenhauses, das heute das Amsterdam Museum beherbergt. Ein zweiter Eingang liegt am Sint Luciënsteeg. Hier fallen die zahlreichen Giebelsteine ins Auge, die aus Abbruchhäusern gerettet wurden. Bevor es Hausnummern gab, kennzeichneten solche kleinen Reliefs viele Häuser und erleichterten die Orientierung.

MAL EHRLICH

KUNST ALS APPETITHÄPPCHEN

Auf die Idee muss man erst einmal kommen: Ein Stück öffentliche Straße wird überdacht und kurzerhand zur Bildergalerie umgewidmet. Fertig ist die Schuttersgalerij – ein äußerst ungewöhnlicher Ausstellungsraum, der auch noch bestens funktioniert. Mit freiem Eintritt und fußläufiger Lage locken die gewaltigen Gruppenportraits viele Menschen in den Museumskomplex, die sonst vielleicht keinen Fuß hineinsetzen würden. Kunstgenuss im Vorbeigehen: ein geniales Konzept!

Das Gemälde »Schiffsgang von Compagniesoldaten nahe Montelbaanstoren« malte Abraham Storck um 1680.

Vom Kloster zum Waisenhaus

1579 bezog das Amsterdamer Waisenhaus das mittelalterliche Sint Luciënklooster. Zwischen 1632 und 1635 wurden hier zwei separate Waisenhäuser eingerichtet: eines für Jungen und eines für Mädchen. Bis 1865 trennte ein Wassergraben, die Begijnsloot, die beiden Wohnbereiche voneinander. Heute verläuft an dieser Stelle die Schuttersgalerij, in der großformatige Gruppenportraits der diversen Amsterdamer Schützengilden zu sehen sind. Die im Waisenhaus lebenden Mädchen wurden in Handarbeiten unterwiesen, die Jungen konnten eine Handwerksausbildung absolvieren. An der Ostseite des Innenhofs entstand 1762 eine Galerie mit 120 in die Mauer eingelassenen »Schließfächern«, in denen die Waisenknaben ihre persönliche Habe und ihr Handwerkszeug unterbringen konnten. Heute dienen etliche der kleinen Fächer als Ausstellungsvitrinen. Im Regentensaal, dessen Inneneinrichtung im Stil des 17. Jahrhunderts weitgehend erhalten geblieben ist, hielt einst das Direktorium des Waisenhauses seine Sitzungen ab. Fast 400 Jahre lang wurde der Gebäudekomplex als Waisenhaus genutzt. 1966 kaufte die Stadt das Ensemble und ließ es zum Museum umbauen.

AUTORENTIPP!

STADTGESCHICHTE IM ZEITRAFFER

Eine Art Museum im Museum ist die Abteilung DNA Amsterdam. In einer knapp einstündigen Multimedia-Show erlebt man hier in sieben spannenden Kapiteln die Stadtgeschichte wie im Zeitraffer, illustriert mit ausgewählten Exponaten – ideal für Wochenendreisende, die in kurzer Zeit das Wichtigste über die Stadtgeschichte erfahren möchten. Interaktive Spielelemente und hervorragende Animationen in zehn Sprachen, die auf große, freistehende Glasflächen projiziert werden, machen Spaß – und Appetit auf mehr. Wer tiefer in die Stadtgeschichte eintauchen möchte, kann anschließend noch die umfangreiche ständige Sammlung besuchen oder mithilfe der Museums-App die Stadt erkunden.

Amsterdam Museum. Mo–So 10–17 Uhr, 1. Jan., 30. April und 25. Dez. geschl., Kalverstraat 92, 1012 PH Amsterdam, Tel. 020/523 18 22, info@amsterdammuseum.nl, www.amsterdammuseum.nl

Die drei Kreuze des Stadtwappens

Oben: Auch ein Stück Geschichte: die alte Kanone
Mitte: Durch diesen Torbogen gelangt man ins Amsterdam Museum.
Unten: Kunst im Vorübergehen: Durch die Schuttersgalerij führt ein öffentlicher Weg.

Ständige Ausstellung

Durch Schenkungen und Ankäufe wuchs diese Sammlung in den nächsten Jahrhunderten stetig an. Einige besondere Stücke, darunter die berühmte *Nachtwache* von Rembrandt (1606–1669), wurden zu Beginn des 19. Jahrhunderts im neuen Rijksmuseum (s. S. 150) ausgestellt, andere kamen in das 1896 eröffnete Stedelijk Museum (s. S. 160). 1926 bezog der stadthistorische Teil der Sammlung erstmals ein eigenes Domizil im Gebäude der alten Waage am Nieuwmarkt und 1975 übersiedelte das Museum, das damals noch Amsterdams Historisch Museum hieß, in das ehemalige Waisenhaus.

Einen ersten schnellen Überblick bietet die Ausstellung »Amsterdam DNA« (s. S. 53). Kinder können im »Kleinen Waisenhaus« interaktiv den Alltag eines Waisenkindes im 17. Jahrhundert kennenlernen. Sehenswert ist auch die ständige Sammlung: Einer der Höhepunkte ist die »Mirakelkist«. Darin soll einst die Hostie verwahrt worden sein, die beim »Wunder von Amsterdam« ins Feuer geworfen wurde und nicht verbrannte (s. S. 47). Nach der Machtübernahme der Protestanten kam die Kiste aus der Wallfahrtskapelle am Rokin in das Waisenhaus. Obwohl immer wieder kranke Kinder berichteten, sie seien genesen, nachdem sie sich auf die Kiste gesetzt hätten, soll die Wunderkiste dort schließlich auf den Dachboden verbannt worden sein. Weitere Highlights sind der älteste Stadtplan von Amsterdam aus dem Jahre 1538, den Cornelis Anthonisz (ca. 1505–1553) aus der Vogelperspektive zeichnete, und ein 1968 vorgestelltes Elektroauto namens »Witkar«. Das Gemälde *Die Anatomiestunde des Dr. Deijman* (1656) von Rembrandt verblüfft durch seine plastische perspektivische Darstellung. Außerdem nennt das Museum die symbolischen Stadtschlüssel sein Eigen, die 1806 während der französischen Besatzung an Louis Napoleon (1778–1846) ausgehändigt wurden.

Infos und Adressen

SEHENSWÜRDIGKEITEN

Amsterdam Museum. Sehenswertes Museum im alten Waisenhaus. Die Schuttersgalerij führt vom Museumshof aus zum Begijnhof. Tgl. 10–17 Uhr, 1. Jan., 30. April und 25. Dez. geschl., Kalverstraat 92, 1012 PH Amsterdam, Tel. 020/523 18 22, info@amsterdammuseum.nl, www.amsterdammuseum.nl

ESSEN UND TRINKEN

Het Houten Huisje. In dem kleinen sonnengelben Holzhäuschen servieren Dea Ellens und ihre Töchter leckere Snacks mit Zutaten aus biologischem Anbau. So, Mo 11–18 Uhr, Di, Mi, Fr, Sa 10–18 Uhr, Do 10–19 Uhr, Nieuwezijds Voorburgwal 289 t/o, 1012 RL Amsterdam, Tel. 020/625 65 42, lunchroomhethoutenhuisje@gmail.com, www.hethoutenhuisje.com

Museumcafé Mokum. Nettes Café im säulengeschmückten Innenhof des Amsterdam Museums,

Der Goliath hält in der Schützengalerie Wache.

Das Café »Mokum« im Amsterdam Museum

ideal für eine kleine Verschnaufpause. Im Sommer Tgl. 10–17.45 Uhr, Im Winter 10–17 Uhr, Tel. 020/623 67 36, info@museumcafemokum.nl, www.amsterdammuseum.nl/museumcafé-mokum

Visrestaurant Lucius. Vor allem im Sommer ist eine Reservierung ratsam: Touristen wie Einheimische schätzen das 1975 eröffnete Fischlokal im Stil einer Brasserie. Tgl. 17–24 Uhr, Spuistraat 247, 1012 VP Amsterdam, Tel. 020/624 18 31, info@lucius.nl, www.lucius.nl

EINKAUFEN

De Posthumuswinkel. Tinten in allen Regenbogenfarben, hochwertige Briefpapiere und eine unglaubliche Auswahl an Stempeln und Petschaften gibt's bei Posthumus, gegründet 1865. Di–Fr 9–17 Uhr, Sa 11–17 Uhr, Sint Luciënsteeg 23–25, 1012 PM Amsterdam, Tel. 020/625 58 12, info@posthumuswinkel.nl, www.posthumuswinkel.nl

Croissanterie Egstorf. Das Erdgeschoss des spektakulären Jugendstilgebäudes dient seit dem Bau 1898 als Bäckerei. Die alten Kachelbilder an den Wänden zeigen, wie Brot entsteht. Mo–Fr 8–17 Uhr, Sa 7–17 Uhr, Spuistraat 274/Ecke Raamsteeg, 1012 VX Amsterdam, Tel. 020/623 23 38.

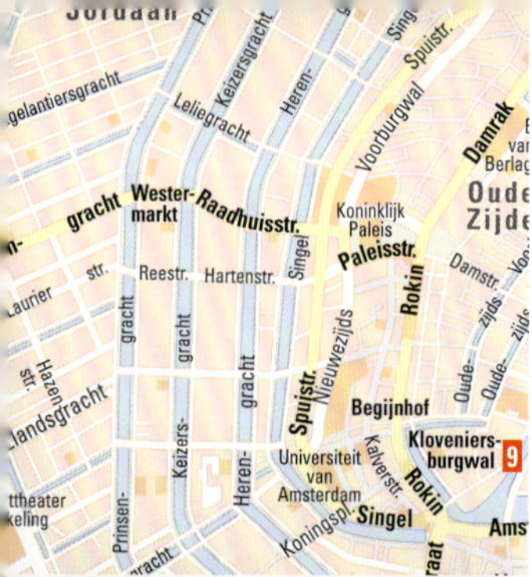

Traumhäuschen für den Kutscher: das kleine Trippenhaus

9 Kloveniersburgwal und Universitätsviertel

Zwischen Amüsement und Gelehrsamkeit

Der Kloveniersburgwal, auch »de Kloof« genannt, bildete im späten 15. Jahrhundert den östlichen Teil der Stadtbefestigung. Während der deutschen Besatzung begrenzte er den jüdischen Wohnbezirk. Zwischen Kloveniersburgwal und Oudezijds Voorburgwal gab es zahlreiche Klöster. Hier ist der Sitz der Amsterdamer Universität; die Ostindien-Kompanie lenkte von hier aus ihr weltumspannendes Handelsimperium.

Der Kloveniersburgwal verdankt seinen Namen den *Kloveniers* – Büchsenschützen mit langen Musketen, wie sie auf Rembrandts Gemälde *Die Nachtwache* zu sehen sind. Das Bild, das die Schützenkompanie des Hauptmanns Frans Banning Cocq und des Leutnants Willem van Ruytenburch zeigt, entstand in deren Schützenhaus an der Nieuwe Doelenstraat. Hier befindet sich heute das »Hotel NH Doelen«, in dem 1884 Kaiserin Sissi abstieg.

MAL EHRLICH

FINGER WEG VOM BAKFIETS

Lastenfahrräder, sogenannte *Bakfietsen*, sind in Amsterdam seit Jahren angesagt. Mit den wendigen Gefährten werden Einkäufe, Kinder, Hunde, Pflanzen, Möbel und vieles mehr transportiert. Die Trendvehikel mit den großen Ladeflächen parken überall und zum großen Leidwesen der Besitzer werden sie immer wieder als Mülleimer missbraucht. Mit solch rücksichtslosem Verhalten handelt man sich schnell Ärger ein, denn vielen Niederländern ist ihr *Fiets* heilig.

Trippenhuis

Da passt es gut, dass eines der spektakulärsten Gebäude am Kloveniersburgwal, das 22 Meter breite Trippenhuis (1662) mit der Hausnummer 29, im Auftrag zweier Waffenhändler errichtet wurde. 1655 beauftragten die Brüder Louys (1605–1684) und Hendrick (1607–1666) Trip den Architekten Justus Vingboons (1621–1698), ihnen zwei identische, spiegelbildlich angeordnete Wohnhäuser mit einer gemeinsamen prunkvollen Fassade zu bauen. Per Los entschieden die Brüder, wer welche Hälfte bezog. Die Fassade ist mit Abbildungen von Waffen verziert, die Schornsteine haben die Form von Mörsern. Von 1815 bis 1885 war in dem prächtigen Anwesen das Rijksmuseum untergebracht, anschließend bezog die Königliche Akademie der Wissenschaften das Gebäude und nutzt es bis heute. Schräg gegenüber auf der anderen Seite der Gracht steht das Haus Nr. 26, eines der schmalsten Häuser der Stadt. Der Legende nach ließen die Brüder Trip es für ihren Kutscher bauen, nachdem dieser angesichts des Trippenhuis ausrief: »Ach, mir genügte schon ein Haus, so breit wie die Haustür meiner Dienstherren!«

Das Oost-Indisch Huis

Alte Karten von Amsterdam zeigen, dass sich in diesem Teil der Stadt etliche Klöster aneinanderreihten. »Stille Zijde« wurde er deshalb genannt. Das Sint Paulusbroederklooster nahm zu seiner Blütezeit das gesamte Areal zwischen Kloveniersburgwal, Oude Hoogstraat, Spinhuissteeg und Oudezijds Achterburgwal ein. Die zugehörige Paulusbroederkerk wurde 1578 während der Alteratie wallonischen Protestanten zugesprochen. Bis heute wird in der Waalse Kerk ein französischsprachiger Sonntagsgottesdienst abgehalten. Auf dem angrenzenden Klosterareal entstand zu Beginn des 17. Jahrhunderts das Hauptquartier der Verenigde

AUTORENTIPP!

NEUE KLÄNGE IN ALTEN MAUERN

Das Bethanienkloster war einst als »Kloster der bekehrten Schwestern« bekannt, denn es nahm Frauen auf, die ein sündhaftes Leben geführt, sich dann aber reuig davon abgewendet hatten. Keinen Grund zur Reue hat, wer sich heute in die alte Klosteranlage begibt: Nach einer umfangreichen Renovierung wird der ehemalige Nordflügel seit 1998 als Konzertsaal genutzt. Das Bethanienkloster hat sich vor allem als Podium für Kammermusik einen Namen gemacht. Unter der herrlichen alten Balkendecke und den geschwungenen Leuchtern gibt es aber auch Jazzkonzerte und regelmäßig treten junge Talente des Amsterdamer Konservatoriums auf. Ein Geheimtipp sind die Konzerte des Ensembles »Aventure«, bei denen musikalische Meisterwerke aus dem 15. Jahrhundert erklingen. Konzerttermine und -karten gibt's auf der Webseite.

Het Bethaniënklooster. Barndesteeg 6b, 1012 BV Amsterdam, Tel. 020/625 00 78, info@bethanienklooster.nl, www.bethanienklooster.nl

Vielerorts liegt Musik in der Luft.

Oben: Die Schaltzentrale der Macht: Hier residierte die Oost-Indische Compagnie.
Mitte: In Amsterdam gibt's viel zu entdecken.
Unten: Grünes Idyll auf dem Universitätsgelände

Ooost-Indische Compagnie (VOC). Sie wurde 1602 gegründet, um den Überseehandel mit und den Handel innerhalb Asiens zu organisieren. Ausgestattet mit einem umfassenden Handelsmonopol baute die Kompanie innerhalb weniger Jahre ein gewaltiges Wirtschaftsimperium auf. Das »Management« der VOC bestand aus 17 Honoratioren, den sogenannten »Heren XVII«, die sich mehrmals im Jahr trafen. Die Kompanie war zunächst im ehemaligen Arsenal an der Ecke Kloveniersburgwal/Oude Hoogstraat untergebracht. Ab 1606 entstand dann unter der Leitung von Hendrick de Keyser (1565–1621) der imposante vierflügelige Komplex mit den markanten Fassaden aus roten Ziegeln und hellem Sandstein. Im Innenhof standen früher die Matrosen Schlange, um auf einem der Handelsschiffe der VOC anzuheuern. 1799 wurde die Oost-Indische Compagnie aufgelöst, ihr Gebäude nutzt heute die Universität. Die benachbarte, 1793 errichtete Lutherische Kirche an der Ecke zum Spinhuissteeg ist seit 1995 die Spielstätte des renommierten Compagnietheaters. Am anderen Ende der Gasse lag das Spinhuis, ein Zuchthaus, in dem Frauen, die beim Betteln aufgegriffen worden waren, spinnen oder nähen mussten. Heute gehört das Gebäude zur Universität.

Prinsenhof

Als Louis Napoleon Bonaparte (1778–1846) 1808 den prachtvollen Rathausbau am Dam kurzerhand zu seinem Palast erklärte, übersiedelte der Amsterdamer Magistrat an den Oudezijds Voorburgwal 197, in einen Gebäudekomplex, der unter dem Namen »Prinsenhof« bekannt ist. Ursprünglich lag hier das Cäcilienkloster, das 1578 konfisziert und als Unterkunft für vornehme Gäste der Stadt eingerichtet wurde – 1581 etwa logierte hier Prinz Willem von Oranje. Später hatte die Admiralität das ehemalige Kloster übernommen und ausgebaut, sodass die aus ihrem Domizil am Dam vertriebenen Stadtväter 1808 ein höchst repräsentatives Ausweichquartier beziehen konnten. Eigentlich als Übergangslösung gedacht blieb das Gebäude fast 180 Jahre lang der Sitz der Stadtverwaltung. Heute ist in dem Komplex das »Grand Hotel Amsterdam« beheimatet. Das Wandbild am Eingang zum Restaurant, der früheren Rathauskantine, stammt von Karel Appel (1921–2006), einem der bekanntesten Vertreter des Künstlerkollektivs CoBrA. Das 1949 vollendete Fresko mit dem Titel *Vragende Kinderen* missfiel den Rathausbediensteten allerdings so sehr, dass es schließlich für zehn Jahre abgedeckt wurde. Vor dem Haus Nr. 193 steht am Rande des Oudezijds Voorburgwal ein weiteres denkmalgeschütztes Gebäude – die 1926 errichtete öffentliche Bedürfnisanstalt.

Universität und Oudemannenhuis

Wie so viele Gebäude in diesem Teil der Stadt geht auch die Universität auf ein ehemaliges Kloster zurück: In der säkularisierten Agnietenkapel (um 1470) am Oudezijds Voorburgwal 231 nahm das 1632 gegründete Athenaeum Illustré, die erste Hochschule Amsterdams, seine Tätigkeit auf. Aus dem Kirchenschiff wurde ein großer Hörsaal, aus dem Chor ein kleines Auditorium. Aus dieser Lehranstalt für Wirtschaft und Philosophie ging später die 1877 begründete Universität hervor.

Zur heutigen Universität gehört auch das ehemalige Oudemannenhuis. Nach der Alteratie von 1578 wurde der Oude Nonnenconvent zwischen Kloveniersburgwal und Oudezijds Achterburgwalzu einem Krankenhaus umgewidmet. Im Jahre 1602 wurde dann mit dem Erlös einer eigens zu diesem Zweck veranstalteten Lotterie ein Heim für alte Männer und Frauen gebaut. Der Gang, der entlang des Südflügels vom Kloveniersburgwal

AUTORENTIPP!

SCHÖNER WOHNEN IM GRACHTENHAUS

Gerade einmal sechs Räume hat das kleine Boutique-Hotel »Misc eatdrinksleep«, das in einem handtuchschmalen Grachtenhaus am Kloveniersburgwal untergebracht ist: drei größere nach vorn zur Gracht, drei kleinere nach hinten zum Garten. Jedes einzelne davon ist liebevoll und höchst individuell eingerichtet: Im Baroque Room schwebt ein Baldachin über dem Bett, der Design Room besticht mit modernem Interieur, im Rembrandt Room geht es eher gediegen zu und im Wonders Room schwelgt der Gast in einem Traum aus Tausendundeiner Nacht. Das Frühstück ist hervorragend, die Besitzer ausgesprochen freundlich und hilfsbereit. Ein toller Service sind auch die hoteleigenen Leihfahrräder.

Misc eatdrinksleep. Kloveniersburgwal 20, 1012 CV Amsterdam, Tel. 020/330 62 41, info@misceatdrinksleep.com, www.misceatdrinksleep.com

Oben: Das Haus an den Drei Grachten aus dem 17. Jahrhundert
Mitte: Im Gang hinter dem Oudemanhuispoort haben Buchhändler ihre Stände.
Unten: Verschnaufpause am Wasser

zum Oudezijds Achterburgwal verläuft, wurde Mitte des 18. Jahrhunderts überdacht und mit Verkaufsständen für Luxuswaren und Bücher versehen. Den Eingang am Kloveniersburgwal schmückt ein Torbogen (1784) mit einer allegorischen Darstellung der Milde, des Überflusses, der Weisheit und der Erleuchtung, über dem Portal am Oudezijds Achterburgwal (1793) symbolisierte ein Kneifer das Alter. Während der Cholera-Epidemie von 1831 diente das Oudemannenhuis als Hospital, der Gang wurde geschlossen. Als 1880 die junge Universität den Komplex übernahm, kehrten die Buchhändler zurück. Ein Stückchen weiter liegt dort, wo Oudezijds Voorburgwal und Oudezijds Achterburgwal in den Grimburgwal einmünden, das auf drei Seiten von Wasser umgebene Huis an de Drie Grachten – ein beliebtes Fotomotiv.

Allard-Pierson-Museum

Über den Grimburgwal erreicht man mit wenigen Schritten das kleine Sträßchen Nes, eines der Zentren des Amsterdamer Theaterlebens. Wer sich für das Altertum interessiert, sollte das Allard-Pierson-Museum nicht versäumen: Das archäologische Museum der Universität von Amsterdam versammelt unter anderem Schätze aus dem Mittelmeerraum.

Infos und Adressen

SEHENSWÜRDIGKEITEN

Allard Pierson Museum. Das archäologische Museum der Universität. Di–Fr 10–17 Uhr, Sa–So 13–17 Uhr, Oude Turfmarkt 127, 1012 GC Amsterdam, Tel. 020/525 25 56, allard.pierson.museum@uva.nl, www.allardpiersonmuseum.nl

ESSEN UND TRINKEN

Blauw aan de Wal. Hervorragendes Lokal in einem alten Gewürzlagerhaus. Di–Sa 18–23.30 Uhr, Oudezijds Achterburgwal 99, 1012 DD Amsterdam, Tel. 020/330 22 57, www.blauwaandewal.com

Brasserie Harkema. Moderne Brasserie in modernem Design. Tgl. 11–1 Uhr, Nes 67, 1012 KD Amsterdam, Tel. 020/428 22 22, reserveren@brasserieharkema.nl, www.brasserieharkema.nl

Café De Engelbewaarder. Hier gibt's So ab 16.30 Uhr Live-Jazz. So–Do 11–1 Uhr, Fr–Sa 11–3 Uhr, Kloveniersburgwal 59, 1011 JZ Amsterdam, Tel. 020/625 37 72, www.cafe-de-engelbewaarder.nl

Studentencafé im Uni-Viertel

Den historischen Kräuterladen gründete Jacob Hooy.

Café de Jaren. Hell und licht, mit grandioser Terrasse am Wasser. So–Do 9.30–1 Uhr, Fr–Sa 9.30–2 Uhr, Restaurant: Tgl. 17.30–22.30 Uhr, Nieuwe Doelenstraat 20–22, 1012 CP Amsterdam, Tel. 020/625 57 71, info@cafedejaren.nl, www.cafedejaren.nl

EINKAUFEN

GezondheidsWinkel Jacob Hooy. Historischer Kräuterladen. Mo 13–18 Uhr, Di–Fr 10–18 Uhr, Sa 10–17 Uhr, Kloveniersburgwal 10–12, 1012 CT Amsterdam, Tel. 020/624 30 41, www.gezondheidswinkel.nl

Grimm Sieraden. Schmuckkreationen niederländischer Designer. Di–Fr 11–18 Uhr, Sa 11–17 Uhr, Tel. 020/622 05 01, info@grimmsieraden.nl, www.grimmsieraden.nl

ÜBERNACHTEN

Hotel NH Doelen. Das traditionsreiche Vier-Sterne-Hotel ist eines der ältesten der Stadt. Nieuwe Dolenstraat 26, 1012 CP Amsterdam, Tel. 020/554 06 00, nhdoelen@nh-hotels.com, www.nh.hotels.com

AKTIVITÄTEN

Compagnietheater. Schauspiel, Musik und Tanz, oft von jungen Künstlern. Kasse: Di–Fr 14–17 Uhr, Kloveniersburgwal 50, 1012 CX Amsterdam, Tel. 020/520 53 20, www.compagnietheater.nl

156

ENTLANG DES GRACHTEN-GÜRTELS

Sehenswürdigkeit, Denkmal
Aktivität, Ausgang, Theater
Museum, Galerie
Shopping
Restaurant, Bar, Café
Übernachtungsmöglichkeit
Kirche, Moschee
0
50 m
N
Jordaan
Papeneiland
Noordermarkt
Café Tabac
Melkmeisjesbrug
Antiquariaat die Schmiede
Sebastian's
Zon's Hofje
Groenlandse Pakhuizen
Langestraat
Ronde Lutherse Kerk
Multatuli Huis
Blauwburgwal
Huis met de Hoofden
Tulip Museum
Anne Fank Museum
Café Spanjer en van Twist
Greenwoods
t'Hotel
Café van Zuylen
Galleria D'Arte Rinascimento
Westerkerk
De Osdorper/ Cup à la cake
Sunhead of 1617
Westertoren
Het Witte Huys
Huis Bartolotti
Westermarkt
Café Kalkhoven
Nadia
Indiaas Restaurant Koh-I-Noor
Arkaden an der Raadhuisstr.
A Space Oddity
Pulitzer
Bussia
Exota Shop
Sas Design
Bril-museum
Raïnaraï
360volt
Restaurant de Struisvogel
Laura Dols
Pancakes!
Houseboat Museum
Felix Meritis
Café Cake
Maison Rika
Magna Plaza
Centraal Station
Stationsplein
Centraal Station
Schreierstoren
Stedelijk Museum CS
Oude Kerk
Oude Zijde
Nieuwmarkt
Oosterdok
NEMO
Amsterdam Centrum
De Ruijterkade
Piet Heinkade
Nieuwe Westerdok
Open Havenfront
Prins Hendrikkade
Damrak
Rokin
Spuistr.
Raadhuisstr.
Paleisstr.
Rozengracht
Westerstraat
Prinsengracht
Keizersgracht
Herengracht
Singel
Brouwersgracht
Lijnbaansgracht
Marnixstraat
Oosterdokskade
Waalseilandsgracht
Geldersekade
Oudeschans
Uilenburgergracht
Nieuwe Foeliestr.
Sint Antoniesbreestr.
Voorburgwal
Mozes en Aäronstr.
10
11
12
13

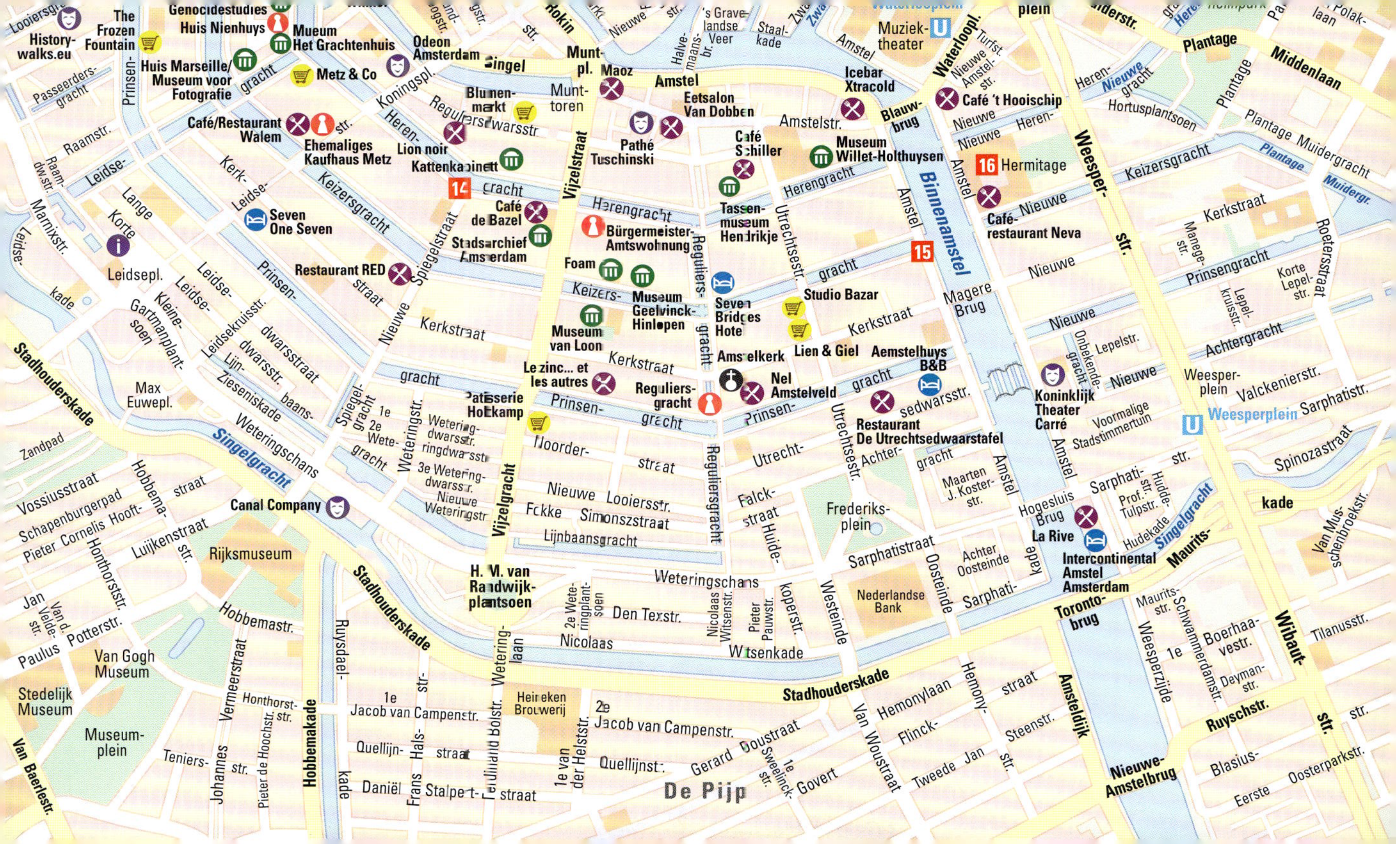

History-walks.eu
The Frozen Fountain
Huis Nienhuys
Mueum Het Grachtenhuis
Huis Marseille/ Museum voor Fotografie
Metz & Co
Odeon Amsterdam
Singel
Rokin
Munt-pl.
Maoz
Munt-toren
Blumen-markt
Amstel
Eetsalon Van Dobben
Icebar Xtracold
Waterloopl.
Muziek-theater
Café 't Hooischip
Plantage
Middenlaan
Café/Restaurant Walem
Ehemaliges Kaufhaus Metz
Lion noir
Kattenkabinett
Pathé Tuschinski
Café Schiller
Museum Willet-Holthuysen
Amstelstr.
Blauw-brug
Hermitage
Weesper-str.
Keizersgracht
Café de Bazel
Stadsarchief Amsterdam
Bürgermeister-Amtswohnung
Tassen-museum Hendrikje
Herengracht
Binnenamstel
Café-restaurant Neva
Seven One Seven
Leidsepl.
Restaurant RED
Spiegelstraat
Vijzelstraat
Foam
Museum Geelvinck-Hinlopen
Museum van Loon
Seven Bridges Hotel
Studio Bazar
Lien & Giel
Magere Brug
Amstelkerk
Nel Amstelveld
Aemstelhuys B&B
Koninklijk Theater Carré
Weesperplein
Le zinc... et les autres
Patisserie Holtkamp
Reguliers-gracht
Restaurant De Utrechtsedwaarstafel
Prinsengracht
Utrechtsestr.
Canal Company
Singelgracht
Weteringschans
Stadhouderskade
Vijzelgracht
Frederiks-plein
Sarphatistraat
La Rive
Intercontinental Amstel Amsterdam
Toronto-brug
Mauritskade
Wibaut-str.
Rijksmuseum
H. M. van Randwijk-plantsoen
Nederlandse Bank
Van Gogh Museum
Stedelijk Museum
Museum-plein
Heineken Brouwerij
De Pijp
Hobbemakade
Amsteldijk
Nieuwe-Amstelbrug
Van Baerlestr.

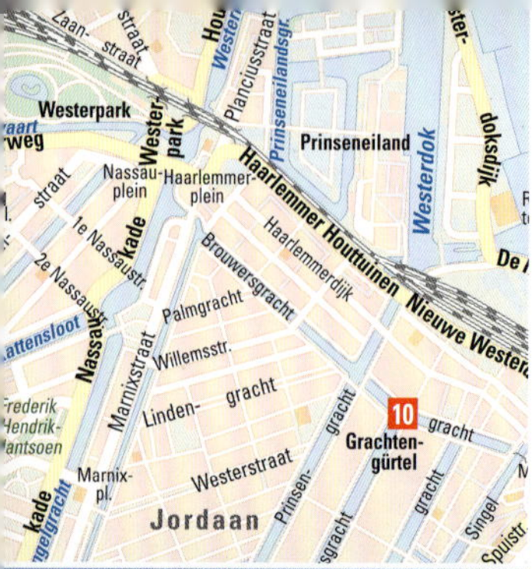

Seite 62/63: Hausbootidyll in der Dämmerung
Oben: Die alten Lagerhäuser sind heute begehrte Wohnadressen.
Unten: Ein besonders reich verzierter Glockengiebel

10 Brouwers- bis Leidsegracht

Jahrhundertprojekt Grachtengürtel

Im 17. Jahrhundert herrschte in Amsterdam drangvolle Enge. Die boomende Wirtschaft lockte immer mehr Menschen in die Stadt. Die Kaufleute benötigten händeringend zusätzliche Lagerflächen. Was tun? Die Stadtväter begegneten der Misere nach dem Motto: »Nicht kleckern, sondern klotzen!« und legten ein so prestigeträchtiges wie ambitioniertes Stadtentwicklungsprogramm fest: den Grachtengürtel, der heute zum Weltkulturerbe zählt.

Auch nach heutigen Maßstäben gälte ein Bauvorhaben wie dieses als Mammutprojekt. Ohne Bagger oder Presslufthämmer, allein mit Schaufeln und Menschenkraft, entstand innerhalb von zwölf Jahren (1612–1624) der erste Bauabschnitt des Grachtengürtels, der von der Brouwers- bis zur Leidsegracht reichte. Nach den Plänen von Hendrick Staets (1558– ca. 1630) hoben Heerscharen

MAL EHRLICH

BITTE NICHT GAFFEN!

An vielen Fenstern in den Niederlanden hängen keine Gardinen. Diese »Offenheit« ist aber nicht als Einladung zum ungenierten Hereinschauen zu verstehen – im Gegenteil! In anderer Leute Fenster zu starren, gilt als ausgesprochen schlechtes Betragen. Angeblich geht diese Sitte auf die sittenstrengen Protestanten zurück, die damit zum Ausdruck bringen wollten: Wir haben nichts zu verbergen!

von Arbeitern drei je 25 Meter breite, parallel angeordnete Kanäle aus. Die Herengracht und die Keizersgracht waren als exklusive Wohnquartiere für die städtische Elite konzipiert, während sich an der Prinsengracht und den kurzen Querstraßen und -kanälen auch Läden, Kontore und Handwerksbetriebe ansiedeln durften. Jenseits der Prinsengracht entstand zur gleichen Zeit der Jordaan als Arbeiter- und Handwerkerviertel.

Geschichte des Grachtengürtels

Mit dem Erdaushub vom Kanalbau wurde der sumpfige Grund zwischen den Grachten verfüllt. Das wohlhabende Bürgertum riss sich um das neue Bauland in unmittelbarer Nähe zum Stadtzentrum. Da sich die Steuerlast nach der Hausbreite bemaß, waren die Grundstücke entlang der Grachten nur vier bis sechs Meter breit, aber über zwanzig Meter tief. Nur sehr reiche Bauherren konnten es sich leisten, zwei nebeneinander liegende Parzellen zu erwerben und zu bebauen. Die meisten Grundstücke entlang des Grachtengürtels wurden drei- bis viergeschossig bebaut, mit je einem Vorder- und einem Hinterhaus. Gärten waren angesichts der Grundstückspreise der schiere Luxus.

Trotz der schmalen Grundstücke fand das selbstbewusste Bürgertum Mittel und Wege, seinen Wohlstand zu zeigen: Die Bauherren entlang der Grachten übertrumpften einander mit immer kunstvoller gestalteten und verzierten Giebeln. Bis weit ins 17. Jahrhundert hinein erfreute sich der Treppengiebel großer Beliebtheit. Ein besonders schönes Beispiel schmückt das um 1660 erbaute Doppelhaus de Dolphijn am Singel 140–142. Mitte des 17. Jahrhunderts kam der Halsgiebel in Mode, dessen rechteckiger, aufgemauerter Mittelteil seitlich von Schmuckwerk eingerahmt wird. Auf ihn folgte der Glockengiebel, der in elegantem

AUTORENTIPP!

VERBORGENE OASEN

Wer die geschlossene Bebauung entlang des Grachtengürtels betrachtet, würde kaum vermuten, dass sich dahinter hier und dort malerische Gärten verbergen. Einmal im Jahr, am dritten Juniwochenende, sind mehr als zwanzig der grünen Kleinode für die Öffentlichkeit zugänglich: Bei den Open Tuinen Dagen öffnen Institutionen und Privatleute ihre Gartenpforten und lassen Besucher einen Blick in die versteckten Paradiese werfen. Ein Passepartout-Ticket für 15 Euro ermöglicht das ganze Wochenende lang den Zutritt zu allen Gärten. Das Museum van Loon organisiert die Offenen Gartentage, der Erlös fließt in einen Fonds zum Erhalt der Gärten.

Open Tuinen Dagen. Für Rollstühle und Kinderwagen leider nicht geeignet. Jeweils am dritten Juniwochenende, Fr–So 10–17 Uhr, Tel. 020/320 36 60, info@opentuinendagen.nl; Liste der teilnehmenden Gärten und weitere Infos. www.opentuinendagen.nl

AUTORENTIPP!

EIN PLATZ AN DER SONNE
Selbst wenn ringsum alles voll ist – die Chancen stehen gut, auf der riesigen Terrasse des »Café van Zuylen« noch ein sonniges Plätzchen zu ergattern: Das Lokal hat seinen Außenbereich auf der mit 42 Metern breitesten Brücke Amsterdams. Sie verdankt ihren Namen »Torensteeg« einem Turm, der einst darauf stand. In den Räumen unterhalb der Brücke schmachteten damals Gefangene. Da geht es heutigen Besuchern entschieden besser: Ein entspanntes Frühstück (bis 12 Uhr serviert) inmitten des bunten Treibens ist ein schöner Start in den Tag. Abends drängen sich die Gäste unter den gestreiften Markisen des alten Eckhauses.

Café van Zuylen. So–Do 10–1 Uhr, Fr–Sa 10–3 Uhr, Torensteeg 4–8, 1012 TH Amsterdam, Tel. 020/639 10 55, marije@cafevanzuylen.nl, www.cafevanzuylen.nl

Schwung aus der Fassade emporwächst. Anschließend waren Leistengiebel en vogue, mit waagerechtem Gesims und üppigen Stuckverzierungen. An der Einmündung der Prinsen- in die Brouwersgracht ist eine kleine Giebelkunde zu bewundern: Das prächtige Eckhaus mit dem traditionsreichen »Café Papeneiland« (s. S. 121) hat je einen Treppengiebel zu jeder Gracht, an den sich zur einen Seite ein Leisten-, zur anderen ein Glocken- und zwei Halsgiebel anschließen.

Museum Het Grachtenhuis

Einen faszinierenden Eindruck von der Entstehung des Grachtengürtels und dem Leben dort vermittelt die interaktive Ausstellung im Museum Het Grachtenhuis. Besonders verblüffend ist das große Puppenhaus, in dem sich echte Menschen zu bewegen scheinen. In dem prächtigen Haus an der Herengracht 386 (1663–1665) lebte im 18. Jahrhundert der Bankier Jan Willink, der zu den Finanziers des amerikanischen Unabhängigkeitskriegs gehörte. In den Cromhouthuizen an der Herengracht, die wegen ihrer vier markanten Giebel auch »Vater, Mutter und die Zwillinge« genannt werden, residiert das Bibelmuseum, das zu den ältesten Museen der Niederlande zählt. Sehenswert sind die prächtigen Deckengemälde. Im klassizistischen Huis Marseille an der Keizersgracht 401 wird heute klassische und zeitgenössische Fotokunst präsentiert.

Groenlandse Pakhuizen

Generationen von Bauherren haben dazu beigetragen, den Grachtengürtel zu einem Gesamtkunstwerk zu machen. In den schimmernden Wasserflächen spiegeln sich architektonische Meisterwerke aus unterschiedlichen Epochen. Ungewöhnlich aufwendig sind die Treppengiebel

Hingucker am nördlichen Grachtengürtel

Dieser Rundgang widmet sich den Hinguckern des Grachtengürtels. Gemütlich lässt es sich , den Kopf im Nacken, durch die Straßen schlendern, damit man auch ja nicht die Giebel verpasst.

Ⓐ **Ronde Lutherse Kerk** – Am ersten Bauabschnitt des Grachtengürtels wechseln sich Lagerhäuser und repräsentative Wohngebäude ab.

Ⓑ **Blauwburgwal** – Von der Ronde Lutherse Kerk geht es vorbei am Blauwburgwal, der kürzesten Gracht der Stadt.

Ⓒ **Langestraat** – Nun kommt man in die von ehemaligen Kutschhäusern gesäumte Langestraat.

Ⓓ **Melkmeisjesbrug** – Die Melkmeisjesbrug quert die Brouwersgracht.

Ⓔ **Papeneiland** – Giebelkunde am Papeneiland jenseits der Gracht: Treppen , Glocken , Hals und Leistengiebel.

Ⓕ **Zon's Hofje** – Ein Ort der Stille ist das Zon's Hofje.

Ⓖ **Groenlandse Pakhuizen** – In den Groenlandse Pakhuizen lagerte früher Waltran.

Ⓗ **Huis met de Hoofden** – Sechs Köpfe zieren die Fassade des Huis met de Hoofden.

Ⓘ **Het Witte Huys** – Das Witte Huys hatte den ersten Halsgiebel der Stadt.

Ⓙ **Huis Bartolotti** – Das Huis Bartolotti folgt dem Verlauf der Gracht.

Ⓚ **Arkaden an der Raadhuisstraat** – Die eleganten Arkaden an der Raadhuisstraat entstanden Ende des 19. Jahrhunderts.

Ⓛ **Huis Felix Meritis** – Am Ufer gegenüber des Kulturtempels Felix Meritis sind schöne Giebel zu sehen.

Ⓜ **Bijbels Museum** – Das Bijbels Museum hat herrliche Deckengemälde.

Ⓝ **Huis Nienhuys** – Das Huis Nienhuys ist französisch inspiriert.

Ⓞ **Het Grachtenhuis** – Im Museum Het Grachtenhuis dreht sich alles um die Geschichte des Grachtengürtels.

Ⓟ **Huis Marseille** – Das Huis Marseille zeigt Fotokunst vom Feinsten.

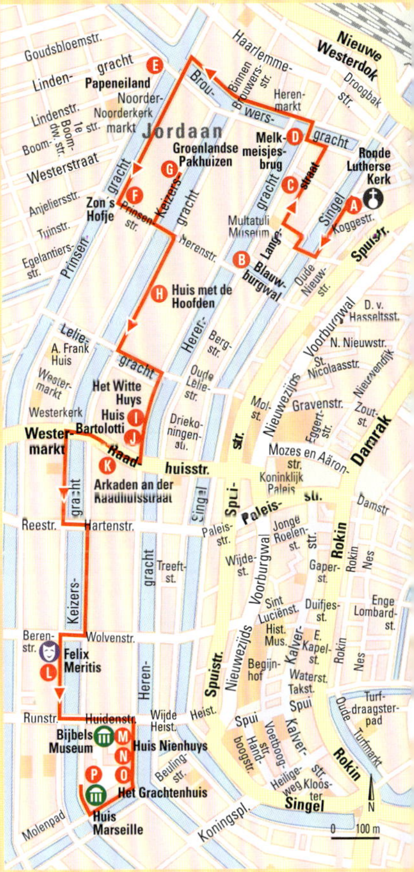

Oben: Mit steinernen Mienen blicken antike Götter vom Huis met de Hoofden.
Mitte: Kleine Giebelkunde am Papeneiland
Unten: Stilvoll und gediegen: Wohnhäuser an der Keizersgracht

der 1620 errichteten Groenlandse Pakhuizen an der Keizersgracht Nr. 40–44, in denen früher in großen steinernen Bottichen Waltran gelagert wurde. An der Ecke Keizers- und Leliegracht strebt ein 1905 erbautes, spektakuläres Bürogebäude im reinsten Jugendstil himmelwärts. Unter Denkmalschutz stehen auch die elegant geschwungenen Geschäftsarkaden an der nahegelegenen Raadhuisstraat 21–55 (1896–1898).

Zon's Hofje und Van Brienenhofje

An der Prinsengracht liegen gleich zwei *Hofjes*. Das 1765 errichtete Zon's Hofje (Nr. 159–171) diente einer Mennoniten-Gemeinde als Alterssitz. Das Van Brienenhofje (Nr. 85–133) stiftete 1804 der Bankier Arnout Jan van Brienen nach seiner Rettung aus dem Tresorraum seines Hauses an der Herengracht, in dem er sich versehentlich eingeschlossen hatte.

Haus Felix Meritis

Ein »Tempel der Aufklärung« sollte das Haus Felix Meritis an der Keizersgracht 324 sein, das eine akademische Vereinigung wohlhabender Bürger 1787 errichten ließ. Die Akustik des Konzertsaals ist so fantastisch, dass er beim Bau des Concertgebouw (s. S. 147) als Vorbild diente. Nach dem Zweiten Weltkrieg war in dem prächtigen Gebäude lange die Redaktion des Zentralorgans der Kommunistischen Partei der Niederlande untergebracht, heute ist es ein Kulturzentrum.

Huis met de Hoofden

Die Fassade des Huis met de Hoofden (1622) an der Keizersgracht 123 zieren sechs steinerne Köpfe, die antike Gottheiten darstellen. Einer

Legende zufolge soll es sich jedoch um die Köpfe von sechs Einbrechern handeln, die eine unerschrockene Küchenmagd einen nach dem anderen enthauptete. Der Gelehrte Jan Amos Comenius (1592–1670), dessen 1658 veröffentlichtes Werk *Die sichtbare Welt* als das erste Schulbuch Europas gilt, lebte hier jahrelang als Hauslehrer.

Huis Bartolotti und Witte Huys

Die üppig verzierte Renaissance-Fassade des Huis Bartolotti (1620; Nr. 170–172) folgt, zweifach geknickt, dem Verlauf der Herengracht. Hendrick de Keyser (1565–1621) entwarf sie für den reichen Kaufmann Willem van den Heuvel, der sich Guillelmo Bartolotti nannte. Der prachtvolle Bau ist heute Sitz der Vereniging Hendrick de Keyser, die sich dem Erhalt historischer Baudenkmäler widmet. Das Witte Huys (1638) rechts daneben, ein Entwurf von Philip Vingboons (1621–1698), hatte den ersten Halsgiebel Amsterdams. Bauherr war Michiel Pauw, einer der Gründer der Westindien-Kompanie.

Herengracht 380–382

Der steinreiche Tabakpflanzer Jacobus Nienhuys wollte für seinen Neubau »mal etwas ganz anderes« und Architekt Abraham Salm (1857–1915) nahm ihn beim Wort und baute ihm 1888–1892 ein den Schlössern an der Loire nachempfundenes Stadtpalais (Herengracht 380–382), das als erstes Haus in den Niederlanden elektrisches Licht hatte. Heute ist es der Sitz des Instituts für Weltkriegs-, Holocaust- und Genozidstudien. Im Haus des Kaufmanns Christoffel Brants an der Keizersgracht 317 logierte der russische Zar Peter der Große bei einem Besuch in Amsterdam.

AUTORENTIPP!

WOHNEN AUF DEM WASSER

Mitte des 20. Jahrhunderts gingen in Amsterdam die ersten Hausboote vor Anker und die Idee fand rasch viele Nachahmer. Rund 2500 Hausboote liegen in den Kanälen. Und dabei soll es auch bleiben, neue Liegeplätze werden nicht mehr ausgewiesen. Wie es sich so lebt auf dem Wasser, kann man im Hausbootmuseum an der Prinsengracht hautnah erleben. Das Frachtschiff »Hendrika Maria« (1913) transportierte Kies und Sand, bis es in den 1960er-Jahren zum Hausboot umgebaut und rund 20 Jahre lang bewohnt wurde. Nach einer umfassenden Renovierung im Jahr 2008 ist das Schiff nun ein Museum in privater Trägerschaft.

Houseboat Museum. Nov.–Feb. Fr–So 11–17 Uhr, März–Okt. Di–So 11–17 Uhr, Prinsengracht 296K, 1016 HW Amsterdam, Tel. 020/427 07 50, info@houseboatmuseum.nl, www.houseboatmuseum.nl

Infos und Adressen

SEHENSWÜRDIGKEITEN

Bijbels Museum. Cromhouthuizen. Di–Sa 10–17 Uhr, So und Feiertag 11–17 Uhr, Herengracht 366-368, Tel. 020/624 24 36,info@bijbelsmuseum.nl, www.bijbelsmuseum.nl

Felix Meritis. Kulturzentrum. Geöffnet bei Veranstaltungen, Keizersgracht 324, Tel. 020/626 23 21, felix@felix.meritis.nl, www.felix.meritis.nl

Het Grachtenhuis. Museum. Di–So 10–17 Uhr, Herengracht 386, mail@hetgrachtenhuis.nl, www.hetgrachtenhuis.nl

Huis Marseille. Di–So 11–18 Uhr, Keizersgracht 401, Tel. 020/531 89 89, info@huismarseille.nl, www.huismarseille.nl

Institut voor Oorlogs-, Holocaust- en Genocidestudies. Weltkriegsarchiv im Huis Nienhuys. Studiensaal: Mo 13–17.30 Uhr, Di–Fr 9–17.30 Uhr, Herengracht 380, 1016 CJ Amsterdam, Tel. 020/523 38 88, www.niod.nl

Multatuli Huis. Im Geburtshaus des Schriftstellers erinnert eine Ausstellung an Eduard Douwes Dekkers Leben und Werk. Di 10–17 Uhr, Sa–So 12–17 Uhr, an Feiertagen geschl., Korsjespoortsteeg 20, 1015 AR Amsterdam, Tel. 020/638 19 38, info@multatuli-museum.nl, www.multatuli-museum.nl

ESSEN UND TRINKEN

Café Tabac. Asiatisch geprägte Speisekarte, exzellenter Kaffee und ein grandioser Grachtenblick. Di–Do 16–1 Uhr, Fr 16–3 Uhr, Sa 11–3 Uhr, So–Mo 11–1 Uhr, Brouwersgracht 101, 1015 GC Amsterdam, Tel. 020/622 44 13, www.cafetabac.eu

Greenwoods. Englisches Frühstück, Mittagessen und Tee in hervorragender Qualität; außerdem kann man auch Picknicks vorbestellen. Mo–Do 9.30–17 Uhr, Fr–So 9.30–18 Uhr, Singel 103, 1012 VG Amsterdam, Tel. 020/623 70 71, info@greenwoods.eu, www.greenwoods.eu

Proeflokaal de Admiraal. Erst Kutschhaus, dann Destille, jetzt ein stimmungsvolles Lokal. Mo–Fr 16.30–24 Uhr, Sa 17–24 Uhr, So geschl., Herengracht 319, 1016 AV Amsterdam, Tel. 020/625 43 34, info@proeflokaaldeadmiraal.nl, www.proeflokaaldeadmiraal.nl

Kritisch blickt die Multatuli-Statue auf die Touristen.

Restaurant de Struisvogel. Kleines Lokal im Souterrain mit französisch inspirierter Karte. Nur 34 Plätze – Reservierung ratsam! So–Do ab 18 Uhr, Fr ab 17.45 Uhr, Sa ab 17.30 Uhr, Keizersgracht 312, 1016 EX Amsterdam, Tel. 020/423 38 17, info@restaurantdestruisvogel.nl, www.restaurantdestruisvogel.nl

ÜBERNACHTEN

Hotel Nadia. Das etwas plüschige Drei-Sterne-Hotel liegt oberhalb der denkmalgeschützten Geschäftsarkaden. Raadhuisstraat 51, 1016 DD Amsterdam, Tel. 020/620 15 50, reservation@nadia.nl, www.nadia.nl

Hotel Pulitzer. Luxuriöses Hotel in einem Ensemble von Grachtenhäusern. Für eine stilvolle Grachtenrundfahrt steht das hoteleigene Boot (Baujahr 1920) bereit, in dem schon Winston Churchill Platz nahm (Online-Reservierung erforderlich). Prinsengracht 315–331, 1016 GZ Amsterdam, Tel. 020/523 52 35, pulitzer.amsterdam@luxurycollection.com, www.pulitzeramsterdam.com

Hotel Wiechmann. In dritter Generation geführt punktet das Hotel Wiechmann mit altmodischem Charme und kostenlosem Internetzugang. Achtung, steile Treppen! Prinsengracht 328–332, 1016 HX Amsterdam, Tel. 020/626 33 21, info@hotelwiechmann.nl, www.hotelwiechmann.nl

Sebastian's. Schickes Boutiquehotel in einem alten Grachtenhaus, mit eigener Bar und moderner, etwas düsterer Innenausstattung. Keizersgracht 15, 1015 CC Amsterdam, Tel. 020/423 23 42, info@hotelsebastians.nl, www.hotelsebastians.nl

Sunhead of 1617. »Bed and delicious Breakfast« in einem alten Grachtenhaus, mit bezaubernden Räumen, herzlicher Atmosphäre und einem hervorragenden Frühstück. Herengracht 152, 1016 BN Amsterdam, Tel. 020/626 18 09, carlos@sunhead.com, www.sunhead.com

EINKAUFEN

Antiquariaat Die Schmiede. Die Eheleute Leyerzapf sind auf deutschsprachige Erstausgaben spezialisiert. Mo–Fr 10–17 Uhr, Brouwersgracht 4, 1013 GW Amsterdam, Tel. 020/625 05 01, schmiede@xs4all.nl, www.dieschmiede.nl

A Space Oddity. Hier gibt es Spielzeug rund um Filme und Fernsehserien, von Barbapapa bis Star Wars. Mo 13–17.30 Uhr, Di–Fr 11–17.30 Uhr, Sa 10.15–17 Uhr, Prinsengracht 204, 1016 HD Amsterdam, Tel. 020/427 40 36, info@spaceoddity.nl, www.spaceoddity.nl

Galleria D'Arte Rinascimento. Alte und neue handbemalte Stücke aus Delfter Porzellan – ein Traum in blau und weiß. Tgl. 9–18 Uhr, Prinsengracht 170, 1016 HA Amsterdam, Tel. 020/622 75 09, info@delft-art-gallery.com, www.delft-art-gallery.com

Knopenwinkel. Knöpfe in allen Formen, Farben und Größen und aus aller Welt. Di–Fr 12–17.30 Uhr, Sa 12–17 Uhr, So und Mo geschl., Herengracht 389, 1016 BC Amsterdam, Tel. 020/626 94 72, info@knopenwinkel.net, www.knopenwinkel.net

The Frozen Fountain. Holländisches Design vom Feinsten, vom Tretauto bis zum Bürostuhl. Mo 13–18 Uhr, Di–Sa 10–18 Uhr, So 13–17 Uhr, Prinsengracht 645, 1016 HV Amsterdam, Tel. 020/622 93 75, enquiry@frozenfountain.nl, www.frozenfountain.nl

Auch vom Wasser aus betrachtet hat Amsterdam viele schöne Seiten.

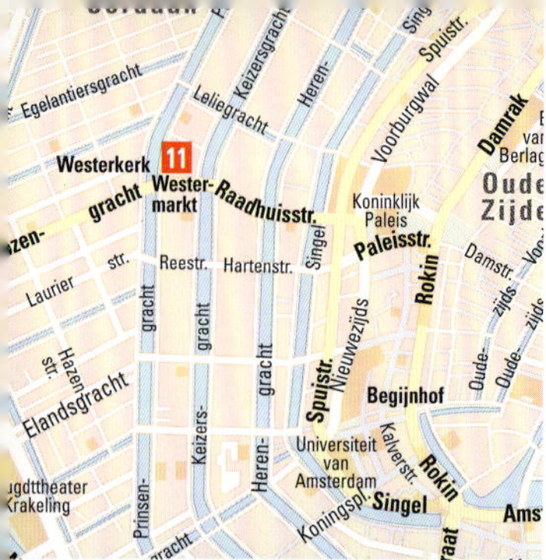

Den Turm der Westerkerk ziert die Kaiserkrone Maximilians I. von Österreich.

11 Rund um die Westerkerk

Ein viel besungener Kirchturm

Der Kirchturm der Westerkerk gehört bei den Bewohnern Amsterdams sozusagen zur Familie. Eine Reihe populärer Schlager sind dem »Ouwe Wester« gewidmet. Stolze 85 Meter misst der Turm mit der markanten Krone als Spitze, mit Wetterhahn sogar 87 Meter. Damit ist der Westertoren der höchste Kirchturm der ganzen Stadt und eines ihrer bekanntesten Wahrzeichen.

Zur gleichen Zeit wie der erste Abschnitt des Grachtengürtels entstand die Westerkerk an der Prinsengracht. Auftraggeber war der Magistrat der Stadt, der jedes Detail dieser gigantischen Stadterweiterung akribisch plante. Weil der Grachtengürtel an dieser Stelle einen Knick macht, konnten hier keine gleichmäßigen Bauparzellen abgeteilt werden. Also wurde das unregelmäßig geformte Areal zum Standort der dringend benötigten neuen Kirche bestimmt.

Grundsteinlegung

Am 9. September 1620 wurde der Grundstein für das neue Gotteshaus gelegt. Als die Gemeinde dort elf Jahre später zu Pfingsten den ersten Gottesdienst feierte, war die Westerkerk die größte protestantische Kirche der Welt. Der ursprüngliche Entwurf stammte von Stadtbaumeister Hendrick de Keyser (1565–1621). Als er während der Bauphase starb, vollendete sein Sohn Pieter de Keyser (ca. 1595–1676) den Bau. Durch 36 große Fenster flutet von allen Seiten Licht in die Kirche und bringt die weißen Wände zum Leuchten.

Das Kircheninnere

Das Kircheninnere ist eher schlicht gehalten, auffallend schön ist die barocke Orgel. Da die dreischiffige Kirche im Auftrag des Magistrats errichtet wurde, ist im Inneren an vielen Stellen das Stadtwappen zu finden. Die Stadtväter gelangten durch das kleine Burgemeesterspoortje vom Westermarkt aus direkt in die Kirche, wo sie in einer eigenen Bank Platz nahmen. Der Friedhof, der die Westerkerk anfangs umgab, wurde bereits 1655 aufgehoben, doch in ihrem Inneren wurden im Laufe der Zeit Hunderte von Amsterdamern beerdigt. Der völlig verarmte Maler Rembrandt fand hier 1669 seine letzte Ruhestätte – wo genau, ist nicht bekannt. Auch sein Sohn Titus (1641–1668) und seine Lebensgefährtin Hendrickje Stoffels (1626–1663) sind hier begraben.

Vor dem Küsterhaus an der Prinsengracht 281 erinnert eine kleine anrührende Statue an das jüdische Mädchen Anne Frank (1929–1945), das sich ganz in der Nähe mit ihrer Familie vor den Nationalsozialisten versteckte (s. S. 78). Die Zeit der deutschen Besatzung war in der Erinnerung vieler Amsterdamer auch 20 Jahre nach Kriegsende noch sehr präsent, so hagelte es 1966 wütende Proteste, als die niederländische Kronprinzessin Beatrix in der Westerkerk den deutschen Diplomaten Claus von Amsberg heiratete.

Der lange Jan

Das Kirchengebäude ging 1795 in den Besitz der Niederländischen Reformierten Kirche über. Der Kirchturm aber, im Volksmund liebevoll der »lange Jan« genannt, ist bis heute Eigentum der Gemeinde Amsterdam. Von hier oben hat man einen unvergleichlichen Blick über die ganze Stadt. Der spätere Kaiser Maximilian I. von Österreich (1459–1519) verlieh der Stadt 1489 das Privileg, seine

AUTORENTIPP!

KLEIN, ABER FEIN: DAS TULPENMUSEUM

Hollands inoffizieller Nationalblume, der Tulpe, ist dieses winzige Museum gewidmet. Spezielle Tulpenvasen, Filme, Gemälde und andere Exponate rund um die Tulpe sind im Museum zu sehen. Die Ausstellung zeichnet den Siegeszug des Zwiebelgewächses nach, das im Goldenen Zeitalter einen unvorstellbaren Spekulationsboom auslöste. Auf dem Höhepunkt der sogenannten »Tulipomanie« kosteten drei Zwiebeln einer seltenen Sorte so viel wie ein stattliches Grachtenhaus. Als die Blase platzte, waren Scharen von Spekulanten ruiniert. Das Museum liegt, für Gehbehinderte und Kinderwagen nicht zugänglich, im Souterrain unter einem Ladenlokal voller Tulpenzwiebeln und dekorativem Schnickschnack.

Amsterdam Tulip Museum. Mo–So 10–18 Uhr, 30. April, 25. Dez. geschl., Prinsengracht 116, 1015 EA Amsterdam, Tel. 020/421 00 95, info@tulipmuseum.org, www.amsterdamtulipmuseum.com

Oben: Abendstimmung an der Prinsengracht, im Hintergrund der Lange Jan
Unten: Ein Maler bannt das Innere der Westerkerk auf Leinwand.

Krone im Wappen führen zu dürfen. Diese Kaiserkrone ziert auch die Turmspitze, die lange in goldenem Glanz erstrahlte. Im Jahr 2006 wurde sie originalgetreu restauriert und bekam ihre ursprüngliche Farbe zurück: ein lichtes Hellblau. Im Turm der Westerkerk hängt eines der insgesamt fünf Glockenspiele der berühmten Glockengießerbrüder Hémony in Amsterdam.

Am Westermarkt, im Haus Nr. 6 in unmittelbarer Nachbarschaft der Kirche, lebte 1634 während eines Aufenthalts in den Niederlanden der französische Philosoph René Descartes (1596–1650). Er bandelte in dieser Zeit mit dem Hausmädchen seines Vermieters an. Als die gemeinsame Tochter Francientje im Alter von nur fünf Jahren starb, schrieb Descartes einem Freund, nie zuvor sei er so betrübt gewesen. Auf dem Platz neben der Kirche erinnert das 1987 enthüllte Homomonument an die Verfolgung von Homosexuellen während der Nazizeit. Das von Karin Daan entworfene Denkmal besteht aus drei Dreiecken aus rosa Granit, die zusammen ein großes Dreieck bilden. Ein rosa Winkel an der Kleidung kennzeichnete in den Konzentrationslagern homosexuelle Häftlinge.

Infos und Adressen

SEHENSWÜRDIGKEITEN

Westerkerk. Hier finden regelmäßig Gottesdienste, aber auch Konzerte statt. In der Regel tgl. 11–15 Uhr (nicht So 10.30–ca. 12 Uhr wegen Gottesdienst), Prinsengracht 281, 1016 GW Amsterdam, Tel. 020/624 77 66, info@westerkerk.nl, www.westerkerk.nl

Westertoren. Vom Turm der Westerkerk aus hat man einen wunderbaren Panoramablick über die ganze Stadt. Hinauf kommt man aber nur im Rahmen einer rund 30-minütigen Führung. April–Juni Mo–Fr 10–18 Uhr, Sa 10–20 Uhr, Juli–Sept. Mo–Sa 10–20 Uhr, Okt. Mo–Fr 11–17 Uhr, Sa 10–18 Uhr (letzte Führung jeweils eine halbe Stunde vor Schließung), Prinsengracht 281, 1016 GW Amsterdam, Tel. 020/689 25 65, anna@westertorenamsterdam.nl, www.westertorenamsterdam.nl

ESSEN UND TRINKEN

Café Kalkhoven. Eines der ältesten Bruine-Cafés (seit 1670) am Fuß des Westertoren, in dem auch Einheimische gern einkehren – mit hausgemachten Fleischbällchen und einer beeindruckenden Bierauswahl. Mo–Do 9–1 Uhr, Fr–Sa 9–2 Uhr, So 10–22 Uhr, Prinsengracht 283, 1016 GW Amsterdam, Tel. 020/624 86 49, info@cafekalkhoven.nl, www.cafekalkhoven.nl

Versuchung pur: bunte Leckereien am Westermarkt

Die imposante Orgel der Westerkerk

Indiaas Restaurant Koh-I-Noor. Mild, würzig oder scharf? Seit über 30 Jahren serviert dieses Lokal indische Küche ganz nach dem Gusto der Gäste. Wie in vielen Restaurants in Amsterdam geht es recht beengt zu – eine Reservierung ist zu empfehlen. Tgl. 17–23.30 Uhr, im Sommer auch mittags, Westermarkt 29, 1016 DJ Amsterdam, Tel. 020/623 31 33, www.koh-i-noor-restaurant.nl

EINKAUFEN

De Osdorper/Cup a la Cake. Hier gibt es quietschbunte Muffins, süße Cupcakes und köstlich belegte Brote – eine gute Anlaufstelle für den kleinen Hunger zwischendurch. Mo–Fr 8–18 Uhr, Sa 8–17 Uhr, Westermarkt 19, 1016 DJ Amsterdam, Tel. 020/638 58 40, info@cupalacake.nl, www.cupalacake.nl

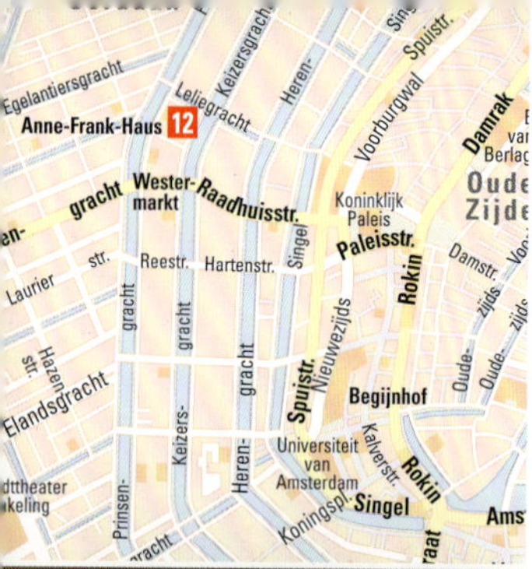

12 Besuch im Anne-Frank-Haus

Liebe Kitty, ...

Zwei Jahre lang versteckte sich das jüdische Mädchen Anne Frank während des Zweiten Weltkriegs zusammen mit seiner Familie in einem Hinterhaus an der Prinsengracht vor den deutschen Besatzern. Dann wurden sie verraten und deportiert. Anne starb im Konzentrationslager. Ihr Tagebuch, das sie im Versteck führte, wurde nach ihrem Tod veröffentlicht. Das Versteck im Hinterhaus ist heute ein viel besuchtes Museum.

Unweit der Westerkerk zieht sich oft eine lange Schlange wartender Menschen die Prinsengracht entlang: Mehr als eine Million Besucher zählt das Anne Frank Huis pro Jahr. Aus heutiger Sicht ist kaum mehr vorstellbar, dass das Hinterhaus, das während der Nazizeit acht Menschen als Unterschlupf diente, in den 1950er-Jahren einem Neubau weichen sollte. Engagierte Bürger gründeten 1957 die Anne-Frank-Stiftung, um das Haus zu erhalten.

Oben: Fotos erinnern an Anne Frank, deren Tagebuch weltweit bekannt wurde.
Unten: Das Innere des Hauses wurde behutsam rekonstruiert.

MAL EHRLICH

EIN BESUCH MIT KINDERN

Ein Besuch im Anne-Frank-Haus ist kein »normaler« Museumsbesuch. Auch ältere Kinder werden die Ausstellung als bedrückend empfinden, Kinder unter zehn Jahren könnte sie überfordern. Den ersten Film, der im Anne-Frank-Haus gezeigt wird, sollten Familien mit Kindern auslassen – die hier gezeigten Bilder aus Konzentrationslagern sind furchtbar. Eine gute Vor- und genügend Zeit für die Nachbereitung des Besuchs sind zu empfehlen.

Das Leben der Anne Frank

Anne Frank wurde 1929 in Frankfurt am Main geboren. Anfang 1934, nach der Machtergreifung Hitlers, emigrierten ihre Eltern, Otto und Edith Frank, mit Anne und ihrer älteren Schwester Margot in die Niederlande. Mit zunehmender Sorge verfolgte die Familie die Nachrichten aus Deutschland: In der Reichskristallnacht brannten Synagogen, Juden wurden diskriminiert, verhaftet und in Lager gebracht. Anne war zehn Jahre alt, als deutsche Truppen die Niederlande besetzten – das Naziregime hatte die Familie eingeholt.

Zu ihrem 13. Geburtstag im Juni 1942 bekam Anne ein Tagebuch. Sie freute sich sehr darüber und vertraute ihm wie einer guten Freundin alles an, was sie sonst keinem erzählen konnte. »Liebe Kitty!«, so begann sie ihre Tagebucheinträge. Als Annes Schwester Margot in ein Arbeitslager sollte, tauchte die Familie unter. Mitarbeiter aus Ottos Firma halfen ihnen dabei. Das leerstehende Hinterhaus des Firmensitzes an der Prinsengracht wurde als Unterschlupf hergerichtet, der Zugang hinter einem Bücherregal verborgen. In ihr Versteck konnten die Flüchtlinge nur wenig mitnehmen – Anne packte als erstes ihr geliebtes Tagebuch ein.

Das Leben im Hinterhaus war nicht einfach. Acht Menschen lebten dort in ständiger Anspannung und auf engem Raum, neben den Franks noch die Familie van Pels und Fritz Pfeffer, ein Bekannter. Anne flüchtete sich oft auf den Dachboden, durch dessen Fenster sie den Himmel und einen mächtigen Kastanienbaum auf einem Nachbargrundstück sehen konnte. Im August 1944 wurden die Untergetauchten im Hinterhaus verraten, verhaftet und deportiert. Anne und ihre Schwester starben im KZ Bergen-Belsen an Typhus. Von den acht Schicksalsgenossen aus dem Hinterhaus überlebte allein Annes Vater.

AUTORENTIPP!

ATEMPAUSE AN DER LELIEGRACHT

Die beschauliche Leliegracht ist eine der romantischsten Grachten in ganz Amsterdam. Sitzt man auf der schönen Terrasse des »Café Spanjer en van Twist«, tuckern einem die Boote direkt vor den Füßen entlang. Im ersten Stock bietet die breite Bank entlang der Fensterfront ebenfalls einen besonders schönen Blick über den Kanal und die hübschen Grachtenhäuser gegenüber. Die kleine, aber feine Speisekarte wechselt vier Mal im Jahr – passend zur Jahreszeit. Ein behagliches Ambiente und ausgesprochen freundliches Personal machen das Angebot komplett.

Café Spanjer en van Twist. Tgl 10–1 Uhr (Mittagessen 10–16 Uhr, Sa, So bis 17 Uhr, Abendessen 17.30–22 Uhr), Leliegracht 60, 1015 DJ Amsterdam, Tel. 020/639 01 09, www.spanjerenvantwist.nl

Oben: Seite um Seite füllte Anne Frank mit ihren Gedanken.
Unten: Ein Regal verbarg den Zugang zum Versteck der Familie.

Annes Tagebuch

Miep Gies, eine der Helferinnen der Familie, hatte kurz nach der Verhaftung Annes Tagebuch im Hinterhaus gefunden und versteckt. Nach seiner Rückkehr veröffentlichte Otto Frank 1947 das Tagebuch seiner Tochter unter dem Titel *Het Achterhuis* (»Das Hinterhaus«). Seither ist das anrührende Dokument in mehr als 70 Sprachen übersetzt worden.

Prinsengracht 263

Auch das Haus an der Prinsengracht 263 erzählt eindringlich die Geschichte von Anne und ihrer Familie: Im Vorderhaus wurden alle Zimmer in den Zustand der Vorkriegszeit zurückversetzt. Zitate aus Annes Tagebuch geben Auskunft über den jeweiligen Raum. Sehr berührend sind die erhalten gebliebenen Zeugnisse des Lebens im Versteck: die Striche an der Tapete, die das Wachstum der Mädchen dokumentieren, Bilder und Postkarten, die Anne an die Wand über ihrem Bett hängte. Die Möbel aus dem Hinterhaus wurden kurz nach der Verhaftung abtransportiert. Auf Otto Franks Wunsch hin sind diese Räume leer geblieben – nur einige Dokumente und Gegenstände erinnern an die Menschen, die sich einst im Hinterhaus versteckten.

Infos und Adressen

SEHENSWÜRDIGKEITEN

Anne Frank Huis. Der Besucherandrang ist groß; etwas ruhiger ist es am Morgen und abends ab 18 Uhr. Wer online reserviert, umgeht die Warteschlangen, ist aber an Datum und Uhrzeit gebunden. Versteck und Vorderhaus sind für Rollstuhlfahrer nicht zugänglich, wohl aber der im Nachbarhaus untergebrachte Teil des Museums. Achtung: Es gibt keine Garderobe, große Taschen dürfen nicht ins Museum mitgenommen werden. Kinderwagen (ohne Gepäck) müssen im Foyer abgestellt werden. 15. März–14.Sept. tgl. 9–21 Uhr, Sa bis 22 Uhr, 15. Sept.–14. März tgl. 9–19, Sa bis 21 Uhr, Prinsengracht 263–267, 1016 GV Amsterdam, Tel. 020/556 71 00, Infoband 020/556 71 05, www.annefrank.org

AKTIVITÄTEN

Historywalks.eu. Peter Schaapman oder Ben de Jong führen kenntnisreich zu Orten, die während der deutschen Besatzung, der Judenverfolgung und des Zweiten Weltkriegs eine wichtige Rolle spielten (nach Voranmeldung auch in deutscher Sprache). Der gut zwei Stunden dauernde Rundgang startet direkt vor dem Anne-Frank-Haus. Aufgrund der Thematik ist die Stadtführung für Kinder unter 13 Jahren nicht geeignet. Looiersgracht 31 a, 1016 VR Amsterdam, Buchungen über info@historywalks.eu, www.historywalks.eu

Anne-Frank-Statue an der Westerkerk

ÜBERNACHTEN

't Hotel. Das hübsche, ruhig gelegene Drei-Sterne Hotel mit nur 8 Zimmern ist in einem alten Grachtenhaus untergebracht. Das Dachstudio (Raum »Amstel«) bietet Platz für 1–5 Pers. Leliegracht 18, 1015 DE Amsterdam, Tel. 020/422 27 41, amsterdam@thotel.nl, www.thotel.nl

Auch viele Schulklassen besuchen das Anne-Frank-Haus.

13 Negen Straatjes

Einkaufsquartier mit Charme

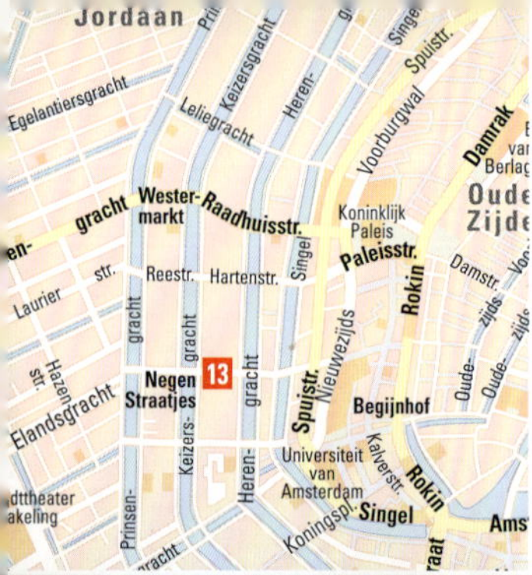

Die Negen Straatjes, also die »neun Sträßchen«, sind die Querstraßen, die zwischen Raadhuisstraat und Leidsegracht die drei Grachten des Grachtengürtels und den Singel miteinander verbinden. Zusammen bilden sie ein eigenes Stadtviertel voller kleiner Läden, Bars, Teestuben und Restaurants, das sich seit gut zehn Jahren geschickt vermarktet und viele einheimische wie auswärtige Besucher anlockt.

Die schmalen Gassen bilden eine bezaubernde historische Kulisse, durch die während der Dreharbeiten für den Film *Ocean's Twelve* auch schon George Clooney spazierte. Im 17. Jahrhundert waren in den kleinen Sträßchen etliche Betriebe ansässig, die Tierhäute be- und verarbeiteten. Einige der Straßennamen erinnern noch an diese Zeit, an Bären (Berenstraat) und Wölfe (Wolvenstraat), Hirsche (Hartenstraat) und Rehe (Reestraat). Bis in die 1960er-Jahre gab es hier noch viele kleine Handwerkerbetriebe. Seitdem haben sich in den

Oben: Die Negen Straatjes sind ein beliebtes Einkaufsquartier.
Unten: Hier findet wohl jeder ein Schnäppchen.

MAL EHRLICH

KLEINE KUNSTWERKE AN DER FASSADE

Beim Bummel durch die Sträßchen lohnt sich immer wieder auch ein Blick nach oben. Bevor um das Jahr 1800 Hausnummern eingeführt wurden, dienten Giebelsteine zur Orientierung. Auch in den Negen Straatjes sind einige der fantasievollen Miniaturbilder erhalten geblieben, etwa der grabende Bauer an der Reestraat 19, ein grimmiger Bär an der Berenstraat 7, eine Ansicht der Stadt Zutphen an der Runstraat 18 und am Wijde Heisteeg 5 der »Groninger Strumpfladen«.

schmucken Häuschen kleine Läden angesiedelt, die zum Stöbern einladen. Am Gasthuismolensteeg 20 sticht ein extravagantes Eckhaus mit lindgrünen Erkern ins Auge (1900), dessen Fassadenfigur an den Burenkrieg erinnert.

Schmuck und Mode

Bei »Sas Design« gibt es ausgefallenen Schmuck, den Designerin Saskia Schellen von Goldschmieden in der indischen Thar-Wüste fertigen lässt. Gute Laune machen die farbenfrohen Klamotten bei »Exota«: Als »First Class Secondhand« gestartet, kam bald eine eigene Kollektion im Vintage-Look hinzu, die in zwei gegenüberliegenden Läden an der Hartenstraat angeboten wird. Das zuckersüße »The Darling« in der Runstraat 4 bietet eine gelungene Mischung aus erschwinglicher Designer- und ausgefallener Vintagekleidung und im ersten Stock ebenso süße Cupcakes. Aktuelle Kollektionen niederländischer und belgischer Topdesigner, wie Dries van Noten und Ann Demeulemeester, findet man bei Van Ravenstein. Eine Institution ist Laura Dols, seit über 30 Jahren spezialisiert auf Originalbekleidung aus den 1950er-Jahren und tolle Abend- und Brautkleider – im Zwischengeschoss steht eine Verkleidekiste für Kinder. Wer hier nicht fündig wird, hat bestimmt bei »Zipper« (Huidenstraat 7) Glück.

Spezialisten aller Art

Neben Mode und Bekleidung gibt es an den Negen Straatjes auch sonst so einiges zu entdecken: Im Souterrain des Hauses Prinsengracht 397 etwa hat sich »360volt« auf original restaurierte Industrielampen spezialisiert. Herman Deens Galerie de Salon an der Wolvenstraat 13 kombiniert Haarschnitt mit Kunstgenuss: Vorbei am Frisörstuhl gelangt man im hinteren Teil des Ladens in eine kleine Kunstgalerie. Höchst effizient genutzt wird auch

AUTORENTIPP!

SPEISEN WIE DIE NOMADEN

Algerische Nomadenküche serviert Chefkoch Laurent Med Khellout in einem großen Lokal an der Westergasfabriek und in diesem gemütlichen kleinen Ableger am Ufer Prinsengracht, gleich gegenüber der Negen Straatjes. Couscous, Hummus und traditioneller Safranreis stehen auf der Speisekarte, dazu eine köstliche Auswahl von Ofengemüse und *tajines* mit Lamm- und anderem Fleisch. Der Koch berät die Gäste gern bei der Auswahl. Wer Glück hat, ergattert bei schönem Wetter eines der vier Tischchen mit Grachtenblick draußen. Aber auch drinnen sitzt man sehr gemütlich an Zweier- oder Vierertischen. Alle Speisen werden auch zum Mitnehmen angeboten.

Raïnaraï. Tgl. 12–22 Uhr, Prinsengracht 252, 1016 HG Amsterdam, Tel. 020/624 97 91, info@rainarai.nl, www.rainarai.nl

Oben: Viele kleine Lädchen laden zum Stöbern ein.
Mitte: Verschiedenfarbige Badelatschen
Unten: Kleine Stärkung in einem der netten Straßencafés

der winzige Laden des »Kleikollektief« an der Hartenstraat 19: In den Regalen stapeln sich fröhlich bunte Becher, Schalen und Vasen aus Porzellan, dazwischen sitzen Klaartje Kamermans und Corien Ridderikhoff an neuen Werken. Ein kleines, aber feines Museum verbirgt sich im ersten Stock des Hauses Gasthuismolensteeg 7. Das Brillenmuseum zeigt in zwei Räumen 700 Jahre Brillengeschichte. Auch der Laden im Erdgeschoss lohnt einen Blick – er wurde im Stil der 1930er-Jahre rekonstruiert.

Kunst und Essen

Wer nach dem Pflastertreten eine Pause braucht, muss nicht weit laufen: Das winzige »Pancakes!« an der Berenstraat 38 lockt mit einem von Künstlern entworfenen Interieur und einer großen Pfannkuchenauswahl – wie wär's mit der Kombination Speck, Banane und Peperoni? Leicht schäbige 1970er-Jahre-Gemütlichkeit findet man im »Café de Doffer« an der Runstraat, moderne italienische Küche serviert das »Bussia« in der Reestraat. Immer gut besucht ist auch das kleine »Café Cake« in der Wolvenstraat 23.

Jedes Jahr am dritten Augustwochenende verwandelt sich die Prinsengracht in eine Konzertbühne: Auf schwimmenden Pontons vor dem Hotelkomplex »Pulitzer« gibt's Konzerte klassischer Musik. An Land kann man gut (und gratis) lauschen.

Infos und Adressen

SEHENSWÜRDIGKEITEN

Brilmuseum. Eine kleine Geschichte der Brille. Mi–Fr 11.30–17.30 Uhr, Sa 11.30–17 Uhr, Gasthuismolensteeg 7, 1016 AM Amsterdam, Tel. 020/421 24 14, brilmuseum.brillenwinkel@worldmail.nl, www.brilmuseumamsterdam.nl

ESSEN UND TRINKEN

Bussia. Moderne italienische Küche in elegantem Ambiente. Mittagessen Mi–So 12–14 Uhr, Abendessen Di–So 18–21.30 Uhr, Reestraat 28–32, 1016 DN Amsterdam, Tel. 020/627 87 94, info@bussia.nl, www.bussia.nl

Café de Doffer. Gemütlich und gut besucht. So–Do 12–3 Uhr, Fr 12–4 Uhr, Sa 11–4 Uhr, Runstraat 12–14, 1016 GK Amsterdam, Tel. 020/622 66 86, doffer@euronet.nl, www.doffer.com

Pancakes! Pfannkuchenhaus mit witzigem Design. Tgl. 10–19 Uhr, Berenstraat 38, 1016 GH Amsterdam, Tel. 020/528 97 97, info@pancakesamsterdam.nl, www.pancakesamsterdam.nl

Café Cake. Fast immer gut besucht. Mo–Do 8–1 Uhr, Fr 8–2 Uhr, Sa 9–2 Uhr, So 10–1 Uhr, Wolvenstraat 23, 1016 EN Amsterdam, Tel. 020/320 08 43.

ÜBERNACHTEN

Maison Rika. Zwei Zimmer, geschmackvoll eingerichtet von Designerin Ulrika Lundgren. Oude Spiegelstraat 12, 1016 BM Amsterdam, Tel. 020/330 11 12, maison@rikaint.com, www.rikaint.com

EINKAUFEN

Exota. Gute-Laune-Mode im Vintage-Look. Mo–Sa 10–18 Uhr, So 12–17 Uhr, Hartenstraat 10 und 13, 1016 CB Amsterdam, Tel. 020/344 93 90/80, shops@exota.com, www.exota.com

Herman Deens Galerie de Salon. Vorne Haareschneiden, hinten Kunst. Mi–Sa 9–17 Uhr, So 13–17 Uhr, Mo, Di geschl., Wolvenstraat.13, 1016 EM Amsterdam, Tel..020/624 6058, www.galerie-de-salon.nl

Tradition trifft Moderne: Hier gibt's Coffee to go.

Kleikollektief. Schöne, farbenfrohe Keramik. Mi–Sa 13–17 Uhr, So–Di geschlossen, Hartenstraat 19, 1016 BZ Amsterdam, Tel. 020/622 57 27, www.kleinkollektief.nl

Laura Dols. Secondhand-Kleidung vom Feinsten. Mo–Sa 11–18 Uhr, Do bis 21 Uhr, So 12–18 Uhr, Wolvenstraat 7, 1016 EM Amsterdam, Tel. 020 624 90 66, service@lauradols.nl, www.lauradols.nl

Sas Design. Schmuck und Schals aus Indien. Mo 12–18 Uhr, Di–Sa 11–18 Uhr, So 12–17 Uhr, Gasthuismolensteeg 1, 1016 AM Amsterdam, Tel. 020/427 19 99, info@sasdesign.nl, www.sasdesign.nl

Van Ravenstein. Hochwertiges von Topdesignern, Mo 13–18 Uhr, Di–Fr 11–18 Uhr, Do bis 19 Uhr, Sa 10.30–17.30 Uhr, Keizersgracht 359, 1016 EJ Amsterdam, Tel. 020/639 00 67, info@van-ravenstein.nl, www.van-ravenstein.nl

360volt. Schöne alte Industrielampen. Mi–Fr 11–18.30 Uhr, Sa 12–18 Uhr, So–Di geschlossen, Prinsengracht 397 (Souterrain), 1016 HL Amsterdam, Tel. 020/810 01 01, info@360volt.com, www.360volt.com

Zipper. Vintagemode, schick und überraschend. Di, Mi, Fr und Sa 11–18 Uhr, Mo 12–18 Uhr, Do 11–21 Uhr, So 13–18 Uhr, Huidenstraat 7, 1016 ER Amsterdam, Tel. 020/623 73 02, www.zipperstore.nl

Oben: Gediegene Pracht am Goldenen Bogen
Unten: Katzenmuseum: Wissenswertes über Katzen

14 Goldener Bogen

Wo der Grachtengürtel am herrschaftlichsten ist

Im Goldenen Zeitalter war Amsterdam zum wichtigsten Handelsplatz der damaligen Welt aufgestiegen. Innerhalb weniger Generationen bildete sich eine Elite von Familien heraus, die durch Handel und Finanzgeschäfte unvorstellbare Reichtümer angehäuft hatten. Diese Superreichen ließen sich im zweiten Bauabschnitt des Grachtengürtels, vorzugsweise an der Herengracht, luxuriöse Stadtpaläste bauen.

An der Leidsegracht endete der erste Bauabschnitt der kühnen Stadterweiterung (s. S. 74). Die zweite Etappe wurde gut 40 Jahre später, im Jahre 1660, in Angriff genommen und kam von Anfang an schleppend voran. Anders als im ersten Bauabschnitt sind die Häuser in diesem Teil des Grachtengürtels nicht schmal und tief, sondern oft deutlich breiter und großzügiger.

MAL EHRLICH

VORSICHT, RADFAHRER!

Radfahrer in Amsterdam sind eigentlich immer in Eile und haben nur wenig Verständnis für Fußgänger, die ihnen unachtsam in die Quere kommen. Vor allem beim Überqueren der Straße sollte man gut aufpassen, denn schon beim ersten Schritt auf die Fahrbahn riskiert man, wild angeklingelt zu werden. Auch wenn Amsterdam teilweise wie ein großes Freilichtmuseum wirkt – die Fahrweise der Radler ist eher geprägt vom modernen Motto »Schneller, Weiter, Höher«.

Goldener Bogen

Ganz besonders hochherrschaftliche Häuser stehen im »Goldenen Bogen« an der Herengracht, zwischen Leidsestraat und Vijzelstraat. Durch die Krümmung des Kanals waren hier die Grundstücke vor allem auf der südlichen Seite tiefer als üblich. Hinzu kam, dass in diesem Abschnitt bevorzugt doppelte Grundstücke verkauft wurden. Auf diesen großzügig bemessenen Parzellen ließ sich die Amsterdamer Finanzelite – ein überschaubarer Kreis besonders wohlhabender Familien, die die verschiedenen Rats- und Verwaltungsposten untereinander aufteilten – elegante Stadtpaläste bauen, die sich deutlich von den Häusern der einfacheren Kaufleuten abhoben. An die Stelle klassischer Giebel traten zunehmend flache Leistengiebel oder Balustraden, teils mit Figuren geschmückt (zum Beispiel Nr. 462, erbaut 1665–1671). Hier und da tauchen Balkone auf (etwa bei Nr. 436, erbaut 1672), die bis dahin nicht üblich waren. Oft führte eine Freitreppe hinauf zur Eingangstür, die Tür unter der Treppe war für das Personal bestimmt.

Huis de Vicq und Kattenkabinett

Eine Ausnahme bildet das nur eine Parzelle breite Haus Herengracht 474 (1669), das als eines der ersten in diesem Bauabschnitt errichtet wurde. Gleich nebenan, im Huis de Vicq (1670, Nr. 476), lebte der deutsche Dichter August Wilhelm Schlegel (1767–1845) eine Zeitlang als Hauslehrer und übersetzte Shakespeares Werke ins Deutsche. Heute ist das Haus Sitz des Prins Bernhard Cultuurfonds. Auch das Goethe-Institut residiert im Goldenen Bogen (Herengracht Nr. 470). Am gegenüberliegenden Ufer setzte der Bankier Bob Meijer seinem geliebten Kater John Pierpont Morgan (1966–1983) mit dem »Kattenkabinet« ein Denkmal: Das kleine Museum an der Herengracht 497 ist der Rolle der Katze in Kunst und Kultur gewidmet und zeigt Katzenbilder aus mehreren Jahrhunderten.

AUTORENTIPP!

LEBEN IM GRACHTENHAUS

Das Haus der Eheleute Abraham Willet und Louisa Holthuysen ähnelte schon zu ihren Lebzeiten einem Museum. Beide waren leidenschaftliche Sammler. Die Räume des 1687 erbauten Kaufmannshauses quellen beinahe über vor Gemälden, Skulpturen, Wandteppichen und erlesenem Mobiliar. Louisa Holthuysen vermachte das Haus mitsamt der umfangreichen Kunstsammlung der Stadt Amsterdam. 1896, ein Jahr nach ihrem Tod, wurde das Museum eröffnet. Die Gesellschaftsräume spiegeln das Leben des vermögenden Ehepaars wider, während die Küche einen Eindruck von den täglichen Aufgaben des Personals vermittelt.

Museum Willet-Holthuysen. Mo–Fr 10–17 Uhr, Sa–So 11–17 Uhr, 1. Jan., 30. April, 25. Dez. geschl., Herengracht 605, 1017 CE Amsterdam, Tel. 020 523 18 22, info@willetholthuysen.nl, www.willetholthuysen.nl

AUTORENTIPP!

ZU TISCH BEIM LÄSSIGEN LÖWEN

Schilfgrüne Wände und ein schöner Holzfußboden, Lederstühle und rote Sessel zaubern eine lässig-elegante Atmosphäre. Kleine, irritierende Details machen das Interieur interessant: In einer Nische hängen altmodische Vogelbauer von der Decke, auf einem Ast sitzt ein ausgestopfter Pfau, auf einem Sockel steht ein Tierskelett –für seine gelungene Innenausstattung hat das »Lion Noir« schon eine Auszeichnung kassiert. Serviert wird Mittag- und Abendessen, die französisch inspirierte Karte wechselt von Zeit zu Zeit. Oder wie wär's mit einem Cocktail?

Lion noir. Mo–Do 11.30–1 Uhr, Fr 11.30–3 Uhr, Sa 18–3 Uhr, So 18–1 Uhr, Reguliersdwarsstraat 28, 1017 BM Amsterdam, Tel. 020/627 66 03, reservations@lionnoir.nl, www.lionnoir.nl

Stadsarchief

Das wuchtige Art-déco-Gebäude des Stadtarchivs setzt am Ende des Goldenen Bogens einen unübersehbaren Schlussakkord. Karel de Bazel (1869–1923) entwarf den Koloss für die Nederlandsche Handel-Maatschappij, eine im 19. Jahrhundert gegründete Wirtschaftsförderungsgesellschaft. Die ausgeprägten »Querrillen« der markanten Fassade trugen dem Bau den Spitznamen *Spekkoek* (»Baumkuchen«) ein. Später nutzte die ABN-Amro, die größte Bank der Niederlande, das Gebäude. Aus dieser Zeit stammen die gewaltigen Türen des Tresorraums. Seit 2007 ist hier das Stadtarchiv untergebracht und die märchenhaft ausgeschmückten Innenräume sind frei zugänglich.

Kaufhaus Metz

An der Ecke Keizersgracht 455/Leidsestraat entstand 1891 das imposante Großkaufhaus Metz & Co. mit einem markanten, weithin sichtbaren Ecktürmchen. Die gläserne Kuppel auf dem Dach (1933) ist ein Entwurf des De-Stijl-Architekten Gerrit Rietveld (1888–1964). Metz & Co. verließ die prächtige Immobilie Anfang 2012 nach über 100 Jahren und übersiedelte in ein kleineres Gebäude an der Ecke Leidsestraat/Herengracht.

Herengracht 502

Das eher nüchtern wirkende Haus an der Herengracht 502 ist seit 1927 ist die Amtswohnung der Amsterdamer Bürgermeister. Es wurde zwischen 1671 und 1672 für Paulus Godin erbaut, der zum Management der Westindischen Gesellschaft gehörte. Das Haus hatte ursprünglich rechts und links der Eingangstür je zwei große Packhaustüren. Die Prunkräume in der Beletage dienen repräsentativen Zwecken, der Bürgermeister wohnt un-

Highlights am südlichen Grachtengürtel

Der südliche Grachtengürtels spiegelt den Reichtum der erfolgreichen Amsterdamer Kaufleute wider.

A Ehemaliges Kaufhaus Metz – Unweit des früheren Kaufhaus Metz mit seiner Glaskuppel liegt der Goldene Bogen.

B Der Goldene Bogen – Es ist der nobelste Abschnitt des Grachtengürtels.

C Kattenkabinet – Um die Katze in der Kunst geht es im Kattenkabinet.

D Herengracht 502 – Amtswohnung des Bürgermeisters

E Stadsarchief – Hier schlummert das Gedächtnis der Stadt.

F Museum Foam – Hochklassige Fotokunst

G Museum van Loon – Wie die Amsterdamer Patrizier wohnten, zeigen die Museen van Loon und Geelvinck-Hinlopen.

H Museum Geelvinck-Hinlopen

I Reguliersgracht

Schlafgemach im Museum van Loon

J Brücke mit Aussicht – Am Ende der Reguliersgracht wartet der berühmte »Brückenblick«.

K Tassenmuseum Hendrikje – Hier befindet sich eine imposante Ansammlung von Handtaschen.

L Museum Willet-Holthuysen – Gehobene Wohnkultur

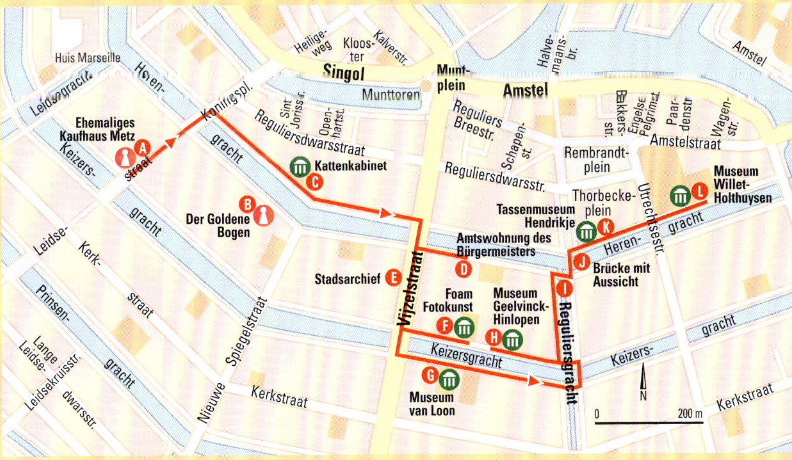

Oben: Empfangssalon in einem vornehmen Grachtenhaus
Unten: Die Reguliersgracht mit dem berühmten Sieben-Brücken-Blick

ter dem Dach. Ein paar Schritte weiter schmücken fantasievolle Meeresgötter die Halsgiebel der Häuser Nr. 508 und 510 aus den 1680er-Jahren, während an Haus Nr. 514 zwei Mohrenbüsten an die Zeit des Überseehandels erinnern.

Herengracht 527

Bleibenden Eindruck hinterließ Zar Peter von Russland bei seinem Besuch in Amsterdam im Jahre 1717 – allerdings keinen uneingeschränkt guten: Er setzte den Mieter des Hauses Herengracht 527, einen russischen Kaufmann, vor die Tür, quartierte sich mit seinem Gefolge dort ein und hinterließ das Haus anschließend in einem derart ramponierten Zustand, dass der Besitzer Jacob Hinlopen es entnervt verkaufte.

Museum van Loon

Das Museum van Loon vermittelt einen lebendigen Eindruck vom Lebensstil einer kultivierten Amsterdamer Patrizierfamilie. Die Kaufmannsfamilie van Loon erwarb das 1671 erbaute Stadtpalais, das zeitweise im Besitz des Rembrandt-Schülers Ferdinand Bol war, im Jahre 1884. Sehenswert ist neben den stilvollen Empfangsräumen und Schlafgemächern der im Barockstil angelegte Grachtengarten. Dass auch die Nachbarn bei der Ausstattung ihrer Häuser nicht sparten, zeigt ein Besuch im Museum Geelvinck-Hinlopen. Kaum betritt man das elegante Stadthaus, fühlt man sich in eine andere Zeit versetzt. Jedes Zimmer ist in einem anderen Stil eingerichtet. Am Ende des Gartens ist das Kutschhaus erhalten geblieben. Auch das renommierte Fotografiemuseum Foam residiert in einem eleganten Haus (Nr. 609) an diesem Abschnitt der Keizersgracht.

Reguliersgracht

Die Reguliersgracht mit ihren sieben hintereinander liegenden Brücken bildet einen reizvollen Kontrast zur mitunter doch recht kalten Pracht an den Hauptgrachten. An ihren Ufern sind die Häuser kleiner und individueller. Auffallend ist das Haus Nr. 34 mit seinen in V-Form angeordneten Außentreppen und dem von einem mächtigen Adler gekrönten Giebel. Auf der anderen Seite der Gracht sind mit De Zon und De Maan zwei schöne alte Lagerhäuser erhalten geblieben. Die parallel verlaufende Utrechtsestraat lockt mit vielen kleinen Läden und Restaurants.

Handtaschenmuseum

Wer die richtige Handtasche noch nicht gefunden hat, sollte einen Abstecher ins Handtaschenmuseum machen. Viertausend Taschen aus 500 Jahren hat die Sammlerin Hendrikje Ivo zusammengetragen. In einem alten Grachtenhaus (1664) werden die schönsten nun stilvoll präsentiert. Zwei Häuser weiter, an der Herengracht 579, ließ sich der Konditor Pieter van Schorrel 1667 ein repräsentatives Haus bauen. Die Fassade schmückt eine kolossale Statue des Erzengels Michael.

AUTORENTIPP!

ODEON: AUSGEHTEMPEL MIT GESCHICHTE

Das alte Grachtenhaus am Singel hat eine bewegte Geschichte. 1662 als »Huis Nuerenburg« erbaut, wurde es 1837 zu einem Konzertsaal umgebaut. Dafür entfernte man die Zwischendecke, sodass ein hoher Saal entstand. 1990 verwüstete ein Brand das Innere, das anschließend nur teilweise wiederhergestellt werden konnte. 2005 wurde es nach Umbau und Renovierung als Club und Veranstaltungsort wiedereröffnet. Legendär ist die Halloweenparty im stuckverzierten, säulengeschmückten ehemaligen Konzertsaal. Vom Balkon aus kann man das Getümmel im Saal beobachten.

Odeon Amsterdam. Singel 460, 1017 AW Amsterdam, Tel. 020/521 85 55, info@odeonamsterdam.nl, www.odeonamsterdam.nl

Infos und Adressen

SEHENSWÜRDIGKEITEN

Foam. Museum für Fotokunst. Sa–Mi 10–18 Uhr, Do–Fr 10–21 Uhr, Keizersgracht 609, 1017 CD Amsterdam, Tel. 020/551 65 00, info@foam.org, www.foam.org

Kattenkabinet. Katzen-Kunst-Museum. Mo–Fr 10–16 Uhr, Sa–So 12–17 Uhr, Feiertag: 10–17 Uhr, Herengracht 497, 1017 BT Amsterdam, Tel. 020/626 90 40, info@kattenkabinett.nl, www.kattenkabinet.nl

Museum Geelvinck-Hinlopen Huis. Stilvolles Stadtpalais. Mi–Mo 11–17 Uhr, Di geschl., Keizersgracht 633, 1017 DS Amsterdam, Tel. 020/715 59 00, info@geelvinck.nl, www.geelvinck.nl

Museum Van Loon. Elegantes Grachtenhaus. Mo, Mi–So 10-17 Uhr, Di geschl., Keizersgracht 672, 1017 ET Amsterdam, Tel. 020/624 52 55, info@museumvanloon.nl, www.museumvanloon.nl

Ein Prunkstück aus dem Taschenmuseum

Stadsarchief. Stadtarchiv. Di–Fr 10–17 Uhr, Sa–So 12–17 Uhr, Vijzelstraat 32, Tel. 020/251 15 11, informatie@stadsarchief.amsterdam.nl, www.stadsarchief.amsterdam.nl

Tassenmuseum Hendrikje. So viele Handtaschen! Tgl. 10–17 Uhr, Herengracht 573, Tel. 020/524 64 52, info@tassenmuseum.nl, www.tassenmuseum.nl

ESSEN UND TRINKEN

Café/Restaurant Walem. Leicht unterkühltes Ambiente, hervorragende Küche und eine sonnige Terrasse. Freitags und samstags legt ab 17 Uhr ein DJ auf. So–Mi 9–20 Uhr, Do–Sa 9–22 Uhr, Keizersgracht 449, 1017 DK Amsterdam, Tel. 020/625 35 44, info@walem.nl, www.walem.nl

Café de Bazel. Während man einen traditionellen *Afternoon Tea* genießt, wandert der Blick durch die säulengeschmückte Halle des Stadtarchivs. Di–Fr 10–17 Uhr, Sa–So 12–17 Uhr, Mo geschl., Vijzelstraat 32, 1017 HL Amsterdam, Tel. 020/251 18 00, info@debazelamsterdam.nl, www.debazelamsterdam.nl

Eetsalon Van Dobben. Hier gibt es die besten Kroketten der Stadt und ausgesprochen leckere belegte Brote. Mo–Mi 10–21 Uhr, Do 10–1 Uhr, Fr–Sa 10–2 Uhr, So 11.30–20 Uhr, Korte Reguliersdwarsstraat 5-7-9, 1017 BH Amsterdam, Tel. 020/624 42 00, info@eetsalonvandobben.nl, www.eetsalonvandobben.nl

Le zinc... et les autres. In einem alten Packhaus verbirgt sich ein französisch inspiriertes Lokal mit hervorragender Küche. Reservierung empfohlen! Di–Sa 17.30–23 Uhr, So und Mo geschl., Prinsengracht 999, 1017 KM Amsterdam, info@lezinc.nl, www.lezinc.nl

RED. Das Konzept ist einfach, aber überzeugend: Hier gibt's nur Steak oder Hummer, beides aber in hervorragender Qualität und in behaglichem Ambiente. Tgl. 18–24 Uhr, Keizersgracht 594, 1017 EN Amsterdam, Tel. 020 320 18 24, info@restaurantred.nl, www.restaurantred.nl

ÜBERNACHTEN

Aemstelhuys B&B. Das stilvolles Bed&Breakfast liegt in einer ruhigen Nebenstraße, nur einen Steinwurf vom Grachtengürtel und der Amstel entfernt. Utrechtsedwaarsstraat 150, 1017 WK Amsterdam, Tel. 020/679 61 07, www.aemstelhuys.nl

Seven Bridges Hotel. Im dem liebevoll mit Antiquitäten eingerichteten Hotel in einem alten Grachtenhaus wird das Frühstück im Zimmer serviert. Reguliersgracht 31, 1017 LK Amsterdam, Tel. 020/623 13 29, amsterdam@hotelsevenbridges.com, www.sevenbridgeshotel.nl

Hotel Seven One Seven. Eine wirklich feine Adresse in Amsterdam – die geräumigen Zimmer in einem gemütlichen Mix aus alt und neu eingerichtet. Ideal für ein romantisches Wochenende. Prinsengracht 717, 1017 JW Amsterdam, Tel. 020/423 07 17, info@717hotel.nl, www.717hotel.nl

AKTIVITÄTEN

Canal Company. Eine schöne und zeitsparende Art, den Grachtengürtel zu erkunden: Die Canal-Bus-Schiffe der Reederei Canal verkehren auf festen Routen entlang 19 Haltestellen, an denen man nach Belieben zu- und aussteigen kann. Das Ticket ist auch mit vergünstigten Eintrittskarten verschiedener Museen zu kombinieren. Weteringschans 26–1hg, 1017 SG Amsterdam, Tel. 020/217 05 00, Infos zu Haltestellen und Fahrplänen sowie verbilligte Online-Buchung unter www.canal.nl/canal-bus

EINKAUFEN

Lien & Giel. Ausgefallene Mode gibt es bei diesem Ableger der niederländischen Mini-Kette Lien&Giel - die tragbaren Klamotten zeichnen sich durch fröhliche Muster und einen ausgesprochenen Mut zur Farbe aus. Mo–Mi, Fr, Sa 11–18 Uhr, Do 11-20 Uhr, So 12–17 Uhr, Utrechtsestraat 50, 1017 VP Amsterdam, Tel. 020/620 55 24, www.lienengiel.nl

Katzenmuseum: Liebling auf vier Pfoten

Metz & Co. Das Firmenmotto lautet: Wir sind Luxus. Das gilt auch am neuen Standort: Bei Metz&Co gibt es viele exklusive internationale Marken. Mo 11–18 Uhr, Di–Sa 9.30–18 Uhr, So 12–17 Uhr, Leidsestraat 1–3, 1017 NS Amsterdam, Tel. 020/520 70 20, office@metz-co.nl, www.metzco.eu

Patisserie Holtkamp. Vor dem winzigen Laden mit Art-déco-Interieur stehen die Kunden manchmal bis auf den Bürgersteig an – für die fantastischen Kuchen und Törtchen lohnt sich das auch. Mo–Fr 8.30–18 Uhr, Sa 8.30–17 Uhr, Vijzelgracht 15, 1017 HM Amsterdam, Tel. 020/624 87 57, info@patisserieholtkamp.nl, www.patisserieholtkamp.nl

Studio Bazar. Ein Paradies für Hobbyköche – bei Rooslinde Jaspers gibt es seit über 40 Jahren vom Schneidbrett bis zum Messerset jede Menge schöne und nützliche Dinge rund ums Kochen. Mo–Sa 10–18 Uhr, Do bis 21 Uhr, Keizersgracht 709, 1017 DW Amsterdam, Tel. 020/622 28 58, www.studiobazar.com

Oben: Fast wie in Paris – die Blauwbrug
Unten: Der Blumenmarkt am Singel ist ein Fest für die Augen.

15 Spazieren an der Amstel

Eine zierliche Brücke und ein denkmalgeschütztes Provisorium

Der Fluss, der Amsterdam seinen Namen gab, hat auch das Stadtbild geprägt. Auf einem Spaziergang entlang seiner Ufer gibt es einiges zu entdecken – außergewöhnliche Brücken, versteckte Idyllen, hochkarätige Kunst, ein Haus mit Blutflecken, mächtige Schleusen, eine provisorische Kirche und noch vieles mehr. Und wer sind eigentlich die Könige der Amstel?

Ursprünglich mündete die Amstel etwa dort, wo der Bahnhof steht, ins IJ. Heute endet ihr Lauf bereits in der Innenstadt, am Muntplein. Den Platz beherrscht der markante Munttoren (1620). Sein Name, »Münzturm«, geht auf die Zeit von 1672 bis 1674 zurück, als Amsterdam vorübergehend das Münzrecht innehatte und im Turm Münzen geprägt wurden. Ursprünglich stand an dieser

MAL EHRLICH

SOUVENIRS AUF DEM VORMARSCH

Der schwimmende Blumenmarkt auf dem Singel darf bei keinem Stadtrundgang fehlen. Das farbenfrohe Schauspiel ist auch ein beliebtes Fotomotiv. Mittlerweile mischen sich aber bei etlichen Ständen diverse Souvenirs in das Angebot –der ursprüngliche Charme dieser blühenden Attraktion leidet darunter. Übrigens: Wer Blumenzwiebeln als Souvenir mitnehmen möchte, sollte darauf achten, dass die Verpackung ein entsprechendes Ausfuhrzertifikat aufweist.

Das opulente Foyer des Kinos Pathé Tuschinsky

Stelle die Reguliersspoort, ein Teil der mittelalterlichen Stadtbefestigung. Durch die Stadterweiterung im 17. Jahrhundert verlor sie ihre Funktion als Verteidigungsbollwerk. Als die Reste des alten Stadttors 1618 in Flammen aufgingen, wurde auf den verbliebenen Stumpf des westlichen Turms nach einem Entwurf von Stadtbaumeister Hendrick de Keyser (1565–1621) ein neuer achteckiger Turm mit einer zierlichen Spitze errichtet.

Blumenmarkt

Der schwimmende Blumenmarkt am nur wenige Schritte entfernten Singel hat eine lange Tradition. Bereits im 17. Jahrhundert kamen Bauern aus der Umgebung in die Stadt und verkauften von ihren Booten aus frische Blumen. Heute haben die Boote mit den Blumenständen dauerhaft am Ufer festgemacht, das farbenfrohe Sortiment reicht von Blumenzwiebeln über Topf- und Schnittblumen bis zum Gartenzubehör.

Kino an der Reguliersbreestraat

Mit seinem neugebauten Kino an der Reguliersbreestraat machte Abraham Tuschinski im Jahre 1921 Furore: Die Fassade des prachtvollen Art-

AUTORENTIPP!

LAUSCHIGES PLÄTZCHEN AN DER GRACHT

Allein die Terrasse ist einen Besuch wert: Unter schönen alten Bäumen sitzend blickt man über den ruhigen Platz, auf dem Kinder spielen. Obwohl nicht weit von der Amsterdamer Innenstadt entfernt, ist die Atmosphäre eher wie in einer kleinen Stadt in der französischen Provinz. Auch drinnen sitzt man ausgesprochen gemütlich und kann zuschauen, wie in der offenen Küche kleine Snacks oder ausgewachsene Mahlzeiten zubereitet werden. Für Kinder gibt es eine Extra-Karte mit Pfannkuchen und Toastis. Am Sonntagmittag spielen wechselnde Livebands, montagabends steht Live-Jazz und dienstags Popmusik auf dem Programm – der Eintritt ist frei.

Nel Amstelveld. Tgl. 10.30–1 Uhr,
Amstelveld 12,
Tel. 020/626 11 99,
info@nelamstelveld.nl,
www.nelamstelveld.nl

Oben: Nachts erstrahlt die Magere Brug im Lichterglanz.
Mitte: Amsterdam ist die Stadt der Radfahrer.
Unten: »Vorhang auf!«, heißt es allabendlich im Theater Carré.

déco-Baus schmücken glasierte Ziegel und zwei Türmchen, das Innere gleicht einem Märchen aus Tausendundeiner Nacht. Elektrisches Licht und eine ausgeklügelte Heizungs- und Lüftungsanlage machten das Kino seinerzeit zu einem vielbestaunten Wunderwerk. Im großen Saal finden häufig Filmpremieren statt.

Rembrandtplein

Die Reguliersbreestraat mündet auf den Rembrandtplein, den ehemaligen Buttermarkt, auf dem eine Statue an den Maler erinnert. Zu ihren Füßen stellt seit dem Rembrandt-Jahr 2006 eine Gruppe von Bronzeplastiken die berühmte *Nachtwache* dreidimensional nach. Der angrenzende Platz ist nach Johan Rudolph Thorbecke (1798–1872) benannt, der als »Vater« der parlamentarischen Verfassung der Niederlande gilt. Abends verwandeln sich die beiden Plätze in eine belebte Ausgehmeile. Das »Café Schiller« im gleichnamigen Hotel war vor dem Zweiten Weltkrieg ein beliebter Künstlertreff.

Blauwbrug und Magere Brug

Etwas oberhalb der Stelle, wo die Herengracht in die Amstel mündet, spannt sich die Blauwbrug (1883) über den Fluss. Zu dem aufwendig verzierten Bauwerk, das für die Weltausstellung gebaut wurde, ließen sich die Architekten vom Pont Neuf in Paris inspirieren. Flussaufwärts liegt die Magere Brug (1672), eines der meistfotografierten Wahrzeichen Amsterdams. Die weiße hölzerne Hebebrücke, die nachts im Lichte zahlloser Glühbirnen erstrahlt, verdankt ihren Namen angeblich zwei ältlichen Schwestern namens Mager, die diesseits und jenseits der Amstel wohnten und die Brücke bauen ließen, um sich jederzeit auf kürzestem Wege besuchen zu können.

Spazieren an der Amstel

Zwischen den beiden Brücken liegt am rechten Amstelufer das »Haus mit den Blutflecken« (Amstel 216). Sein Bewohner Coenraad van Beuningen, ein ehemaliger Amsterdamer Bürgermeister, soll die seltsamen Zeichen Ende des 17. Jahrhunderts mit seinem eigenen Blut an die Fassade geschrieben haben. Es heißt, dass er seine letzten Lebensjahre in geistiger Umnachtung und angekettet in diesem Haus verbrachte. Am jenseitigen Ufer liegt das ehemalige Altenheim Amstelhof, heute eine Dependance der Hermitage in St. Petersburg (s. S. 100).

Ein echter *Selfmademan* war der aus kleinen Verhältnissen stammende Kaufmann Christoffel van Brants. Er verdiente im Handel mit Russland ein Vermögen und pflegte gute Kontakte zu Zar Peter dem Großen, der ihn zum russischen Botschafter in den Niederlanden bestellte und 1717 in den Adelsstand erhob. Als Brants 1732 das Brants Rus Hofje an der Nieuwe Keizersgracht 28–44 begründete, verfügte der lebenslustige Stifter, dass die Bewohnerinnen – bedürftige Seniorinnen lutherischen Glaubens – jeweils an seinem Geburtstag am 1. August eine extra herzhafte Mahlzeit bekommen sollten.

Predigtscheune

Überquert man die Amstel über die Magere Brug, gelangt man über die Kerkstraat auf das Amstelveld. Die weißgestrichene hölzerne Kirche am Rande des hübschen baumbestandenen Platz wurde zwischen 1668 und 1670 errichtet, als der zweite Bauabschnitt des Grachtengürtels entstand. Die Amstelkerk, eine schlichte hölzerne Notkirche, die im Volksmund rasch den Spitznamen *preekschuur* (»Predigtscheune«) bekam, war als Übergangslösung gedacht und sollte durch eine steinerne ersetzt werden. Doch dazu kam es nie. Inzwischen steht das langlebige Provisorium selbst unter Denkmalschutz und dient heute als

AUTORENTIPP!

KIEBITZEN IN DER KÜCHE

Wer möchte einmal einem Sternekoch bei der Arbeit auf die Finger sehen? Ein Diner am »Chef's Table« in der Küche des Restaurants »La Rive« ist eine ganz besondere Erfahrung: Der festlich eingedeckte Tisch steht mitten in der Küche des »Amstel Hotels«, und während die Gäste speisen, wirbeln Chef Rogér Rassin und seine Küchenbrigade vor ihren Augen. Der Tisch in der Küche kann für vier bis acht Personen reserviert werden. Aber auch diejenigen, die nicht in der Küche, sondern im stilvollen Restaurant mit fantastischem Blick auf die Amstel speisen, dürfen sich auf ein kulinarisches Erlebnis der besonderen Art freuen.

La Rive. Abendessen: Di–Sa 18.30–22 Uhr, So 17–21 Uhr, Professor Tulpplein 1 (im »Hotel Intercontinental Amstel Amsterdam«, Reservierung erforderlich), 1018 GX Amsterdam, Tel. 020/520 32 64, larive@ihg.com, www.restaurantlarive.com

Oben: Schiffe, so weit das Auge reicht!
Mitte: Sonnenbad mit Amstelblick
Unten: Am Rembrandtplein ist immer etwas los.

Veranstaltungsgebäude und Sitz der Amsterdamer Gesellschaft für Stadtrenovierung. Eine kleine Statue erinnert an einen legendären Marktverkäufer, »Professor Kokadorus« genannt, der den Leuten schier alles andrehen konnte.

Koninklijk Theater

Am Amstelufer leuchtet jenseits der Nieuwe Prinsengracht die grüne Kuppel des Koninklijk Theater Carré. Die Artistenfamilie gleichen Namens erhielt 1877 die Genehmigung, einen festen Zirkusbau nebst Variététheater zu errichten. In einer Rekordzeit von nur acht Monaten entstand das prächtige Gebäude mit den Clownsmasken an der Fassade. Das traditionsreiche Haus zählt heute zu den renommiertesten Bühnen der Stadt. Vor dem Theater liegen im Fluss die 1674 erbauten Amstelschleusen, mit deren Hilfe die Grachten mit frischem Wasser durchgespült werden konnten. Das rasche Wachstum der Stadt im 17. Jahrhundert hatte diese Maßnahme nötig gemacht. Immer mehr Abwässer flossen in die Grachten, die als Abwasserkanäle dienten und vor allem im Sommer unerträglich stanken.

Grand Hotel

Die Alster in Hamburg schwebte dem Philantropen und Stadtentwickler Samuel Sarphati (1813–1866) als Vorbild vor, als er den Entschluss fasste, an der Amstel Amsterdams erstes Grand Hotel zu errichten. Denn dort, so notierte er, stünden bislang die »schönsten und größten Hotels Europas«. Sarphati hatte Mühe, Investoren für sein Vorhaben zu gewinnen – allzu luxuriös erschienen den nüchternen Amsterdamern seine Pläne. Der visionäre Planer nahm das Projekt dennoch in Angriff und sollte am Ende Recht behalten: Bis heute zählt das »Hotel Amstel« zu den ersten Adressen der Stadt.

Infos und Adressen

SEHENSWÜRDIGKEITEN

Koninklijk Theater Carré. Viel Spaß bei Musicals und Kabarett! Kasse: Tgl. 10–21 Uhr, 30. April, 4. und 5. Mai geschl., Sa 11 Uhr Führung durchs Haus, Amstel 115–125, 1018 EM Amsterdam, Karten online oder unter Tel. 0900/25 25 255, www.carre.nl

Pathé Tuschinski. Legendäres Kino mit prachtvoller Art-déco-Ausstattung.Tgl. ab 11.30 Uhr, Reguliersbreestraat 26–34, 1017 CN Amsterdam, www.pathe.nl

Amstelkerk. Die Kirche beherbergt Büros und ist nur bei Veranstaltungen zugänglich. Amstelveld 10, 1017 JD Amsterdam, www.stadsherstel.nl/60/amstelkerk

ESSEN UND TRINKEN

Café Schiller. Ehemaliges Künstlercafé mit Art-déco-Interieur. Mo–Do 16–1 Uhr, Fr 16–2 Uhr, Sa 14–2 Uhr, So 14–1 Uhr, Rembrandtplein 24-a, 1017 CV Amsterdam, Tel. 020/624 98 46, info@cafeschiller.nl, www.cafeschiller.nl

Icebar Xtracold. Frostiges Vergnügen: eine Bar aus Eis. So–Do 11.30–24 Uhr, Fr–Sa 11.30–2 Uhr, Amstel 194–196, 1017 AG Amsterdam, Tel. 020/320 57 00, info@xtracold.com, www.xtracold.com

Maoz. Leckeres vegetarisches Fastfood. Tgl. 11–1 Uhr, Muntplein 1, 1017 CK Amsterdam, Tel. 020/420 74 35, www.maozusa.com

Café 't Hooischip. Gemütliche ehemalige Schifferkneipe an der Blauwbrug. So–Do 12–1 Uhr, Fr–Sa 12–3 Uhr, Amstel 31, 1011 PT Amsterdam, Tel. 020/623 87 33.

Restaurant De Utrechtsedwarstafel. Erstklassige Küche und hervorragende Weine – unbedingt reservieren! Mi–Sa ab 19 Uhr, Utrechtsedwarsstraat 107–109, 1017 WD Amsterdam, Tel. 020/625 4 89, reservations@utrechtsedwarstafel.com, www.utrechtsedwarstafel.com

ÜBERNACHTEN

Intercontinental Amstel Amsterdam. Nobles Fünf-Sterne-Haus mit Stil und Tradition. Professor Tulpplein 1, 1018 GX Amsterdam, Tel. 020/622 60 60, amstel@ihg.com, www.amsterdam.intercontinental.com

EINKAUFEN

Blumenmarkt. Schwimmende Marktstände voller Blumen. Mo–Sa 9–17.30 Uhr, So 11–17.30 Uhr, am Singel zwischen Konings- und Muntplein.

Im »Café de Ysbreeker« an der Weesperzijde

16 Hermitage Amsterdam

Schätze aus St. Petersburg

Schon die schiere Größe ist überwältigend: Die Fassade des Amstelhofs erstreckt sich von der Einmündung der Nieuwe Heren- bis zur Nieuwe Keizersgracht. Überwältigend ist auch, was im Inneren geboten wird. Nachdem das Gebäude über 300 Jahre als Altenheim diente, ist es nun eine »Zweigstelle« der berühmten Hermitage im St. Petersburg, in der in wechselnden Ausstellungen Kunstschätze aus der dortigen Sammlung zu sehen sind.

Als der Bau des Grachtengürtels jenseits der Amstel fortgesetzt werden sollte, neigte sich das Goldene Zeitalter bereits dem Ende zu. Der Verkauf der Grundstücke entlang der neuen Grachten gestaltete sich schwierig. Die Stadt ging schließlich dazu über, das Gelände teilweise als Gartenland zu verpachten und überließ auch wohltätigen Stiftungen Baugrund für karitative Projekte. Auf diese Weise gelangte 1681 die Diakonie an ein großes Grundstück an der Amstel und errichtete darauf ein Wohnheim für bedürftige alte Frauen. In der Rekordzeit von nur 16 Monaten entstand ein monumentales Gebäude, dessen 102 Meter lange klassizistische Fassade zu jener Zeit die längste der Stadt war. Das Altenheim erhielt einen symmetrischen Grundriss mit einem großen Innenplatz. In den Seitenflügeln gruppierten sich die Unterkünfte um zwei Innenhöfe. Je vier Frauen teilten sich ein Zimmer. An der Straßenseite lag der große Speisesaal, der auch für Gottesdienste und Versammlungen genutzt wurde und mit seinen gewaltigen Ausmaßen sogar dem Burgerzaal im Stadhuis am Dam, dem heutigen Koninklijk Paleis,

Oben: Vom Altersheim zum Kunsttempel – der Amstelhof
Unten: Schätze aus der Eremitage

Konkurrenz machte. Ab 1817 fanden auch alte Männer im Amstelhof Aufnahme, für sie baute man einen eigenen Flügel an. In einer riesigen Küche im Keller wurde das Essen für die rund 700 Bewohner zubereitet.

Mehrfach umgebaut und modernisiert diente der Amstelhof bis in die 1990er-Jahre hinein als Altersheim – insgesamt 324 Jahre lang. Ein letzter großer Umbau in den 1970er-Jahren sollte den historischen Bau in ein zeitgemäßes Pflegeheim verwandeln, doch schon ein Jahrzehnt später entsprach der Amstelhof endgültig nicht mehr den geltenden Standards. Die Diakonie der Reformierten Gemeinde Amsterdams beschloss, an anderer Stelle ein neues Pflegeheim zu bauen.

Leihgaben von der Neva

Schnell stand fest, dass der Amstelhof zu einem Museum umgewandelt werden sollte. Nachdem 2004 zunächst ein kleiner »Ableger« der Hermitage in eines Nebengebäude einzog, wurde ab 2007 der gesamte Gebäudekomplex im Zuge einer millionenschweren Renovierung zu einem hellen, großzügigen Museum umgestaltet. Im Sommer 2009 konnte Königin Beatrix gemeinsam mit dem russischen Präsidenten Medwedew die Amsterdamer Dependance der berühmten Hermitage in St. Petersburg eröffnen. Auf einer Fläche von 9000 Quadratmetern sind seitdem in wechselnden Ausstellungen Kunstschätze aus dem Reich der Zaren zu sehen. Zwei ständige Ausstellungen sind der Geschichte des Amstelhofs und der Geschichte der niederländisch-russischen Beziehungen gewidmet, die eine lange Tradition haben: Schon 1697 reiste der russische Zar Peter der Große (zunächst inkognito) in die Niederlande, um dort die Kunst des Schiffsbaus zu studieren.

Das schicke Museumscafé »Neva«

Infos und Adressen

SEHENSWÜRDIGKEITEN

Hermitage Amsterdam. Das zum Museum umgebaute Altenheim bietet Kunstgenuss in historischem Ambiente. An der Kasse sind Audioguides in mehreren Sprachen erhältlich. Ein gut sortierter Museumsladen rundet das Angebot ab. Tgl. 10–17 Uhr (Kasse: bis 16.30 Uhr), 30. April und 25. Dez. geschl., Amstel 51, 1018 EJ Amsterdam, Tel. 020/530 87 55, mail@Hermitage .nl, www.Hermitage .nl

ESSEN UND TRINKEN

Café-Restaurant Neva. Das lichte, modern eingerichtete Café im historischen Amstelhof ist ein beliebter Treffpunkt für Kunstliebhaber aus aller Welt. Während das Museum geöffnet ist, ist es Museumscafé und Lunchroom, abends kann man hier dinieren. Besonders schön ist im Sommer die Terrasse. Café: Tgl. 10–17.30 Uhr, Amstel 51, 1018 EJ Amsterdam, Tel. 020/530 74 83, info@neva.nl, www.neva.nl

P

JORDAAN UND HAFENINSELN

Sehenswürdigkeit, Denkmal
Aktivität, Ausgang, Theater
Museum, Galerie
Shopping
Restaurant, Bar, Café
Übernachtungsmöglichkeit
Kirche, Moschee
0
100 m
N
Pont 13
REM Eiland
Museum Het Ship
Pluk de Nacht
Hammam Amsterdam
Westergasterras
Pacific Park
Het Ketelhuis
North Sea Jazz Club
Bickersbed Guestroom
Open Ateliers
Kinderboerderij De Dierencapel
Bickers aan de Werf
't Blauwhooft
Restaurant Open
Jordaanmuseum
Formocha Premium Tea
Bossche Hofje
Raepenhofje
Vesper Bar
Kinki Kappers
Art Hotel Dulac
Posthoornkerk
Sukha
Meeuwig & Zon
Café Thijssen
Café t' Papeneiland
Constantiahofje
Boutique Suites
Lindenhofje
Suyckerhoff-Hofje
Flesch Records
De Windketel
Stadsdeelkantoor Westerpark
Westerpark
Oude Houthaven
Westerdok
Westerkanaal
Haarlemmervaart
Kostverloren-vaart
Kattensloot
Rijkspolitie te Water
Havengebouw
Centraal
Tasman-str.
Van Diemenstr.
Westerdoksdijk
De Ruijterkade
Haarlemmerweg
Haarlemmer-pl.
Haarlemmer Houttuinen
Nieuwe Westerdok
Nassau-kade
Houtmankade
Spaarndammer-str.
Zoutkeetsgracht
Realengracht
Prinseneilandsgr.
Bickersgracht
Brouwersgracht
Palmgracht
Lijnbaansgracht
Marnixstr.
Marnixkade

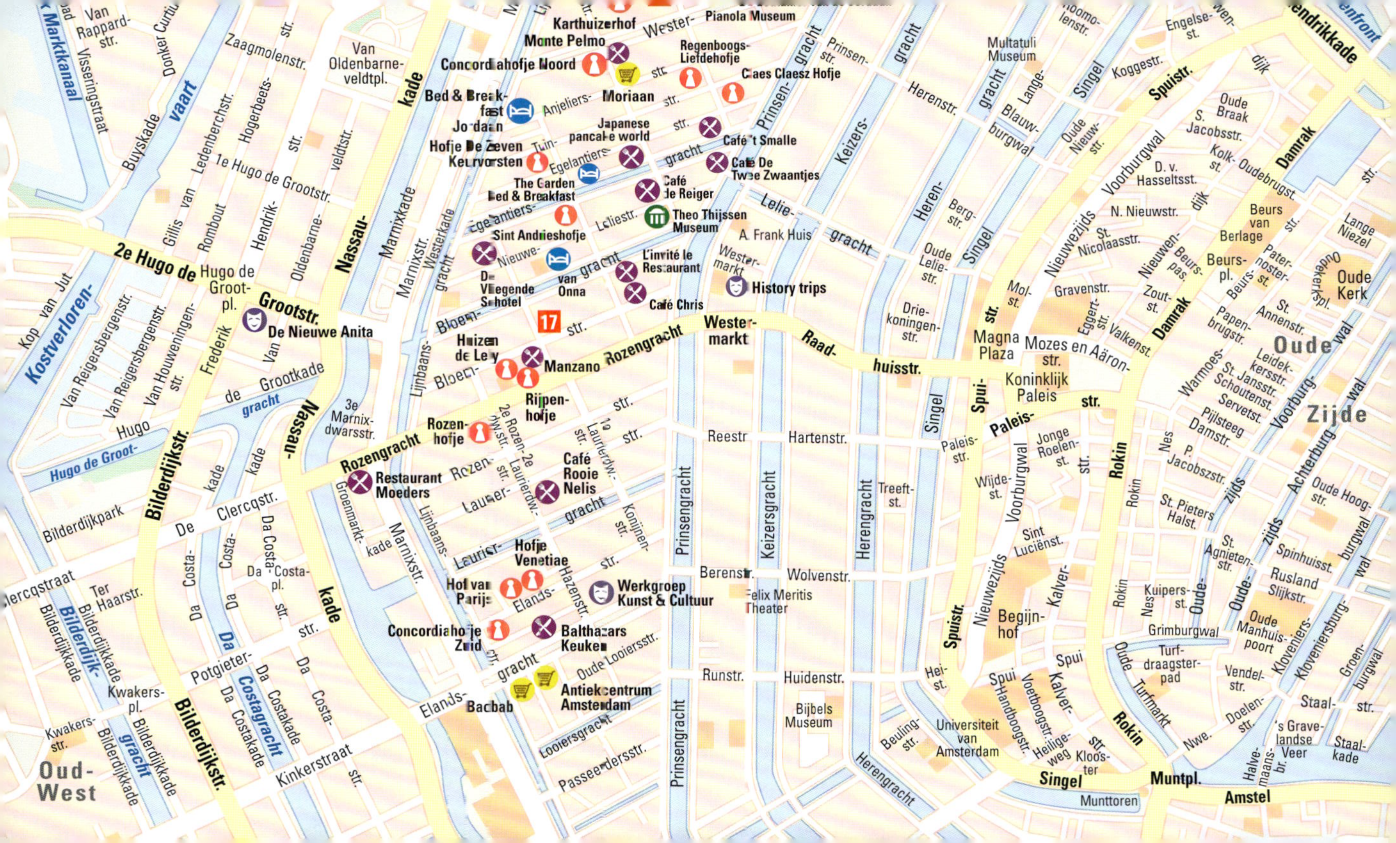

Oude Zijde
Oude Kerk
Damrak
Rokin
Spuistr.
Singel
Herengracht
Keizersgracht
Prinsengracht
Raadhuisstr.
Westermarkt
Rozengracht
Koninklijk Paleis
Magna Plaza
Begijnhof
Universiteit van Amsterdam
Muntpl.
Munttoren
Amstel
Beurs van Berlage
Multatuli Museum
Bijbels Museum
Felix Meritis Theater
Theo Thijssen Museum
A. Frank Huis
History trips
Pianola Museum
Karthuizerhof
Monte Pelmo
Concordiahofje Noord
Bed & Breakfast
Jordaan
Hofje De Zeven Keurvorsten
The Garden Bed & Breakfast
Sint Andrieshofje
De Vliegende Schotel
Van Onna
Huizen de Ley
Manzano
Rijpenhofje
Rozenhofje
Restaurant Moeders
Café Rooie Nelis
Hofje Venetiae
Hof van Parijs
Concordiahofje Zuid
Balthazars Keuken
Antiekcentrum Amsterdam
Bachab
Werkgroep Kunst & Cultuur
Café Chris
L'invité le Restaurant
Café De Reiger
Japanese pancake world
Moriaan
Café 't Smalle
Café De Twee Zwaantjes
Claes Claesz Hofje
Regenboogs Liefdehofje
17
Lijnbaansgracht
Marnixstr.
Nassaukade
Bilderdijkstr.
Da Costagracht
Bilderdijkgracht
Kostverlorenvaart
Marktkanaal
De Nieuwe Anita
2e Hugo de Grootstr.
Hugo de Grootgracht
Kinkerstraat
Oud-West

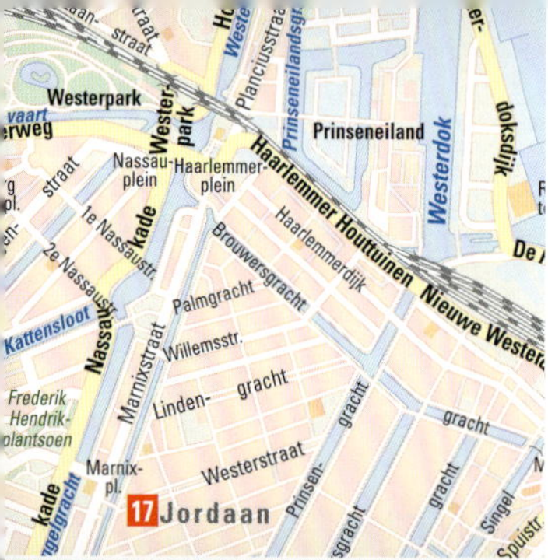

Seite 102/103: Die romantische Mini-Terrasse am »Café 't Smalle«
Oben: Am Johnny Jordaanplein
Unten: Typische Gassen und Geschäfte, wie man sie im Jordaan findet.

17 Kreuz und quer durch den Jordaan

Romantische Grachten und ruppiger Charme

Der Jordaan ist zweifellos der meistbesungene Stadtteil Amsterdams. Einst als Wohnquartier für die arbeitende Bevölkerung angelegt und lange als sozialer Brennpunkt verschrieen hat er sich zum In-Viertel gemausert, in dem sich viele kleine Läden und schicke Lokale angesiedelt haben. Trotzdem ist hier die Vergangenheit noch allgegenwärtig, ewa in den stillen Hofjes oder den traditionsreichen Eckkneipen.

Darüber, woher der Jordaan seinen Namen hat, gibt es verschiedene Theorien. Hugenottische Flüchtlinge sollen das Viertel, das ursprünglich *Nieuwe Werck* hieß, im 17. Jahrhundert umgetauft haben, weil die meisten Straßen hier Blumennamen tragen, vermuten die einen (denn das französische Wort für »Garten« lautet *jardin*). Andere behaupten, der biblische Fluss Jordan habe Pate gestanden, weil den Flüchtlingen das tole-

MAL EHRLICH

VERWIRRENDE STRASSENNAMEN

Wer nicht von hier ist, verläuft sich, heißt es im Jordaan. Den verwirrenden Straßennamen liegt aber ein System zugrunde. Die in Ost-West-Richtung verlaufenden Hauptstraßen haben keine Nummern. Die Querstraßen (*dwarsstraaten*) haben entweder einen eigenen Namen oder leiten ihn aus dem Namen der Straße ab, die sie kreuzen. Gibt es mehrere Querstraßen, werden sie von Ost nach West durchnummeriert.

rante Amsterdam angesichts der religiösen Verfolgung in ihrer Heimat wie das gelobte Land vorgekommen sei.

Quartier der kleinen Leute

An den schmalen Grachten dieses Stadtviertels, das zeitgleich mit dem ersten Bauabschnitt des Grachtengürtels entstand, lebten Bauarbeiter und Zimmerleute, Seeleute und Matrosen, Hausangestellte und andere kleine Leute. Abdecker, Gerber, Schmiede und andere lärm- und geruchsintensive Handwerke, die aus dem vornehmen Grachtenring verbannt worden waren, siedelten sich hier an. Anders als am Grachtengürtel lag die Erschließung in den Händen von Privatleuten. Zur Gewinnmaximierung zerteilten diese das Areal in winzige Parzellen, auf denen billige kleine Häuser aus minderwertigen Materialien errichtet wurden. Betrachtet man das Viertel auf der Karte, springt sofort die ungewöhnliche Straßenführung ins Auge. Die Straßen und Grachten im Jordaan verlaufen in einem eigenwilligen Winkel zum Grachtengürtel, der sich in konzentrischen Kreisen um das Stadtzentrum legt.

Armut und Elend

Die Lebensbedingungen in den Arbeiterquartieren waren schlecht und sie verschlechterten sich im Laufe der Zeit immer weiter. Die Industrialisierung trieb die Einwohnerzahl auf immer neue Rekordhöhen, die Wohnungsnot spitzte sich zu. Bis zu 80 000 Menschen drängten sich in den kleinen Häusern ohne Kanalisation, in feuchten Kellern und auf abgeteilten Dachböden. Im 19. Jahrhundert war der Jordaan das am dichtesten bevölkerte und zugleich das ärmste Stadtviertel Amsterdams. Die Grachten waren zu stinkenden Kloaken verkommen, immer wieder breiteten sich Seuchen aus.

Giebelstein eines Handwerkerhauses

AUTORENTIPP!

EXPERIMENTELLES RESTAURANT

Das Restaurant »l'invité«, in einem alten Grachtenhaus an der romantischen Bloemgracht gelegen, startete im Januar 2012 als Experiment. Gründer Sico de Moel, der eine Vermittlungsagentur für Spitzenköche betreibt und beste Kontakte in der Szene hat, hatte eine Idee: ein Restaurant, in dem jeden Monat ein anderer Chefkoch ein Gastspiel am Herd gibt. Ursprünglich war das Experiment auf ein Jahr angelegt. Jetzt geht es mit neuem Konzept weiter: Je ein junger, aufstrebender und ein älterer, erfahrener Spitzenkoch stehen nun gemeinsam in der Küche, auch hier sind Wechsel geplant. Geboten wird klassische französische Küche mit einem modernen Twist.

l'invité le Restaurant. Di–So ab 12 Uhr Mittagessen, ab 18 Uhr Abendessen, Mo geschl., Bloemgracht 47, 1016 KD Amsterdam, Tel. 020/570 20 10, lerestaurant@linvite.nl, www.linvitelerestaurant.nl

Oben: Denkmal für den Pädagogen Theo Thijssen
Unten: Viele Lädchen beleben das Straßenbild.

Angesichts der Not des städtischen Proletariats fanden sich wohlhabende Bürger 1852 zu einer »Vereinigung zur Verbesserung der Lebensumstände der Arbeiterklasse« zusammen und ließen an einigen Stellen im Viertel moderne Wohnungen errichten. Diese Aktivitäten markieren den Beginn des sozialen Wohnungsbaus in den Niederlanden. Parallel dazu gab es erste Ansätze zu einer Stadtsanierung: So wurden aus Hygienegründen einige besonders stark verschmutzte Grachten – allen voran die katastrophale Goudsbloemgracht – zugeschüttet. Doch es dauerte lange, bis diese Maßnahmen Erfolg zeigten.

Geschichte des Jordaan

Die katastrophalen Lebensbedingungen entluden sich immer wieder in sozialen Unruhen. Der »Aalaufstand« im Sommer 1886 brach aus, nachdem die Polizei einen verbotenen Wettkampf an der Lindengracht unterbunden hatte. Das sogenannte *palingtrecken* war ein beliebtes Spektakel, bei dem Männer in Booten darum wetteiferten, als erster einen lebendigen Aal herunterzureißen, der an einem quer über eine Gracht gespannten Seil baumelte. Der Polizeieinsatz mündete in einen mehrtägigen Aufruhr, der schließlich vom Militär niedergeschlagen wurde und 25 Menschen das Leben kostete. Zu Beginn des 20. Jahrhunderts hatten sich die Lebensumstände zwar allmählich verbessert, doch der Jordaan blieb ein sozialer Brennpunkt, in dem Lebensmittelknappheit 1917 zum »Kartoffelaufstand« führte: Infolge des Ersten Weltkriegs kam es zu Lebensmittelengpässen; daraufhin wurden Marktstände und ein Schiff mit Kartoffeln, die für die Armee bestimmt waren, geplündert.

Die Weltwirtschaftskrise, die 1929 einsetzte, stürzte viele Jordanezen in tiefe Not. Als 1934 die Sozialhilfe um rund zehn Prozent gekürzt wurde, kam es im Jordaan zu heftigen Protestkundgebungen. Die Demonstranten – darunter auch viele Frauen, deren Familien hungerten – rissen Pflastersteine aus den Straßen und bewarfen die herbeieilende Polizei. Wieder rückte das Militär an. Nach dem Ende der mehrtägigen Straßenschlachten wurden etliche Straßen im Jordaan asphaltiert, um Demonstranten keine Wurfgeschosse mehr zu liefern. Erst um diese Zeit wurde der Jordaan an die Trinkwasserversorgung und die Kanalisation angeschlossen.

In den 1960er-Jahren kehrten viele Familien, aber auch zahlreiche Handwerksbetriebe dem heruntergekommenen Viertel den Rücken und siedelten sich am Stadtrand oder in modernen Satellitenstädten wie Almere oder Purmerend an. Weitreichende Abrisspläne scheiterten am Widerstand von Denkmalschützern. Studenten siedelten sich in den kleinen Häusern an. Ende des 20. Jahrhunderts schließlich wurde es hip, im Jordaan zu wohnen. Heute leben hier Lehrer, Ärzte, Anwälte – mehr als die Hälfte der Bewohner wird den oberen Einkommensklassen zugerechnet.

Theo-Thijssen-Museum

Viele Grachten im Jordaan wurden zugeschüttet, so auch die baumbestandene Lindengracht, die so etwas wie eine Einkaufsmeile im Jordaan ist. Seit über 100 Jahren wird hier samstags ein vielbesuchter Markt abgehalten und hier gibt es eine ganze Reihe von Läden und Cafés. Gleich am Anfang der Lindengracht erinnert ein Denkmal an den Schriftsteller, Gewerkschafter und Pädagogen Theo Thijssen (1879–1943), der im Jordaan geboren wurde. In seinem Geburtshaus an der Eerste Leliedwarsstraat 16 ist heute ein Museum. Ein kurioser Giebelstein schmückt das Haus Lindengracht 55/57: Fische schwimmen in einer Baumkrone, die Jahreszahl

AUTORENTIPP!

EIN MUSEUM VOLLER MUSIK

In so manchem Western klimpert in einer Ecke des Saloons ein mechanisches Klavier vor sich hin. Bevor das elektrische Grammofon seinen Siegeszug antrat, sorgten aber nicht nur in vielen Vergnügungsstätten, sondern durchaus auch in gutbürgerlichen Wohnzimmern Pianolas für musikalische Unterhaltung. Diesen wie von Geisterhand musizierenden Klavieren, die die Noten von einem Lochstreifen selbsttätig abspielen, ist im Herzen des Jordaan ein Museum gewidmet. Aus dem reichen Fundus von über 30 000 Musikrollen werden regelmäßig auch Konzerte mit unterschiedlichen thematischen Schwerpunkten wie Jazz oder Tango zusammengestellt – ein ganz besonderes Hörerlebnis!

Pianola Museum. So 14–17 Uhr und nach Vereinbarung, Westerstraat 106, 1015 MN Amsterdam, Tel. 020/627 96 24, info@pianola.nl, www.pianola.nl

Oben: Die Bloemgracht wird die »Herengracht des Jordaan« genannt.
Mitte: Volkssänger Johnny Jordaan hat immer noch viele Fans.
Unten: Ein Paradies für Kuriositätenliebhaber

steht auf dem Kopf. Die auffallende Häuserzeile an der Lindengracht 206–220 entstand Ende des 19. Jahrhunderts. Sie bot Handwerkerfamilien, die zuvor unter elenden Bedingungen gehaust hatten, eine für damalige Zeiten komfortable Unterkunft.

Bloemgracht und Rozengracht

Heckenrosen standen Pate für die Egelantiersgracht. Hübsche Häuser spiegeln sich im Wasser. Einen besonders schönen Blick hat man von der Hilletjesbrug (1921), die die Eerste Leliedwarsstraat und die Tweede Tuindwarsstraat verbindet. Die nahegelegene Bloemgracht wurde bereits 1615 angelegt. Sie ist eine der ältesten und schönsten des Viertels und wird auch die Herengracht des Jordaan genannt. Viele stattliche Häuser säumen ihre Ufer. Die schönsten sind die 1642 erbauten »Drie Hendricken« (Nr. 87–91) mit ihren schönen Treppengiebeln und den Giebelsteinen, die einen Bauern, einen Bürger und einen Seemann zeigen. An der Bloemgracht gibt es noch viele weitere Giebelsteine zu entdecken, etwa den jungen (Nr. 81) und den alten Sämann (Nr. 77). Der berühmte Kartograf Willem Blaeu (1571–1638) hatte im Haus Nr. 76 eine Werkstätte. Im 17. Jahrhundert war die Gracht außerdem ein Zentrum der Farbenherstellung. Vielleicht hat auch Rembrandt einst hier eingekauft? Nachdem der verarmte Maler sein Haus an der Jodenbreestraße verkaufen musste, übersiedelte er in den Jordaan, wo er 1660 ein kleines Haus an der

Rozengracht 184 bezog. Nach seinem Tod im Jahre 1669 wurde er in einem Armengrab in der Westerkerk bestattet.

Künstler, Kitsch und Krempel

Auch an der Lauriergracht ließen sich zu allen Zeiten gern Künstler nieder, etwa der Rembrandtschüler Govaert Flinck (1615–1660), der im Haus Nr. 27 lebte. Die Bebauung ist recht abwechslungsreich: Wohn- und Packhäuser, zwei Waisenhäuser und ein Kloster lagen an dieser Gracht. Da im Jordaan der Wohnraum immer knapp war, wurden auf die Freiflächen hinter den Wohnhäusern Hinterhäuser gesetzt, die über schmale Gänge erschlossen wurden. Über 900 solcher Gänge gab es im 18. Jahrhundert im Jordaan, oft nicht einmal einen Meter breit. Die schmale Tür, die gleich links neben der Treppe von Haus 87 liegt, führte in den Beddemakersgang.

Wie eine Schneise teilt die vielbefahrene Rozengracht den südlichen vom nördlichen Jordaan. Ende des 19. Jahrhunderts aus Hygienegründen zugeschüttet bescherte sie dem Viertel durch eine Straßenbahnlinie erstmals eine direkte Verkehrsanbindung an das Stadtzentrum. Den großen überdachten Antiquitätenmarkt an der Elandsgracht kennen viele noch unter dem Namen »de Looier«. Seit über 30 Jahren gibt es hier Antiquitäten und Trödel aus allen Epochen. Wo die Elands- auf die Prinsengracht trifft, haben die Jordanezen 1994 dem berühmten Volkssänger Johnny Jordaan (1924–1989) und seiner Gesangspartnerin Tante Leen (1912–1992) ein Denkmal gesetzt. Mit ihren Herzschmerzliedern über das Leben, die Liebe und den Jordaan eroberten sie die Herzen. Inzwischen sind an dem kleinen Platz noch weitere Größen der Amsterdamer Volksmusik zu Denkmalehren gekommen.

AUTORENTIPP!

FLIEGENDE VEGETARISCHE UNTERTASSE

Seit über 30 Jahren gibt es dieses vegetarische Restaurant bereits und die Einrichtung erinnert noch stark an die Gründungsjahre, als Studenten den Jordaan für sich entdeckten. Selbstlackierte Tische, bunte Schränkchen, abgewetzte Teppiche – all das verströmt den Charme einer linksalternativen WG-Küche. Das Essen aber überzeugt. Nach einem Eigentümerwechsel ist die Küche nun ayurvedisch geprägt. Alle Speisen auf der Karte sind vegetarisch oder sogar vegan. Verarbeitet werden nur frische Zutaten aus der Region, die größtenteils aus Biolandbau stammen. Angesichts der handfesten Portionen ist das Preis-Leistungs-Verhältnis ausgesprochen redlich.

De Vliegende Schotel. Küche tgl. 16–21.30 Uhr, Nieuwe Leliestraat 162, 1015 HE Amsterdam, Tel. 020/625 20 41, www.vliegendeschotel.com

Infos und Adressen

SEHENSWÜRDIGKEITEN

Jordaanmuseum. Die Stiftung Jordaanmuseum sammelt Dokumente und Gegenstände, die die Geschichte des Stadtteils widerspiegeln. Mangels eigener Räumlichkeiten wird die Ausstellung in einem Wohnheim gezeigt. Nach vorheriger Absprache können auch Rundgänge mit Einheimischen organisiert werden. Tgl. 10–17 Uhr, Vinkenstraat 185, 1013 JR Amsterdam, Tel. 020/624 46 95, info@jordaanmuseum.nl, www.jordaanmuseum.nl

Theo-Thijssen-Museum. Das kleine Museum erinnert an den Autor des Romans *Kees de jongen.* Do–So 12–17 Uhr, Eerste Leliedwarsstraat 16, 1015 TA Amsterdam, Tel. 020/420 71 19, www.theothijssenmuseum.nl

ESSEN UND TRINKEN

Balthazars Keuken. In einer umgebauten ehemaligen Schmiede vermittelt dieses ungezwungene Restaurant beinahe das Gefühl, bei Freunden zu essen – Freunden, die jede Woche ein anderes leckeres Drei-Gänge-Menü kochen. Mi–Sa Restaurant (Reservierung erbeten), sonst nur geschlossene Gesellschaften, Elandsgracht 108, 1016 VA Amsterdam, Tel. 020/420 21 14, info@balthazarskeuken.nl, www.balthazarskeuken.nl

Restaurant de Reiger. In den 1980er-Jahren in ein hippes Café verwandelt wurde es behutsam rückgebaut und hat jetzt wieder altmodisches Flair. Di–Fr, So 17–22.30 Uhr, Sa 12–22.30 Uhr, Nieuwe Leliestraat 34, 1015 ST Amsterdam, Tel. 020/624 74 26, www.dereigeramsterdam.nl

De Eetkamer van de Jordaan. Gemütliches Lokal mit leicht ramponiertem Charme, wo auch Einheimische essen. Tgl. 17.45–22 Uhr Sa–Mo auch 11–15 Uhr, Westerstraat 76, 1015 ML Amsterdam, Tel. 020/625 07 46.

Japanese pancake world. Ein Lokal mit Seltenheitswert – japanische Pfannkuchen gibt es außerhalb Japans kaum, hier aber in Vollendung. Di–Fr 17–22 Uhr, Sa–So 12–15 und 17–22 Uhr, Tweede Egelantiersdwarsstraat 24 A, 1015 SC Amsterdam, Tel. 020/320 44 47, www.japanesepancakeworld.com

Manzano. Das spanische Lokal mit dem schönen Innenhof serviert köstliche Tapas. Ab 12 Uhr zum

Nostalgie pur: Kirmesorgel beim Jordaanfestival

Mittag, Rozengracht 106, 1016 NH Amsterdam, Tel. 020/624 57 52, info@DUrestaurants.nl, www.manzano.nl

Monte Pelmo. Die 1957 gegründete Eisfabrik im Jordaan verkauft ihre köstlichen Produkte hier gleich an Ort und Stelle. In den Sommermonaten tgl. 14–21 Uhr, Tweede Anjeliersdwarsstraat 17, 1015 NS Amsterdam, Tel. 020/623 09 59, info@montepelmo.nl, www.montepelmo.nl

ÜBERNACHTEN

Bed & Breakfast Jordaan. Die Gästezimmer (jedes mit eigenem Bad) liegen im Erdgeschoss und im ersten Stock des umfassend renovierten alten Handwerkerhauses, darüber wohnen die charmanten, sehr hilfsbereiten Gastgeber. Anjeliersstraat 197, 1015 NG Amsterdam, Tel. 020/638 37 60, bbjordaan@xs4all.nl, www.amsterdam-bed-and-breakfast-jordaan.nl

Boutique Suites Amsterdam. Der Anbieter vermietet mehrere Wohnungen in guter Lage, z.B. ein Zwei-Personen-Apartment direkt am Noordermarkt und zwei Wohnungen an der Lindengracht, jeweils mit einer komplett eingerichteten Küche. Tweede Goudsbloemdwarsstraat 21, 1015 JX Amsterdam, Tel. 020/623 78 48, info@amsterdamboutiquesuites.com, www.amsterdamboutiquesuites.com

Hotel van Onna. Das Hotel ist einfach, preisgunstig und sauber. Es punktet vor allem mit seiner Lage in drei Grachtenhäusern an der malerischen Bloemgracht. Weitere Pluspunkte sind das ordentliche Frühstück, freies WiFi und der freundliche Service. Bloemgracht 102/104/108, 1015 TN Amsterdam, Tel. 020/626 58 01, info@hotelvanonna.nl, www.hotelvanonna.nl

EINKAUFEN

Antiekcentrum Amsterdam. Rund 80 Händler haben feste Stände in diesem überdachten Antikzentrum, einem der größten der Niederlande. Mo–Fr 11–18 Uhr, Sa–So 11–17 Uhr, Di geschl., Mi, Sa

Rast unter Rosen

und So zusätzlich von 11–17 Uhr Indoor-Trödelmarkt, Elandsgracht 109, 1016 TT Amsterdam, Tel. 020/624 90 38, info@antiekcentrumamsterdam.nl, www.antiekcentrumamsterdam.nl

Baobab. In dieser 1967 eröffneten Schatzhöhle gibt es Statuen, Schmuck, Möbel und Gebrauchsgegenstände aus Asien und Afrika. So–Mo 13–18 Uhr, Di–Fr 11–18 Uhr, Elandsgracht 105, 1016 TT Amsterdam, Tel. 020/626 83 98, office@baobab-aziatica.nl, www.baobab-aziatica.nl

Moriaan Vintage. In diesem Secondhand-Laden gibt es auch eigene Entwürfe, wie Kinderkleidchen aus alten AC/DC-T-Shirts... Mo–Fr 12–18 Uhr, Sa 11–17 Uhr, So geschl.. Tweede Anjeliersdwarsstraat 19, 1015 NS Amsterdam, Tel. 020/620 47 98, moriaanvintage@gmail.com, www.moriaanvintage.nl

AUSGEHEN

De Nieuwe Anita. Hippe junge Leute lümmeln sich auf alten geblümten Sofas in diesem gelungenen, alternativ angehauchten Mix aus Club, Theater und Bar. Je nach Veranstaltung, Frederik Hendrikstraat 111, 1052 HN Amsterdam, www.denieuweanita.nl

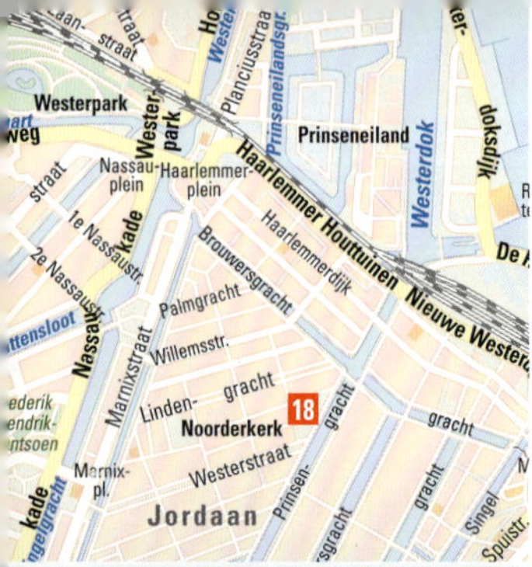

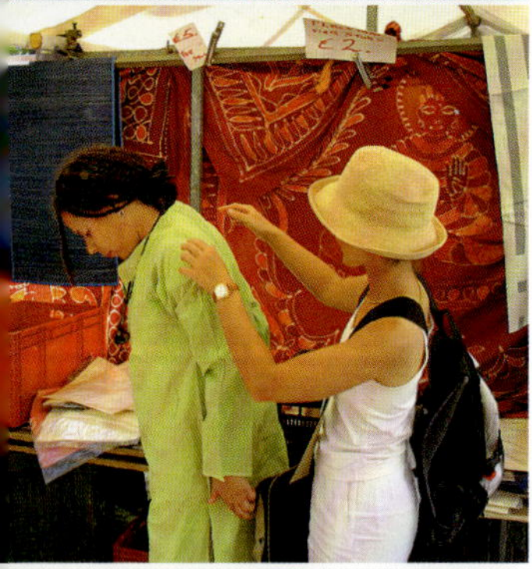

Oben: Die Noorderkerk hat einen kreuzförmigen Grundriss.
Unten: Spontane Anprobe auf dem Noordermarkt

18 Rund um die Noorderkerk

Buntes Markttreiben vor historischer Kulisse

Schon Rembrandt van Rijn soll hier eingekauft haben. Bis heute ist der Markt auf dem Platz rund um die Noorderkerk ein Publikumsmagnet. Rund um die markante Noorderkerk drängen sich hübsche, alte Häuser. Es gibt kaum etwas Schöneres, als sich vor oder nach dem Marktbummel auf einer der Caféterassen niederzulassen und bei Kaffee und Apfelkuchen dem bunten Treiben zuzusehen.

Für die Bewohner des ringsum entstehenden Jordaan wurde ab 1620 die Noorderkerk errichtet, die dem Platz alsbald ihren Namen gab. Zeitgleich entstand für die Anwohner am vornehmen Grachtengürtel die Westerkerk – die sich im Laufe der Zeit zu einem Wahrzeichen des Jordaan mauserte, obwohl sie strenggenommen außerhalb des Viertels liegt. Der Architekt Hendrick de Keyser (1565–1621) legte für die Noorderkerk einen revolutionären Entwurf vor: einen Grundriss in Form eines griechischen Kreuzes mit gleichlangen Armen. Dieser Grundriss fügte sich wie die Speichen eines Rades in eine gedachte Kreisform ein und der Kreis galt in der Renaissance als die ideale göttliche Form. Gleichzeitig entsprach der Grundriss auch besonders gut dem protestantischen Ritus, bei dem das Wort eine zentrale Rolle spielt: Von allen Kirchenbänken aus konnten die Gläubigen die zentrale Kanzel gut sehen. Die Innenausstattung war schlicht, nichts sollte die Gemeinde vom Wort Gottes ablenken. Ostern 1623 wurde das Gotteshaus in Gebrauch genommen. Heute wird die Kirche immer noch für Gottesdienste, wegen ihrer hervorragenden Akustik aber auch für Musikveranstaltungen genutzt.

Am Eingang der Noorderkerk erinnert ein 1987 enthülltes Denkmal an den Jordaanaufruhr von 1934. Eine Gedenktafel an der Kirche hält die Erinnerung an den Februarstreik von 1941 wach, als viele Niederländer aus Protest gegen die Judenverfolgung in ihrem Land die Arbeit niederlegten.

Bio- und Trödelmarkt

Per Boot brachten die Bauern im 17. und 18. Jahrhundert ihre Waren auf den Noordermarkt, heute rollen die Marktbeschicker wie überall mit Lieferwagen an. Samstags von neun bis 13 Uhr gibt es hier auf dem beliebten Biomarkt frisches Obst und Gemüse, Brot, Käse und Wurst. Montags verwandelt sich der Platz in einen kunterbunten Trödelmarkt. Auf der Westerstraat, die in den Noordermarkt einmündet, ist zur gleichen Zeit *Lapjesmarkt*: Stoffe, Vorhänge und Bettwäsche wurden hier ursprünglich gehandelt, inzwischen hat sich das Sortiment erweitert.

Das Neubaugebiet von einst ist mittlerweile längst denkmalwürdig: Rund um den Noordermarkt stehen mehr als 20 Gebäude unter Denkmalschutz. Ein schöner Giebelstein erzählt am Haus Noordermarkt 39/40 bildlich, wie die Krabbe mit einer List das Wettrennen gegen den Fuchs gewann. Sehens- und erhaltenswert ist auch der winzige Laden »Flesch Records« gleich hinter der Noorderkerk. Inhaber Herman Verkoop, ein passionierter Schallplattensammler, eröffnete ihn 1999. Im Angebot sind Schallplatten – vor allem klassische Musik, aber auch Jazz und Popmusik aus den 1960er- und 1970er-Jahren sowie alte Radios und Plattenspieler. Und damit sich das Ganze auch trägt, verkauft der Inhaber samstags zusätzlich noch Obst und Gemüse.

Kofferradios bei »Flesch Records«

Infos und Adressen

ESSEN UND TRINKEN

Café Restaurant Noordwest. Ultramodernes Lokal mit zwei Terrassen. Mo 9–1 Uhr, Di–Fr 11–1 Uhr, So 9–1 Uhr, So 11–1 Uhr, Noordermarkt 42, 1015 NA Amsterdam, Tel. 020/624 36 89, info@restaurantnoordwest.nl, www.restaurantnoordwest.nl

Winkel 43. Hier gibt's einen der besten Apfelkuchen der Stadt. Mo 7–1 Uhr, Di–Do 8–1 Uhr, Fr 8–3 Uhr, Sa 7–3 Uhr, So 10–1 Uhr, Noordermarkt 43, 1015 NA Amsterdam, Tel. 020/623 02 23, info@winkel43.nl, www.winkel43.nl

EINKAUFEN

de Weldaad. Eine Fundgrube für alte Möbel und antike Baumaterialien. Mo, Sa 9–18 Uhr, Di–Fr 10–18 Uhr, So 13–17 Uhr, Noordermarkt 35–36, 1015 NA Amsterdam, Tel. 020/422 27 47, info@weldaad.com,www.weldaad.com

Flesch Records. Neben Schallplatten gibt's samstags auch Obst und Gemüse. Nur Mo, Do–Sa Uhr geöffnet, Noorderkerkstraat 16, 1015 NB Amsterdam, Tel. 020 622 81 85.

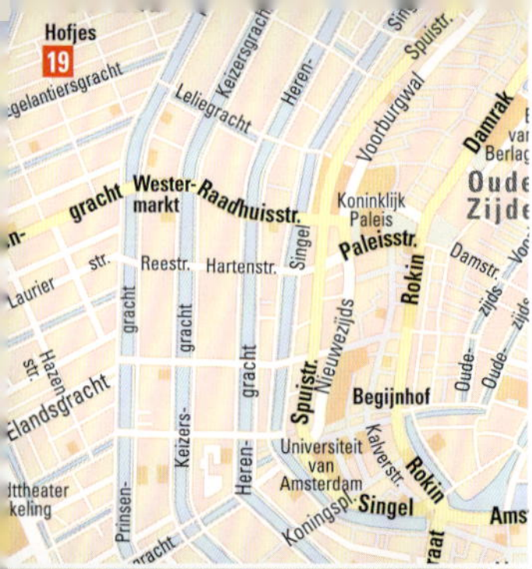

Sozialer Wohnungsbau von einst: der Karthuizerhof

19 Hofjes im Jordaan

Verborgene Idyllen

Typisch für Amsterdam sind die *Hofjes*: Eine Gruppe kleiner Häuser, die sich um einen abgeschlossenen Innenhof gruppieren und von der Straße aus nur durch einen Tordurchgang zu erreichen sind. Die *Hofjes* wurden in der Regel von vermögenden Bürgern gestiftet, um Witwen, alleinstehenden Frauen oder bedürftigen alten Menschen ein Dach über dem Kopf zu bieten. Besonders viele dieser versteckten Wohnidyllen gibt es im Jordaan.

Im Jordaan, wo die Grundstücke billiger waren, wurden zeitgleich zum Bau des Grachtengürtels zahlreiche *Hofjes* gestiftet. Als Stifter traten sowohl Glaubensgemeinschaften als auch wohlhabende Privatleute auf. Um in ein *Hofje* aufgenommen zu werden, mussten Bewerber in der Regel bestimmte Kriterien erfüllen: Neben der Bedürftigkeit war dies oft ein Mindestalter, die Zugehörigkeit zu einer bestimmten Konfession und ein

MAL EHRLICH

BITTE RÜCKSICHT NEHMEN!

Die Hofjes sind keine Freilichtmuseen, sondern in den meisten Fällen bewohnte Privatwohnungen. Es ist die reine Freundlichkeit der Bewohner, wenn sie tagsüber die Zugangstür unverschlossen lassen, um Besuchern einen Blick in ihr Hinterhofidyll zu ermöglichen. Sie sind dazu nicht verpflichtet. Wenn Sie also ein offenes Türchen finden, danken Sie den Bewohnern dieses Entgegenkommen mit größtmöglicher Rücksichtnahme und respektieren Sie ihre Privatsphäre.

Hofjes-Rundgang durch den Jordaan

Etliche *Hofjes* sind auch heute noch tagsüber frei zugänglich. Wenn die Tür offen steht, kann man oft einen kurzen Blick hineinwerfen.

Ⓐ **Bossche Hofje** – Die Bossche Hofje und Raepenhofje teilen sich einen Innenhof. Dieser wurde 1648 gestiftet, Palmgracht 20–26.

Ⓑ **Raepenhofje** – 1648 erbaut, Palmgracht 28–38.

Ⓒ **Constantiahofje** – Wohlhabende Privatiers stifteten im 19. Jahrhundert (1863–1864) das Constantiahofje, Willemsstraat 149–165.

Ⓓ **Lindenhofje** – 1616 erbaut. Heute ist es ein Kinderhospiz, Lindengracht 94–112.

Ⓔ **Suyckerhoff-Hofje** – Das Suyckerhoff-Hofje (1667) nahm nur Frauen mit friedlichem Gemüt auf, Lindengracht 149–163.

Ⓕ **Karthuizerhof** – Dieser Hof (1650) war für Witwen mit Kindern bestimmt, Karthuizerstraat 87–171.

Ⓖ **Broenshofje** – 1851 erbaut und heute in Privatbesitz, Boomstraat 52.

Ⓗ **Concordiahofje Noord** – 1864 erbaut diente es als Unterkunft für alte Arbeiter, Westerstraat 221–289.

Ⓘ **Regenboogs-Liefdehofje** – 1806 erbaut wird es heute an Musikstudenten vermietet, Tuinstraat 100–102.

Ⓙ **Claes Claesz Hofje** – Die Anfänge des Claes Claesz Hofjes gehen bis ins Jahr 1616 zurück, Egelantiersstraat 28–54.

Ⓚ **Hofje De Zeven Keurvorsten** – Das Hofje (1645) bestand ursprünglich aus sieben Häuschen, Tuinstraat 197–225.

Ⓛ **Sint Andrieshofje** – Das Sint Andrieshofje ist eines der ältesten der Stadt (1614), Egelantiersgracht 107–141c.

Ⓜ **Huizen de Lely** – Die Huizen de Lely bilden seit 1965 eine Einheit mit dem Rijpenhofje. Erbaut wurden sie aber bereits 1872, Bloemstraat 129–141.

Ⓝ **Rijpenhofje** – 1736 erbaut, Rozengracht 116–138.

Ⓞ **Rozenhofje** – Aus dem Jahre 1740, Rozengracht 147–181.

Ⓟ **Hofje Venetiae** – Vorbei am Rozenhofje geht es zum Hofje Venetiae (1650), in dem Hugenotten lebten, Elandsstraat 106–138.

Ⓠ **Hof van Parijs** – 1858 erbaut diente es als Unterkunft für alte Arbeiter, Elandsstraat 158–178.

Ⓡ **Concordiahofje Zuid** – Zwischen 1858 und 1859 in der Elandsstraat 183–197 erbaut diente es auch als Unterkunft für alte Arbeiter.

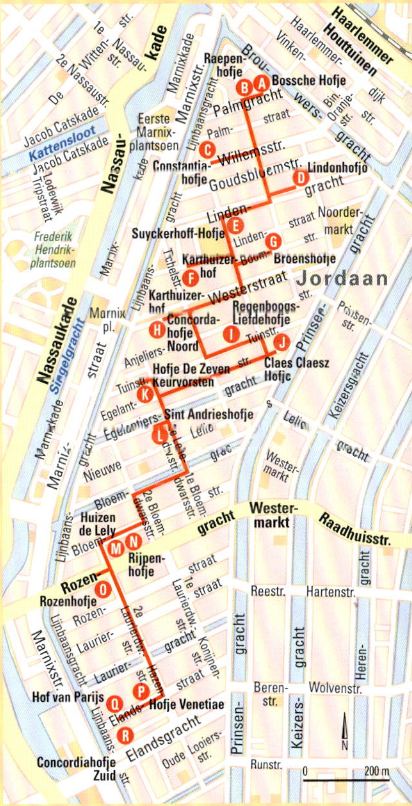

AUTORENTIPP!

KONZERTE IN DEN HOFJES
Die meiste Zeit des Jahres sind die beschaulichen Hofjes im Jordaan Oasen der Ruhe. Doch in den Sommermonaten geht es dort mitunter recht lebhaft zu. Dann erklingen zarte Harfen- oder schwungvolle Salsaklänge zwischen den kleinen Häusern, Literaturfreunde lauschen Lesungen unter alten Bäumen. Der ehrenamtliche Arbeitskreis Kunst & Cultuur, der dem Nachbarschaftszentrum Huis van de Buurt an der Elandsgracht angeschlossen ist, organisiert jedes Jahr ein abwechslungsreiches Programm. Bei schlechtem Wetter wird kurzerhand ein Partyzelt aufgeschlagen oder die Veranstaltung in ein nahegelegenes Lokal verlegt. Traditioneller Abschluss der Veranstaltungsreihe ist ein Opernkonzert in der Noorderkerk.

Werkgroep Kunst & Cultuur. c/o Huis van de Buurt, Elandsgracht 70, 1016 TX Amsterdam, kenc@jordaangoudenreael.nl, www.jordaangoudenreael.nl

untadeliger Lebenswandel. Manche *Hofjes* boten nur ein kostenloses Obdach, in anderen gab es auch Lebensmittel, Heizmaterial oder sogar finanzielle Zuwendungen. Alle diese Wohltaten musste man sich jedoch verdienen. Das Leben in den *Hofjes* unterlag meist einem strengen Reglement: Fluchen, streiten und tratschen waren verboten, man musste zu einer bestimmten Zeit zu Hause sein und in manchen *Hofjes* regelmäßig an gemeinsamen Andachten teilnehmen.

Aufbau der Hofjes

Der Aufbau der *Hofjes* folgt meist dem gleichen Grundprinzip: Um einen geschlossenen Innenhof mit einer Wasserpumpe und einer Wiese zum Wäschebleichen gruppieren sich kleine Wohnungen, manchmal auch eine Kapelle. Die Eingänge zu den Wohnungen liegen auf der Hofseite, der Hof selbst ist nur durch ein Tor von der Straße aus zugänglich. Manchmal verrät kaum mehr als ein plötzlicher Sprung in den Hausnummern, dass sich hier ein *Hofje* verbirgt.

Hofjes-Rundgang

Der Giebelstein über der leuchtend rot gestrichenen Eingangstür des Raepenhofje (1648) erinnert an dessen Stifter Pieter Adriaanszoon Raep: Unter den Initialen PA prangt eine dicke Rübe (*raap*). Das *Hofje* steht bis heute unter der Obhut eines Regenten aus der Familie des Stifters. Auch das Rozenhofje (1740) wird noch immer von der ursprünglichen Stiftung verwaltet. Das 1614 gestiftete St. Andrieshofje ist eines der ältesten noch bestehende Hofjes in Amsterdam. Man erreicht es über einen mit alten Delfter Kacheln ausgekleideten Gang. Das Lindenhofje, 1616 von Mennoniten gestiftet, wechselte durch Verkauf 1801 die Konfession und beherbergte fortan ältere katholische Ehe-

Über dem Tor zum Raepenhofje prangt eine dicke Rübe.

paare. Heute dient der Gebäudekomplex als Kinderhospiz. Das Venetiahofje (1650) nahm ab 1685 hugenottische Flüchtlinge auf und wurde dafür im Gegenzug von städtischen Abgaben befreit.

Der große Karthuizerhof (1650) mit den markanten Trockengestellen vor den Fenstern ist eine städtische Gründung: Die für die Armenfürsorge zuständigen Huiszitten-Meesters ließen diesen geräumigen Hof errichten. Er ersetzte eine Reihe kleinerer, über die ganze Stadt verteilter »Sozialwohnungen« und bot rund 100 Witwen mit Kindern und alleinstehenden Frauen Platz. Die Bewohnerinnen bekamen neben der kostenlosen Unterkunft wöchentlich einen Laib Brot, Käse und etwas Geld sowie einen Jahresvorrat an Torf.

Neueren Datums sind die Constantia-Wohnungen (1863–1864). Sie wurden im Zuge einer umfassenden Stadtsanierung im Jordaan von vermögenden Privatleuten gestiftet, die sich für bessere Lebensbedingungen für die Arbeiter engagierten. Auch die beiden Concordiahofjes und der Hof van Parijs gehen auf diesen »philantropischen Wohnungsbau« zurück und boten betagten Arbeitern eine kostenlose Unterkunft. Ein Beispiel für historisierende Stadterneuerung ist das Ensemble Claes Claeszhofje/Anslo's Hofje. Dessen Wurzeln gehen zwar auf das Jahr 1616 zurück, ein Teil der Gebäude stammt jedoch aus der zweiten Hälfte des 20. Jahrhunderts.

Infos und Adressen

ESSEN UND TRINKEN

Café Hegeraad. Gemütliches Bruin-Café . Mo–Sa ab 8 Uhr, So ab 11 Uhr, Noordermarkt 34, 1015 NA Amsterdam, Tel. 020/624 55 65, www.cafehegeraad.nl

Café Thijssen. Ein prima Ausgangspunkt für eine Hofjestour. Mo–Do 8–1 Uhr, Fr 8–3 Uhr, Sa 7.30–3 Uhr, So 9–1 Uhr, Brouwersgracht 107, 1015 GD Amsterdam, Tel. 020/623 89 94, info@cafethijssen.nl, www.cafethijssen.nl

Moeders. Bilder von Müttern pflastern hier die Wände. Zur Eröffnung sollte jeder Gast ein Glas, Teller und Besteck mitbringen. Darauf wird bis heute bodenständige niederländische Küche serviert. Tgl. 17–1 Uhr (Küche bis 22.30 Uhr), Rozengracht 251, 1016 SX Amsterdam, Tel. 020/626 79 57, info@moeders.com, www.moeders.com

ÜBERNACHTEN

The Garden Bed & Breakfast. Intimes B&B mit nur einem Zimmer, ausgestattet mit Doppelbett, Kitchenette und einem Schlafsofa, auf dem auch zwei Kinder Platz finden. Egelantiersgracht 360, 1015 RR Amsterdam, info@thegardenbbamsterdam.nl, www.thegardenbbamsterdam.nl

AKTIVITÄTEN

History trips. Murk Dijkstra führt durch die Hofjes. Rundgangstermine nach Absprache von Di bis Fr, Start: 14 Uhr am Haupteingang der Westerkerk, Kontaktadresse: St. Gilleshof 36, 1066 PZ Amsterdam, Reservierung per Tel. 066/42 53 10 61 oder Email info@historytrips.eu, www.historytrips.eu

Oben: Im »Café de twee Zwaantjes« wird gern und oft gesungen. **Unten:** Das Café »Papeneiland« steht unter Denkmalschutz.

20 Bruine Cafés

Eine Institution im Viertel

Der Jordaan ist berühmt für seine vielen Cafés. Die Eckkneipen dienten vielen Jordanezen als eine Art zweites Wohnzimmer, weil die kleinen Wohnungen den oftmals großen Familien wenig Platz boten. In den Bruine Cafés kam und kommt man nach der Arbeit *gezellig* zusammen – auch das stärkt das ausgeprägte Wir-Gefühl, das den Jordaan auszeichnet.

In den Bruine Cafés kommt seit jeher die Nachbarschaft zusammen – aber nicht zum Kaffeetrinken. Ein Café ist in Holland eine Kneipe, und getrunken wird hier eher ein *borreltje*, ein Genever, oder ein Bier. Dazu isst, wer mag, ein paar *borrelhapjes*: Gouda, herzhafte Wurst oder frittierte Bällchen aus Ragout, die *bitterballen* heißen. Bruine-Cafés zeichnen sich häufig durch eine gleichmäßige, durch jahrzehntelangen Tabakkonsum erzielte Patina an Wänden und Decke aus.

Immer wieder gern diskutiert wird die Frage, welches der Cafés denn wohl das älteste ist. Ein aussichtsreicher Kandidat ist das »Café Chris« an der Bloemstraat, 1624 als eines der ersten Steinhäuser der Stadt erbaut. Beim Bau der Westerkerk sollen die Bauarbeiter hier ihren Lohn ausgezahlt bekommen haben. Nicht viel jünger ist das »Café Papeneiland«, das seit 1642 in einem der meistgemalten und -fotografierten Eckhäuser der Stadt ansässig ist. Durch die hohen Fenster fällt der Blick auf die Einmündung Brouwers-/Prinsengracht, blau-weiße Kacheln an der Wand, ein schön verzierter gusseiserner Ofen und Teppiche auf den Tischen vermitteln das Flair längst vergangener Tage. Vom Keller aus soll früher ein Ge-

Direkt an der Gracht: »Café 't Smalle«

heimgang zu einer katholischen Schlupfkirche in der Nachbarschaft geführt haben.

Eine echte *drankorgel* ziert noch die Theke des »Café 't Smalle« – so nannte man früher Zapfanlagen, aus denen man Hochprozentiges direkt aus dem Fass in von den Gästen mitgebrachte Flaschen abfüllen konnte. Tatsächlich befand sich an der Stelle des heutigen Cafés eine Brennerei. Neben der Wendeltreppe, die auf die Empore hinaufführt, und den Bleiglasfenstern sind noch viele alte Elemente erhalten geblieben. Der ehemalige Anleger dient heute als schwimmende Terrasse.

Das Levenslied

In manchen Kneipen im Jordaan wird noch immer die Tradition der Levenslieder hochgehalten. Diese auch *smartlappen* (»Schmachtfetzen«) genannten Schlager, die das Lebensgefühl der Jordanezen widerspiegelten, hatten ihre große Blütezeit in den 1950er-Jahren. In den Liedern geht es meist um Liebe, Sehnsucht, Heimweh und die alten Zeiten, als man noch in Wohl und Wehe zueinanderhielt. Stars wie Johnny Jordaan (1924–1989), Tante Leen (1912–1992) oder Willy Alberti (1926–1985) rührten damit ein großes Publikum.

Die Schnulzen werden in der Regel auf dem Akkordeon oder der Hammond-Orgel begleitet und haben bis heute ihren festen Platz in den traditionsbewussten Lokalen – das »Cafe de twee Zwantjes« veranstaltet sogar öffentliche Gesangsstunden! Musikalisch geht es auch im »Café Rooie Nelis« zu, dessen legendäre Wirtin, die »Blonde Sien«, von ihrem zehnten Lebensjahr an bis weit in ihre Achtziger dort hinterm Tresen stand. Hier tritt die jüngere Generation der Volkssänger auf und selbst Königin Beatrix war schon zu Gast.

Infos und Adressen

ESSEN UND TRINKEN

Café Chris. Bodenständig und gemütlich. Mo–Do 15–1 Uhr, Fr–Sa 15–2 Uhr, So 15–21 Uhr, Bloemstraat 42, 1016 LC Amsterdam, Tel. 020/624 59 42, www.cafechris.nl

Cafe de twee Zwaantjes. Hier wird montags von 20–22 Uhr gesungen. So–Do 15–1 Uhr, Fr–Sa 15–3 Uhr, Prinsengracht 114, 1015 EA Amsterdam, Tel. 020/625 27 29, info@cafedetweezwaantjes.nl, www.cafedetweezwaantjes.nl

Café Rooie Nelis. Typisch, urig, legendär. Mo–Do 14–1 Uhr, Fr–Sa 14–2 Uhr, So 14–24 Uhr, Laurierstraat 101, 1016 PK Amsterdam, info@caferooienolic.com, www.caferooienelis.com

Café Papeneiland. Traditionslokal unter Denkmalschutz. So–Do 11–1 Uhr, Fr–Sa 11–2 Uhr, Prinsengracht 2, 1015 DV Amsterdam, Tel. 020/624 19 89, info@papeneiland.nl, www.papeneiland.nl

Café 't Smalle. Direkt an der Gracht. Mo–Do, So 10–1 Uhr, Fr–Sa 10–2 Uhr, Egelantiersgracht 12, 1015 RL Amsterdam, Tel. 020/623 96 17, cafe@tsmalle.nl, www.t-smalle.nl

21 Entlang der Haarlemmerstraat

Coffeeshops und schicke Lädchen

Die Haarlemmerbuurt, westlich des Hauptbahnhofs gelegen, hat sich in Teilen noch immer ihren dörflichen Charakter bewahrt. Wer denkt hier schon an New York? Und doch fiel hier, am beschaulichen Herenmarkt, im Jahre 1625 eine Entscheidung, die letztlich zur Gründung New Yorks führen sollte. Die Herren der West-Indischen Compagnie beschlossen, eine Siedlung auf der Insel Manhattan zu errichten.

In der Haarlemmerbuurt kennt man sich noch. Beim Metzger um die Ecke halten die Einheimischen ein gemütliches Schwätzchen. Das Viertel entlang der Haarlemmerstraat wirkt gemütlich und familiär, die Mischung aus alteingesessenen und neuen individuellen Läden ist einfach unwiderstehlich: Die Haarlemmerstraat und ihre Verlängerung, der Haarlemmerdijk, wurden 2012 zur besten Einkaufsstraße der Niederlande gekürt. Schicke Ca-

Oben: Beste Einkaufsstraße der Niederlande: die Haarlemmerstraat
Unten: Innenhof im Haus der West-Indischen Compagnie

MAL EHRLICH

KIFFER-PASS IST VOM TISCH

Harte Drogen sind in Holland verboten, weiche werden toleriert. Coffeeshops dürfen an Personen über 18 Jahre bis zu fünf Gramm Cannabis für den Eigenkonsum verkaufen. Überlegungen, den Zugang zu Coffeeshops nur noch Niederländern zu gestatten und dies per »Kiffer-Pass« zu kontrollieren, werden in Amsterdam nicht umgesetzt. Übrigens: Für herkömmliche Zigaretten gilt auch in den Coffeeshops das allgemeine Rauchverbot...

fés, trendige Modeboutiquen, Designerläden und traditionelle Einzelhändler üben sich hier in friedlicher Koexistenz; selbst die Coffeeshops stören hier nicht sonderlich, in denen der Verkauf und Genuss geringer Mengen von weichen Drogen wie Cannabis geduldet wird. Wer schon immer einmal Matjes probieren wollte: Der Heringsstand »Stubbe's Haring« am Singel gleich am Anfang der Haarlemmerstraat ist eine Institution.

Die West-Indische Compagnie

Am heutigen Herenmarkt stand früher ein Stadttor, die Haarlemmerpoort, durch das Waren und Menschen aus und nach Haarlem gelangten. Auf dem Herenmarkt, der damals noch Varkensmarkt (»Ferkelmarkt«) hieß, wurde 1617 ein ansehnliches Gebäude errichtet. Im Erdgeschoss verkauften Metzger Fleisch, im ersten Stock waren Räume für die Stadtwache.

Nur sechs Jahre später zog hier die 1621 gegründete West-Indische Compagnie (WIC) ein, die das holländische Handelsmonopol für die amerikanische Atlantikküste und Westafrika besaß. Sie war nach dem gleichen Prinzip wie die Ost-Indische Compagnie organisiert, mit einem Direktorium, welches das operative Geschäft betrieb. Diese »Heren XIX« beschlossen 1624, die Kolonie Nieuw Nederland zu gründen, zu der auch eine Niederlassung an der Südspitze der Insel Manhattan gehörte. Diese wurde ab 1625 ausgebaut, auf den Namen Nieuw Amsterdam getauft und erhielt sogar Stadtrechte. Unter der Ägide ihres letzten niederländischen Gouverneurs Pieter Stuyvesant (1612–1672), dessen Statue den Brunnen im Innenhof des West-Indisch Huis krönt, nahm die Kolonie einen raschen wirtschaftlichen Aufschwung, vor allem durch den Handel mit Tabak und Pelzen. Doch

AUTORENTIPP!

SCHÖNER WOHNEN FÜR ARBEITER

Wie ein Schiffsbug schiebt sich die imposante Backsteinfassade dem Betrachter entgegen. Der expressionistische Wohnblock steht im Stadtviertel Spaarndammerbuurt, das Ende des 19. Jahrhunderts als Arbeitersiedlung geplant wurde. Als letzten von drei Wohnblocks schuf Architekt Michiel de Klerk, ein Vertreter der Amsterdamer Schule, einen hochmodernen Komplex, der 102 Wohnungen, eine Grundschule und ein Postamt beherbergte. Er wurde aufgrund seiner Form »Het Ship« und aufgrund der architektonischen Grandezza *Arbeiderspaleis* (»Arbeiterpalast«) genannt. Im ehemaligen Postamt ist heute ein Museum untergebracht.

Museum Het Schip. Di–So 11–17 Uhr, Spaarndammerplantsoen 140, 1013 XT Amsterdam, Tel. 020/418 28 85, www.hetschip.nl

Oben: Im Coffeeshop gibt's Haschisch in kleinen Mengen.
Unten: Die elegante Fassade der Posthoornkerk

1664 jagten englische Truppen der WIC die Kolonie ab – aus Nieuw Amsterdam wurde New York.

Der Reichtum der West-Indischen Compagnie gründete sich anfangs nicht nur auf Handel. Ihre Schiffe waren mit Kaperbriefen ausgestattet und betrieben auch Piraterie. So machte der im Dienst der WIC stehende Kapitän Piet Hein reiche Beute, als ihm 1628 während eines Sturms ein Teil der spanischen Schatzflotte mit einer gewaltigen Ladung Silber in die Hände fiel. Prächtig verdiente die WIC auch am Sklavenhandel, und zwar dank eines hochprofitablen Kreislaufs: Von Amsterdam aus steuerten die Westindiensegler zunächst die Küste Westafrikas an und nahmen dort Sklaven an Bord, um sie anschließend an die Zuckerrohrplantagen in der Karibik zu verkaufen. Der Kaufpreis war zum Teil in Zucker zu entrichten, der zusammen mit anderen Produkten aus den Kolonien zurück nach Amsterdam transportiert wurde. Erst 1799, nach dem Verlust weiterer Kolonien, wurde die West-Indische Compagnie schließlich aufgelöst. Seit 1987 pflegt hier das John Adams Institute den amerikanisch-niederländischen Kulturaustausch.

Posthoornkerk

Die erste Kirche, die der Architekt Petrus J. H. Cuypers (1827–1921) in Amsterdam baute, stellte ihn gleich vor eine beachtliche Herausforderung. Das 1889 fertiggestellte Gotteshaus stand nicht frei, sondern musste innerhalb einer bestehenden Bebauung errichtet werden. Aus diesem Grund wurde es sehr hoch ausgeführt, um über die umliegenden Häuser hinweg gut sichtbar zu sein. Die Kirche löste eine Schlupfkirche in einer alten Postkutschenstation ab und wird wie ihre Vorgängerin Posthoornkerk genannt. Die heutige Haarlemmerpoort am Haarlemmerplein wurde 1840 errichtet und als Zollhaus genutzt.

Infos und Adressen

SEHENSWÜRDIGKEITEN

Posthoornkerk. Die Kirche wird heute für Veranstaltungen vermietet. Haarlemmerstraat 124–126, 1013 EX Amsterdam, www.stadsherstel.nl/68/posthoornkerk

ESSEN UND TRINKEN

De Belhamel. Gehobenes Mittags- und Abendlokal mit Art-déco-Interieur. Mittagessen tgl. 12–16 Uhr, Abendessen: So–Do 18–22 Uhr, Fr–Sa 18–22.30 Uhr, Brouwersgracht 60, 1013 GX Amsterdam, Tel. 020/622 10 95, info@belhamel.nl, www.belhamel.nl

Stubbe's Haring. Nur eine kleine Verkaufsbude, aber ideal für einen leckeren Happen unterwegs. Di–Sa 9–21 Uhr, Mo, So geschl., Singel/Haarlingersluis, 1013 GA Amsterdam.

Vesper Bar. Charmante kleine Bar mit hervorragenden Cocktails. Di–Do 20–1 Uhr, Fr–Sa 17–3 Uhr, So geschl., Vinkenstraat 57, 1013 JM Amsterdam, Vesperamsterdam@gmail.com, www.vesperbar.nl

ÜBERNACHTEN

Art Hotel Dulac. Das 4-Sterne-Hotel in einem alten Bankgebäude mit hervorragenden Betten. Haarlemmerstraat 120, 1013 EX Amsterdam, Tel. 020/320 02 20, info@arthoteldulac.nl, www.arthoteldulac.nl

Was dieser Küchenchef wohl empfiehlt?

Davon träumen Leckermäulchen...

EINKAUFEN

Formocha Premium Tea. Amanda Yius Teeladen ist in jeder Hinsicht geschmackvoll. Di–Sa 11–18 Uhr, Brouwersgracht 282, 1013 HG Amsterdam, Tel. 020/625 52 33, www.formocha.nl

Kinki. Schräg-schriller Frisör – in den 1980er-Jahren stylte man hier Punkfrisuren. Mo–Sa 9.30–18 Uhr, Do bis 21 Uhr, So geschl., Haarlemmerdijk 17, 1013 JZ Amsterdam, Tel. 020/625 60 00, www.kinki.nl

Meeuwig & Zon. Aus großen Metallgefäßen werden hochwertige Olivenöle abgefüllt. Mo–Fr 10.30–18 Uhr, Sa 10–17.30 Uhr, Haarlemmerstraat 70, 1013 ET Amsterdam, Tel. 020/626 52 86, info@meeuwig.nl, www.meeuwig.nl

Sukha. Stylisher Laden mit Mode und (Wohn-)Accessoires. Mo 11–18.30 Uhr, Di–Sa 10–18.30 Uhr, So 12–17 Uhr, Haarlemmerstraat 110, 1013 EW Amsterdam, Tel. 020/330 40 01, hallo@sukha-amsterdam.nl, www.sukha-amsterdam.nl

AKTIVITÄTEN

The John Adams Institute. Interessantes Programm mit Lesungen und Vorträgen amerikanischer Autoren und Wissenschaftler. West-Indisch Huis, Herenmarkt 97, 1013 EC Amsterdam, Tel. 020/624 72 80, info@john-adams.nl, www.john-adams.nl

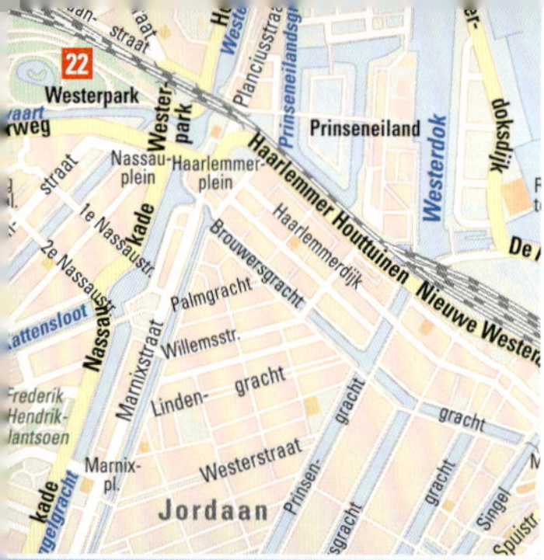

Oben: Geschickt umgenutzt: Von der Gas- zur Kulturfabrik
Unten: Spektakuläre Deckenkonstruktion im alten Gasbehälter

22 Westerpark und Westergasfabriek

Kultur, Natur und Industriekulisse

Bis in die 1960er-Jahre hinein war dies das größte Gaswerk der Stadt. Heute ist es ein kultureller Hotspot, der mit einem vielfältigen Veranstaltungsprogramm und außergewöhnlichem Ambiente immer mehr Besucher anzieht. Auch die Industriebrache drumherum hat sich gemacht: Sie wurde zu einem weitläufigen Park umgestaltet, der mittlerweile mehrere internationale Auszeichnungen erhalten hat.

Das Gelände war günstig gelegen, zwischen dem Kanal und der Eisenbahn und mit einer guten Straßenanbindung. Darum baute die Imperial Continental Gas Association 1885 hier ihr neues Gaswerk, die Westergasfabriek. Amsterdam war ein modernes Gemeinwesen, erleuchtet durch Gaslampen und -laternen, und damit in der Stadt nicht die Lichter ausgingen, musste mehr und mehr Gas produziert werden. Dem Architekten der neuen Fabrik, Isaac Gosschalk (1838–1907) gelang es, mit einem streng auf Symmetrie beruhenden Entwurf im Stil der Holländischen Neorenaissance den funktionalen Charakter der Gebäude mit einem ansehnlichen Äußeren zu verbinden. Auch technisch war das Werk zu seiner Zeit auf dem allerneuesten Stand. Doch irgendwann war es rentabler, Gas aus Hochöfen und später auch Erdgas zu verwenden. Ende der 1960er-Jahre war Schluss mit der Gasproduktion.

Urban Park Laboratories

Als das Gelände 20 Jahre später schließlich ganz aufgegeben wurde, stellte sich die schwierige Frage: Wie nutzt man ein ehemaliges Industriegelände mit mutmaßlich belastetem Boden und denkmalgeschützten Gebäuden darauf? Ein Ideenwettbewerb wurde ausgerufen und damit die Industriedenkmäler während der Auswertungs- und Planungsphase nicht von Hausbesetzern übernommen wurden, stellte man sie auf der Basis von Einjahres-Mietverträgen verschiedenen Kulturprojekten zur Verfügung. Fast zehn Jahre dauerte diese Übergangszeit, in der geplant, verworfen und neu geplant wurde. Nach einer umfassenden Bodensanierung umgibt nun ein 14 Hektar großer Park die historischen Fabrikgebäude, der den Anwohnern der umliegenden Wohnviertel vielfältige Freizeitmöglichkeiten bietet. Eine tolle Idee sind die drei *Fluisterbanken* (»Flüsterbänke«), die auf dem Gelände der Westergasfabriek verteilt sind: Hier kann man den persönlichen Erzählungen anderer Parkbesucher lauschen oder selbst eine hinterlassen. Die Bänke sind Teil des Projekts »Urban Park Laboratories«, das den Park mithilfe mobiler digitaler Technologie für die Besucher nutzbar machen will – etwa mit einem »QR Parkleser«: Scannt man mit dem Smartphone einen der im Park und an den Gebäuden angebrachten Codes, erhält man nähere Informationen zu diesem Ort. Passend dazu gibt es einen kostenlosen WiFi-Zugang auf dem gesamten Areal der Westergasfabriek.

Zuhause für Künstler

Mehr als 100 temporäre Mieter durchliefen binnen zehn Jahren die alte Gasfabrik, hunderte von Veranstaltungen fanden statt. Nach einer Renovierungspause sind nun aus vielen der temporären Nutzer dauerhafte Mieter geworden. Zusammen mit wechselnden Events (etwa einer BMX-Meisterschaft) und wiederkehrenden Highlights wie dem PITCH-Festival für elektronische Musik hat die

AUTORENTIPP!

ENTSPANNUNG AUF ORIENTALISCH

Montag ist Männertag, den Rest der Woche ist das ehemalige Volksbadhuis fest in weiblicher Hand. Der Amsterdamer Hammam ist kein luxuriöser Spa, sondern eher bodenständig, ohne viel Chichi. Trotzdem dreht sich hier alles um Schönheit und Wohlbefinden: Ein Dampfbad, Abrubbeln mit einem Wildseidenhandschuh, dann Einseifen mit Bergen von Olivenseifenschaum, eine hautverfeinernde Schlammpackung, Ganzkörpermassage – all das und noch mehr gehört zum Brautpaket, das man übrigens auch ganz ohne Heiratsabsichten buchen kann. Nach der Behandlung gibt's im mit Kissen und Bänken gemütlich ausgestatteten Ruheraum noch ein Gläschen Tee und danach fühlt man sich wie neugeboren!

Hammam Amsterdam. Für Frauen Di–Fr 12–22 Uhr, Sa–So 12–20 Uhr, für Männer Mo 18–22 Uhr, Zaanstraat 88, 1013 RW Amsterdam, Tel. 020/681 48 18, info@hammamamsterdam.nl, www.hammamamsterdam.nl

Oben: Neue Musik in alten Mauern: Der »North Sea Jazz Club«
Unten: Kunst im Grünen: im Garten der Westerpark

Westergasfabriek über die Jahre ein unverwechselbares kulturelles Profil entwickelt und gilt heute international als Musterbeispiel für eine gelungene Umnutzung. Auch die Amsterdamer sind auf den Geschmack gekommen – die Westergasfabriek ist längst kein Geheimtipp mehr. Wer will, kann hier einen kompletten Ausgehabend bestreiten: Verschiedene Restaurants stehen zur Auswahl. Sehr beliebt sind die Dinnerkonzerte im »North Sea Jazz Club«, in dem sich bekannte und aufstrebende Musiker die Klinke in die Hand geben.

Het Ketelhuis

Das durch eine Stiftung getragene Arthouse-Kino Het Ketelhuis wird landläufig »die Kantine des niederländischen Films« genannt. Eine Schar Freiwilliger sorgt dafür, dass täglich ein anspruchsvolles Programm aus vorwiegend niederländischen, aber auch europäischen Produktionen zu sehen ist. Regelmäßig finden hier Filmpremieren statt. Bei Familien sehr beliebt ist die *Westergasterras* gleich neben dem großen Gasometer mit herrlichem Blick auf den Park und den Wassergarten.

Infos und Adressen

ESSEN UND TRINKEN

Pacific Park. Hier trifft man sich bei Kaffee und Kuchen auf der sonnigen Terrasse oder am Wochenende zum Tanzen. Tgl. Café ab 11 Uhr, Mittagessen ab 11.30 Uhr, Abendessen ab 18 Uhr, Do–Sa Tanz bei freiem Eintritt ab ca. 23 Uhr. Polonceaukade 23, 1014 DA Amsterdam, Tel. 020/488 77 78, info@pacificpark.nl, www.pacificpark.nl

Westergasterras. Nach einem Umbau präsentiert sich das beliebte Lokal generalüberholt. Mo–Do 11– 1 Uhr, Fr 11–3 Uhr, Sa 10–3 Uhr, So 10–1 Uhr, Klönneplein 4–6, 1014 DD Amsterdam, Tel. 020/684 84 96, info@westergasterras.nl, www.westergasterras.nl

ÜBERNACHTEN

Hotel De Windketel. Das kleine Türmchen beherbergte einst ein Druckausgleichsgefäß der Wasserwerke. Jetzt ist es eine ausgefallene Gästeunterkunft für zwei Personen (Reservierung über die Webseite). Watertorenplein 2–L, 1051 PA Amsterdam, info@windketel.nl, www.windketel.nl

AUSGEHEN

Het Ketelhuis. Das anspruchsvolle Programm lockt Filmliebhaber von weither. Das Café serviert frischen Cappuccino und Omas Apfelkuchen. Mo, Di, Do ab 16 Uhr, Mi, Fr ab 14 Uhr, Sa ab 12 Uhr, So ab 11 Uhr, Pazzanistraat 4, 1014 DB Amsterdam, Tel. 020/684 00 90, info@ketelhuis.nl, www.ketelhuis.nl

North Sea Jazz Club. Café und Jazzclub unter einem Dach. Mi (Jamsession) und bei Stehkonzerten ab 17 Uhr, bei Dinerkonzerten ab 19 Uhr zum Abendessen, Konzertbeginn jeweils um 21 Uhr, Fr, Sa ab Mitternacht »Late Night Live« (Eintritt frei), Pazzanistraat 1, 1014 DB Amsterdam, Tel. 020/722 09 80 (Club, Kartenbestellung) oder -81 (Café), www.northseajazzclub.com

Anspruchsvolles Arthouse-Kino bietet Het Ketelhuis.

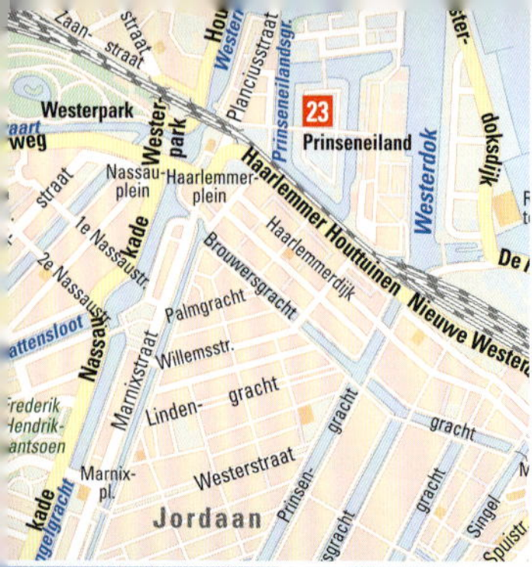

Oben: Ehemalige Speicherhäuser auf dem Prinseneiland
Unten: Die »Drei-Herings-Brücke«

23 Westliche Hafeninseln

Neues Leben für das westliche Hafengebiet

Kaum einen Steinwurf von der Innenstadt entfernt lagen die Westelijke Eilanden, die drei westlichen Hafeninseln, lange im Dornröschenschlaf. Jetzt sind sie wieder wach – und wie! Die Wohnungen in den alten Lagerhäusern sind heiß begehrt. In den spektakulären Neubauten auf dem Westerdokseiland und dem Silodam sind viele neue Wohnungen direkt am Wasser des IJ entstanden.

Zu Beginn des 17. Jahrhunderts florierte der Seehandel und der Hafen von Amsterdam platzte aus allen Nähten. Zwischen 1613 und 1615 wurden darum drei künstliche Inseln aufgeschüttet, um Raum für Schiffswerften und Lagerhäuser zu schaffen. Auf den Inseln, die durch hölzerne Hebebrücken miteinander verbunden wurden, siedelten sich Schiffswerften und Seilereien an. Hier wurde Teer gekocht und Fisch geräuchert. Auch die West-Indische Compagnie ließ hier Schiffe bauen.

MAL EHRLICH

ZANKAPFEL IM WASSER

Als die Pläne für die Bebauung des Westerdokseiland bekannt wurden, liefen vor allem die Bewohner der Westlichen Hafeninseln dagegen Sturm. Die weite Fläche des IJ werde eingemauert, durch eine hohe Wand in eine Badewanne verwandelt. Nun sind die Gebäudekomplexe fertig. Durch unterschiedliche Höhen und viel Glas wirken sie weniger wuchtig als befürchtet. Doch wirklich glücklich mit den Neuzugängen in der Nachbarschaft ist man auf den Inseln nicht.

Packhausflair

Fast 300 Jahre lang waren die westlichen Hafeninseln ein betriebsames Gewerbegebiet. Durch den Bau des 1889 fertiggestellten Hauptbahnhofs, für den ein Teil der Open Havenfront zugeschüttet wurde, verlagerte sich der Hafenbetrieb. Das östliche Hafengebiet wurde angelegt und auch weiter westlich entstanden neue Hafengebiete. Viele Betriebe wanderten ab. Mitte des 20. Jahrhunderts hatten die Westelijke Eilanden in wirtschaftlicher Hinsicht den Anschluss verloren. Die Gegend verfiel und verkam. Zuletzt lebten hier nur noch wenige 100 Menschen.

Ateliers und Werkstätten

In einigen der leerstehenden Packhäuser richteten sich junge Künstler Atelierräume ein. Doch parallel dazu kauften Projektentwickler leerstehende Gebäude und auch die Stadt hatte andere Pläne: Die Inseln sollten mit Bürogebäuden komplett neu bebaut werden. Unter dem Motto »Kein Manhattan auf den Inseln« kämpften alteingesessene und neue Inselbewohner vehement gegen diese Pläne. Ein Bürokomplex wurde zwar dennoch errichtet, doch die Bewohner schafften es, den geplanten Kahlschlag zu stoppen und weite Teile der alten Bausubstanz zu erhalten.

In den 1990er-Jahren entdeckten immer mehr gutsituierte Amsterdamer das dörfliche Idyll direkt vor ihrer Haustür. Die meisten Werkstätten und Lagerhäuser sind mittlerweile zu hochpreisigen Wohnungen umgebaut. Neubauprojekte, etwa der umstrittene Komplex Bickerswerf, kamen hinzu. Noch immer aber leben im »Montmartre am IJ« mehr Künstler pro Quadratkilometer als in jedem anderen Stadtteil Amsterdams. Zu Pfingsten öffnen viele von ihnen bei den Offenen Ateliertagen ihre Türen für interessierte Besucher.

AUTORENTIPP!

SPEISEN IM PIRATENSENDER

Übereinandergetürmte rotweiße Container schweben auf 15 Meter hohen Stelzen über dem Wasser. In den 1960er-Jahren lag diese Plattform mitten im Meer, der Piratensender TV Noordzee strahlte von dort illegal das erste niederländische Privatfernsehprogramm aus. 2006 wurde sie an Land geschleppt. Zwei kreative Köpfe retteten sie vor der Schrottpresse und machten ein spektakuläres Restaurant daraus. Heute speist man in sachlich-coolem Ambiente auf dem ehemaligen Helikopterdeck mit einem unbezahlbaren Panoramablick auf die Stadtkulisse – besonders schön bei Sonnenuntergang. Es gibt einen Aufzug und reichlich Parkplätze; die Rechnung sollte vorzugsweise per Karte beglichen werden.

REM Eiland. Mittags ab 12 Uhr, abends ab 18 Uhr, Haparandadam 45-2, 1013 AK Amsterdam, Reservierungen ausschließlich telefonisch ab 12 Uhr unter Tel. 020/688 55 01, www.remeiland.com

Moderne Wohnungen am Westerdok

AUTORENTIPP!

OPEN AIR-KINO AM IJ-UFER

»Pluk de Nacht!« ist Hollands größtes Open Air-Kinofestival, das seit der Premiere 2003 jeden August auf einer Landzunge im westlichen Hafengebiet stattfindet. Gezeigt werden internationale (Independent-)Filme mit Untertiteln, die in den Niederlanden (noch) nicht zu sehen sind. Der Eintritt ist frei; wer möchte, kann vorab online einen Liegestuhl buchen oder einen eigenen mitbringen. Bei Regen werden die Filme in einem Zelt gezeigt. Die Vorführung beginnt, wenn es dunkel genug ist. Drumherum gibt es ein buntes Programm; finanziert wird die ehrenamtlich organisierte Veranstaltung mit den Einnahmen aus dem Speisen- und Getränkeverkauf.

Pluk de Nacht. Immer Ende August am Stenen Hoofd am Westerdoksdijk, nahe Silodam. Termin, Programm und weitere Infos unter www.plukdenacht.com

Bickerseiland

Jan Bicker (1595–1653), der einer reichen Kaufmannsfamilie entstammte, kaufte die größte der drei Inseln im Jahre 1631 und errichtete dort Speicher und Wohnhäuser. Für sich selbst ließ er ein Haus mit zwei Türmen bauen, um seine Schiffe ein- und auslaufen zu sehen. Selbst eine Kirche stand auf der Insel, die aber 1960 abgerissen wurde. Am nördlichen Ende der Bickersgracht, wo in den 1960er-Jahren der geplante Abriss schon begonnen hatte, ist heute eine Mischung aus alten und neuen Häusern zu sehen. Heute ist kaum vorstellbar, dass für die liebevoll herausgeputzten Backsteinhäuschen vor 50 Jahren noch der Abriss als einzig mögliche Sanierung erschien. Grachtengärtchen säumen die Ufer, vor fast jedem Haus ist ein Boot vertäut. Mittendrin liegt ein kleines Bauernhofidyll: Die Kinderboerderij de Dierenkapel, ein Streichelzoo mit freilaufenden Hühnern, Gänsen, Ziegen und Kaninchen.

Prinseneiland

Auf dem Prinseneiland wurde erst 1623 mit dem Verkauf von Bauparzellen begonnen. Hier entstanden besonders viele Packhäuser, die den Stolz und den Reichtum der Handelsmacht Amsterdam widerspiegeln sollten. Einige besonders schöne sind entlang der Prinseneilandsgracht zu sehen. Hinter den Schlagläden der ehemaligen Ladeluken sind heute hochpreisige Wohnungen und Ateliers. Die neuen Bewohner schätzen das altmodische Flair und knüpfen mitunter an die alten Traditionen an. So ziert das Haus Nr. 49 ein neuzeitlicher Giebelstein mit dem Bild eines Motorboots. Quer über die Insel verläuft die attraktive Galgenstraat, von der aus man früher den Richtplatz am nördlichen Ufer des IJ sehen konnte.

Rundgang über die Westlichen Hafeninseln

Ein beschaulicher Platz an der Sonne

Ⓐ Haarlemmerplein – Vom Haarlemmerplein aus führt die rechte, schmalere Unterführung unter den Bahngleisen hindurch zum Ufer der Prinseneilandsgracht. Hier wurde einst Teer gekocht, wie der Straßenname Nieuwe Teertuinen erahnen lässt.

Ⓑ Sloterdijkerbrug – Über die schmale Sloterdijkerbrug, eine doppelte Zugbrücke, gelangt man auf das Prinseneiland.

Ⓒ Haus Prinseneiland Nr. 269–283 – Rechts und links sind einige besonders schöne Lagerhäuser zu sehen: Der Giebelstein am 1664 erbauten Haus Prinseneiland Nr. 269–283 zeigt das traditionelle Symbol aufopfernder Liebe: einen Pelikan, der seine drei Jungen mit seinem eigenen Blut füttert. Die zweiflügeligen Luken vor den Fensteröffnungen, die jetzt ständig offen stehen, wurden früher nur zum Be- und Entladen der Speicherhäuser geöffnet.

Ⓓ Drieharingenbrug – Die schmale Drieharingenbrug führt über die von Booten gesäumte Realengracht. Am Zandhoek füllten die auslaufenden Schiffe einst Sand als Ballast in ihre Laderäume.

Ⓔ Kaufmannshäuser – Die schönen Kaufmannshäuser sind mit Giebelsteinen geschmückt: Das Eckhaus Nr. 14 ziert ein goldener Real, eine schön gearbeitete Münze. An den Häusern Nr. 11 und 12 erinnern ein Anker und ein Schiff an die maritime Vergangenheit der Inseln und am Haus Nr. 4 gehen gerade einige Tiere an Bord der Arche Noah. Über die Zandhoeksbrug gelangt man hinüber nach Bickerseiland, wo in den 1960er-Jahren schon mit dem Abriss begonnen wurde.

Ⓕ Kinderbauernhof – An der Bickersgracht liegt der beliebte Kinderbauernhof. Via Hendrik Jonkerplein, Blokmaker- und Ketelmakerstraat geht es unter den Bahngleisen hindurch und über die Westerdokskade zum Westerdoksplein. Die moderne, ziemlich steile Fußgänger- und Fahrradbrücke führt hinüber zum Westerdokseiland mit seiner modernen hochverdichteten Bebauung.

Ⓖ Restaurant Open – Zur Rechten liegt eine umfunktionierte Drehbrücke, die jetzt das »Restaurant Open« beherbergt.

Oben: Auf dem Realeneiland scheint die Zeit stillzustehen. **Unten:** Extravagante Neubauten am Ufer des IJ

Realeneiland

In der Realengracht liegen viele zu Hausbooten umgebaute Lastkähne. Der Zandhoek gilt als die schönste Straße der gesamten Westlichen Hafeninseln. Früher wurde hier der Sand verkauft, den die auslaufenden Schiffe als Ballast an Bord nahmen. Die wunderschönen Grachtenhäuser entlang dieser Straße zeugen vom Wohlstand ihrer Erbauer, etwa dem der reichen Kaufmannsfamilie Reael, die hier etliche Grundstücke besaß. Das Eckhaus an der Einmündung der Zoutkeetsgracht schmückt ein Giebelstein mit einem goldenen Real, einer Münze, die im 17. Jahrhundert weltweit als Zahlungsmittel akzeptiert wurde. Von hier fällt der Blick hinüber auf das Westerdokseiland, einen ehemaligen Gleisdamm, der mit hochverdichteter moderner Bebauung zu einem neuen Wohn- und Arbeitsquartier wurde. An der dem IJ zugewandten Seite wurde jüngst mit dem IJDock dem Wasser ein weiteres Stück Bauland abgetrotzt. In der Verlängerung des Westerdokseiland zeigt der Silodam wie ein Finger ins Wasser. Seit 2002 erhebt sich am Ende dieser ehemaligen Kranspur auf zahlreichen Betonpfeilern im Wasser ein spektakulärer zehngeschossiger Wohnkomplex mit kunterbunter Fassade.

Infos und Adressen

ESSEN UND TRINKEN

Bickers aan de Werf. Schnörkelloses Café-Restaurant mit schönem Blick übers Wasser. Mi–Fr 12–1 Uhr, Sa–So 13–1 Uhr, Mo–Di geschl., Bickerswerf 2, 1013 KX Amsterdam, Tel. 020/320 29 51, www.bickersaandewerf.nl

Pont 13. Im Nieuwe Houthaven liegt das zum Restaurant umgebaute Fährschiff von 1927 mit guter Küche und familiärer Atmosphäre. Tgl. ab 12 Uhr zum Mittagessen, ab 18.30 Uhr zum Abendessen, Haparandadam 50, 1013 AK Amsterdam, Tel. 020/770 27 22, www.pont13.nl

Restaurant Open. Die ehemalige Drehbrücke ist jetzt ein Restaurant mit französischer Küche und phänomenalem Rundumblick. Mo–Fr 12–22 Uhr, Sa 18–22 Uhr, So geschl., Westerdoksplein 20–Brug, 1013 AZ Amsterdam, Tel. 020/620 10 10, info@open.nl, www.open.nl

't Blaauwhooft. Gemütliches Café mit toller Terrasse und niederländischer Küche. So–Mo 15–1 Uhr, Fr–Sa 15–2 Uhr, Hendrik Jonkerplein 1, 1013 KM Amsterdam, Tel. 020/623 87 21, blaauwhoof@xs4all.nl, www.blaauwhooft.nl

ÜBERNACHTEN

Bickersbed Guestrooms. Hübsch eingerichtete Miniapartments, jeweils mit eigenem Bad und Küche, Bügeleisen und Föhn. Schiemanstraat 1, 1013 SN Amsterdam, info@bickersbed.nl, www.bickersbed.nl

AKTIVITÄTEN

Kinderboerderij De Dierencapel. Tiere streicheln und füttern auf einem netten Kinderbauernhof. Di–So 9–17 Uhr, Bickersgracht 207, 1013 LH Amsterdam, Tel. 020/420 68 55, dedierencapel@live.nl, www.dedierencapel.nl

Open Ateliers. Offene Ateliertage auf den Westlichen Hafeninseln, jedes an den Pfingsttagen von 12–18 Uhr. Infos, Teilnehmer und Termine unter www.oawe.nl

Essen mit Aussicht: Das »Restaurant Open« war mal eine Drehbrücke.

OUD-ZUID UND DE PIJP

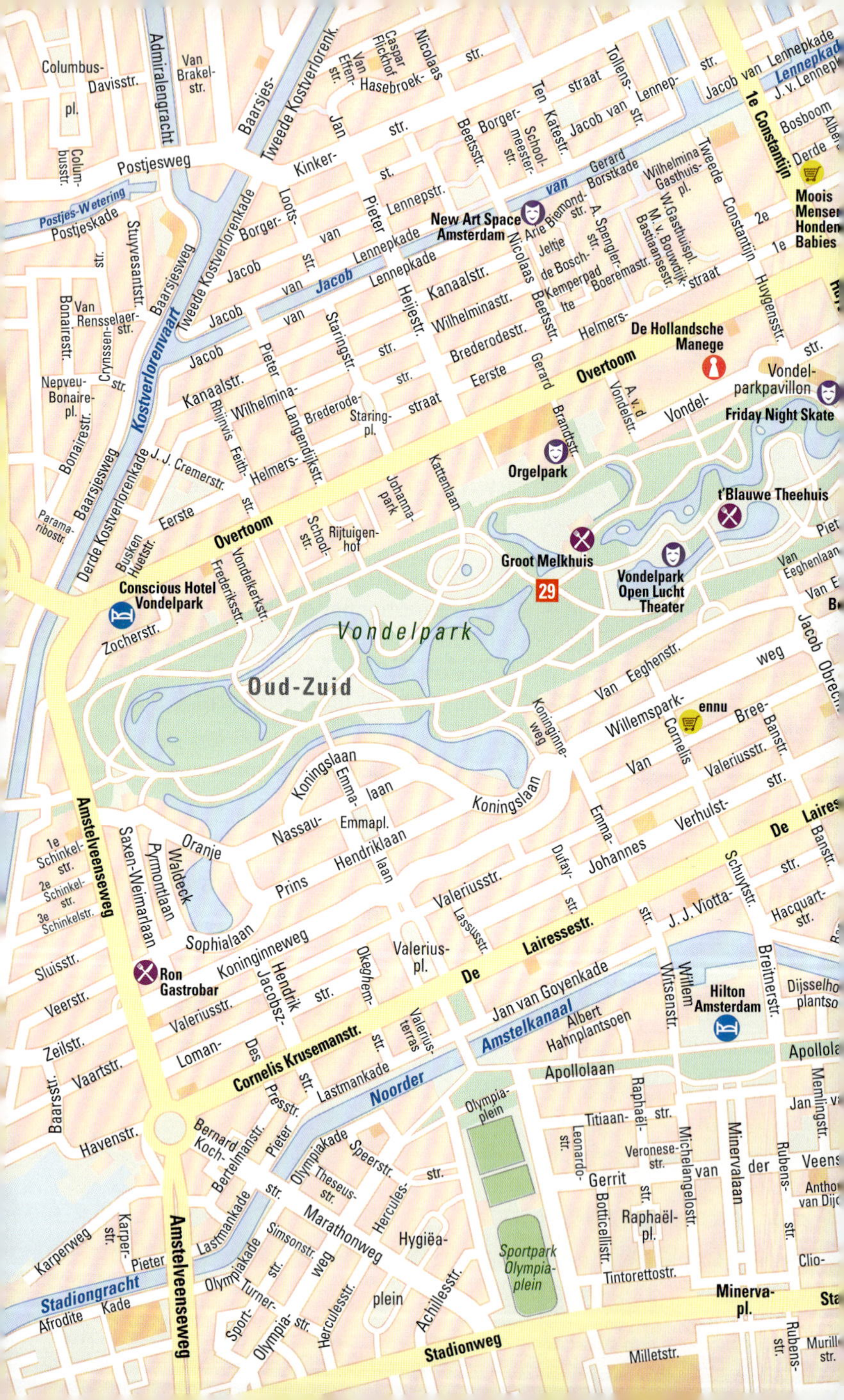

Vondelpark
Oud-Zuid
New Art Space Amsterdam
De Hollandsche Manege
Vondelparkpavillon
Friday Night Skate
Orgelpark
t'Blauwe Theehuis
Groot Melkhuis
29
Vondelpark Open Lucht Theater
Conscious Hotel Vondelpark
Moois Mensen Honden Babies
ennu
Ron Gastrobar
Hilton Amsterdam
Sportpark Olympiaplein
Overtoom
Postjes-Wetering
Kostverlorenvaart
Jacob van Lennepkade
Lennepkade
Amstelkanaal
Noorder Amstelkanaal
Stadiongracht
Amstelveenseweg
Stadionweg
De Lairessestr.
Cornelis Krusemanstr.
Koninginneweg
Van Eeghenstr.
Willemsparkweg
Apollolaan
Minervalaan
Minervapl.
Olympiaplein
Valeriuspl.
Emmapl.
Koningslaan
Postjesweg
Admiralengracht
Columbuspl.
Davisstr.
Kinkerstr.
Bilderdijkstraat
Eerste Constantijn Huygensstr.
Tweede Constantijn Huygensstr.
Nicolaas Beetsstr.
Kattenlaan
Marathonweg
Olympiakade
Jan van Goyenkade
Apollolaan
Sophialaan
Saxen-Weimarlaan
Pyrmontlaan
Baarsjesweg
Derde Kostverlorenkade
Tweede Kostverlorenkade

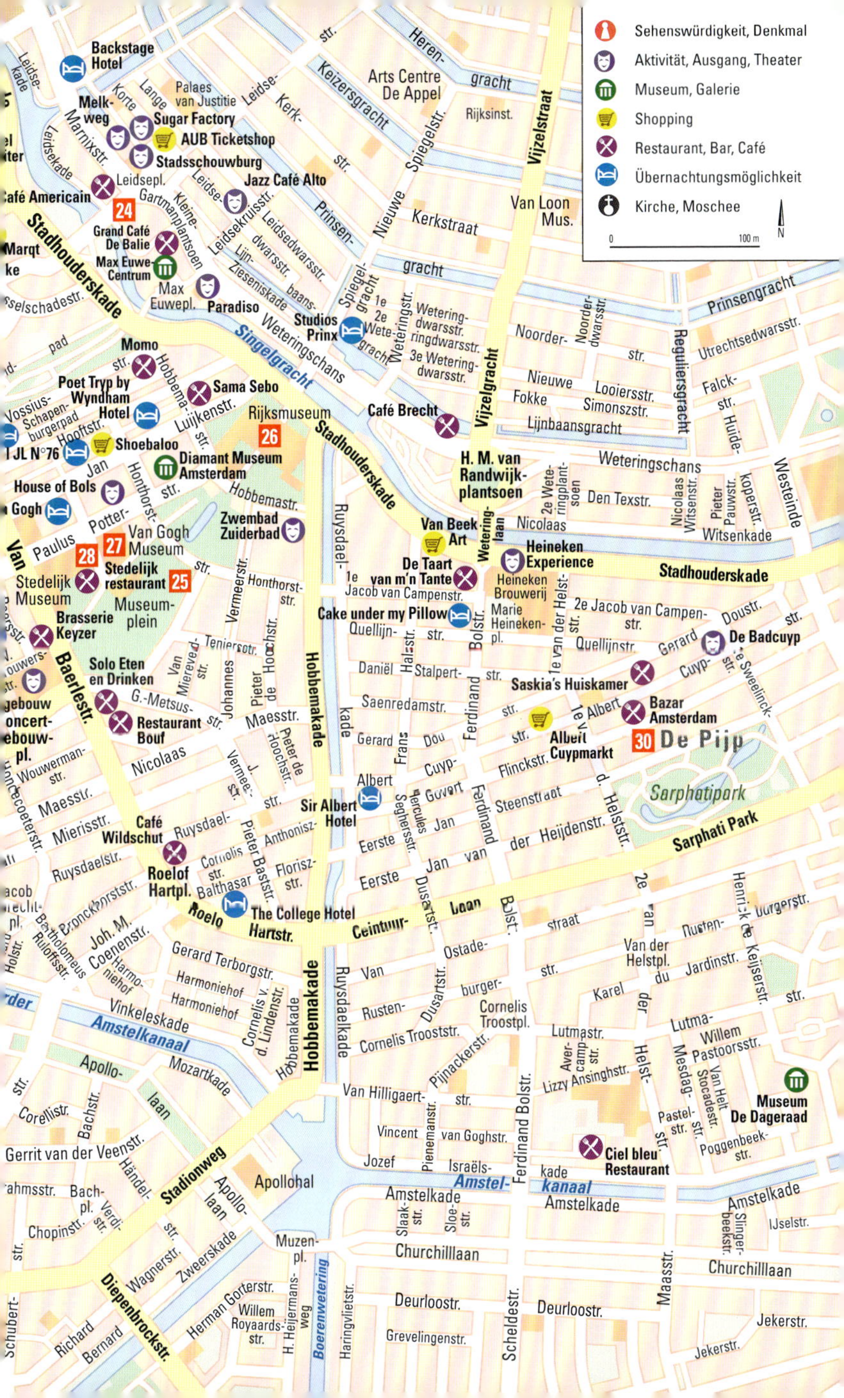

Sehenswürdigkeit, Denkmal
Aktivität, Ausgang, Theater
Museum, Galerie
Shopping
Restaurant, Bar, Café
Übernachtungsmöglichkeit
Kirche, Moschee
0
100 m
N
Backstage Hotel
Leidsekade
Melkweg
Korte
Lange
Palaes van Justitie
Sugar Factory
AUB Ticketshop
Stadsschouwburg
Marnixstr.
Leidsepl.
Café Americain
24
Jazz Café Alto
Gartmanplantsoen
Grand Café De Balie
Max Euwe-Centrum
Max Euwepl.
Paradiso
Stadhouderskade
Marqt
Arts Centre De Appel
Herengracht
Keizersgracht
Rijksinst.
Vijzelstraat
Spiegelstr.
Nieuwe Spiegelgracht
Kerkstraat
Van Loon Mus.
Prinsengracht
Leidsekruisstr.
Leidsedwarsstr.
Lijnbaansstr.
Zieseniskade
Singelgracht
Weteringschans
Studios Prinx
Weteringstr.
Wetering-dwarsstr.
Wetering-ringdwarsstr.
3e Wetering-dwarsstr.
Vijzelgracht
Noorder-str.
Noorderdwarsstr.
Reguliersgracht
Utrechtsedwarsstr.
Falckstr.
Huidekoperstr.
Nieuwe Looiersstr.
Fokke Simonszstr.
Lijnbaansgracht
Weteringschans
Momo
Poet Tryp by Wyndham Hotel
Sama Sebo
Luijkenstr.
Hobbemastr.
Rijksmuseum
26
Café Brecht
Vossiusstr.
Schapenburgerpad
Hooftstr.
JL N°76
Shoebaloo
Diamant Museum Amsterdam
Jan Luijkenstr.
House of Bols
Honthorststr.
Gogh
Potterstr.
Paulus
Van Gogh Museum
27
28
Zwembad Zuiderbad
Ruysdaelkade
H. M. van Randwijkplantsoen
Weteringlaan
2e Weteringplantsoen
Den Texstr.
Nicolaas Witsenstr.
Pieter Pauwstr.
Westeinde
Nicolaas Witsenkade
Van Beek Art
Heineken Experience
Heineken Brouwerij
Stadhouderskade
Stedelijk Museum
Stedelijk restaurant
25
Museumplein
Vermeerstr.
Honthorststr.
De Taart van m'n Tante
1e Jacob van Campenstr.
Cake under my Pillow
Quellijnstr.
Marie Heinekenpl.
Bolstr.
1e van der Helststr.
2e Jacob van Campenstr.
Doustr.
Quellijnstr.
Gerard
De Badcuyp
Brasserie Keyzer
Teniersstr.
Hoochstr.
Hobbemakade
Halsstr.
Daniël Stalpertstr.
Saskia's Huiskamer
Cuypstr.
Sweelinckstr.
Baerlestr.
Solo Eten en Drinken
Van Miereveldstr.
Johannes Vermeerstr.
Pieter de Hoochstr.
Saenredamstr.
Bazar Amsterdam
1e van der Helststr.
Albert
Albert Cuypmarkt
30
De Pijp
G.-Metsustr.
Restaurant Bouf
Maesstr.
Gerard Doustr.
Frans Halsstr.
Albert Cuypstr.
Flinckstr.
Sarphatipark
Concertgebouw
Concertgebouwpl.
Nicolaas Maesstr.
Wouwermanstr.
Maesstr.
Mierisstr.
Café Wildschut
Ruysdaelstr.
Sir Albert Hotel
Govert Flinckstr.
Herculesstr.
Segherssstr.
Jan
Steenstraat
van der Heijdenstr.
Sarphati Park
Helststr.
Anthoniszstr.
Floriszstr.
Cornelisstr.
Balthasar
Pieter Baststr.
Eerste Jan van
Eerste
Dusartstr.
Roelof Hartpl.
The College Hotel
Roelof Hartstr.
Ceintuurbaan
Loon
Bolstr.
straat
2e Jan van der Helststr.
Ruysdaelstr.
Bronckhorststr.
Joh. M. Coenenstr.
Bartholomeus Ruloffsstr.
Harmoniehof
Gerard Terborgstr.
Van Ostadestr.
Van der Helstpl.
Henrick de Keijserstr.
Burgerstr.
Dusartstr.
Rustenburgerstr.
Karel du Jardinstr.
Cornelis v. d. Lindenstr.
Hobbemakade
Ruysdaelkade
Cornelis Trooststr.
Cornelis Troostpl.
Lutmastr.
Willem Pastoorsstr.
Amstelkanaal
Vinkeleskade
Mozartkade
Apollolaan
Corellistr.
Bachstr.
Van Hilligaertstr.
Pijnackerstr.
Avercampstr.
Lizzy Ansinghstr.
Mesdagstr.
Van Helt Stocadestr.
Pastelstr.
Museum De Dageraad
Vincent van Goghstr.
Pienemanstr.
Ferdinand Bolstr.
Poggenbeekstr.
Ciel bleu Restaurant
Gerrit van der Veenstr.
Händelstr.
Stadionweg
Apollohal
Jozef Israëlskade
Amstelkanaal
Amstelkade
Bachpl.
Verdistr.
Chopinstr.
Apollolaan
Slaakstr.
Sloestr.
Slingerbeekstr.
IJselstr.
Muzenpl.
Churchilllaan
Wagnerstr.
Zweerskade
Maasstr.
Diepenbrockstr.
Herman Gorterstr.
Willem Royaardsstr.
H. Heijermansweg
Boerenwetering
Haringvlietstr.
Deurloostr.
Grevelingenstr.
Scheldestr.
Jekerstr.
Richard
Bernard
Schubertstr.

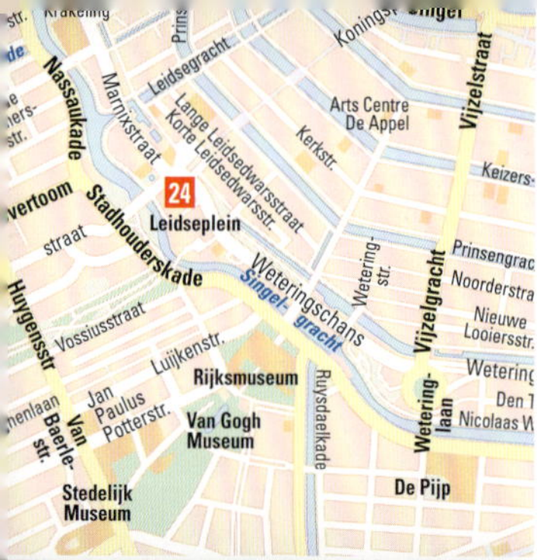

Seite 136/137: Ein Highlight im Kulturleben der Stadt: die Stadsschouwburg
Oben: Das prachtvolle Stadttheater im Stil der Neorenaissance
Unten: Die Kellner auf dem Leidseplein haben alle Hände voll zu tun.

24 Ausgehmeile Leidseplein

Am Times Square von Amsterdam

Am quirligen Leidseplein ist immer eine Menge los. Tagsüber drängeln sich in den zahlreichen Cafés müde Schaufensterbummler von der Leidsestraat. Abends ist der Platz für viele Einheimische und Touristen der Startpunkt für einen ausgedehnten Ausflug ins Amsterdamer Nachtleben. Rund um den Platz liegen einige der bekanntesten Ausgehmöglichkeiten der Stadt, aber auch Theater und Kulturzentren.

Heute ist der Leidseplein ein Herzstück des Amsterdamer Nachtlebens. Begonnen hat er seine Karriere allerdings als Parkplatz: Im 17. Jahrhundert stellten die Bauern, die aus dem Umland in die Stadt kamen, hier ihre Karren ab. Das Verkehrsaufkommen ist auch heutzutage noch hoch; mehrere Straßenbahnlinien kreuzen den Platz, der im Sommer mit Caféhausterrassen und im Winter mit einer Schlittschuhbahn lockt.

MAL EHRLICH

VORSICHT, TASCHENDIEBE!

Ein rascher Griff und die Geldbörse ist weg. Wie in jeder Großstadt gibt es auch in Amsterdam zahlreiche Taschendiebe, hier *Zakkenrollers* genannt. Das Gedränge auf dem Leidseplein und in den umliegenden Straßen bietet ihnen ideale Arbeitsbedingungen. Auch die Straßenbahnen vom und zum Leidseplein sind ein überaus beliebtes Revier für Langfinger. Wertsachen sind daher am besten in verschließbaren Innentaschen oder gleich im Hotelsafe aufgehoben.

Stadsschouwburg

Den Leidseplein dominiert die imposante Fassade der Stadsschouwburg, des Stadttheaters. Zu Beginn des 17. Jahrhunderts widmeten sich in *rederijkerskamers* (»Dichtergilden«) kunstsinnige Bürger der Dichtkunst. 1632 ließ eine solche Gruppe, die anstelle des üblichen Lateins die niederländische Sprache in den Mittelpunkt ihres Schaffens stellte, ein hölzernes Theater errichten. Zur Eröffnung 1638 verfasste Joost van den Vondel (1587–1679) sein berühmtes Stück *Gysbrecht van Aemstel*. Nach mehreren verheerenden Bränden entstand schließlich zwischen 1892 und 1894 die heutige Stadsschouwburg im prächtigen Neorenaissancestil. Auf dem großen Balkon zeigt sich nach wichtigen Siegen die Fußballmannschaft Ajax Amsterdam und lässt sich von ihren Fans feiern.

Ursprünglich hatte die Stadsschouwburg drei Eingänge. Der mittlere war für reiche Theaterbesucher bestimmt, die per Kutsche bis direkt vor die Tür fuhren. Zwei Nebeneingänge führten hinauf zum zweiten und dritten Balkon, wo es nur Holzstühle und Stehplätze gab. 2009 unterzog sich das traditionsreiche Haus einem umfangreichen Facelifting. Das umgestaltete Foyer beherbergt nun ein schickes Café, einen Theater- und Filmbuchladen und den AUB Ticketshop, wo man Karten für zahlreiche Theater, Museen und Konzerte in der ganzen Stadt bekommt. Das Programm der Stadsschouwburg reicht vom klassischen Schauspiel übers Kabarett bis hin zu Ballett und Tanztheater.

Kulturzentrum Melkweg

Gleich hinter der Stadsschouwburg liegt das legendäre Kulturzentrum Melkweg, in dem sich internationale Künstler von U2 bis Lady Gaga und von Jango Edwards bis Coldplay die Ehre geben. Im 18. Jahrhundert als Zuckerraffinerie erbaut

AUTORENTIPP!

CAFÉ AMERICAIN

Im schönsten Art-déco-Stil präsentiert sich das berühmte »Café Americain« im »American Hotel«. Nach seiner Fertigstellung etablierte sich das Café rasch als Treffpunkt für Intellektuelle und Schriftsteller. Klaus Mann soll hier Teile seines *Mephisto* verfasst haben, auch der niederländische Autor Harry Mulisch war hier in den 1950er-Jahren beinahe täglich zu Gast. Der beliebte Lesetisch mit der aktuellen Tagespresse, der unter einem der großen Fenster steht, trägt inzwischen seinen Namen. Besonders beliebt ist der sonntägliche Jazz-Brunch mit Livemusik.

Café Americain. Mittagessen Mo–Sa 12–17 Uhr, So 12.30–16.30 Uhr, *Afternoon Tea:* Mo–Sa 14–17 Uhr, So 16–17.30 Uhr, Abendessen: Mo–Sa 17–22.30 Uhr, So 18–22.30 Uhr, Leidsekade 97, 1017 PN Amsterdam, Tel. 020/556 30 00, info@cafeamericain.nl, www.cafeamericain.nl

Oben: Musikfans pilgern ins »Paradiso«, eine ehemalige Kirche.
Mitte: Schlichte Eleganz im »Grand Café de Balie«
Unten: Einladend ist dieses Café unweit des Leidseplein.

diente es von den 1920er-Jahren bis 1969 als Milchfabrik. 1970 übernahm eine Theatergruppe das leerstehende Gebäude und richtete dort einen Musik- und Theatersaal ein. Auf dem Höhepunkt der Hippiebewegung war Amsterdam so etwas wie das San Francisco Europas. Im nahegelegenen Vondelpark kampierten zahlreiche junge Leute, die den neuen Treffpunkt in der alten Milchfabrik begeistert annahmen. Ab 1973 subventionierte die Stadt den Ausbau des Jugendzentrums, das sich über die Jahre zu einer vielseitigen, allseits anerkannten Kultureinrichtung mit Konzerten, Kino, Theater- und Tanzaufführungen und Fotoausstellungen mauserte und 1996 um einen großen Konzertsaal erweitert wurde.

Moderne Theaterarchitektur

Die enge räumliche Nachbarschaft von Melkweg und Stadsschouwburg führte schließlich zu einem außergewöhnlichen Gemeinschaftsprojekt, dem 2009 eröffneten Rabozaal: Auf dem Grundstück zwischen beiden Häusern entstand ein zusätzlicher, von beiden Institutionen im Wechsel bespielter neuer Theatersaal mit modernster Technik und einer 25 mal 30 Meter großen Glaswand. Da die verhandene Parzelle für ein Vorhaben dieser Größe eigentlich zu klein war, ging man in die Lüfte: Der Bühnensaal liegt 14 Meter über Straßenniveau und ragt bis weit über den Konzertsaal des Melkweg hinaus. Per Spezialaufzug können Lkws, die Bühnenbilder anliefern, bis auf das Saalniveau herauffahren.

Gleich um die Ecke, in der Marnixstraat, gibt es einen weiteren kühnen »Lückenfüller«. Die knallrot akzentuierte Glasfront des Nieuwe-DeLaMar-Theaters (2010) überspannt die rekonstruierte Fassade eines ehemaligen Schulgebäudes, das hier ursprünglich stand und unter anderem als Kulissenlager für die Stadsshouwburg und während der deutschen Besatzung als Registrierungsstelle des Reichsarbeitsdienstes diente, bevor es 1947 zu einem Theater umgewandelt wurde.

Willkommen im Paradiso

Im früheren Gebäude des Amsterdamer Gerichtshofs (1891) bietet das Politik-, Kultur- und Medienzentrum De Balie seit 1982 ein anspruchsvolles Programm mit Theater- und Filmvorstellungen, Lesungen, Vorträgen und Seminaren. Das »Grand Café« im Hause ist ein beliebter Treffpunkt vor einem Theater- oder Kinoabend.

Nur ein paar Schritte entfernt zieht das »Paradiso« regelmäßig Zuschauerströme an. Wie im Melkweg, so liest sich auch hier die Liste der auftretenden Künstler wie ein *Who's who* der Pop- und Rockmusik: The Rolling Stones, Pink Floyd, David Bowie, U2, Prince, Eric Burdon, Suzanne Vega, Amy Winehouse – sie alle traten schon in der ehemaligen Kirche auf, die 1968 in ein Jugendzentrum umgewandelt wurde.

American Hotel

Ein Wahrzeichen des Leidseplein ist das »American Hotel«, ein architektonisches Juwel. Das Vier-Sterne-Hotel kann auf eine ereignisreiche Geschichte zurückblicken. Das erste »American Hotel«, das 1881 an der gleichen Stelle entstand, musste schon nach 20 Jahren einem Neubau weichen. Für den imposanten Bau mit dem markanten Uhrenturm zeichnete der Architekt Willem Kromhout (1864–1940), einer der Wegbereiter der Amsterdamer Schule, verantwortlich. Das 1902 fertiggestellte Jugendstil-Hotel beherbergte zahlreiche Prominente; 1990 wurde es zum Schauplatz des Mordes an einem britischen Dro-

AUTORENTIPP!

ALL THAT JAZZ!

Schon von weitem grüßt ein riesiges Saxophon von der Fassade. An sieben Tagen in der Woche gibt es hier, in einem der ältesten Jazz-Cafés der Stadt und rund ums Jahr Live-Jazz von Top-Musikern und Nachwuchstalenten. Saxophonist Hans Dulfer ist hier regelmäßig zu Gast, auch Tochter Candy kommt manchmal mit. Wer einen der begehrten Tische nahe der kleinen Bühne ergattern möchte, sollte früh hier sein. Nach einer aufwendigen Sanierung des Fundaments Anfang 2013 hat das Café nun wieder festen Boden unter den Füßen. Viele einheimische wie ausländische Jazz-Enthusiasten halten dem unprätentiösen Lokal seit Jahren die Treue – mittlerweile gibt es sogar Fan-T-Shirts zu kaufen.

Jazz Café Alto. So–Mo 21–3 Uhr, Fr–Sa 21–4 Uhr, Korte Leidsedwarsstraat 115, 1017 PX Amsterdam, Tel. 020/626 32 49, cafe_alto@hotmail.com, www.jazz-cafe-alto.nl

genhändler. Eine der Suiten trägt den Namen der legendären Spionin Mata Hari (1876–1917), die als Margaretha Geertruida Zelle im friesischen Leeuwarden geboren wurde und 1885 während ihrer Hochzeitsreise im damaligen »Hotel Amsterdam« abstieg.

Hirschgebouw und TAA-Laden

Gleich zwei weltberühmte Marken haben sich im historischen Hirschgebouw – einst ein vornehmes Modehaus, in dem auch das Königshaus einkaufte – angesiedelt: Der Apple-Flagstore und der Brandstore des knuffigen Autowinzlings Mini ziehen viele Schaulustige an.

Im Kontrast zu diesen stylishen Konsumtempeln wirkt der TAA-Laden am Leidseplein Nr. 33 wie ein liebenswerter Anachronismus. Hier gibt es Kaffeewärmer und Kinderkleidchen, Kuscheltiere und bestickte Tischdecken – alles in liebevoller Handarbeit hergestellt. Tesselschade-Arbeid Adelt, kurz TAA, war die erste Frauenvereinigung der Niederlande. 1871 gegründet, um die wirtschaftliche Selbstständigkeit der weiblichen Bevölkerung zu fördern, bietet sie seitdem Frauen die Möglichkeit, durch den Verkauf selbstgemachter Handarbeiten eigenes Geld zu verdienen. Im nahegelegenen Max Euwe Centrum, benannt nach einem berühmten Schachspieler, kann man Schach spielen und ein Schachmuseum besuchen.

Oben: Eine Freiluftpartie Schach auf dem Max-Euwe-Plein
Unten: Der Uhrenturm des »American Hotel«

Infos und Adressen

SEHENSWÜRDIGKEITEN

Max Euwe Centrum. Die Welt des Schachspiels. Di–Fr sowie 1. Sa im Monat 12–16 Uhr, Max Euweplein 30a, 1017 MB Amsterdam, Tel. 020/625 70 17, euwemec@xs4all.nl, www.maxeuwe.nl

ESSEN UND TRINKEN

Grand Café De Balie. Stilvoller Start in den Ausgehabend. So–Do 10–1 Uhr, Fr–Sa 10–2 Uhr, Kleine Gartmanplantsoen 10, 1017 RR Amsterdam, Tel. 020/553 51 30, www.debalie.nl

ÜBERNACHTEN

Amsterdam American Hotel – Hampshire Eden. Traditionsreiches Vier-Sterne-Hotel im Herzen der Stadt. Leidsekade 97, 1017 PN Amsterdam, Tel. 020/556 30 00, info.american@hampshire-hotels.com, www.hampshire-hotels.com

Backstage Hotel. Das rockt! Die Zimmer sind wie Künstlergarderoben gestylt. Leidsegracht 114, 1016 CT Amsterdam, Tel. 020/624 40 44, info@backstagehotel.com, www.backstagehotel.com

EINKAUFEN

AUB Ticketshop. Der zentrale Ticketverkauf, erspart lange Warteschlangen. Tgl. 10–17 Uhr, Leidseplein 26, 1017 PT Amsterdam, Tel. 020/795 99 50 (bis 16 Uhr), www.amsterdamsuitburo.nl/ticketshop

Ein Schmuckstück: das »American Hotel«

Straßenkünstler finden am Leidseplein ihr Publikum.

TAA – Tesselschade Arbeid Adelt. Selbst verdientes Geld macht Frauen unabhängig – dieser Gedanke steht hinter den TAA-Läden. Di–Fr 11–17 Uhr, Sa 10–17 Uhr, Leidseplein 33, 1017 PS, Tel. 020/623 66 65, amster@tesselschade-arbeidadelt.nl, www.tesselschade-arbeidadelt.nl

AUSGEHEN

Sugar Factory. Kleiner alternativer Club. Wechselnde Öffnungszeiten, Lijnbaansgracht 238, 1017 PH Amsterdam, Tel. 020/627 00 08, info@sugarfactory.nl, www.sugarfactory.nl

Jimmy Woo. Glamouröser Nachtclub. Do 23–3 Uhr, Fr–So 23–4 Uhr, Korte Leidsedwarsstraat 18, 1017 JW Amsterdam, Tel. 020/626 31 50, mr.woo@jimmywoo.com, www.jimmywoo.com

AKTIVITÄTEN

Melkweg. Das legendäre alternative Kulturzentrum. Wechselnde Öffnungszeiten, Lijnbaansgracht 234a, 1017 PH Amsterdam, Tel. 020/531 81 81, info@melkweg.nl, www.melkweg.nl

Paradiso. Neue Sounds in alter Kirche. Wechselnde Öffnungszeiten, Weteringschans 6–9, 1017 SG Amsterdam, Tel. 020/626 45 21, info@paradiso.nl, www.paradiso.nl

Stadsschouwburg. Stadttheater mit Tradition. Wechselnde Öffnungszeiten, Leidseplein 26, 1017 PT Amsterdam, Tel. (Kasse) 020/624 23 11, Kartenbestellung online unter www.ssba.nl

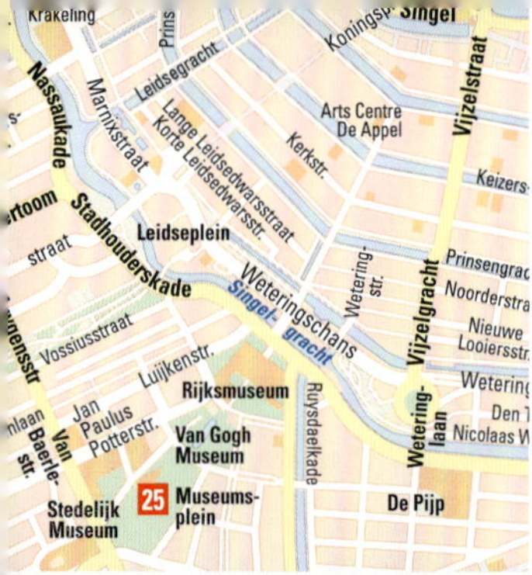

Oben: Eine goldene Lyra leuchtet auf dem Dach des Concertgebouw. **Unten:** Neue farbenfrohe Einblicke: der I-amsterdam-Schriftzug auf dem Museumplein

25 Museumplein und Spiegelkwartier

Kunst, Kunst, Kunst

Knallrot leuchten die Buchstaben in der Sonne: Der Schriftzug »I amsterdam« an der Rückfront des Rijksmuseums ist ein beliebtes Fotomotiv. Rund um den weitläufigen Museumplein gruppieren sich drei der wichtigsten Kunstmuseen Amsterdams: Das 2013 wiedereröffnete Rijks-, das Stedelijk- und das Van Gogh Museum. Viertes Gebäude ist das Concertgebouw mit seiner weltberühmten Akustik.

Der Weg ins Museumsviertel führt vom Stadtzentrum aus über die Nieuwe Spiegelstraat und die Spiegelgracht. Hier reihen sich gut 100 Galerien und Antiquitätengeschäfte aneinander. Die Nähe zum Rijksmuseum (s. S. 150) ist durchaus auch eine geschäftliche: Immer wieder hat das Museum hier, quasi direkt vor seiner Haustür, neue Stücke für seine Sammlung angekauft.

Geschichte des Museumsplein

Die Geschichte des Museumplein beginnt 1883 mit der Weltausstellung, bei der unter anderem eine Weltneuheit aus Paris präsentiert wurde: der Lippenstift. Im Anschluss an die Ausstellung wandelte man das Areal in einen Platz um, an dem in rascher Folge das Rijksmuseum (1885), das Concertgebouw (1888) und das Stedelijk Museum (1895, s. S. 160) ihre Pforten öffneten – kurioserweise alle drei mit der Rückseite zum Platz. Im Winter wurde der Platz geflutet und in eine riesige Eisfläche verwandelt. Schnurrbarttragende Herren in Kniebundhosen trugen hier 1889 die erste Weltmeisterschaft im Eisschnelllauf aus.

Eselsohr am Museumsplein

Ab 1953 entstand in der Verlängerung des Durchgangs unter dem Rijksmuseum eine Straße aus Klinkersteinen, die sich über den Museumplein bis zum Concertgebouw erstreckte. Die schnurgerade Trasse lud geradezu zum Rasen ein und hatte rasch den Spitznamen »kürzeste Autobahn der Niederlande« weg. Mit der Eröffnung des Van Gogh Museums (s. S. 156) 1973 wurde der Platz um ein weiteres kulturelles Highlight reicher. Die Straße aber verschwand erst, als der Museumplein Ende der 1990er-Jahre nach Plänen des dänischen Architekten Sven-Ingvar Andersson umgestaltet wurde. Ein Hingucker ist seitdem das »Eselsohr«, eine schräg ansteigende Rasenfläche, unter der sich eine Tiefgarageneinfahrt und ein Supermarkt verbergen. Immer wieder fanden auf dem Museumplein große Feste, aber auch Demonstrationen statt. So protestierten hier im November 1981 über 420 000 Menschen gegen die Stationierung von Atomwaffen in Europa.

Concertgebouw – ein Tempel für die Musik

Im Jahre 1881 beklagte eine Zeitung, dass Amsterdam keinen angemessenen Konzertsaal besäße. Die vorhandenen Säle seien entweder zu klein, zu unbequem oder hätten eine katastrophale Akustik. Das wollten sechs wohlhabende Bürger nicht auf ihrer Stadt sitzen lassen, gründeten eine Kommission und warben Gelder für den Bau eines neuen Konzertsaals ein. Ein passendes Gelände fand sich etwas außerhalb der Stadt, ein Stück hinter dem gerade im Bau befindlichen Rijksmuseum. Architekt Adolf L. van Gendt (1835–1901) entwarf das imposante Gebäude im historisierenden Stil mit einem säulengeschmückten, an einen Tempel erinnernden Eingangsbereich. Das Dach krönt eine goldene Lyra.

AUTORENTIPP!

BAD MIT ALTMODISCHEM CHARME

Im Jahre 1897 als Fahrradschule gebaut wurde das imposante Backsteingebäude 1912 in ein Schwimmbad umgewandelt. Vom damaligen Interieur ist noch viel erhalten geblieben, etwa die mit Mosaiksteinen verzierte Fontäne. Selbst die ursprüngliche Filteranlage mit vier Schichten Sand wird noch betrieben, ergänzt um moderne Technik. Das nostalgische Bad gleich hinter dem Rijksmuseum ist definitiv kein Erlebnisbad, doch viele Amsterdamer ziehen hier nach Büroschluss gern ein paar Bahnen.

Zwembad Zuiderbad. Mo 7–18 Uhr, Di–Do 7–9, 12–22 Uhr, Fr 7–22 Uhr, Sa 8–15.15 Uhr, So 10–15.30 Uhr, werktags von 12–13 Uhr Mittagsschwimmen mit ermäßigtem Eintritt, Hobbemastraat 26, 1071 ZC Amsterdam, Tel. 020/252 13 90, stadsdeel@zuid.amsterdam.nl, www.zuid.amsterdam.nl (Menüpunkt Zuiderbad)

Oben: Das Concertgebouw ist ein Genuss für Augen und Ohren.
Mitte: Relaxen zwischen Musentempeln
Unten: Wie Kunstwerke inszeniert die Brennerei »Bols« hier ihre Produkte.

Das Geheimnis des Klangs

Weltweit berühmt ist das Concertgebouw für seine hervorragende Klangqualität. Der Dirigent Bernard Haitink bezeichnete die Akustik sogar einmal als »das beste Instrument im Concertgebouw-Orchester«. Berühmte Komponisten wie Gustav Mahler und Benjamin Britten ließen es sich nicht nehmen, hier ihre eigenen Werke zu dirigieren.

Als das Gebäude errichtet wurde, gab es noch keine Methoden zur Schallmessung. Also orientierte man sich beim Bau an guten Vorbildern: Für den Kleinen Saal stand der ovale Saal im Kulturhaus Felix Meritis Pate, beim Großen diente hinsichtlich Formgebung und Materialauswahl der große Konzertsaal im Neuen Gewandhaus in Leipzig als Modell. Doch trotz diverser Messungen ist es bis heute nicht gelungen, das Geheimnis des besonderen Klangs vollständig zu entschlüsseln.

In den 1980er-Jahren mussten die Bagger anrollen, weil das Concertgebouw abzusacken drohte. Ohne den Konzertbetrieb dafür zu unterbrechen, wurden die verrotteten Balken des Unterbaus durch neue Metallstreben ersetzt. Der neu hinzugefügte Seitenflügel ist bei den Amsterdamern bis heute umstritten.

Infos und Adressen

SEHENSWÜRDIGKEITEN

Diamant Museum Amsterdam. Ein interessanter Streifzug durch 400 Jahre Diamantschleiferei in Amsterdam. Tgl. 9–17 Uhr, Paulus Potterstraat 8, 1071 CZ Amsterdam, Tel. 020/305 53 00, info@diamantmuseumamsterdam.nl, www.diamantmuseumamsterdam.nl

ESSEN UND TRINKEN

Brasserie Keyzer. Spezialität des bei Konzertbesuchern und Musikern beliebten »Grand Cafés« ist die Seezunge Müllerinart. Tgl. ab 10 Uhr, Van Baerlestraat 96, 1071 BB Amsterdam, Tel. 020/675 18 66, info@brasseriekeyzer.nl, www.brasseriekeyzer.nl

Café Wildschut. Das elegante Grand Café besticht mit stilvollem Interieur. Mo–Fr ab 9 Uhr, Sa–So ab 10 Uhr, Roelof Hartplein 1–3, 1071 TR Amsterdam, Tel. 020/670 02 20, www.goodfoodgroup.nl

Solo Eten en Drinken. In der ehemaligen Feuerwache wird französische Küche serviert. Mi–Sa 17.30–23 Uhr, So 16.30–23 Uhr, Van Baerlestraat 35–37, 1071 AP Amsterdam, Tel. 020/662 26 55, soloetenendrinken@hotmail.com, www.soloetenendrinken.nl

Glamourös: das Diamant Museum Amsterdam

Im Spiegelkwartier gibt's Kunst und Antiquitäten.

ÜBERNACHTEN

The College Hotel. Komfortables Boutique-Hotel in einem prächtigen alten Schulgebäude, (fast) allein geführt von Hotelfachschülern. Roelof Hartstraat 1, 1071 VE Amsterdam, Tel. 020/571 15 11, info@thecollegehotel.com, www.thecollegehotel.com

AKTIVITÄTEN

Concertgebouw. Das Konzertprogramm ist hochklassig, selbst bei den kostenlosen Mittagskonzerten im Kleinen Saal (Mi 12.30 Uhr). Kasse: Mo–Fr 13–19 Uhr, So–So 10–19 Uhr (bei Abendkonzerten, sonst 17 Uhr), Concertgebouwplein 10, 1071 LN Amsterdam, Karten via Tel. 0900/671 83 45 (tgl. 10–17 Uhr) oder kassa@concertgebouw.nl, www.concertgebouw.nl

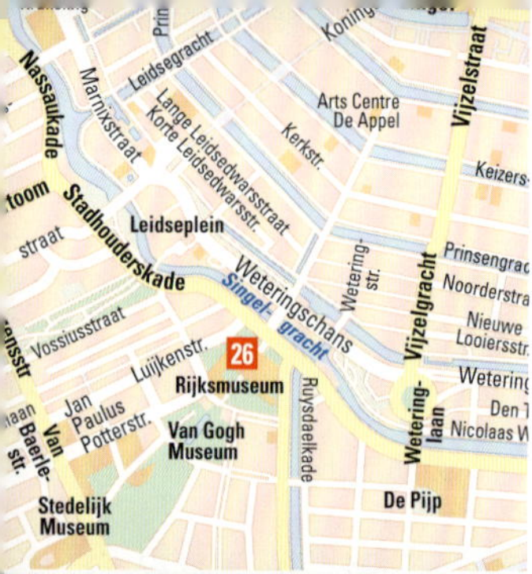

Die filigrane Gitterstruktur scheint über dem neu geschaffenen Eingangsbereich zu schweben.

26 Rijksmuseum
Die Schatzkammer der Nation

Diesen Termin wollte sich Königin Beatrix nicht entgehen lassen: Bevor sie Ende April 2013 die Regentschaft an ihren Sohn übergab, weihte die Monarchin noch das umfassend renovierte Rijksmuseum ein. Zehn Jahre dauerte die Generalüberholung, die alle Zeit- und Kostenpläne sprengte. Herausgekommen ist ein Museum der Superlative, das sich zu entdecken lohnt.

Manche bezeichnen das Rijksmuseum als den Louvre der Niederlande. Tatsächlich ist dieses Museum, das neben den Künsten auch dem Handwerk und der Geschichte gewidmet ist, für viele Niederländer eine echte Herzensangelegenheit. Als das liebevoll »Rijks« genannte Museum 1885 eröffnet wurde, strömten innerhalb der ersten drei Monate 250 000 Menschen in die Ausstellungssäle – zu einer Zeit, als die Niederlande insgesamt nur rund vier Millio-

MAL EHRLICH

WO KUNST ZUM ERLEBNIS WIRD

Zehn Jahre war das Rijksmuseum wegen Renovierung geschlossen. Kritiker beklagen, eine ganze Generation von Schülern sei ohne die unschätzbare Sammlung aufgewachsen. Doch das Warten hat sich gelohnt: Die neue Konzeption macht die niederländische Kultur und Geschichte in einer Weise erlebbar, die auch ein junges Publikum anzusprechen vermag. Und wer bisher auf einen Schulausflug zum Rijskmuseum verzichten musste, kann ihn jetzt nachholen: Für Besucher unter 18 Jahren ist der Eintritt frei.

Das neu eröffnete Rijksmuseum

nen Einwohner hatte. Nach der Wiedereröffnung im April 2013 geht man nun von rund zweieinhalb Millionen einheimischen und ausländischen Besuchern pro Jahr aus – schon im ersten Monat nach der Wiedereröffnung waren es über 300 000.

Eine Kathedrale für die Kunst

Der Entwurf für den prächtigen Bau stammte von Petrus J. H. Cuypers (1827–1921), der auch für den 1889 fertiggestellten Hauptbahnhof verantwortlich zeichnete. Die beiden Monumentalgebäude stellten imposante »Tore zur Stadt« dar. Quer durch das Museum führt sogar eine breite Passage, die das Stadtzentrum mit den Stadtvierteln rund um den heutigen Museumplein verbindet.

Architekt Cuypers hatte sich vor allem mit Sakralbauten einen Namen gemacht. Das neue Rijksmuseum inszenierte er als eine »Kathedrale der Kunst«, in der mit Mosaiken geschmückte Fußböden und Buntglasfenster, gotische Spitzbögen und farbenprächtige Wandmalereien eine weihevolle Atmosphäre schufen. Das stieß nicht überall auf Gegenliebe. Der protestantische König Wilhelm III. etwa schwor, niemals auch nur einen Fuß in dieses »katholische Bauwerk« zu setzen. Er sollte nicht der einzige bleiben, der sich an dem prächtigen Gesamtkunstwerk störte.

AUTORENTIPP!

RUHIG UND KOMFORTABEL

Das geschmackvoll ausgestattete Boutiquehotel mit eigenem Gärtchen ist in zwei Häusern aus dem 18. Jahrhundert untergebracht und liegt in einer ruhigen Seitenstraße unweit des Museumplein. Die Künstlerin Barbara Broekman entwarf für die insgesamt 39 Zimmer eine eigene farbenfrohe Tapetenkollektion. Das Hotel verfügt über ein kleines Restaurant, zusätzlich steht in der Lobby eine »Honesty Bar« zur Verfügung, in der man sich selbst ein Getränk oder einen Snack machen kann. Im Souterrain gibt es ein Familienzimmer.

Hotel JL N°76. Jan Luijkenstraat 76, 1071 CT Amsterdam, Tel. 020/348 55 55, www.vondelhotels.com

Oben: Die Renovierung gab dem Haus seinen ursprünglichen Glanz zurück.
Unten: Das *Milchmädchen* von Jan Vermeer ist eines der Highlights im Rijksmuseum.

Zurück zur alten Pracht

Mehrere Generationen von Museumsdirektoren passten das Museum radikal dem zunehmend sachlichen Zeitgeschmack an. Wandmalereien wurden weiß übertüncht, der Terrazzoboden durch Linoleum ersetzt. Diverse Aus- und Umbauten verwandelten das Gebäude nach und nach in ein enges, dunkles Labyrinth. Asbestfunde führten im Jahr 2003 dazu, die überfällige Renovierung rasch in Angriff zu nehmen. Vier Jahre waren dafür ursprünglich veranschlagt, zehn wurden es am Ende. Die Kosten beliefen sich am Ende auf 375 Millionen Euro. Wie Archäologen legten die spanischen Architekten Antonio Ortiz und Antonio Cruz das gestalterische Erbe Cuypers wieder frei: Sie »reinigten« das Gebäude und die zugebauten Innenhöfe von nachträglichen Hinzufügungen. Anhand von Originalzeichnungen und Farbproben ließen sie die ursprüngliche Ausgestaltung von Sälen und Hallen rekonstruieren, Wandmalereien und Bodenmosaiken wiederherstellen. Gleichzeitig brachten sie das Haus auf den neuesten Stand der Technik.

Architektonische Highlights

Der ursprüngliche Plan, die beiden Innenhöfe unter Hinzunahme der dazwischen liegenden Passage zu verbinden, scheiterte am vehementen Widerstand der Fahrradfahrerlobby. Nach langen Debatten blieb den Radlern das Recht auf freie Fahrt quer durchs Museum erhalten. Stattdessen wurden die Böden der Atrien eine komplette Etage tiefer gelegt, um die glasüberdachten Innenhöfe unter der Passage hindurch zu einem neuen, großzügigen Eingangsbereich verbinden zu können.

Im Inneren des Gebäudes bilden gedeckte Töne – Schiefergrau, Grün, Ocker, ein dunkles Rot – einen stimmungsvollen Rahmen für die gezeigten Schätze. Besonders gelungen ist die Re-Inszenierung der Ehrengalerie, die wie ein dreischiffiger Kirchenraum anmutet. In den Seitennischen prangen die berühmten Werke niederländischer Meister aus dem 17. Jahrhundert, von Frans Hals (ca. 1580–1666) über Jan Steen (1625–1679) bis zu Jan Vermeer (1631–1675). Am Ende der Ruhmeshalle eröffnet ein Durchgang den Blick auf das Glanzstück des Museums: Rembrandts berühmtes Gemälde *Die Nachtwache*, das als einziges Werk nach der Renovierung an seinen ursprünglichen Platz zurückgekehrt ist.

Konzept des Museums

Parallel zu den umfassenden Arbeiten am Gebäude wurde auch das Konzept des Museums radikal umgekrempelt. Dabei erteilten die Kuratoren modernen Elementen wie Touchscreens und Animationen eine klare Absage. Stattdessen lassen sie die Exponate selbst erzählen. Anstatt die Kunstwerke klassisch nach Genres und Sparten zu sortieren, inszenierten die Museumsmacher sie als anschauliche Zeitreise. In den nach Epochen und Jahrhunderten geordneten Sälen werden Gemälde und Skulpturen, Möbel, Waffen, Kleidung und Kunsthandwerk gemeinsam präsentiert. In der Zusammenschau ergeben die sorgsam ausgewählten Exponate ein eindringliches Bild der Zeit, in der sie entstanden. In 80 Sälen verkörpern insgesamt 8000 Exponate 800 Jahre niederländische Geschichte. Der Besucher flaniert durch die Jahrhunderte – vom Mittelalter im Souterrain bis ins 20. Jahrhundert unterm Dach. Über 30 Säle sind allein dem 17. Jahrhundert, dem Goldenen Zeitalter, gewidmet.

Besondere Exponate

Zwischen wildbewegten Gemälden von Seeschlachten kann man anhand des riesigen, 1698 gefertigten Schiffsmodells der »William Rex« mit

AUTORENTIPP!

KUNST IM TRANSITBEREICH

Seit mehr als zehn Jahren unterhält das Rijksmuseum auf dem Flughafen Schiphol eine Dependance, untergebracht in einem goldglänzenden Kubus, der in der Abfertigungshalle zu schweben scheint. Am 9. Dezember 2002 eröffnete der damalige Kronprinz Willem-Alexander dieses weltweit erste Museum auf einem Flughafen, das nur für Passagiere jenseits der Passkontrolle zugänglich ist. Seit der Eröffnung nutzten jährlich bis zu 200 000 Menschen die Gelegenheit zu einem kurzen kulturellen Stopover im Transitbereich. Zu sehen sind jeweils zehn Werke niederländischer Meister aus den Beständen des Rijksmuseums, hinzu kommen wechselnde Sonderausstellungen. Der Eintritt ist gegen Vorlage einer Bordkarte frei.

Rijksmuseum Schiphol. Tgl. 7–20 Uhr, Holland Boulevard im Flughafen Schiphol, hinter der Passkontrolle zwischen den Flugsteigen E und F.

Oben: Schiffsmodelle wie dieses erinnern an das Goldene Zeitalter. **Unten:** Auch diese junge Dame bezaubert die Besucher.

eigenen Augen betrachten, wie solche Kriegsschiffe aussahen. Das reich ausgestattete Puppenhaus der Petronella Oortman spiegelt in originalgetreuen Miniaturnachbildungen das Leben der reichen Kaufleute wider – vom chinesischen Porzellanservice über die kostbaren Möbel bis zu den kunstvollen Gemälden im Salon.

Auf der Eingangsebene, die dem 18. und 19. Jahrhundert gewidmet ist, empfangen Werke von Francisco de Goya (1746–1828) und Vincent van Gogh (1853–1890), aber auch ein komplett eingerichteter klassizistischer Salon die Besucher. Auch die unrühmliche Kolonialzeit wird nicht ausgespart. Für das 20. Jahrhundert stehen unter anderem ein Stuhl des berühmten Designers Gerrit Rietveld (1888–1964), ein von Yves St. Laurent (1936–2008) entworfenes Kleid im Piet-Mondrian-Look, Gemälde des CoBrA-Künstlers Karel Appel (1921–2006) und ein komplettes Kampfflugzeug aus der Zeit des Ersten Weltkriegs. Beklemmende Zeitzeugnisse sind die Jacke einer KZ-Insassin und ein Schachspiel mit Soldatenfiguren, das SS-Führer Heinrich Himmler einst dem Chef der holländischen Nationalsozialisten schenkte.

Asiatischer Pavillon

Die Architekten Ortiz und Cruz hielten sich bei der Renovierung mit zusätzlichen Anbauten zurück. Neu ist der von Wasserflächen umgebene Asiatische Pavillon. Dessen einziges Manko besteht darin, dass hier versäumt wurde, die koloniale Herkunft der Exponate selbstkritisch in den historischen Kontext einzuordnen. Erstmals für die Öffentlichkeit zugänglich ist seit dem Umbau auch die weitgehend unverändert erhaltene, über vier Etagen reichende Bibliothek des Museums – ein wahres Schmuckstück mit zierlichen Wandmalereien, umlaufenden Galerien und einer gusseisernen Wendeltreppe.

Infos und Adressen

SEHENSWÜRDIGKEITEN

Rijksmuseum. Die Schatzkammer der Nation erstrahlt in neuem altem Glanz. Auf der Internetseite des Museums findet man eine Fülle von Bildern zum kostenlosen Download. Wer die Warteschlange umgehen will, besorgt sich vorab online Tickets. Tgl. 9–17 Uhr, Museumstraat 1, 1071 CJ Amsterdam, Tel. 020/662 14 40, info@rijksmuseum.nl, www.rijksmuseum.nl

ESSEN UND TRINKEN

Café Brecht. Das Lokal definiert sich als »Berliner Wohnzimmercafé«. In den betagten Polstersesseln nehmen vor allem junge Leute gern Platz. So–Do 12–1 Uhr, Fr–Sa 12–3 Uhr, Weteringschans 157, 1017 SE Amsterdam, Tel. 020/627 22 11, info@cafebrecht.nl, www.cafebrecht.nl

Momo. Der durchgestylte Mix aus Restaurant, Bar und Lounge mit asiatischer Fusion-Küche zieht ein großstädtisches Publikum über 30 an. Bar: So–Do 10–1 Uhr, Fr–Sa 10–2 Uhr, Abendessen: Mo–Mi 18–22.30 Uhr, Do–Sa 18–23 Uhr, So 18–22 Uhr, Hobbemastraat 1 (im Park Hotel), 1071 ZA Amsterdam, Tel. 020/671 74 74, info@momo-amsterdam.com, www.momo-amsterdam.nl

Einladend: der Museumsshop

ÜBERNACHTEN

Studios Prinx. Hübsch ausgestattete Zwei-Personen-Apartments mit eigenem Bad und Kitchenette. Lijnbaansgracht 289, 1017 RM Amsterdam, Tel. 020/623 64 16, info@prinx.nl, www.prinx.nl

EINKAUFEN

Van Beek Art. Wer nach dem Museumsbummel selbst zum Pinsel greifen möchte, ist in diesem Fachgeschäft für Künstlerbedarf genau richtig. Mo 13–18 Uhr, Di–Fr 9–18 Uhr, Sa 10–17 Uhr, Stadhouderskade 62, 1072 AD Amsterdam, Tel. 020/662 16 70, www.vanbeekart.nl

Detail aus Rembrands berühmtem Gemälde »Die Nachtwache« von 1642

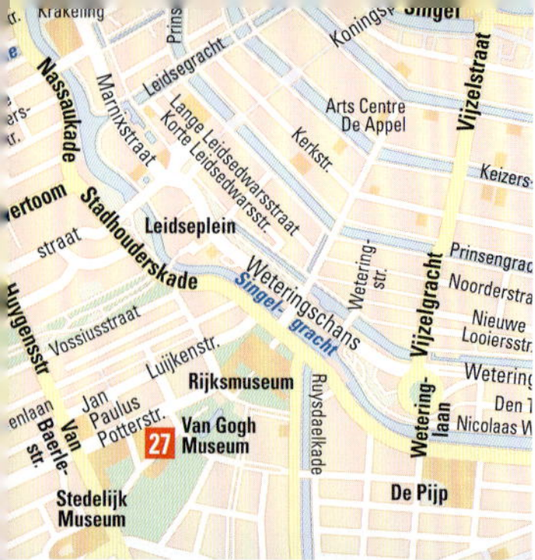

27 Van Gogh Museum

Sonnenblumen und noch mehr

Das Van Gogh Museum, das die weltweit größte Sammlung von Werken des Malers sein Eigen nennt, zeichnet den Werdegang des faszinierenden Künstlers nach. Beim Gang durch die Ausstellung kann man die künstlerische Entwicklung Schritt für Schritt nachvollziehen, vom eher düsteren Frühwerk bis zu den leuchtenden Farben der späten Jahre. Das kommt an beim Publikum: 2012 zählte das Museum zu den bestbesuchten der Welt.

Als Vincent van Gogh (1853–1890) an den Folgen einer Schussverletzung starb, die er sich selbst zugefügt hatte, war er gerade einmal 37 Jahre alt. Der Künstler, der als Begründer der modernen Malerei gefeiert wird und dessen Werke Höchstpreise erzielen, war seiner Zeit so weit voraus, dass seine Arbeiten zu Lebzeiten fast unverkäuflich waren.

Oben: Ein stilvoller Rahmen für die ungezähmte Kunst Van Goghs
Unten: Das Museum besitzt eine Reihe von Selbstportraits des Künstlers.

Umwege zur Kunst

Der Pfarrerssohn Van Gogh begann 1869 eine Ausbildung in der Kunsthandlung Goupil und arbeitete später in deren Niederlassungen in London und Paris. Nachdem man ihm dort im Frühjahr die Kündigung nahelegte, versuchte sich Van Gogh in verschiedenen Berufen: Er arbeitete in einer Buchhandlung, besuchte zeitweise ein Seminar für Laienprediger und landete schließlich als Hilfsgeistlicher in einem belgischen Kohlerevier.

Mit 27 Jahren schlug er schließlich eine künstlerische Laufbahn ein. Sein jüngerer Bruder Theo, inzwischen ebenfalls Kunsthändler, kam fortan für seinen Lebensunterhalt auf und erhielt dafür einen Großteil seiner Werke. Van Gogh war Autodidakt, nahm aber hin und wieder Unterricht und war zeitweise an der Kunstakademie in Antwerpen eingeschrieben. 1886 übersiedelte er nach Paris, wo die Bekanntschaft mit zeitgenössischen Künstlern wie Paul Gauguin (1848–1903) und Henri de Toulouse-Lautrec (1864–1901) ihm neue Impulse gab.

Flucht aufs Land

Sein Versuch, in Südfrankreich eine Künstlerkommune zu gründen, schlug fehl. Zwar war die Zeit in Arles eine sehr produktive, doch setzten dort wohl auch die Wahnvorstellungen ein, die sein restliches Leben überschatteten. Nach einem heftigen Streit mit Paul Gaugin schnitt Van Gogh sich einen Teil seines linken Ohres ab. Nach einem längeren Aufenthalt in einer Nervenheilanstalt übersiedelte er nach Auvers, wo er seinem Leben schließlich ein Ende setzte.

Faszinierende Werkschau

Gerade einmal zehn Jahre dauerte Van Goghs künstlerische Schaffensphase. Doch in dieser Zeit schuf er fast 900 Gemälde und weit über 1000 Zeichnungen. Van Goghs Familie brachte den umfangreichen Nachlass des Künstlers – rund 200 Gemälde, 400 Zeichnungen und 700 Briefe – in eine Stiftung ein. Das Van Gogh Museum verfügt damit bis heute über die weltweit größte Sammlung von Werken des Künstlers.

Zu den Highlights der ständigen Ausstellung gehören unter anderem *Die Kartoffelesser* aus den Anfangsjahren von Van Goghs künstlerischem Schaffen, das heitere, farbenfrohe *Schlafzimmer in Arles*, eine Version der berühmten *Sonnenblumen* und auch eines seiner letzten Bilder, das be-

AUTORENTIPP!

COCKTAILS IM MUSEUM

Jeden Freitagabend heißt es im Van Gogh Museum: Bühne frei! In der großen Eingangshalle gibt es dann Cocktails, Häppchen und Livemusik, Disc- und Videojockeys legen auf, und ein Rahmenprogramm mit Workshops, Dokumentationen, Podiumsdiskussionen und Vorträgen sorgt für Abwechslung. Der erste Freitag im Monat hat immer ein besonders vielfältiges Programm, doch auch die anderen Freitage lohnen einen Besuch. Weil auch die Ausstellungsräume am langen Freitagabend bis 22 Uhr geöffnet sind, kann man auf eine sehr entspannte Art Kunst und Ausgehen miteinander verbinden: Erst im Museum in Kultur schwelgen und anschließend rund um den nur wenige Minuten Fußweg entfernten Leidseplein weiterfeiern!

Van Gogh Museum. Jeweils Freitagabend von 18.30–22 Uhr, Paulus Potterstraat 7, 1071 CX Amsterdam, Tel. 020/570 52 00, info@vangoghmuseum.nl, www.vangoghmuseum.nl

Der Ticketshop am Leidseplein

Oben: Bilder aus Van Goghs produktivster Phase, der Zeit in Arles
Unten: De-Stijl-Architekt Gerrit Rietveld entwarf das Museum.

drückende *Kornfeld mit Krähen*. Weil er sich keine Modelle leisten konnte, malte Van Gogh immer wieder Selbstportraits. Im Rückblick dokumentieren diese seine künstlerische Entwicklung: Die frühesten sind noch in dunklen erdigen Tönen gehalten, die späteren zunehmend impressionistischer, mit hellen Farben und luftigem Pinselstrich. Ergänzt wird die Werkschau durch eine umfangreiche Kollektion von Werken von Zeitgenossen und Freunden Van Goghs.

Stilvoller Rahmen

Sehenswert ist auch das Museum selbst. Den ersten Entwurf für das 1973 eröffnete Hauptgebäude, einen nüchtern-strengen Betonquader mit einem markanten Treppenhaus und einem lichtdurchfluteten Inneren, skizzierte De-Stijl-Architekt Gerrit Rietveld (1888–1964). Nach seinem Tod erarbeiteten seine Kompagnons Johan van Tricht und Joan van Dillen auf dieser Grundlage die Pläne. 1999 erhielt das Museum einen modernen Flügel für wechselnde Ausstellungen. Das elliptische Gebäude, das an eine leicht geöffnete Konservendose erinnert, stammt vom japanischen Architekten Kisho Kurokawa. Nach einer umfassenden Renovierung 2012/13 ist die nächste Baustelle schon geplant: Das Van Gogh Museum soll endlich einen Eingang zum Museumplein bekommen.

Infos und Adressen

SEHENSWÜRDIGKEITEN

Van Gogh Museum. Das Museum stellt das Leben und Werk Van Goghs und die Kunst seiner Zeit in den Mittelpunkt. Das gesamte Gebäude ist behindertengerecht gestaltet. Sa–Do 9–17 Uhr, zeitweise auch bis 18 Uhr, Fr bis 22 Uhr, Paulus Potterstraat 7, 1071 CX Amsterdam, Tel. 020/570 52 00, info@vangoghmuseum.nl, www.vangoghmuseum.nl

ÜBERNACHTEN

B&B Alexander. Die nette Unterkunft in einer ruhigen Seitenstraße hat nur zwei Zimmer, jeweils mit eigenem Bad. Das Frühstück wird im Wohnzimmer serviert. Alexander Boersstraat 15, 1071 KT Amsterdam, Tel. 020/673 14 76, jbartlema@gmail.com, www.bbalexander.nl

Hotel van Gogh. Gleich beim Van Gogh Museum liegt dieses moderne, einfache Hotel. Das überwiegend junge Publikum schätzt die moderaten Preise für ein Mehrbettzimmer oder auch ein Bett im Schlafsaal. Das Frühstück kostet fünf Euro extra. Van de Veldestraat 3A, 1071 CW Amsterdam, Tel. 020/262 92 00, info@hotelvangogh.nl, www.hotelvangogh.nl

AKTIVITÄTEN

House of Bols Cocktail & Genever Experience. Bis 1575 reichen die Wurzeln der Geneverbrennerei Bols zurück. Die Tour durch das House of Bols führt durch Firmengeschichte und -sortiment und endet mit einem individuell gemixten Cocktail. Die angeschlossene Bols Bartending Academy bietet Mix-Workshops und Kurse für Anfänger und Fortgeschrittene an. Zugang erst ab 18 Jahren, verbilligte Tickets online, So–Do 12–18.30 Uhr, Fr 12–22 Uhr, Sa 12–20 Uhr (Kasse schließt eine Stunde früher), Paulus Potterstraat 14, 1071 CZ Amsterdam, Tel. 020/570 85 75, info@houseofbols.com, www.bols.com

Kurse für angehende Barkeeper offeriert die Brennerei »Bols«.

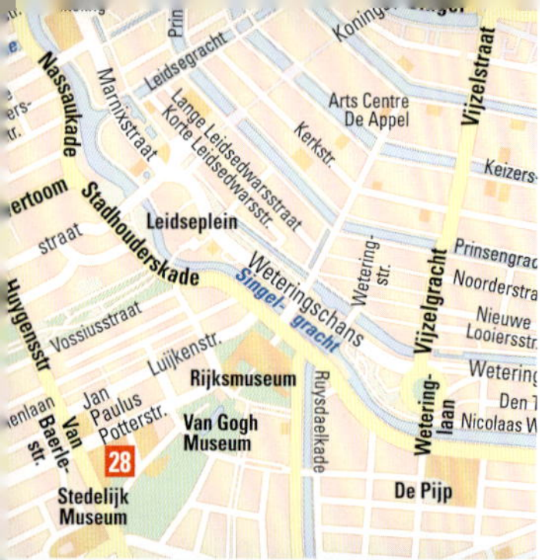

28 Stedelijk Museum

Moderne Kunst und wegweisendes Design

Am Anbau des Stedelijk Museum scheiden sich die Geister. Wie eine riesige Badewanne thront der futuristische weiße Baukörper neben dem alten Museum. Der Umbau bescherte dem Stedelijk Museum über 100 Jahre nach seiner Eröffnung auch endlich einen Eingang zum Museumplein. Das Museum ist der modernen Kunst gewidmet und deckt die Zeitspanne von der Mitte des 19. Jahrhunderts bis zur Gegenwart ab.

In den Anfangsjahren waren in dem 1895 eröffneten Gebäude am Museumplein verschiedene Privatsammlungen – Münzen, Schmuck, Uhren und anderes – zu besichtigen. Adriaan Willem Weissman (1858–1923) entwarf den mit Türmchen geschmückten Bau im Neorenaissancestil. Die rote Backsteinfassade durchziehen helle Streifen aus Sandstein – Fassaden wie diese werden darum auch *Spekreepjes* (Speckstreifen) genannt. 1934 wurde in den Räumen des Stedelijk Museums ein Museum für moderne angewandte Kunst ins Leben gerufen, das nach dem Zweiten Weltkrieg im Stedelijk Museum aufging. Seine Bestände bildeten die Grundlage für die umfangreiche Designsammlung des Hauses.

Oben: Als »Badewanne« wird der hypermoderne Museumsanbau verspottet.
Unten: Moderne Kunst im modernen Rahmen

Eine Heimat für die Moderne

Unter der Ägide von Willem Sandberg (1897–1984), der das Haus von 1938 bis 1962 zunächst als Kurator, dann als Direktor prägte, entwickelte sich das Stedelijk Museum zu einer führenden Adresse für moderne und zeitgenössische Kunst.

Sandberg kaufte Werke der klassischen Moderne und Arbeiten der niederländischen Künstlervereinigung CoBrA an und erweiterte die Kollektion um die Bereiche Fotografie, Design und Grafik. Sandberg unterzog auch das Innere des Museums einer Radikalkur: Er ließ die Innenräume konsequent weiß streichen. Ein »White Cube« sollte das Museumsinnere sein, in dem die Exponate umso besser zur Geltung kämen.

In den folgenden Jahrzehnten wuchs die Sammlung durch immer neue Ankäufe. Die Liste der Künstler liest sich wie ein *Who's who* der Kunstgeschichte: Fotokunst von Man Ray (1890–1976), Möbel von Gerrit Rietveld (1888–1965), verspielte Objekte von Jean Tinguely (1925–1991), Skulpturen von Ernst Ludwig Kirchner (1880–1938), Arbeiten von Marc Chagall (1887–1985), Henri Matisse (1869–1954), Pablo Picasso (1881–1973), Kurt Schwitters (1887–1948), Robert Rauschenberg (1925–2008), Andy Warhol (1928–1987), Claes Oldenburg (1929), Videokunst von Nam June Paik (1932–2006) – die Liste ließe sich ewig fortsetzen.

Umstrittener Anbau

Um die Jahrtausendwende platzte das alte Museum aus allen Nähten. Ein Erweiterungsbau musste her, der bei seiner Eröffnung 2012 mit sehr gemischten Gefühlen aufgenommen wurde. Zu groß, zu spät, zu teuer – so lässt sich die Kritik am Umbau des Stedelijk Museum zusammenfassen. Geplant in wirtschaftlich guten Zeiten, fiel seine Fertigstellung mitten in die Eurokrise. Eine Badewanne, überlaufend von Hochmut – so bezeichnete ein Leitartikler das Bauprojekt, das mit 123 Millionen Euro deutlich mehr kostete als geplant und wegen Baufehlern, insolventen Baufirmen und randalierenden Fussballfans auch mit mehreren Jahren Verspätung fertiggestellt wurde.

AUTORENTIPP!

MUSIK IM MUSEUM

Berührungsängste kennt man hier nicht – im Gegenteil: Einmal im Monat lädt das Kunstmuseum zum Konzertnachmittag. Vielversprechende Nachwuchs- und etablierte Künstler bieten dann ein abwechslungsreiches Programm, von Klassik über Jazz bis zu Zeitgenössisch-Experimentellem. Die Konzerte finden in der Regel im Teijin-Auditorium, manchmal auch an anderen Stellen im Museumsgebäude statt. Für den Konzertbesuch ist daher in jedem Fall eine Eintrittskarte für das Museum, bei manchen Konzerten auch noch eine zusätzliche Konzertkarte erforderlich. Das Kulturprogramm des Stedelijk Museum umfasst darüber hinaus auch Lesungen, Performances und Podiumsdiskussionen.

Stedelijk Museum. Einmal im Monat, So ab 16 Uhr, Reservierung per mail unter Angabe des gewünschten Konzerts/Termins sowie Name, Telefonnummer und Mailadresse unter reservations@stedelijk.nl. Programm unter www.stedelijk.nl/agenda/music

The Beanery von Ed Kienholz

Oben: Der großzügige Treppenaufgang im alten Teil des Museums
Mitte: Die weißen Innenräume bringen die Kunstwerke zum Leuchten.
Unten: Design pur: das *Harrenstein-Zimmer* von Gerrit Rietveld

Die Architekten des Architekturbüros Benthem Crouwel ließen bei ihrem Entwurf Alt und Neu bewusst aufeinanderprallen. Der gewaltige neue Flügel ruht auf einem transparenten Sockel, das Obergeschoss ist mit einem fugenlosen, hochglänzenden weißen Kunststoffmantel umgeben – 100 Meter lang und 18 Meter hoch. Ein verglaster Spalt zwischen dem alten und neuen Baukörper betont nach außen hin die Eigenständigkeit der beiden Gebäude. Durch das rundum verglaste Entree zieht sich eine leuchtend gelbe Tunnelröhre mit einer Rolltreppe darin. An die historische Backsteinwand des alten Gebäudes, die zur Innenwand mutiert ist, docken in luftiger Höhe tunnelförmige Übergänge an.

Die Ausstellungsfläche hat sich durch den An- und Umbau fast verdoppelt und umfasst jetzt stolze 10 000 Quadratmeter. Im alten Gebäude werden die Schätze der ständigen Sammlung gezeigt, während der neue Flügel ein Forum für die ebenfalls viel beachteten Sonderausstellungen des Stedelijk Museum und Platz für einen Buchladen, ein Restaurant, eine Bibliothek und die Verwaltung bietet.

Ein Schlafzimmer vom Reißbrett

Das erste Objekt, das nach dem umfangreichen Umbau im Stedelijk Museum platziert wurde, war zugleich das größte: Ein komplettes Schlafzimmer, das Architekt und Designer Gerrit Rietveld (1888–1964) im Jahre 1926 für den Amsterdamer Kinderarzt Rein Harrenstein und dessen Frau An entwarf. Im Haus der Harrensteins an der Weteringschans ging zu jener Zeit die künstlerische Avantgarde ein und aus. Rietveld designte für die Harrensteins mehrere Räume. Einzig das Schlafzimmer mit seinen klaren, geometrischen Formen und den für die Kunstrichtung De Stijl typischen Farben Schwarz, Weiß, Gelb und Rot ist vollständig erhalten und nun als »Raum im Raum« im Stedelijk zu sehen.

Infos und Adressen

SEHENSWÜRDIGKEITEN

Stedelijk Museum. Den Finger stets am Puls der Zeit - für Freunde moderner Kunst ist dieses Museum ein Muss. Sonntags gibt es zwei kostenlose Führungen: um 14.15 Uhr auf Niederländisch, um 15.45 Uhr auf Englisch. Tgl. 10–18 Uhr, Do bis 22 Uhr, Museumplein 10, 1071 DJ Amsterdam, Tel. 020/573 29 11, info@stedelijk.nl, www.stedelijk.nl

ESSEN UND TRINKEN

Restaurant Bouf. Die nette Brasserie ist bekannt für ihre gute Küche und das freundliche, aufmerksame Personal. Tgl. 11–22.30 Uhr (Küche), Van Baerlestraat 51, 1071 AP Amsterdam, Tel. 020/673 62 22, info@bouf.nl, www.bouf.nl

Stedelijk Restaurant. Hier, im Erdgeschoss des neuen Museumsflügels, verschwimmen die Grenzen zwischen innen und außen. Lange weiße Betonbänke mit roten Sitzen scheinen sich durch die riesigen Fenster zu bohren. Sehr trendy. Tgl. 9.30–24 Uhr, Museumplein 10, 1071 DJ Amsterdam, Tel. 020/573 26 51, restaurant@stedelijk.nl, www.stedelijk.nl

Das futuristische Museumscafé

ÜBERNACHTEN

Poet Tryp by Wyndham Hotel Amsterdam. Das Boutiquehotel in einer ruhigen Seitenstraße hat 64 helle, modern ausgestattete Zimmer, darunter auch einige geräumige Familienzimmer für bis zu vier Personen. Jan Luijkenstraat 44, 1071 CR Amsterdam, Tel. 020/662 05 26, info@poettrypamsterdam.com, www.poethotelamsterdam.com

Sehenswert ist auch der Museumsshop.

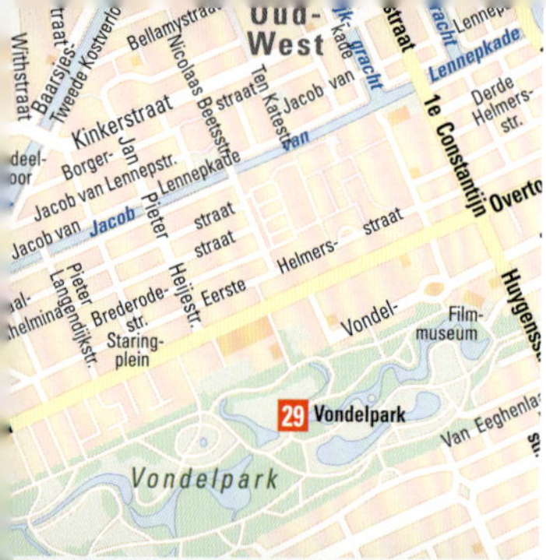

29 Vondelpark und Umgebung

Eine gutbürgerliche Oase

Eigentlich sollte inmitten der sumpfigen Wiesen westlich der Singelgracht eine Gasfabrik entstehen. Doch eine Gruppe wohlhabender Amsterdamer Bürger hatte andere Pläne. Sie sammelten Geld, kauften das Gelände und 1865 konnten die ersten Spaziergänger durch den nagelneuen Stadtpark flanieren. Rund um diese grüne Lunge entstand ein elegantes Wohnviertel mit schönen Villen und exklusiven Geschäften.

In der zweiten Hälfte des 19. Jahrhunderts erlebte Amsterdam im Zuge der industriellen Revolution eine zweite wirtschaftliche Blütezeit. Zwischen 1850 und 1900 verdoppelte sich die Zahl der Einwohner auf mehr als eine halbe Million. Hatte bis dahin die Singelgracht die Außengrenze Amsterdams markiert, so entstanden nun überall am Stadtrand neue Quartiere für die zahlreichen Industriearbeiter.

Oben: Viele Amsterdamer genießen die grüne Oase vor ihrer Haustür.
Unten: Frühlingsgefühle im Park

Früherer Nieuwe Park

Auch das begüterte Bürgertum zog es hinaus ins Grüne. Die Gründer des heutigen Vondelparks, der anfangs schlicht Nieuwe Park hieß, waren echte Trendsetter, als sie das Projekt eines Parks zum Spazierenfahren und -gehen am Stadtrand in Angriff nahmen. Auf einer zunächst acht Hektar großen Fläche legte in ihrem Auftrag der Landschaftsarchitekt Jan David Zocher (1791–1870) gemeinsam mit seinem Sohn Louis Paul (1820–1915) einen Park im englischen Landschaftsstil an, mit gewundenen Wegen, sanften Wiesen und malerischen Weihern. Das Ergebnis gefiel den Komiteemitgliedern so gut, dass sie eifrig weiter Spenden sammelten. Durch geschickte Zukäufe erreichte der Park schließlich seine heutige Fläche von 47 Hektar. 1867 wurde das große Standbild des Schriftstellers Joost van den Vondel (1587–1679) aufgestellt, seitdem trägt die grüne Oase den Namen des »niederländischen Shakespeare«.

Wohnstätte der Hippies

Ursprünglich war der Park den wohlhabenden Anwohnern vorbehalten, später pilgerten auch Arbeiterfamilien zum Picknick hierher. Während der bewegten 1960er-Jahre richteten sich Hippies im Park häuslich ein. Anfangs duldete die Stadtverwaltung die wilden Camper und stellte sogar Toilettenhäuschen zur Verfügung. Seit Mitte der 1970er-Jahre die letzten Hippie-Lager aufgelöst wurden, ist das Nächtigen im Vondelpark aber verboten.

Im nahegelegenen Hotel »Hilton« gingen John Lennon und seine frisch angetraute Frau Yoko Ono am Abend des 25. März 1969 ins Bett – und blieben dort eine Woche lang. Als Demonstration für den Weltfrieden wollten die beiden ihr »Bed-In for Peace« verstanden wissen, bei dem sie sich in adretten Schlafanzügen der Weltpresse stellten. Die damalige Suite Nr. 902, die seit einer Moder nisierung des Hotels die Nummer 702 trägt, ist zur Erinnerung an das Happening im Stil der 1960er-Jahre gestaltet und mit Slogans und Pressefotos von damals geschmückt.

't Blauwe Teehuis und das Groot Melkhuis

Zwischen 1999 und 2009 wurde der 1,5 Kilometer lange Park schrittweise renoviert. Heute nutzen viele Amsterdamer ihn als Naherholungsgebiet direkt vor der Haustür. Jahr für Jahr strömen Millio-

AUTORENTIPP!

FREILUFTTHEATER IM PARK

Große Kunst auf grünem Rasen: Jeden Freitag, Samstag und Sonntag gibt es von Anfang Juni bis Ende August ein abwechslungsreiches Programm auf der Freilichtbühne im Vondelpark: Jazzkonzerte und Kabarett, Modern Dance, Kindertheater und Klassische Musik wechseln sich ab, gestandene Bühnengrößen treten ebenso auf wie junge Nachwuchstalente. Besonders schön ist die ungezwungene Atmosphäre. An einem Kiosk kann man Essen und Getränke kaufen, viele Familien bringen aber auch einen eigenen, wohlgefüllten Picknickkorb mit. Auch bei schlechtem Wetter finden die Aufführungen statt – dann hüllen sich Künstler wie Publikum stoisch in Regenkleidung. Die Aufführungen finden seit den 1970er-Jahren statt und sind stets kostenlos.

Vondelpark.Open.Lucht.Theater. Infos zu allen Terminen und Veranstaltungen auf der Freilichtbühne gibt es im Internet unter www.openluchttheater.nl

Oben: Ganz entspannt im Hier und Jetzt
Mitte: Weltreise en miniature: die Zevenlandenhuizen
Unten: Naturschönheiten, gepflanzt von Menschenhand

nen von Besuchern in den Park, joggen, bevölkern die Spielplätze, führen ihre Hunde aus, musizieren oder genießen einfach die Sonne. Im Parkgelände laden das »'t Blauwe Teehuis« und das »Groot Melkhuis« zu einer Rast ein.

Vondelparkpavillon

Die Fassade des 1881 im italienischen Renaissancestil erbauten Vondelparkpavillons ist mit den Figuren zweier Göttinnen geschmückt: Pomona ist die Göttin der Früchte und Gärten, Flora die des Frühlings und der Blumen. Nach wechselnden Nutzungen beherbergte der Pavillon ab 1975 das Filmmuseum, das Anfang 2012 in einen spektakulären Neubau in Amsterdam-Noord umzog. Als neuer Mieter soll nach einer umfangreichen Renovierung, bei der der Pavillon möglichst originalgetreu wieder hergestellt wird, der niederländische Rundfunk AVRO dort einziehen.

Rechts neben dem Pavillon führt die Roemer Visscherstraat aus dem Park hinaus. Hier ließ sich der Bankier Samuel van Eeghen 1894 eine Art Miniaturwelt erbauen: Die Zevenlandenhuizen, eine Zeile mit sieben Häusern, die die Baustile aus sieben verschiedenen Ländern widerspiegeln. Zwiebeltürmchen und Fachwerk, maurische Hufeisen- und gotisch anmutende Spitzbogenfenster stehen hier einträchtig nebeneinander. Wie mit Sieben-Meilen-Stiefeln geht die Reise von Deutschland

(Hausnr. 20) über Frankreich (Nr. 22), Spanien (Nr. 24), Italien (Nr. 26), Russland (Nr. 28) und die Niederlande (Nr. 30) bis nach England (Nr. 30a).

Vondelstraat und Vondelkerk

Rund um den Park siedelte sich im ausgehenden 19. Jahrhundert die Haute Volée Amsterdams an und ließ sich repräsentative Wohnhäuser inmitten großzügiger Gärten errichten. Die erste Straße, die entlang des Parks angelegt wurde, war die Vondelstraat. Sie trägt die Handschrift des Architekten Petrus J. H. Cuypers (1827–1921), der etliche der prachtvollen Bauten entlang der Straße entwarf, so zum Beispiel das Gebäude der 1910 gegründeten Freimaurerloge (Nr. 39–41). Cuypers selbst bewohnte zunächst die mit Türmchen verzierte Villa Nieuw Leyerhoven in der Vondelstraat 75 und übersiedelte später in die Nachbarvilla (Nr. 77–79).

Von seinem Haus aus hatte der Architekt einen guten Blick auf die von ihm entworfene neogotische Vondelkerk (1880) mit ihren vielen Seitenkapellchen. Cuypers platzierte die Kirche an zentraler Stelle und führte die Straße in zwei Bögen rechts und links um das Gotteshaus herum. Um das Geld für den Bau der Vondelkerk aufzubringen, wurde eine Lotterie veranstaltet, für die auch der damalige Papst Pius IX. stiftete. 1977 wurde die inzwischen baufällige Kirche für den symbolischen Preis von einem Gulden an einen Investor verkauft, 1982 sollte das Gotteshaus schließlich einem Apartmenthaus weichen. Den drohenden Abriss verhinderte eine eigens gegründete Stiftung, die das Baudenkmal kaufte und wieder instand setzte.

Straßenschlacht im Villenviertel

Schlendert man die Vondelstraat entlang, kann man sich kaum vorstellen, dass hier 1980 Straßen-

AUTORENTIPP!

SKATERTOUR DURCH AMSTERDAM

Yuri, Chris und Alice waren die ersten, die sich 1997 regelmäßig mit Freunden im Vondelpark trafen, um auf unterschiedlichen Routen durch die Stadt zu skaten. Aus dem Freizeitspaß wurde rasch eine große Sache: Bis zu 3000 Skater rollten schon gemeinsam durch die nächtliche Stadt. Inzwischen werden die Ausflüge von der Stiftung »Skate!« organisiert. Treffpunkt ist die runde Bank in der Nähe des Vondelparkpavillons (Vondelpark 3), jeden Freitagabend um 20 Uhr, im Winter um 20.15 Uhr. Die Tour beginnt um 20.30 Uhr und dauert etwa zwei Stunden. Mitfahren dürfen nur geübte Skater, Schutzkleidung wird empfohlen. Die Teilnahme ist kostenlos.

Friday Night Skate. Wenn die Tour wegen schlechten Wetters ausfällt, wird das auf der Webseite der Stiftung Skate! bekanntgegeben. Anfragen an: Stichting Skate!, Tolstraat 190 1, 1074 VN Amsterdam, info@fridaynightskate.com, www.fridaynightskate.com

Oben: Im Vondelparkpavillon residierte lange das Filmmuseum.
Mitte: Die P. C. Hooftstraat ist ein ausgesprochen teures Pflaster.
Unten: Schöne Fassaden am Overtoom, einst eine elegante Wohnstraße

schlachten tobten. Seit den 1970er-Jahren gab es in Amsterdam eine sehr aktive Hausbesetzerbewegung. Die *Kraker* ließen sich als Reaktion auf die Wohnungsnot in der Stadt in leerstehenden Gebäuden nieder. Im Februar 1980 besetzten *Kraker* eine Villa in der Vondelstraat 72. Als das Haus geräumt werden sollte, kam es zu heftigen Auseinandersetzungen zwischen Besetzern und der Polizei. Barrikaden brannten, ja sogar Panzerwagen rollten durch die vornehme Wohngegend. Am Ende räumten die *Kraker* das Feld.

Hollandsche Manege

Versteckt zwischen Vondelstraat und Overtoom liegt die älteste Reitschule der Niederlande, die Hollandsche Manege, die 1881 nach dem Vorbild der Spanischen Hofreitschule in Wien entstand. Vom ehemaligen Orchesterbalkon aus hat man einen schönen Blick auf die prächtige Reithalle und die elegante Dachkonstruktion. Bis heute findet hier, in bester Citylage, Reitunterricht statt.

Der Overtoom, der entlang der Rückfront verläuft, war bis 1904 ein Kanal namens Overtoomse Vaart. Entlang seiner Ufer errichteten wohlhabende Amsterdamer Bürger im 18. Jahrhundert Landsitze, um in den Sommermonaten der Hitze in der

Stadt zu entfliehen. Später kamen ganzjährig bewohnte Villen hinzu. Inzwischen ist der Overtoom eine lebendige Geschäftsstraße, an der sich zahlreiche Einrichtungs- und Designgeschäfte niedergelassen haben.

Wilhelmina Gasthuis

Über die Tweede Constantijn Huygensstraat erreicht man in wenigen Minuten das Gelände des Wilhelmina Gasthuis, bei dem es sich mitnichten um ein Gast-, sondern vielmehr um ein (ehemaliges) Krankenhaus handelt. Im 17. Jahrhundert stand hier, weit draußen vor den Toren der Stadt, das Pesthuys. Dort wurden Pestkranke und Patienten mit anderen ansteckenden Krankheiten gepflegt, die man lieber nicht in der Stadt versorgen wollte.

Ende des 19. Jahrhunderts entstand auf dem Areal ein für damalige Zeiten hochmodernes neues Krankenhaus (1893) mit luftigen freistehenden Pavillons. Fast 100 Jahre lang diente der von einer hohen Mauer umschlossene Komplex als Krankenhaus. Jetzt haben sich hier kleine Unternehmen, Künstler und soziale Organisationen niedergelassen. Das ehemalige pathologische Labor beherbergt die Künstlerplattform New Art Space Amsterdam. Hier gibt es in wechselnden Ausstellungen immer etwas zu entdecken: Malerei, Fotografie, bildende und Videokunst.

P. C. Hooftstraat

Die P. C. Hooftstraat ist eine der berühmtesten und teuersten Einkaufsstraßen in den Niederlanden. Viele Nobelmarken unterhalten hier Niederlassungen, von Gucci bis Chanel, von Louis Vuitton bis Armani, von Tiffany & Co. bis Cartier. Sehen und gesehen werden heißt darum hier und in der quer kreuzenden Van Baerlestraat die Devise.

AUTORENTIPP!

SCHUHE KAUFEN IM RAUMSCHIFF

Kann man hier wirklich Schuhe kaufen? Wer durch die dunkel verspiegelten Schiebetüren hereinkommt, wäre nicht überrascht, wenn Mr. Spock ihm freundlich lächelnd entgegenträte. Der knapp 100 Quadratmeter große Raum wirkt wie eine Kreuzung aus Raumschiff und Museum. Wabenartige Strukturen aus transparentem Kunststoff überziehen Wände und Decke, integrierte Leuchtröhren tauchen den Raum in ein ständig wechselndes Farbenspiel. Die Schuhe sind präsentiert wie abstrakte Kunstwerke. Das niederländische Architekturbüro Meyer & van Shooten setzte den futuristischen Entwurf um, der nicht nur Schuhenthusiasten, sondern auch Designinteressierte begeistert.

Shoebaloo. Mo 12–18 Uhr, Di–Sa 10–18 Uhr, Do bis 21 Uhr, So 13–18 Uhr, P.C. Hooftstraat 80, 1071 CB Amsterdam, Tel. 020/671 22 10, www.shoebaloo.nl

Lastenfahrrad vor Nobelboutique

Infos und Adressen

SEHENSWÜRDIGKEITEN

De Hollandsche Manege. Die älteste Reitschule der Niederlande. Tgl. 10–17 Uhr, Vondelstraat 140, 1054 GT Amsterdam, Tel. 020/618 09 42, www.dehollandschemanege.nl

Vondelkerk. Die Kirche dient heute als Bürogebäude und kann nur von außen besichtigt werden. Vondelstraat 120-D, 1054 GS Amsterdam, www.vondelkerk.nl

Vor dem Abriss gerettet: die Vondelkerk

ESSEN UND TRINKEN

Groot Melkhuis. Ein familienfreundliches, gemütliches Lokal direkt am Wasser, mit Selbstbedienung und einem großen Kinderspielplatz. Tgl. ab 10 Uhr, Vondelpark 2, 1071 AA Amsterdam, Tel. 020/612 96 74, info@grootmelkhuis.nl, www.grootmelkhuis.nl

Ron Gastrobar. Der bekannte Sternekoch Ron Blaauw gab im April 2013 seine beiden Michelin-Sterne zurück und wandelte seinen Gourmettempel in ein einfaches Bistro um. Auf der Karte stehen nun rund 20 Gerichte zu je 15 Euro, Di–Fr Mittagessen 12–14.30 Uhr, Abendessen ab 17.30 Uhr, Sa ab 15 Uhr, So ab 11 Uhr, Sophialaan 55 hs, 1075 BP Amsterdam, Tel. 020/496 19 43, info@ronblaauw.nl, www.rongastrobar.nl

Sama Sebo. Das älteste indonesische Spezialitätenrestaurant der Niederlande serviert die traditionelle indonesische Reistafel. Mo–Sa 9–1 Uhr (Essen zwischen 12–15, 17–22 Uhr), So geschl., P.C. Hooftstraat 27, 1071, BL Amsterdam, Tel. 020/662 81 46, www.samasebo.nl

't Blauwe Theehuis. Das mitten im Vondelpark gelegene, 1937 aus Stahl, Glas und Beton erbaute Teehaus hat eine riesige Terrasse mit 700 Plätzen. Mo–Fr 9–17 Uhr, Sa–So 9–20 Uhr, Vondelpark 5, 1071 AA Amsterdam, Tel. 020/662 02 54, info@blauwetheehuis.nl, www.blauwetheehuis.nl

ÜBERNACHTEN

Conscious Hotel Vondelpark. Öko-Design-Hotel mit 81 geräumigen Zimmern (eines davon behindertengerecht), mit Energiesparlampen, Möbeln aus Recyclingmaterial und Ladestation für Elektroautos. Overtoom 519, 1054 LH Amsterdam, Tel. 020/820 33 33, vondelpark@conscioushotels.com, www.conscioushotels.com

Hilton Amsterdam. In dieser Nobelherberge blieb John Lennon eine Woche lang im Bett – für Normalbürger wäre das absolut unerschwinglich. Apollolaan 138, 1077 BG Amsterdam, Tel. 020/710 60 00, www.hilton.de/Amsterdam

Hotel Jupiter. Kleines, familiengeführtes 3-Sterne-Hotel in einer ruhigen Seitenstraße. Die Zimmer sind einfach und eher zweckmäßig eingerichtet. Tweede Helmersstraat 14, 1054 CJ Amsterdam, Tel. 020/618 71 32, info@jupiterhotel.nl, www.jupiterhotel.nl

Hotel Piet Hein. Trendiges Lounge-Hotel in einer schönen alten Villa, eingerichtet mit Designermöbeln und maritimem Touch. Vossiusstraat 52–53, 1071 AK Amsterdam, Tel. 020/662 72 05, info@hotelpiethein.nl, www.hotelpiethein.com

EINKAUFEN

ennu. Exklusive Boutique mit Haute Couture und hochkarätiger Designermode. Mo 13–18 Uhr, Di–Fr 10–18 Uhr, Sa 10–17 Uhr, So geschl., Cornelis

Schuytstraat 15, 1071 JC Amsterdam, Tel. 020/673 52 65, info@ennu.nl, www.ennu.nl

Fred de la Bretoniere. Seit über 40 Jahren ein Name für hochwertige Lederschuhe, von denen einige bereits in Designmuseen stehen. Mo 13–18 Uhr, Di, Mi, Fr 10–18 Uhr, Do 10–21 Uhr, Sa 10–17 Uhr, So 12–17 Uhr, Van Baerlestraat 34, 1071 AX Amsterdam, Tel. 020/470 93 20, info@bretoniere.nl, www.bretoniere.nl

Marqt. Lebensmitteleinkauf als Erlebnis: In trendiger Atmosphäre gibt es hier »echte Nahrungsmittel«: frisch, ohne Zusatzstoffe, aus regionalem (Bio-)Anbau. Mo–Sa 9–21 Uhr, So 10–20 Uhr, Overtoom 21, 1054 HA Amsterdam, Tel. 020/422 63 11, www.marqt.com

Rollschuhfahren im Vondelpark

Fahrradwerkstatt am Overtoom

Moois. Mensen. Honden. Babies. Trendige Designerkleidung für Zwei- und für Vierbeiner. Mo–Fr 11–18 Uhr, Sa 11–17.30 Uhr, Eerste Constantijn Huygensstraat 31, 1054 BR Amsterdam, Tel. 020/489 10 60, info@ilovemoois.nl, www.ilovemoois.nl

VERANSTALTUNGEN

New Art Space Amsterdam (NASA). Ein lebendiger Kulturkomplex mit Ateliers, Ausstellungen, Kino und Veranstaltungsprogramm. Arie Biemondstraat 105–113, 1054 PD Amsterdam, Tel. 020/427 50 51, info@nasaonline.net, www.nasaonline.net

Orgelpark. Die prachtvoll restaurierte Parkkerk ist heute ein Konzertsaal für Orgelkonzerte. Kasse: An Konzerttagen eineinviertel Stunde vor Konzertbeginn, Gerard Brandtstraat 26, 1054 JK Amsterdam, Tel. 020/515 81 11 (Di–Fr 14–17 Uhr), info@orgelpark.nl, www.orgelpark.nl

AKTIVITÄTEN

Dutch Bike Amsterdam. Der Familienbetrieb am Rande des Vondelparks verleiht Fahrräder aller Größen, Tandems und die beliebten *Bakfiets*: Lastenfahrräder, in denen dank Dreipunktgurt auch Kinder sicher mitfahren. Tgl. 9–18 Uhr, Overtoom 45, 1054 HB Amsterdam, Tel. 020/683 33 69, www.dutchbikeamsterdam.nl

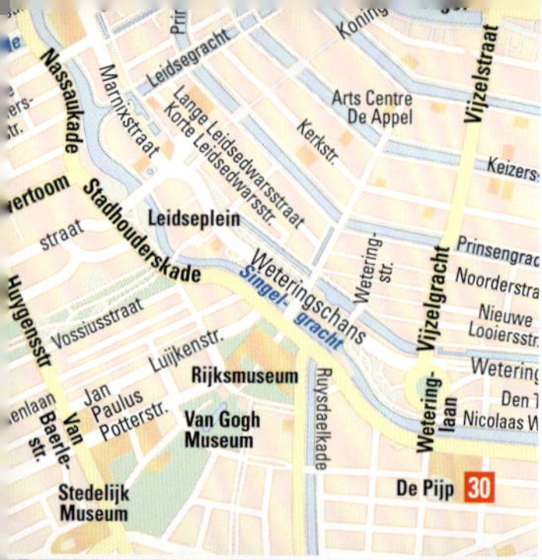

Oben: Auf dem Albert Cuypmarkt gibt es (fast) alles.
Unten: Ein Denkmal erinnert im Sarphatipark an den gleichnamigen Wohltäter.

30 De Pijp

Bunt, international und angesagt

Zu Beginn des 20. Jahrhunderts hatte der Stadtteil De Pijp einen ausgesprochen schlechten Ruf. Heute dagegen gehört das »Quartier Latin« von Amsterdam zu einer der beliebtesten Wohnlagen der Stadt. Vor allem der tägliche Markt auf der Albert Cuypstraat zieht viele Einheimische und Schaulustige an. Rund um das bunte Marktgeschehen findet man in diesem Multikulti-Viertel viele hübsche kleine Läden, Imbisse und Lokale.

Mit seinen über 250 Ständen ist der Albert Cuypmarkt das Herz des Viertels und einer der größten Märkte der Niederlande. Zu seinem hundertjährigen Bestehen ging 2005 sogar Königin Beatrix hier bummeln. Dass De Pijp ein multikulturelles Viertel ist, in dem über 140 Nationalitäten vertreten sind, spiegelt sich im Warenangebot auf dem Markt und in den zahlreichen Restaurants unterschiedlichster Couleur wider.

MAL EHRLICH

NOCH STIMMT DIE MISCHUNG

Der Stadtteil verdankt sein besonderes Flair der gelungenen Mischung. In dem ehemaligen Proletarierviertel leben »eingeborene« und zugezogene Niederländer einträchtig zusammen. In letzter Zeit mehrt sich aber die Kritik, dass die Wandlung zum In-Viertel die weniger begüterten Bewohner verdränge und die Yuppies die Überhand bekämen. Noch stimmt die Mischung – aber die Mieten und die Immobilienpreise steigen.

Albert Cuypstraat

Wo heute die Albert Cuypstraat verläuft, zog sich im 19. Jahrhundert ein schmaler Graben, die Zaagmolensloot, entlang. Sägemühlen säumten die Ufer. Diesem Graben, der lang und schmal wie ein Pfeifenhals war, verdankt das Viertel wahrscheinlich seinen Namen: *de Pijp* heißt »die Pfeife«. Hier, in der Polderlandschaft am Stadtrand, wurde zu dieser Zeit ein neuer Arbeiterstadtteil aus dem Boden gestampft, dessen enge Straßen dem Verlauf der Entwässerungsgräben folgten. Entlang dieser wurden Mietskasernen aus billigstem Baumaterial hochgezogen und zimmerweise zu Wucherpreisen an einfache Arbeiter, Künstler und Studenten vermietet.

Auch verschiedene Betriebe siedelten sich hier an. So errichtete beispielsweise Gerard Adrianus Heineken um die Mitte des 19. Jahrhunderts hier am südlichen Stadtrand eine Bierbrauerei. Gebraut wird an diesem Standort aber schon seit über 20 Jahren nicht mehr, stattdessen lockt in dem Brauereikomplex jetzt eine Art Bier-Erlebnispark namens Heineken Experience zahlreiche Besucher an.

Sarphatipark

Wer heute durch das hippe Viertel flaniert, kann sich die elenden Lebensverhältnisse der einfachen Arbeiter im ausgehenden 19. Jahrhundert kaum vorstellen. Sozialreformer wie der wohlhabende jüdische Arzt Samuel Sarphati (1813–1866) taten damals ihr Bestes, um die Not zu lindern. Sarphati rief eine Müllabfuhr ins Leben, initiierte den Bau öffentlicher Toiletten und errichtete eine Großbäckerei, die die Armen mit preiswertem Brot versorgte. In Anerkennung seiner Verdienste wurde dem visionären Sozialreformer 1886 in dem nach ihm benannten Sarphatipark ein Denkmal gesetzt.

AUTORENTIPP!

DIE TORTE MEINER TANTE

Schon ein Blick ins Schaufenster lässt einem das Wasser im Munde zusammenlaufen: Das exzentrisch-kitschige Café mit dem sprechenden Namen »De Taart van m'n Tante« ist weit über die Grenzen des Viertels hinaus bekannt - wohl dem, dessen Tante so gut backen kann! Der quietschbunte Schlemmertempel in einem hübschen Eckhaus ist ein beliebter Treffpunkt für Jung und Alt, Einheimische und Touristen. Über dem Café gibt es auch noch ein ausgesprochen nettes Bed & Breakfast mit drei individuell eingerichteten Zimmern, einer kompletten Küche und einem gemeinsamen Wohnzimmer.

De Taart van m'n Tante. Tgl. 10–18 Uhr, Ferdinand Bolstraat 10, 1072 LJ Amsterdam, Tel. 020/776 46 00, www.detaart.com
Cake under my pillow. Individuelles Bed & Breakfast oberhalb des Cafés. Eerste Jacob van Campenstraat 66, 1072 BH Amsterdam, Tel. 020/751 09 36, info@cakeundermypillow.com, www.cakeundermypillow.com

Oben: Terrassencafé am Gerard Douplein im In-Viertel De Pijp
Unten: Dachreiter der besonderen Art: ein ballspielender Kobold

Rund um diesen Park entstanden schöne Häuser mit aufwendigen Fassaden. Doch der wohlanständige Schein trog zuweilen: Um die Jahrhundertwende war in De Pijp die Prostitution an der Tagesordnung. Rund um den Sarphatipark gab es sogenannte Rendezvoushäuser, die stundenweise Zimmer vermieteten. Im Eckhaus zur Eerste van der Helststraat betrieb eine Wirtin namens »Vlaamse Jet« ein florierendes Bordell. Und nicht wenige Herren aus dem schicken Viertel Oud-Zuid unterhielten im benachbarten De Pijp eine Mätresse.

Wibauts Wohnungsbau

Im frühen 20. Jahrhundert sollte eine groß angelegte Stadterweiterung namens Plan Zuid die elenden Lebensbedingungen der Arbeiter in Amsterdam verbessern. Allen voran war der sozialdemokratische Stadtrat Florentinus Wibaut (1859–1936) die treibende Kraft hinter dem flächendeckenden Volkswohnungsbau, was sich in dem geflügelten Wort »Wer baut? Wibaut!« niederschlug. Im Rahmen dieser Stadtausbreitung entstand auch das Stadtviertel De Nieuwe Pijp mit dem 1923 fertiggestellten Wohnblock De Dageraad (»Die Morgenröte«). Die expressionistischen Backsteingebäude stellen einen der Höhepunkte der Amsterdamer Schule dar: Geschwungene Fassaden, Fensterbänder, gemauerte Verzierungen in den Backsteinwänden, Kunstwerke und ein durchgängiges Design bis hin zu Briefkästen und Hausnummern machen den

Spaziergang durch De Pijp

Der Rundgang beginnt im ältesten Teil des Viertels: An der Stadhouderskade siedelte sich Mitte des 19. Jahrhunderts die Brauerei Heineken an, die einer der wichtigsten Arbeitgeber im Viertel wurde.

Ⓐ **Heineken Experience** – Brauerei

Ⓑ **Cafe De Taart van m'n Tante** – Über die Ferdinand Bolstraat geht es vorbei am angesagten »Cafe De Taart van m'n Tante«.

Ⓒ **Albert Cuypstraat** – Dann nach links in die Albert Cuypstraat mit ihrem berühmten Straßenmarkt.

Ⓓ **Sarphatipark** – Über die Eerste van Sweelinckstraat erreicht man den Park, den man vorbei am Sarphatidenkmal durchquert und durch den Ausgang beim Kinderspielplatz verlässt.

Ⓔ **De Dageraad** – Durch ruhige Wohnstraßen führt der Weg zu einem Meisterwerk der Amsterdamer Schule.

Ⓕ **Ehemalige Diamantschleiferei Asscher** – Entlang der Tolstraat.

Ⓖ **Diamantstraat** – Auf der Straße stehen noch die Häuser früherer Diamantenschleifer.

Ⓗ **Rathaus** – Wo die Tolstraat auf das Amstelufer trifft, erhebt sich das imposante Rathaus der ehemaligen Gemeinde Nieuwer Amstel.

Ⓘ **Haus mit den Kobolden** – Das 1884 erbaute Haus ist ein interessanter architektonischer Stilmix und oben auf dem Dachgesimse hocken zwei grüne Kobolde mit roten Hosen und Zipfelmützen, die ganz in ein fröhliches Ballspiel vertieft sind.

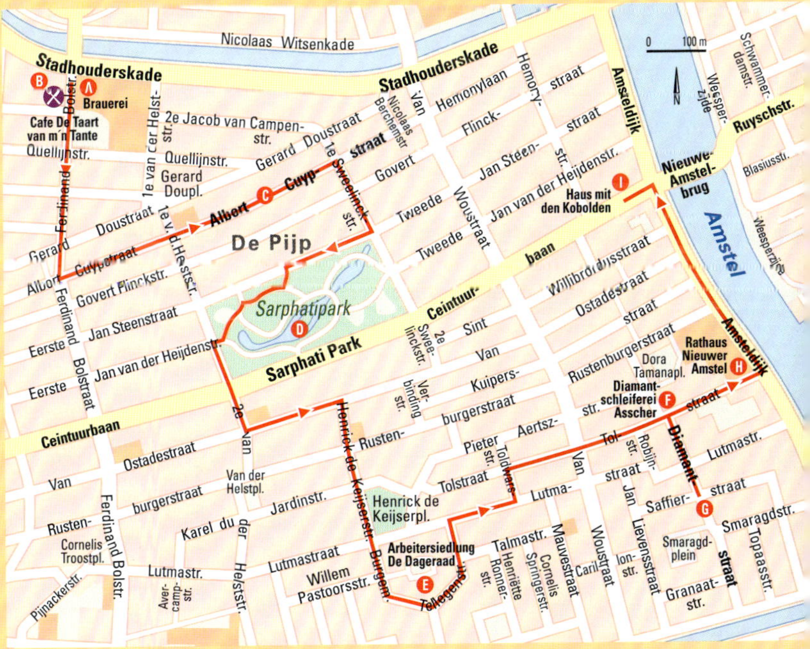

AUTORENTIPP!

JAZZ IM ALTEN BADEHAUS
Als ein eigenes Bad in jeder Wohnung noch keine Selbstverständlichkeit war, gab es vielerorts öffentliche Badehäuser. Die Zeiten haben sich geändert und aus dem alten Badehaus wurde ein kleiner, individueller Musikclub. »Wo junge Künstler groß werden und große Künstler jung sein dürfen...«, unter diesem Motto bietet De Badcuyp seit rund 20 Jahren Nachwuchstalenten und gestandenen Bühnengrößen ein Podium. Die »Spezialität des Hauses« ist Jazz in allen Spielarten, aber auch Weltmusik und Experimentelles bekommen hier eine Chance. Dienstags, mittwochs, donnerstags und sonntags kann man bei Livemusik dinieren.

De Badcuyp. Di–Fr ab 12 Uhr, Sa–So ab 13 Uhr Mittagessen, Abendessen 17.30–21.30 Uhr, Mo geschl., Eerste Sweelinckstraat 10, 1073 CM Amsterdam, Tel. 020/675 96 69, communicatie@badcuyp.nl, www.badcuyp.org

von Piet Kramer (1881–1961) und Michel de Klerk (1884–1923) entworfenen Komplex so besonders. Durch das Bauprojekt sollten in erster Linie gute und bezahlbare Arbeiterwohnungen bereitgestellt werden. Gleichzeitig verfolgten die Erbauer aber auch erzieherische Absichten: So waren beispielsweise die Küchen sehr klein, weil sich die Arbeiter nach der Schicht aus Hygienegründen nicht am Spülbecken waschen sollten.

Asscher und Ceintuurbaan

Abraham Asscher (1880–1950), der Leiter des traditionsreichen Diamantenhauses Asscher, ließ 1907 an der Tolstraße einen neuen Firmensitz bauen. Das mächtige Gebäude erinnert an eine mittelalterliche Burg, seine vielen Fenster sorgten für das nötige Licht an den Arbeitsplätzen der Diamantschleifer, von denen das Unternehmen zu Spitzenzeiten bis zu 300 beschäftigte. Rund um die Fabrik entstand ein Wohnviertel für die Arbeiter; einige der kleinen Häuschen sind noch in der Diamantstraat zu sehen. Asscher war seinerzeit ein Unternehmen von Weltruf: 1908 erhielt die Firma den Auftrag, einen riesigen Rohdiamanten, den berühmten Cullinan, zu spalten und zu schleifen. Die größten Teile zieren die britischen Kronjuwelen.

Rund um die Hemonylaan war einst die »bessere Gegend« des Viertels, was sich an der Größe der Häuser und den schön verzierten Giebeln ablesen lässt. Die Ceintuurbaan, heute eine lebhafte Straße, bildete lange die Stadtgrenze zur Nachbargemeinde Nieuwer Amstel. Hier steht das Huis met de Kabouters, das »Haus mit den Kobolden« (Nr. 251): Auf dem Dachsims des üppig verzierten Doppelhauses hocken zwei grüne Kobolde. Einer von ihnen hält einen roten Ball in der Hand, den er der Legende zufolge alle vier Jahre, in der Nacht des 29. Februar, seinem Gegenüber zuwirft...

Infos und Adressen

SEHENSWÜRDIGKEITEN

De Dageraad. Das Museum Het Schip unterhält hier ein kleines Besucherzentrum. Jeweils zur vollen Stunde werden dann Führungen angeboten. Fr–So 11–17 Uhr, Burgemeester Tellegenstraat 128, 1073 KG Amsterdam. Nähere Infos auf der Website des Museums Het Ship: www.hetschip.nl, Stichpunkt De Dageraad.

Heineken Experience. Ein interaktiver Rundgang durch die ehemalige Brauerei; Tickets gibt's online zum Vorzugspreis. Mo–Do 11–19.30 Uhr (Einlass bis 17.30 Uhr), Fr–So 11–20.30 Uhr (Einlass bis 18.30 Uhr), 1. Jan., 30. April und 25. Dez. geschl., Stadhouderskade 78, 1072 AE Amsterdam, info.experience@heineken.com, www.heineken.com/experience

ESSEN UND TRINKEN

Ciel bleu Restaurant. Zwei Michelinsterne locken im 23. Stock des Okura-Hotels. Reservierung ratsam! Mo–Sa 18.30–22.30 Uhr, Ferdinand Bolstraat 333, 1072 LH Amsterdam, Tel. 020/678 74 50, cielbleu@okura.nl, www.cielbleu.nl

Bazar Amsterdam. Orientalische Küche in einer ehemaligen Kirche. Mo–Do 11–24 Uhr, Fr–Sa 11–1 Uhr, So 11–24 Uhr, Albert Cuypstraat 182, 1073 BL

International geht es zu auf dem Albert Cuypmarkt.

Die Arbeiter-Mustersiedlung De Dageraad

Amsterdam, Tel. 020/675 05 44 (Reservierung), www.bazaramsterdam.nl

Saskia's Huiskamer. In diesem gemütlichen »Wohnzimmerrestaurant« kann man nach vorheriger Absprache essen. Albert Cuypstraat 203 C, 1073 BE Amsterdam, Tel. 06 28 62 98 39, saskia@huiskamerrestaurant.com, www.huiskamerrestaurant.com

ÜBERNACHTEN

Sir Albert Hotel. Nobles Boutiquehotel in einer ehemaligen Diamantenfabrik. Albert Cuypstraat 2–6, 1072 CT Amsterdam, Tel. 020/305 30 20, hello@siralbert.com, www.siralberthotel.com

EINKAUFEN

Albert Cuypmarkt. Der berühmteste Straßenmarkt in Amsterdam. Mo–Sa 9–18 Uhr, Albert Cuypstraat, www.albertcuyp.nl

HARLEY
PARKING
ONLY
ALL OTHER
BIKES WILL BE
CRUSHED
JAMES DEAN

JÜDISCHES VIERTEL

Sehenswürdigkeit, Denkmal
Aktivität, Ausgehen, Theater
Museum, Galerie
Shopping
Restaurant, Bar, Café
Übernachtungsmöglichkeit
Kirche
0
200 m
N
Vogelbuurt-ijplein
Jeanette Loeb
Java-eiland
Passagiers Terminal
Sumatrakade
IJhaven
Sixhaven
Willem i Sluis
IJ-Tunnel
Centraal Station
Stationsplein
Centraal Station
De Ruijterkade
Air Terminal
Piet Heinkade
Passagiers Terminal Amsterdam
Veemkade
Jollemannhof
Veembroederhof
Waagdragerhof
Oostelijke Handelskade
Districhts Postkantoor
Stedelijk Museum CS
Oosterdokskade
NEMO
Oosterdok
Amsterdam Centrum
Marine Etablissement
Dijksgracht
Vereniging Museumhaven Amsterdam
Nederlands Scheepvaart Museum
Oosterdok
Kattenburgerstraat
Kattenburgergracht
Wittenburgervaart
Windroosplein
Prins Hendrikkade
Scheepvaarthuis
Damrak
Beurs van Berlage
Oude Kerk
Amstelkring Mus.
Restaurant-Café In de Waag
Nieuwmarkt
31
A. Boeken Stoffen- en Fourniturenwinkel
Huis de Pinto Café
Oude Zijde
Ibis Amsterdam

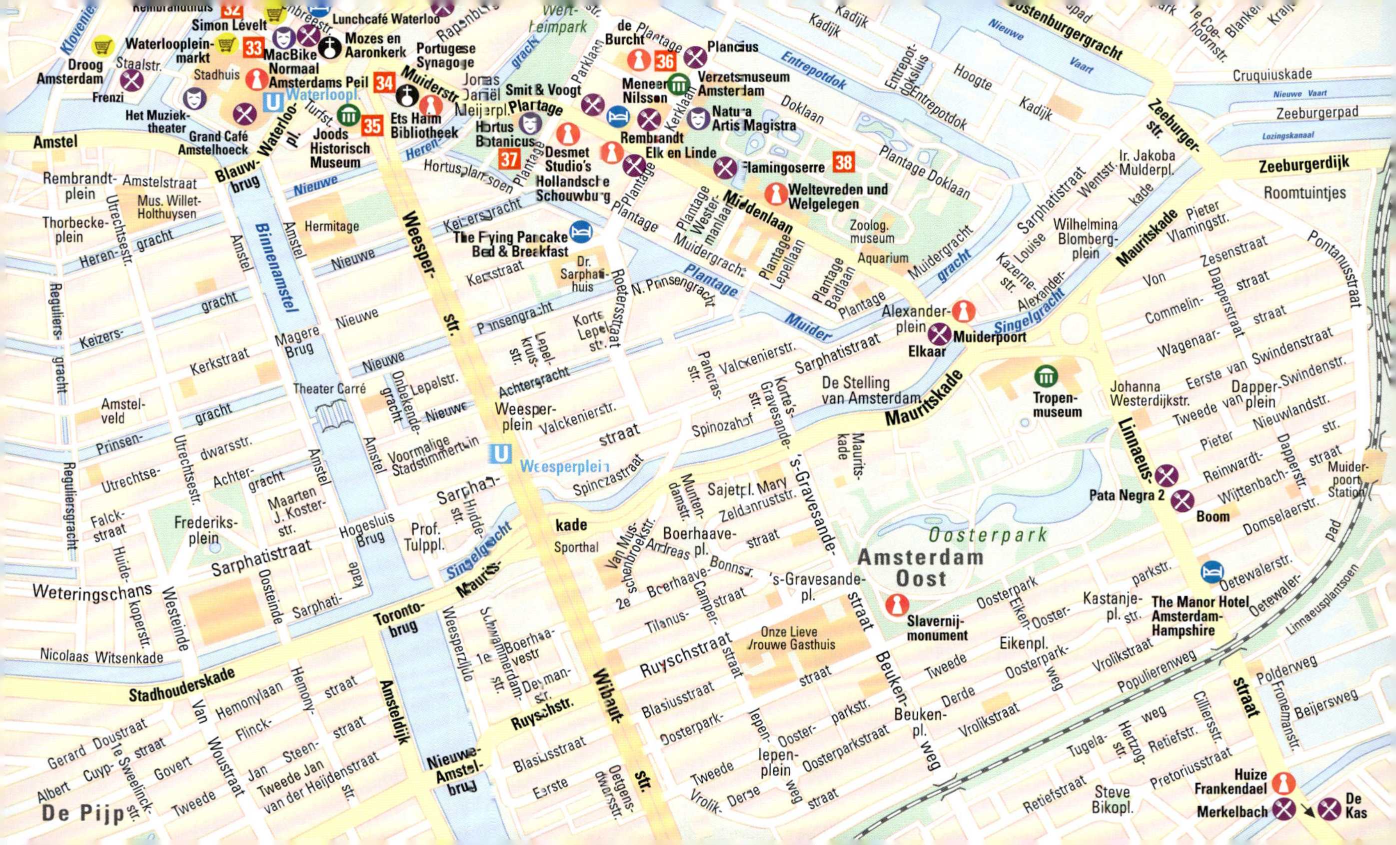
Simon Levelt
Lunchcafé Waterloo
Waterlooplein-markt
MacBike
Mozes en Aaronkerk
Portugese Synagoge
Droog Amsterdam
Staalstr.
Stadhuis
Normaal Amsterdams Peil
Muiderstr.
Jonas Daniël Meijerpl.
Smit & Voogt
Plantage
de Burcht
Plancius
Verzetsmuseum Amsterdam
Meneer Nilsson
Natura Artis Magistra
Frenzi
Het Muziektheater
Grand Café Amstelhoeck
Waterloopl.
Turfst.
Joods Historisch Museum
Ets Haim Bibliotheek
Hortus Botanicus
Desmet Studio's
Hollandsche Schouwburg
Rembrandt
Elk en Linde
Flamingoserre
Weltevreden und Welgelegen
Entrepotdok
Kadijk
Hoogte Kadijk
Doklaan
Plantage Doklaan
Nieuwe Vaart
Oostenburgergracht
Cruquiuskade
Zeeburgerpad
Lozingskanaal
Zeeburger-str.
Zeeburgerdijk
Roomtuintjes
Amstel
Rembrandtplein
Amstelstraat
Mus. Willet-Holthuysen
Blauwbrug
Waterloo-pl.
Herengracht
Nieuwe Keizersgracht
Hortusplantsoen
Thorbecke-plein
Utrechtsestr.
Heren-gracht
Binnenamstel
Hermitage
Weesper-str.
The Flying Pancake Bed & Breakfast
Dr. Sarphatihuis
Roetersstraat
Middenlaan
Plantage Westermanlaan
Plantage Lepellaan
Plantage Badlaan
Muidergracht
Plantage Muidergracht
Zoolog. museum
Aquarium
Ir. Jakoba Mulderpl.
Wenstr.
Sarphatistraat
Louise Kazerne-str.
Wilhelmina Blomberg-plein
Alexander-kade
Mauritskade
Pieter Vlamingstr.
Zesenstraat
Pontanusstraat
Reguliersgracht
Keizersgracht
Magere Brug
Kerkstraat
Nieuwe Prinsengracht
Korte Lepelstr.
Lepelkruisstr.
N. Prinsengracht
Alexanderplein
Muiderpoort
Elkaar
Singelgracht
Von Zesenstraat
Commelinstraat
Dapperstraat
Wagenaarstraat
Eerste van Swindenstraat
Tweede van Swindenstr.
Dapperplein
Amstelveld
Theater Carré
Lepelstr.
Onbekendegracht
Achtergracht
Weesperplein
Valckenierstr.
Pancras-str.
Korte 's-Gravesande-str.
De Stelling van Amsterdam
Tropenmuseum
Johanna Westerdijkstr.
Nieuwlandstr.
Prinsengracht
Utrechtsedwarsstr.
Amstel
Voormalige Stadstimmertuin
Spinozastraat
Mauritskade
Linnaeusstraat
Pieter Reinwardtstraat
Wijttenbachstr.
Muiderpoort Station
Falckstraat
Frederiksplein
Maarten J. Kosterstr.
Hogesluis Brug
Prof. Tulppl.
Sarphati-Hudde-str.
Weesperplein
Muntendamstr.
Sajetpl.
Mary Zeldenruststr.
's-Gravesande-straat
Pata Negra 2
Boom
Domselaerstr.
Oosterpark
Amsterdam Oost
Weteringschans
Huidekoperstr.
Sarphatistraat
Oosteinde
Sarphatikade
Toronto-brug
Sporthal
Van Musschenbroekstr.
Boerhaave-pl.
Andreas Bonnstr.
Boerhaavestraat
Camperstraat
's-Gravesande-pl.
Slavernij-monument
Oosterparkstr.
Eikenpl.
Kastanjepl.
Ooster-parkstr.
The Manor Hotel Amsterdam-Hampshire
Oetewalerstr.
Oetewalerpad
Linnaeusplantsoen
Nicolaas Witsenkade
Westeinde
Weesperzijde
Schwammerdamstr.
1e Boerhaavestr.
Deymanstr.
Tilanusstr.
Ruyschstraat
Onze Lieve Vrouwe Gasthuis
Tweede Oosterparkstraat
Derde Oosterparkstraat
Vrolikstraat
Populierenweg
Stadhouderskade
Amsteldijk
Wibautstr.
Blasiusstraat
Beukenweg
Beukenpl.
Polderweg
Fronemanstr.
Beijersweg
Hemonylaan
Hemonystraat
Van Woustraat
Flinckstraat
Steenstraat
Jan Steenstr.
Tweede Jan van der Heijdenstraat
Gerard Doustraat
Albert Cuypstraat
Govert Flinckstr.
1e Sweelinckstr.
Tweede Sweelinckstr.
De Pijp
Nieuwe Amstelbrug
Ruyschstr.
Blasiusstraat
Eerste Oosterparkstraat
Oetgensdwarsstr.
Oosterparkstraat
Iepenplein
Iepenweg
Tweede Oosterparkstraat
Derde Oosterparkstraat
Vrolikstraat
Tugelaweg
Hertzogstr.
Retiefstr.
Cilliersstr.
Pretoriusstraat
Retiefstraat
Steve Bikopl.
Huize Frankendael
Merkelbach
De Kas
32
33
34
35
36
37
38

Seite 178/179: Der berühmte Flohmarkt auf dem Waterlooplein
Oben: Das imposante Waaggebouw begann seine Karriere als Stadttor.
Unten: Sehen und Gesehenwerden: Im Sommer wird der Nieuwmarkt zur Bühne.

31 Vom Nieuwmarkt bis zur Oudeschans

Buntes Treiben rund um die alte Waage

Rund um Nieuwmarkt und Waterlooplein spielte sich über mehrere Jahrhunderte das jüdische Leben der Stadt ab. Davon sind nur noch wenige Spuren übrig geblieben. Gegen den massiven Widerstand vieler Bürger fielen dem Modernisierungsstreben in den 1970er-Jahren ganze Straßenzüge des früheren jüdischen Viertels zum Opfer. Mit ihrem Protest konnten die Demonstranten nur die allerschlimmsten Auswüchse des Autowahns abwenden.

Abreißen und neu bauen lautete in den 1970er-Jahren die stadtplanerische Maxime für diesen Teil der Stadt. Ursprünglich war sogar eine vierspurige Schnellstraße mitten durch das Nieuwmarktviertel geplant. Gebaut wurde nach massiven Protesten

MAL EHRLICH

LINIE 8 FÄHRT NICHT MEHR

Die Straßenbahnlinie 8 verband bis 1942 die Stadtteile Amsterdams, in denen der Großteil der jüdischen Bevölkerung lebte. Nachdem Juden keine öffentlichen Verkehrsmittel mehr benutzen durften, wurde die im Volksmund »Judentram« genannte Linie offiziell eingestellt. Manchen Quellen zufolge wurde sie danach auch dazu benutzt, verhaftete Juden zum Bahnhof zu transportieren, von wo ihr Weg in die Vernichtungslager führte. Als 1997 eine neue Tramlinie die Ziffer 8 erhalten sollte, brach daher ein Sturm der Entrüstung los. Der Vorschlag wurde zurückgezogen. Eine Linie 8 wird es in Amsterdam wohl nie mehr geben.

zwar letztlich nur ein U-Bahntunnel, doch auch dieser ging mit einem flächendeckenden Abriss entlang der Sint Antoniesbreestraat einher. Die teils sogar blutigen Krawalle gingen als die *Nieuwmarktrellen* in die Stadtgeschichte ein. In der U-Bahnstation Nieuwmarkt erinnern Fotos von damals an die Proteste.

Vom Stadttor zur Stadtwaage

Das markante Gebäude der Waage, das den Nieuwmarkt dominiert, wurde 1488 als Stadttor errichtet und trug ursprünglich den Namen Sint Antoniespoort. Durch die Stadterweiterung im 17. Jahrhundert verlor der massige Backsteinbau seine ursprüngliche Funktion; er wurde in eine öffentliche Waage für schwere Güter umgewidmet. Im Obergeschoss hatten verschiedene Zünfte – Schmiede, Maurer, Maler – ihre Versammlungsräume. Die Amsterdamer Chirurgen unterhielten hier einen Vorlesungssaal, das Theatrum Anatomicum. Der Maler Rembrandt van Rijn (1606–1669), der in der nahegelegenen Jodenbreestraat wohnte (s. S. 186), machte hier Vorstudien für sein berühmtes Gemälde *Die anatomische Vorlesung des Dr. Tulp*. Heute ist in der alten Waage ein stimmungsvolles Restaurant untergebracht (s. Autorentipp). Rund um den Nieuwmarkt reihen sich schöne Patrizierhäuser aneinander und an den meisten Tagen herrscht hier lebhaftes Markttreiben. Wer an einem sonnigen Sommertag über den Platz schlendert, kann sich kaum vorstellen, dass während der deutschen Besatzung hier die mit Stacheldraht abgeriegelte Grenze des Ghettos verlief.

Huis de Pinto

Im Zuge der Sanierung sollte auch das elegante Huis de Pinto an der Sint Antoniesbreestraat dem Erdboden gleichgemacht werden. Nachdem der

AUTORENTIPP!

ROMANTISCH SPEISEN BEI KERZENSCHEIN

Das prächtige alte Gebäude der Stadtwaage mitten auf dem Neumarkt beherbergt ein beliebtes Café und Restaurant. Die geschichtsträchtigen Räumlichkeiten werden durch unzählige Kerzen in großen Kronleuchtern stimmungsvoll erhellt. Schlichte hölzerne Tische und der leicht unebene Boden aus alten Backsteinen zaubern ein gemütliches Flair. Auf der Speisekarte stehen internationale Gerichte, zubereitet aus regionalen Lebensmitteln. Nachmittags wird ein gediegener *high tea* serviert. Im Sommer lockt die schöne Terrasse mit Blick auf das lebendige Treiben.

Restaurant-Café In de Waag.
Mo–So ab 9 Uhr (Frühstück 9–11 Uhr, Mittagessen 10–16 Uhr, Abendessen 17–22.30 Uhr), Nieuwmarkt 4, 1012 CR Amsterdam, Tel. 020/422 77 72, info@indewaag.nl, www.indewaag.nl

Oben: Von Ferne grüßt der Turm der Zuiderkerk.
Unten: Zunftzeichen der St.-Lucas-Gilde am Waaggebouw

Plan für die Schnellstraße mit einer Stimme Mehrheit abgelehnt worden war, wurden entlang des ursprünglichen Straßenzugs Sozialwohnungen errichtet. Das prachtvolle, im 17. Jahrhundert für den jüdischen Bankier Isaac de Pinto und seine Familie erbaute Haus ist schon deshalb etwas Besonderes, weil es nicht wie vergleichbar gediegene Häuser an einer der vornehmen Grachten, sondern in einer schlichten Wohnstraße liegt. Jahrelang war im Pintohaus eine Zweigstelle der Amsterdamer Stadtbücherei untergebracht, sodass die prächtige Innenausstattung, vor allem die herrlichen Deckengemälde, besichtigt werden konnten. Die Bibliothek schloss Mitte November 2012 ihre Pforten; die zukünftige Verwendung des denkmalgeschützten Hauses steht noch nicht fest.

Die Zuiderkerk

Auf der anderen Straßenseite hat ein weiteres Bauwerk aus dem 17. Jahrhundert den U-Bahnbau überlebt. Durch eine kleine Pforte betritt man den ehemaligen Kirchhof der Zuiderkerk, der heute zu einer Piazza umgestaltet ist. Die 1611 geweihte Kirche im Renaissancestil war die erste für Protestanten gebaute in Amsterdam. Für ihren Bau wurden Steine aus dem Abbruch der alten Stadtmauer verwendet. Hendrick de Keyser entwarf das Gotteshaus ganz traditionell als dreischiffige Basilika. 1929 wurde in der Zuiderkerk der letzte Gottesdienst abgehalten. Heute kann sie für Veranstaltungen gemietet werden.

Die unweit der Kirche abzweigenden Straßen Nieuwe und Oude Hoogstraat lohnen einen kleinen Abstecher; hier reihen sich viele nette kleine Lädchen aneinander. Nur einen kurzen Spaziergang entfernt liegt die ehemals mit Dampfmaschinen betriebene Diamantschleiferei der Gebrüder Boas auf der Insel Uilenburg.

Infos und Adressen

SEHENSWÜRDIGKEITEN

Huis de Pinto. Die hier untergebrachte Bibliothek schloss im November 2012; ob und wann das Haus wieder für Besucher geöffnet ist, stand bei Drucklegung noch nicht fest. Sint Antoniesbreestraat 69, 1011 HB Amsterdam.

Zuiderkerk. Die ehemalige Kirche wird jetzt für Veranstaltungen vermietet und kann nicht besichtigt werden. Zuiderkerkhof 72, 1011 WB Amsterdam, www.zuiderkerkamsterdam.nl

ESSEN UND TRINKEN

Café TisFris. Durch die großen Fensterscheiben der halbrunden Front kann man das lebhafte Treiben auf der Straße beobachten. Für den kleinen Hunger bieten sich die Tagessuppe oder das *broodje van de dag* an. Tgl. 9–18 Uhr, Sint Antoniesbreestraat 142, 1011 HB Amsterdam, Tel. 020/622 04 72.

EINKAUFEN

A. Boeken Stoffen- en Fourniturenwinkel. Seit 1920 findet man in dem kleinen, vollgestopften Laden alles, was man zum Nähen und Verzieren braucht. Mo 12–18 Uhr, Di, Mi, Fr 10–18 Uhr, Do 10–20 Uhr, Sa 10–17 Uhr, So geschl., Nieuwe Hoogstraat 31, 1011 HD Amsterdam, Tel. 020/626 72 05, info@aboeken.nl, www.aboeken.nl

Simon Lévelt. Seit 1817 handelt diese Firma mit Kaffee und Tee; die Auswahl in der hellen, modernen Filiale an der Jodenbreestraat ist beeindruckend. Mo 12–18 Uhr, Di–Fr 10–18 Uhr, Sa 10–17 Uhr, So 13–17 Uhr, Jodenbreestraat 20, 1011 NK Amsterdam, Tel. 020/330 79 29, amsterdam.js@simonlevelt.nl, www.simonlevelt.nl

AKTIVITÄTEN

Gassan Diamonds. Einmal den Diamantschleifern bei der Arbeit zusehen... Eine Anmeldung via Webseite ist erforderlich. Tgl. 9–17 Uhr, Nieuwe Uilenburgerstraat 173–175, 1011 LN Amsterdam, Tel. 020/622 53 33, info@gassandiamonds.nl, www.gassan.com/experience

Temperamentvolle Darbietung unter freiem Himmel

Oben: Als wäre er nur kurz mal weg... Ein Blick in Rembrandts Atelier
Unten: Versonnen blickt das Denkmal auf dem Rembrandtplein.

32 Rembrandt-Haus

Rembrandts beste Jahre

In diesem Haus verbrachte der berühmte Maler Rembrandt die wohl glücklichste Zeit seines Lebens, bevor er Bankrott ging und das prächtige Gebäude mit allem Inventar verkaufen musste. Das liebevoll rekonstruierte Innere des Hauses vermittelt heutigen Besuchern das Gefühl, beim Meister persönlich zu Gast zu sein.

Die Leinwand steht auf der Staffelei nahe der großen Fensterfront, durch die gleichmäßiges Licht in den Raum fällt. Auf dem Tisch liegen die Farbpigmente bereit. Es sieht so aus, als wäre der Maler nur kurz aus dem Zimmer gegangen – vielleicht in seine »Wunderkammer«, in der eine große Sammlung von Kunstgegenständen, Büsten, Muscheln und exotischen Pflanzen darauf warten, auf einem Gemälde verewigt zu werden?

Glückliche Jahre

Als Rembrandt Harmenszoon van Rijn (1606–1669) im Jahre 1639 das stattliche Haus kaufte, stand er auf dem Höhepunkt seiner Karriere. Der in Leiden geborene Künstler war als junger Mann nach Amsterdam übersiedelt, wo er sich rasch einen Namen machte und 1634 Saskia van Uylenburgh, die Nichte seines Kunsthändlers, heiratete. 1641 kam Sohn Titus zur Welt. Mit seiner kleinen Familie richtete sich Rembrandt im neuen Domizil behaglich ein. Ein repräsentativer Raum im Erdgeschoss diente als Präsentations- und Verkaufsraum für die Gemälde, mit denen Rembrandt handelte. Im ersten Stock hatte der Maler sein Atelier und unterm Dach arbeiteten die Schüler und Gesellen. Rembrandt wandte sich der Landschaftsmalerei zu.

Der tiefe Fall

Doch schon 1642 – im gleichen Jahr, in dem der Maler sein wohl berühmtestes Gemälde *Die Nachtwache* vollendete – starb seine Frau Saskia. Nach diesem schweren Schicksalsschlag ging Rembrandts Schaffenskraft merklich zurück. In Hendrickje Stoffels fand er zwar einige Jahre später eine neue Partnerin, heiratete sie aber nicht – was ihr 1654 eine Vorladung beim Amsterdamer Kirchenrat eintrug. Wenig später stellte sich heraus, dass Rembrandt sich mit dem Kauf des Hauses finanziell übernommen hatte. Trotz aller Anstrengungen war es ihm all die Jahre nicht gelungen, den Kredit zurückzuzahlen. 1656 musste er Konkurs anmelden, sein gesamter Besitz wurde versteigert.

Auf Rembrandts Spuren

Das Haus, in das Rembrandt einst so hoffnungsvoll eingezogen war, wurde schon 1911 in ein Museum umgewandelt und 1999 im Zuge einer umfassenden Renovierung so gut wie möglich in den Originalzustand zurückversetzt. Das detaillierte Inventar, das ein Notar anlässlich des Konkurses aufgenommen hatte, war dabei eine wertvolle Hilfe. Links neben dem alten Haus beherbergt ein moderner Anbau die weltweit größte Sammlung von grafischen Arbeiten Rembrandts. An den Vitrinen sind Lupen befestigt, mit denen man die hauchfeinen Linien der Arbeiten detailliert betrachten kann. Ein Raum im Altbau ist als Werkstatt hergerichtet, in dem die Technik der Radierung regelmäßig vorgeführt wird.

Von seinem Haus aus hatte Rembrandt einen guten Blick auf die 1602 erbaute Sint Antoniesluis und das kleine, malerisch schiefe Schleusenwärterhäuschen – ein Anblick, der ihn zu einer Zeichnung inspirierte. Der Blick von der Schleuse hinüber zum Montelbaanstoren ist immer noch wunderschön.

Aufbewahrt im Amsterdam Museum

Infos und Adressen

SEHENSWÜRDIGKEITEN

Museum Het Rembrandthuis. Eine spannende Reise durch Leben und Werk des Künstlers; ein Audioguide ist im Eintrittspreis enthalten. Ein Anbau ist dem grafischen Werk Rembrandts gewidmet. Tgl. 10–18 Uhr, 25. Dez. und Koningsdag geschl., Jodenbreestraat 4, 1011 NK Amsterdam, Tel. 020/520 04 00, museum@museumrembrandthuis.nl, www.rembrandthuis.nl

ESSEN UND TRINKEN

Café de Sluyswacht. Hübsches Café in einem urigen Schleusenwärterhäuschen. Tgl. 12.30–1 Uhr, Fr–Sa 12.30–3 Uhr, So 12.30–19 Uhr, Jodenbreestraat 1, 1011 NG Amsterdam, Tel. 020/625 76 11, info@sluyswacht.nl, www.sluyswacht.nl

Café Restaurant Orff. Im Erdgeschoss der Theaterhochschule; mit gemütlichen Sitzsäcken auf der sonnigen Terrasse. Mo–Sa 9–1 Uhr, So 11–20 Uhr (Winter/Ferien geänderte Zeiten), Jodenbreestraat 3, 1011 NG Amsterdam, Tel. 020/330 01 62, info@orff.nl, www.orff.nl

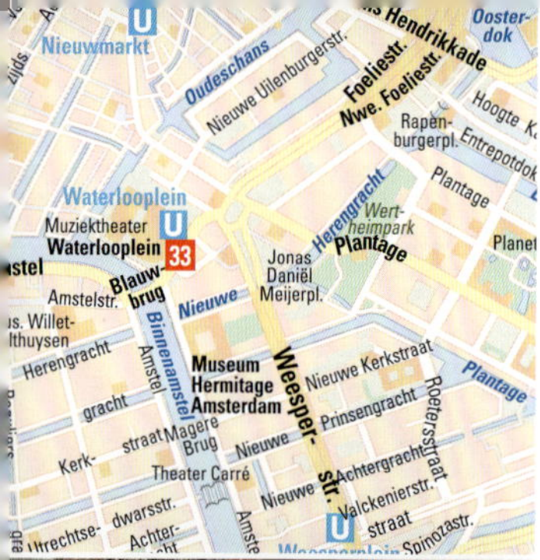

Lebhaft wird auf dem Waterlooplein gefeilscht.

33 Rund um den Waterlooplein

Das Herz des alten jüdischen Viertels

Kaum ein Bauvorhaben in Amsterdam war so umstritten wie der Gebäudekomplex der Stopera, für den jede Menge alte Bausubstanz, darunter auch die letzten Reste des alten jüdischen Viertels abgerissen wurden. Der Waterlooplein dient bereits seit 1882 als Marktplatz. Heute findet hier täglich außer sonntags ein sehr beliebter Flohmarkt statt. Das Angebot ist überwältigend – es gibt wohl nichts, was es hier nicht gibt.

Das alte jüdische Viertel rund um den heutigen Waterlooplein entstand in den ersten Jahrzehnten des 17. Jahrhunderts, als Amsterdam zum Zufluchtsort für Tausende jüdischer Flüchtlinge aus Süd-, Ost- und Mitteleuropa wurde. Zwar hatten die jüdischen Einwanderer auch hier lange Zeit keine Bürgerrechte; viele Berufe und die Handwerkszünfte blieben ihnen versperrt. Doch im Gegensatz zu ihren Herkunftsländern war ihnen hier die Ausübung ihrer Religion gestattet und sie mussten nicht in einem Ghetto leben, anders als in vielen anderen europäischen Städten dieser Zeit.

Vlooyenburg, Uilenburg, Rapenburg

Schon um 1590 war in der Amstel an dieser Stelle eine künstliche Insel aufgeschüttet worden, die den Namen Vlooyenburg erhielt. Zu Beginn des 17. Jahrhunderts strömten Tausende von Sephardim, jüdische Glaubensflüchtlinge aus Portugal und Spanien, nach Amsterdam. Viele von ihnen siedelten sich hier an. Auf Vlooyenburg, in den umliegenden Straßen und auf den benachbarten Inseln Rapenburg und Uilenburg bildete sich rasch eine eigene jüdische Infrastruktur mit Talmudschulen, Synagogen und Schlachthäusern für koscheres Fleisch heraus. Weil Juden keine Läden besitzen durften, blühte vor allem entlang der Jodenbreestraat der Straßenhandel. Immer mehr Flüchtlinge ließen sich in dem Areal zwischen Nieuwmarkt und dem heutigen Waterlooplein nieder.

Jodenbuurts berühmter Anwohner Spinoza

In dem Jodenbuurt genannten Wohnviertel lebten zu dieser Zeit sowohl vermögende als auch arme jüdische Bürger. Auch die Familie des berühmten Philosophen Baruch de Spinoza (1632–1677) war hier ansässig. Sein Geburtshaus stand unweit der monumentalen Mozes en Aäronkerk. Spinoza gilt als Vordenker der Aufklärung und Begründer der modernen Bibelkritik. Schon als junger Mann geriet der religionskritische Denker in Konflikt mit der jüdischen Gemeinde. Die Auseinandersetzung gipfelte schließlich in seinem Ausschluss im Jahre 1656. Zu Spinozas berühmtesten Werken zählen sein 1670 anonym veröffentlichter *Tractatus theologico-politicus* und die erst nach seinem Tod publizierte *Ethica*. Ein Denkmal am Amstelufer gleich neben dem Stadthaus erinnert an den kritischen Denker.

Markt auf dem Waterlooplein

In der zweiten Hälfte des 17. Jahrhunderts wanderten die wohlhabenderen Familien nach und nach in bessere Wohnlagen ab. Aschkenasische Juden, die vor Verfolgung und Unterdrückung aus Osteuropa flohen, rückten nach. Der wirtschaftliche Abschwung, der ganz Amsterdam im 18. Jahrhundert erfasste, schlug sich auch im jüdischen Viertel spür-

AUTORENTIPP!

EIN BLICK HINTER DIE KULISSEN

Was auf der Bühne so leicht und mühelos aussieht, ist das Ergebnis monatelanger harter Arbeit. Im Rahmen regelmäßiger Führungen gewährt das Muziektheater Amsterdam einen umfassenden Einblick in die vielfältigen Aktivitäten hinter den Kulissen: Wie kann man die Bühnenbilder so schnell wechseln? Wo werden die Kostüme aufbewahrt? Wie funktioniert die Bühnenbeleuchtung? Von der Requisitenwerkstatt bis zu den Proberäumen der Tänzer bleibt den Zaungästen kaum eine Tür verschlossen. In der Regel startet jeden Samstag um 12.15 Uhr nahe dem Haupteingang eine Führung – wenn nicht gerade eine Matineevorstellung stattfindet. Auf jeden Fall lohnt sich eine telefonische Nachfrage/Reservierung.

Het Muziektheater. Die niederländische Oper, das Nationalballett und das Musiktheater Amsterdam sind hier beheimatet. Sept.–Mai: kostenlose Mittagskonzerte immer Di 12.30–13 Uhr. Kasse: Mo–Fr 12–18 Uhr, Sa,So und Feiertage nur bei Vorstellungen 12–15 Uhr, Amstel 3, 1011 PN Amsterdam, Reservierung per Tel. 020/551 80 54.

Oben: Orangefarbenes Fahrradtaxi auf der Blauwbrug
Mitte: Ein Denkmal für Baruch Spinoza, den berühmten Denker
Unten: Der Amsterdamer Pegel

bar nieder. Die Gegend verarmte und erholte sich nur langsam. Gleichzeitig aber bekamen im ausgehenden 18. Jahrhundert die jüdischen Bewohner die gleichen Rechte wie die übrigen Amsterdamer. 1882 wurden auf Geheiß des Magistrats zwei Grachten auf der Insel Vlooyenburg zugeschüttet und der Waterlooplein als neuer Marktplatz etabliert, wo ab 1893 täglich außer am Samstag (Sabbat) viele Händler ihre Waren feilboten.

Vor dem Zweiten Weltkrieg war der Markt auf dem Waterlooplein einer der größten und bestsortierten in ganz Amsterdam. Diese Ära war mit der deutschen Besatzung unwiederbringlich vorbei. In den 1970er-Jahren erlebte der Platz eine neue Blütezeit, als die Hippiebewegung den hier abgehaltenen Flohmarkt für sich entdeckte. Heute stöbern sowohl Touristen als auch Einheimische auf der Suche nach Schnäppchen zwischen den rund 300 Ständen – man findet eigentlich immer etwas...

Die Schreckensjahre

Kurz vor dem Zweiten Weltkrieg machte die jüdische Gemeinschaft gut ein Zehntel der Gesamtbevölkerung Amsterdams aus. Aufgrund des blühenden Gemeindelebens trug die Stadt damals den Beinamen »Jerusalem des Westens«. Auch aus diesem Grund flohen seit den 1930er-Jahren viele Juden vor der Verfolgung durch die Nationalsozialisten nach Amsterdam. Doch im Mai 1940 besetzten deutsche Truppen die Niederlande, 1941 wurde das Viertel rund um den Waterlooplein zum Ghetto erklärt. Alle jüdischen Bürgerinnen und Bürger mussten sich registrieren lassen. Systematisch deportierten die deutschen Besatzer die jüdischen Bewohner, ganze Straßenzüge blieben komplett entvölkert zurück. Wo Amstel und Zwanenburgwal zusammentreffen, erinnert seit 1988 eine glatte schwarze Granitsäule an die Helden des jüdischen Widerstands.

Zankapfel Stopera

Das beherrschende Gebäude am Waterlooplein ist heute die multifunktionelle Stopera (Stopera ist ein Portmanteau aus *stadhuis* und *opera*). Als in den 1980er-Jahren die Pläne für den geplanten Neubau dieses kombinierten Stadtverwaltungs- und Musiktheater-/Opernhauses bekannt wurden, formierte sich unter der Devise »Stopera = Stop Opera!« umgehend der Widerstand. Der Protest richtete sich gegen die Kosten, vor allem aber dagegen, dass dem Bauvorhaben der größte Teil der noch erhalten gebliebenen historischen Gebäude des alten jüdischen Viertels geopfert werden sollte. Am Ende setzten sich die Befürworter durch und das umstrittene Mammutprojekt wurde 1986 eröffnet – begleitet von Hohn und Spott.

Normalnull auf Augenhöhe

Um künftig vor Überschwemmungen sicher zu sein, wurde im Jahr 1684 ein amtlicher Nullpunkt festgelegt, der zehn Zentimeter über dem mittleren Wasserspiegel der Zuiderzee lag. Neue Bebauungsgebiete mussten fortan mindestens 70 Zentimeter über diesem Nullpunkt, dem »Normaal Amsterdams Peil« (NAP), liegen. Der gedachte Punkt legte eine beachtliche Karriere hin: Bis heute ist er unter der Bezeichnung

AUTORENTIPP!

DROOG DESIGN

Im stattlichen alten Haus der Tuchhändlergilde residiert das international renommierte, 1993 gegründete Designkollektiv Droog Design. Unter der Leitung der Mit-Gründerin Renny Ramakers werden Designermöbel und Wohnaccessoires weitab des Mainstreams präsentiert. Auch Designermode und ein Beautystore findet man unter dem gleichen Dach. Im rückwärtigen Gebäudeteil gibt es »The Dining Room«, wo man mit Blick auf einen Innenhof namens Märchengarten essen kann. Die vorerst letzte Errungenschaft innerhalb des Gesamtkonzepts ist das »Hotel Droog«. Hoch oben über den Dächern der Stadt bietet ein Raum mit großen Sprossenfenstern einen wunderbaren Ausblick; dort liegt auch das einzige Schlafzimmer des sogenannten Hotels – sehr zutreffend beschrieben als »the one and only bedroom«...

Droog Amsterdam. Di–So 11–18 Uhr, Staalstraat 7B, 1011 JJ Amsterdam, Tel. 020/523 50 59, shop@droog.com, www.droog.com

Oben: Rund um die Stopera herrscht oft buntes Treiben.
Unten: Die Mozes en Aäronkerk ist dem Heiligen Antonius geweiht.

»Normalnull« in vielen europäischen Ländern der amtliche Bezugspunkt für Höhenmessungen. Im Gebäudekomplex der Stopera kann man diesen Nullpunkt sogar anfassen: In der Passage zwischen Stadhuis und Muziektheater ist er durch einen Bolzen aus Bronze dargestellt. Daneben zeigt eine Wassersäule den Höchststand der verheerenden Sturmflut von 1953, die in Holland mehr als 1800 Menschenleben forderte.

Im Foyer des Muziektheaters ist eine interessante Skulptur zu sehen: Kopf, Arm und Instrument eines Geigers, der aus dem Fußboden emporzubrechen scheint. Der Schöpfer dieses und einer Reihe weiterer Kunstwerke, die unverhofft im Stadtgebiet auftauchten, blieb anonym. Immer wieder wurden Stimmen laut, Königin Beatrix habe die Werke geschaffen – vor allem, weil der Geiger in der Stopera eine große Ähnlichkeit mit Prinzgemahl Claus aufweisen soll...

Mozes en Aäronkerk

Die Mozes en Aäronkerk (1841) mit ihrem säulengeschmückten Eingangsportal wirkt zwischen der modernen Stopera und der vielbefahrenen Straße fast wie ein Fremdkörper. Die elegante Fassade im neoklassizistischen Stil wird von zwei durchbrochenen Türmen gekrönt. Im 17. Jahrhundert, als der Katholizismus in Amsterdam nicht mehr öffentlich praktiziert werden durfte, unterhielten hier Franziskaner eine Geheimkirche in zwei benachbarten Häusern namens »Mozes« und »Aaron«. Diese katholische Insel innerhalb der jüdischen Nachbarschaft war bald eine der größten Schlupfkirchen der Stadt. Nachdem die katholischen Gläubigen wieder mehr Rechte genossen, wurde die heutige Kirche gebaut und 1841 dem Heiligen Antonius von Padua geweiht. Heute ist sie eine Begegnungsstätte.

Infos und Adressen

SEHENSWÜRDIGKEITEN

Mozes en Aäronkerk. Hier kommt man nur bei Veranstaltungen hinein. Waterlooplein 207, 1011 PG Amsterdam, www.mozeshuis.nl, Stichpunkt Mozes & Aäronkerk.

Normaal Amsterdams Peil. Besucherzentrum zum Amsterdamer Pegel in der Stopera. Mo–Fr 9–18 Uhr, Sa, So und Feiertag geschl., Amstel 1, 1000 AE Amsterdam, www.normaalamsterdamspeil.nl

ESSEN UND TRINKEN

Frenzi Restaurant. Gemütliches Lokal mit gehobener Bio-Küche und Live-Jazz am letzten So im Monat (15–18 Uhr). Tgl. 10–1 Uhr, Zwanenburgwal 232, 1011 JH Amsterdam, Tel. 020/423 51 12, www.frenzi-restaurant.nl

Grand Café Amstelhoeck. Modernes, großzügiges Café mit schönem Amstelblick im Gebäude des Stadthauses. Mo–So ab 9 Uhr, Amstel 1, 1011 PN Amsterdam, Tel. 020/620 90 39, info@amstelhoeck.nl, www.amstelhoeck.nl

Rundfahrtboot vor der Stopera

Logenplatz: An der Blauwbrug gibt es viele Cafés.

Lunchcafé Waterloo. Mit einem der leckeren belegten *broodjes* kann man sich gut für den Flohmarktbummel stärken. Mo–Sa 7–20 Uhr, So 10–18 Uhr, Waterlooplein 181, 1011 PG Amsterdam, Tel. 020/624 98 31, www.cafewaterloo.nl

ÜBERNACHTEN

Casa Waterloo. Elegantes Apartment in modernem Design, komplett mit Küche und einem kleinen Balkon. Waterlooplein 177, 1011 PG Amsterdam, casawaterlooamsterdam@gmail.com, www.casawaterloo.nl

EINKAUFEN

Waterloopleinmarkt. Der bekannte Flohmarkt ist ein echter Publikumsmagnet. Mo–Sa 9–18 Uhr, So geschl., Waterlooplein, 1011 NZ Amsterdam, info@waterloopleinmarkt.nl, www.waterloopleinmarkt.nl

AKTIVITÄTEN

Het Muziektheater. Kasse: Mo–Fr 12–18 Uhr, Sa, So und Feiertag nur bei Vorstellungen 12–15 Uhr, Amstel 3, 1011 PN Amsterdam, Tel. 020/625 54 55, www.het-muziektheater.nl

Oben: Die Portugiesische Synagoge wird mit Hunderten von Kerzen beleuchtet.
Unten: Der Eingang zur Synagoge

34 Mr. Visserplein und Jonas Daniël Meijerplein

Am Platz der Synagogen

Der Mr. Visserplein, zwischen Waterloo- und Daniël Meijerplein gelegen, ist ein abschreckendes Beispiel für die autofreundliche Stadtplanung der 1960er- und 1970er-Jahre. Hier und am benachbarten Jonas Daniël Meijerplein lag einst der religiöse Mittelpunkt des jüdischen Viertels. Gleich fünf Synagogen stehen hier; vier davon beherbergen heute das Jüdische Museum. In der fünften werden noch immer Gottesdienste gefeiert.

Der vielbefahrene Kreisverkehr gleich neben dem Waterlooplein trägt den Namen von Lodewijk Ernst Visser (1871–1942), dem ersten jüdischen Präsidenten des Obersten Gerichtshofs. Nachdem ihn die Nationalsozialisten aus dem Amt gejagt hatten, setzte er sich als Vorsitzender der Jüdischen Koordinationskommission für die Belange der jüdischen Bewohner der Stadt ein. Außerdem arbeitete er für die illegale Tageszeitung *Het Parool.*

Die Portugiesische Synagoge

Das auffallendste Gebäude an diesem Platz ist die Portugiesische Synagoge, die zwischen 1672 und 1675 im Auftrag der sephardischen Gemeinde erbaut wurde. Das hohe, streng symmetrisch gebaute Gotteshaus ist dem Salomontempel in Jerusalem nachempfunden. Eine Reihe niedrigerer Gebäude umgibt die Synagoge; darin sind unter anderem das Rabbinat, die Mikwe (Badehaus), die in der kalten Jahreszeit genutzte, beheizbare Wintersynagoge und die weltberühmte Ets-Haim-Bibliothek (s. Autorentipp) untergebracht. Vergoldete hebräische Buchstaben über dem Eingang bilden die Jahreszahl 1672 – das ist das Jahr, in dem das auch *Snoge* genannte Gotteshaus eigentlich fertiggestellt werden sollte. Doch der Ausbruch des Krieges zwischen Holland auf der einen und Frankreich und England auf der anderen Seite führte dazu, dass die Arbeiten zeitweilig unterbrochen werden mussten. Erst mit dreijähriger Verspätung konnte das Gotteshaus schließlich eröffnet werden. Zweihundert Jahre lang war die Portugese Synagoge die größte der Welt.

Der Boden der Snoge wird bis heute traditionell mit feinem Sand bestreut, der Feuchtigkeit und Straßenschmutz aufnimmt. Das große Synagogengebäude verfügt weder über eine Heizung noch über elektrischen Strom. Während der Gottesdienste tauchen über tausend Kerzen in riesigen Kronleuchtern und kupfernen Kerzenhaltern den Innenraum in ein märchenhaftes Licht. Erstaunlicherweise überstand die Portugese Synagoge die Besatzungs- und Kriegszeit unbeschadet. Nach einer umfassenden Renovierung können die Synagoge und die Nebengebäude heute nahezu vollständig besichtigt werden. In den Prunkräumen ist das reiche kulturelle Erbe der Gemeinde zu bewundern: Thorarollen und Silberobjekte, Textilien und liturgische Gegenstände. Sehenswert sind auch die Gewölbe, die das Gotteshaus tragen.

Das Dokwerker-Denkmal

Neben der Synagoge steht das Standbild eines stämmigen Mannes mit aufgekrempelten Ärmeln. Das 1952 geschaffene Denkmal *De Dokwerker* erinnert an den Februarstreik der Amsterdamer Hafenarbeiter, die damit im Jahre 1941 vergeblich gegen die Deportation von 425 jüdischen Männern protestierten. Der Jonas Daniël Meijerplein, auf dem das Denkmal steht, verdankt seinen Na-

AUTORENTIPP!

DIE BIBLIOTHEK ETS HAIM

Der Name der 1616 gegründeten Bibliothek bedeutet »Baum des Lebens«. Sie gilt als eine der bedeutendsten jüdischen Bibliotheken weltweit. Der Bestand der Bibliothek, die seit 2003 zum UNESCO-Welterbe zählt, vergrößerte sich 1891 schlagartig, als der Mäzen David Montezinos ihr seine Privatsammlung übereignete. Der Bestand umfasst heute rund 30 000 gedruckte Bände, der älteste stammt aus dem Jahre 1484. Hinzu kommen rund 500 Handschriften, die älteste von 1282. Zusammen mit den weitgehend im Orginalzustand erhaltenen Räumlichkeiten ist dies ein beeindruckender Hort des Wissens. Die Bibliothek kann nur im Rahmen von Führungen und nach vorheriger Absprache besichtigt werden.

Ets Haim Bibliotheek. Führungen können von Mo–Do in der Zeit zwischen 10 und 15 Uhr vereinbart werden. Mr. Visserplein 3, 1011 RD Amsterdam. Buchung und nähere Informationen unter
Tel. 020/531 03 80, www.etshaim.nl

Richlich Lesestoff …

Oben: Im ehemaligen Arsenal residiert heute die Akademie für Baukunst.
Unten: Das Dokwerker-Denkmal erinnert an den Protest gegen die Deportationen.

men einem weiteren herausragenden Juristen jüdischen Glaubens: Jonas Daniël Meijer (1780–1834) war der erste jüdische Rechtsanwalt der Niederlande.

Het Arsenaal

In einem Ensemble von vier ehemaligen Synagogen ist heute das beeindruckende Joods Historisch Museum untergebracht (s. S. 198). Gegenüber liegt ein stattliches Ensemble von Packhäusern, die zwischen 1610 und 1613 im Auftrag des für die Sozialfürsorge in der Stadt zuständigen Ausschusses, des Collegium der Huiszittenmeesters, erbaut wurden. Gleich daneben hatte das Collegium seinen Sitz. In den Lagerhäusern wurden Torf, Butter und Getreide gelagert, die im Zuge der Armenunterstützung an Bedürftige verteilt wurden. Bis ins 19. Jahrhundert hinein diente der Komplex als Lagerhaus. Ab 1808 wurden die historischen Gebäude von der Armee als Waffenlager genutzt – aus dieser Zeit stammt die Bezeichnung Het Arsenaal. Nach dem Zweiten Weltkrieg bezog die Akademie für Baukunst das Ensemble. Die zur Nieuwe Amstelstraat gelegene Seite beherbergt seit 1987 Büroräume des Jüdischen Museums.

Infos und Adressen

SEHENSWÜRDIGKEITEN

Portugese Synagoge. Das imposante Gotteshaus kann nach einer umfassenden Renovierung nun weitgehend besichtigt werden. 1. April–31. Okt. So–Do 10–17 Uhr, Fr bis 16 Uhr, 1. Nov.-31. März Mo–Do 10–16 Uhr, Fr bis 14 Uhr. Die Kasse schließt eine halbe Stunde früher. Geschlossen am Sa und an jüdischen Festtagen (Termine siehe Webseite), Mr. Visserplein 3, 1011 RD Amsterdam, Tel. 020/531 03 80, publiekscontacten@jhm.nl, www.portugesesynagoge.nl

Die monumentale Portugiesische Synagoge

ESSEN UND TRINKEN

Restaurant Olijfje. Das Restaurant in einem modernen Eckhaus wirkt von außen eher unscheinbar, bietet aber eine überraschende Speisekarte mit Gerichten aus allen Ländern rund ums Mittelmeer. Di–So 16–1 Uhr, Mo geschl., Valkenburgerstraat 223D, 1011 MJ Amsterdam, Tel. 020/330 44 44, info@restaurantolijfje.nl, www.restaurantolijfje.nl

ÜBERNACHTEN

Hotel Falcon Plaza. Ein 3-Sterne-Hotel mit 50 schnörkellos, aber gemütlich eingerichteten Zimmern: dunkles Holz, kombiniert mit weißen und orangefarbenen Accessoires. Valkenburgerstraat 72–74, 1011 LZ Amsterdam, Tel. 020/638 29 91, reservation@falconplaza.nl, www.falconplaza.nl

Hotel Ibis Amsterdam City Stopera. Zwei der 207 Nichtraucherzimmer in diesem 3-Sterne-Hotel sind weitgehend barrierefrei eingerichtet und für Gäste mit eingeschränkter Mobilität geeignet. Valkenburgerstraat 68, 1011 LZ Amsterdam, Tel. 020/721 91 73, H3044-RE@accor.com, www.ibis.com

Auf die Räder, fertig, los!

35 Jüdisches Museum
Auf den Spuren der Vergangenheit

Das Joods Historisch Museum ist in vier ehemaligen Synagogen aus dem 17. und 18. Jahrhundert untergebracht, die durch eine moderne Konstruktion aus Stahl, Beton und Glas miteinander verbunden wurden. Es gilt als das bedeutendste jüdische Museum außerhalb Israels und wurde 1987 in Anwesenheit der damaligen Königin Beatrix eröffnet. Ausgewählte Exponate vermitteln intensive Einblicke in die jüdische Kultur und Geschichte.

Obwohl schon ab 1635 aus Osteuropa stammende aschkenasische Juden in Amsterdam lebten, wurden erst in der zweiten Hälfte des 17. Jahrhunderts die ersten aschkenasischen Synagogen errichtet. Der Gebäudekomplex am Jonas Daniël Meijerplein ist der größte in ganz Europa und besteht aus insgesamt vier Synagogen.

Vier Synagogen

Die älteste von ihnen ist die 1671 erbaute Grote Sjoel (»Große Schule«). Für den Entwurf, der dem damaligen Zeitgeschmack entsprechend die Grundform eines griechischen Kreuzes hatte, zeichneten die Stadtbaumeister Daniël Stalpaert (1615–1676) und Elias Bouman (1636–1686) verantwortlich – letzterer baute auch die nahe gelegene Portugese Synagoge (s. S. 195). Der Bau wurde zum Teil durch ein Darlehen der Stadt Amsterdam, zum Teil durch den Verkauf vererbbarer Sitzplätze finanziert. Dieses erste Gotteshaus wurde bald zu klein für die stetig wachsende Gemeinde. In rascher Folge kamen drei weitere Synagogen hinzu: 1688 die über einer ko-

Oben: Aufbruch zu einer Reise durch das jüdische Amsterdam
Unten: Das Jüdische Museum ist in vier ehemaligen Synagogen untergebracht.

scheren Fleischhalle gelegene Obbene Sjoel (»Obere Schule«), 1700 die Dritt Sjoel (»Dritte Schule«). Die 1730 fertiggestellte Neie Sjoel (»Neue Schule«) musste 1752 einem noch größeren Neubau weichen, der mit einer Kuppel gekrönt und mit einem säulengeschmückten Eingang versehen wurde.

Neubeginn als Museum

Rund zweihundert Jahre lang taten die Gotteshäuser Dienst, bis sie auf Anordnung der deutschen Besatzung im Jahr 1943 geschlossen und später geplündert wurden. Nach dem Krieg war die jüdische Gemeinde Amsterdams nahezu ausgelöscht; die zum Teil schwer beschädigten Synagogen wurden nicht wieder in Gebrauch genommen. Die Gemeinde Amsterdam, die das Ensemble ab 1954 verwaltete, verkaufte es zwanzig Jahre später für den symbolischen Preis von einem Gulden an das Joods Historisch Museum. Die Synagogen wurden so weit wie möglich in den Ursprungszustand zurückversetzt und durch Gänge miteinander verbunden. Diese modernen Konstruktionen aus Glas, Stahl und Beton symbolisieren den historischen Bruch, den die heutige Nutzung der Räume darstellt.

Erklärtes Ziel des Museums ist es, das Verständnis für die jüdische Religion und Kultur zu fördern. In den ständigen Ausstellungen wird anhand zahlreicher Exponate die Geschichte des jüdischen Volkes nachgezeichnet und ein lebendiges Bild der Traditionen und des Alltagslebens entworfen. Der Bestand des Museums umfasst mehr als 14 000 Kunstwerke und historische Gegenstände, rund 12 000 Fotos und etwa 15 000 historische Dokumente. Nur ein Bruchteil davon kann in den ständigen Ausstellungen gezeigt werden; sie sind jedoch in einem Onlinekatalog auf der Museumsseite zugänglich. Viele Eindrücke vermittelt auch der Besuch des Kindermuseums.

Blau wie der Himmel...

Infos und Adressen

INFORMATION

Joods Historisch Museum. Das jüdische Museum kommt auch bei seinen Besuchern gut an: Im April 2013 bekam es auf der Basis einer Publikumsabstimmung den Museumspreis 2013. Im Museumsladen findet man unter anderem eine reiche Auswahl an CDs mit jüdischer Musik, Kunstbücher und Kataloge zur Sammlung und den Wechselausstellungen. Das helle, modern eingerichtete Museumscafé ist in einem Anbau untergebracht und unabhängig vom Museumsbesuch zugänglich. Auf der Karte stehen verschiedene Klassiker der niederländisch-jüdischen Küche.
Die Eintrittskarte ist einen Monat lang gültig und berechtigt auch zum Besuch der Portugese Synagoge (s. S. 195) und der Hollandsche Schouwburg (s. S. 204). Tgl. 11–17 Uhr (Kasse bis 16.30 Uhr), geschl. an jüdischen Festtagen (siehe Webseite), Nieuwe Amstelstraat 1, 1011 PL Amsterdam, Tel. 020/531 03 80 (Führungen), www.jhm.nl

Oben: An der Plantage Kerklaan wohnten wohlhabende jüdische Bürger.
Unten: Ein Jogger dreht seine Morgenrunde im Oosterpark.

36 De Plantage

Wo das jüdische Bürgertum wohnte

Heute zählt das Plantagenviertel zu den schönsten und grünsten Wohnlagen der Stadt. Als es im ausgehenden 17. Jahrhundert angelegt wurde, war es zunächst einmal ein Flop. Die Grundstücke waren nur schwer verkäuflich. Nach einem Intermezzo als Naherholungsgebiet und Vergnügungsviertel mauserte es sich im 19. Jahrhundert schließlich doch noch zu einem eleganten Wohnviertel, wo sich viele wohlhabende jüdische Familien niederließen.

Im 17. Jahrhundert war Amsterdam die am schnellsten wachsende Stadt Europas. Der Bedarf an neuem Wohnraum war enorm und so beschlossen die Stadtväter, den Grachtengürtel jenseits der Amstel fortzusetzen. Um das Jahr 1680 stellte sich aber heraus, dass die Pläne wohl doch zu optimis-

MAL EHRLICH

HUNDEHALTER AUFGEPASST!

Wie in vielen anderen (Groß-)Städten funktioniert auch in Amsterdam das Zusammenleben von Mensch und Hund nicht immer reibungslos. Der Stadtverwaltung zufolge zählen die zahlreichen Hundehaufen zu den größten Ärgernissen der Amsterdammer. Dabei sind die Regeln eigentlich klar: Hunden gehören außerhalb von Freilaufflächen an die Leine – insbesondere dort, wo Kinder spielen – und die Hinterlassenschaften des Vierbeiners müssen umgehend aufgesammelt und entsorgt werden. Wer sich nicht daran hält, riskiert Bußgelder zwischen 85 und 120 Euro.

tisch gewesen waren. Das Projekt wurde abgebrochen. Weil auch der Verkauf der Grundstücke nur schleppend verlief, wurden einige Parzellen im südlichen Teil mildtätigen Stiftungen als Bauland überlassen. Der Rest wurde zu einem Naherholungsgebiet umgebaut, in dem die Bürger fern vom Lärm und Schmutz der Stadt Gartengrundstücke pachten konnten. Auf diesen Parzellen durften nur kleine Häuschen errichtet werden. Zwei davon, Weltevreden (»Wohlzufrieden«, Nr. 47) und Welgelegen (»Wohlgelegen«, Nr. 49), sind an der Plantage Middenlaan noch erhalten geblieben.

Vergnügungsviertel im Grünen

Als Ausflugsziel wurde die Gegend rasch ein voller Erfolg: In Scharen strömten die Erholungssuchenden aus der dicht bevölkerten Innenstadt ins Grüne. Teehäuser, Schänken und Tanzsäle entstanden und auch die Prostitution blühte. Mitte des 18. Jahrhunderts war der Ruf dieser »liederlichen« Gegend so schlecht, dass die Obrigkeit sich zum Eingreifen gezwungen sah. Die Ausschankgenehmigungen wurden widerrufen, der Verkauf hochprozentiger Getränke unter Strafe gestellt und eigens für dieses Viertel ein Polizist eingeteilt.

Plantage Middenlaan

1837 erwarb die Zoologische Gesellschaft Natura Artis Magistra zwei Grundstücke an der Plantage Middenlaan und legte damit die Grundlage für den heutigen Tierpark (s. S. 212), der sich rasch zu einem Publikumsmagneten entwickelte. Außerdem siedelten sich diverse Theater an. Angesichts der wieder zunehmenden Wohnungsnot in Amsterdam hob die Stadt 1858 das Bebauungsverbot für das Areal auf. Die bislang verpachteten Parzellen wurden nun mit Wohnhäusern für gutsituierte Bürger bebaut. Das Plantageviertel mauserte sich in der

AUTORENTIPP!

EXOTISCHE WELTEN IM TROPENMUSEUM

Das Museum wurde 1926 errichtet, um »niederländische Besitztümer aus Übersee« auszustellen. Vom Geist der Kolonialzeit ist nichts mehr übrig geblieben: Das Tropenmuseum präsentiert sich heute als modernes, weltoffenes Museum, das zu einer unvergesslichen Entdeckungsreise durch verschiedenste Länder und Kulturen einlädt. Besonders eindrucksvoll ist das Tropenmuseum Junior. Hier wird für jeweils drei Jahre eine ganz eigene Welt erschaffen, in der die jungen Besucher anhand von Alltagsgegenständen, Erzählungen und Performances den Alltag von gleichaltrigen Kindern in einem anderen Land kennenlernen. Ein deutschsprachiger Audioguide zu den Highlights der ständigen Sammlung ist an der Kasse erhältlich.

Tropenmuseum. Di–So 10–17 Uhr, Mo (nur in den Schulferien und an Feiertagen) 10–17 Uhr, 24. und 31. Dez. 10–15 Uhr, 30. April und 25. Dez. geschl., Linnaeusstraat 2, 1092 CK Amsterdam, Tel. 020/568 82 00, info@tropenmuseum.nl, www.tropenmuseum.nl

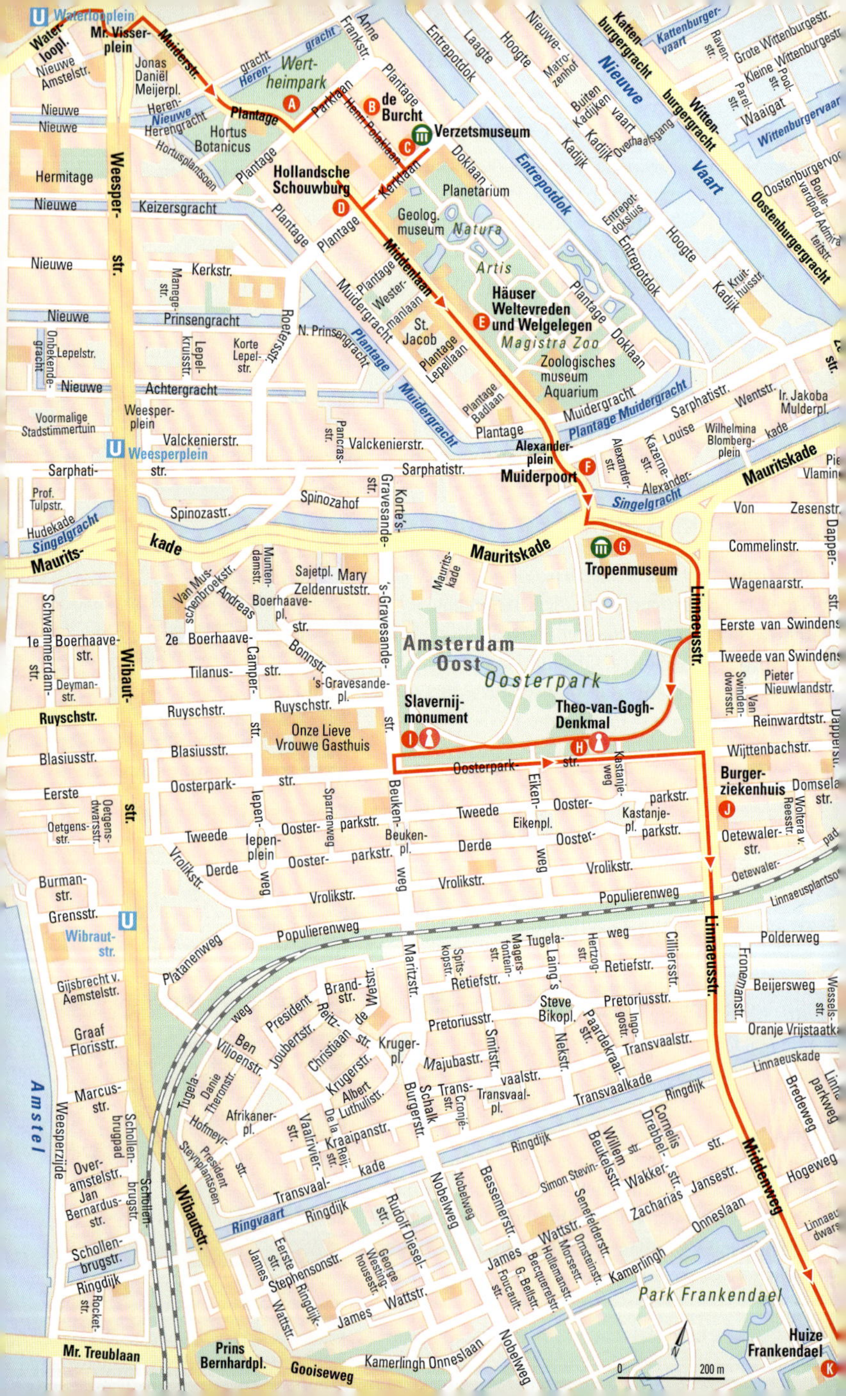

Waterlooplein
Mr. Visserplein
Muiderstr.
Wertheimpark
Herengracht
Plantage
Parklaan
de Burcht
Verzetsmuseum
Hortus Botanicus
Hermitage
Weesperstr.
Keizersgracht
Hollandsche Schouwburg
Kerklaan
Planetarium
Geolog. museum
Natura
Artis
Middenlaan
Häuser Welteverveden und Welgelegen
Magistra Zoo
Zoologisches museum
Aquarium
Entrepotdok
Nieuwe Vaart
Kattenburgergracht
Wittenburgergracht
Oostenburgergracht
Prinsengracht
Achtergracht
Plantage Muidergracht
Weesperplein
Valckenierstr.
Sarphatistr.
Alexanderplein
Muiderpoort
Singelgracht
Mauritskade
Tropenmuseum
Linnaeusstr.
Amsterdam Oost
Oosterpark
Slavernijmonument
Theo-van-Gogh-Denkmal
Onze Lieve Vrouwe Gasthuis
Burgerziekenhuis
Wibautstr.
Ruyschstr.
Populierenweg
Transvaalkade
Ringvaart
Ringdijk
Middenweg
Park Frankendael
Huize Frankendael
Amstel
Prins Bernhardpl.
Mr. Treublaan
Gooiseweg
Kamerlingh Onneslaan
0 200 m

Mit dem Rad durch De Plantage

Aus Richtung Waterlooplein kommend der Muiderstraat folgen. Jenseits der Brücke über die Nieuwe Herengracht rechts das große Gewächshaus des Hortus Botanicus (s. S. 210). Weiter geht's entlang der Plantage Middenlaan bis zur Plantage Parklaan.

A **Wertheimpark** – Zwei Sphinxe bewachen linkerhand den Eingang zum Park. Im Park rechts halten, um zum Auschwitz-Mahnmal zu gelangen. Nach Verlassen des Parks via Plantage Parklaan zur Henri Polaklaan.

B **de Burcht** – Nach wenigen Metern führt links eine Freitreppe hinauf zum imposanten Gebäude der Diamantarbeitergewerkschaft. Am Ende der Straße gegenüber dem Eingang zum Tierpark Artis (s. S. 212), links abbiegen.

C **Verzetsmuseum** – Das leuchtend gelbe Gebäude mit dem Davidstern am Giebel ist das Widerstandsmuseum. Umkehren, rechts in die Plantage Middenlaan einbiegen.

D **Hollandsche Schouwburg** – Auf der linken Seite liegt das ehemalige Theater, in dem die jüdischen Bürger Amsterdams bis zur Deportation interniert wurden. Wenden und der Plantage Middenlaan entlang dem Zoogelände folgen. Das Gebäude links mit den bunten Tierbildern an der Fassade ist die alte Artis-Bibliothek.

E **Häuser Weltevreden und Welgelegen** – Gleich dahinter sind zwei kleine Häuser aus der Frühzeit der Plantage erhalten geblieben.

F **Muiderpoort** – Jenseits der Gracht erhebt sich links das imposante alte Stadttor.

G **Tropenmuseum** – Links am gewaltigen Museumsbau entlang kommt man zum Oosterpark. Rechts in den Park einbiegen, dann links halten und dem Hauptweg parallel zum Zaun folgen.

H **Theo-van-Gogh-Denkmal** – Zur Erinnerung an den ermordeten islamkritischen Filmemacher.

I **Slavernijmonument** – Hier wird jeden Sommer das Ende der Sklaverei in Surinam und auf den Antillen gefeiert.

J **Burgerziekenhuis** – Das erste Amsterdamer Krankenhaus für den Mittelstand ist heute »The Manor Hotel«. Über Linnaeusstraat und Middenweg geht es stadtauswärts. Im Park Frankendael, der lange als städtische Baumschule diente, residiert in einem alten Treibhaus das Restaurant »De Kas«.

K **Huize Frankendael** – Der ehemalige Landsitz ist das letzte Relikt aus der Zeit, als vermögende Amsterdamer hierher in die Sommerfrische fuhren.

Fahrräder für eine Stadtrundfahrt kann man auch gut ausleihen.

AUTORENTIPP!

KETI KOTI – GESPRENGTE KETTEN

In der niederländischen Kolonie Surinam und auf den holländischen Antillen wurde die Sklaverei 1863 offiziell abgeschafft. Dieser Jahrestag wird in Amsterdam alljährlich am ersten Juli mit einem großen Fest, dem Keti Koti Festival, im Oosterpark gefeiert. In der Landessprache Surinams bedeutet *Keti koti* sinngemäß »Die Ketten sind zerbrochen«. Den Auftakt bildet jedes Jahr De Bigi Spikri, ein farbenfroher Straßenumzug mit Kapellen und Brassbands. Rund um das Sklavereimonument im Oosterpark findet dann auf vier Bühnen ein buntes, multikulturelles Programm statt.

Keti Koti Festival. Immer am 1. Juli am Slavernijmonument im Oosterpark. Das Denkmal liegt unweit des Eingangs Beukenweg/Ecke Oosterpark, gegenüber vom Haupteingang des modernen Krankenhauskomplexes Onze Lieve Vrouwe Gasthuis. Nähere Infos gibt es unter www.ketikotiamsterdam.nl

zweiten Hälfte des 19. Jahrhunderts zu einem gehobenen Wohngebiet. Neben Schriftstellern, Schauspielern und Wissenschaftlern ließen sich vor allem wohlhabende jüdische Familien hier nieder.

Die Gewerkschaftsburg

Die Entdeckung neuer Diamantvorkommen in Südafrika hatte der Amsterdamer Diamantindustrie seit den 1870er-Jahren einen beachtlichen Aufschwung beschert und so ließ sich die Gewerkschaft der Diamantarbeiter um die Jahrhundertwende im Plantageviertel ein prächtiges Hauptquartier errichten, Burcht (»Burg«) van Berlage genannt. Der Architekt Hendrik Petrus Berlage (1856–1934) konzipierte den Bau als Gesamtkunstwerk, das innen wie außen die Stärke der vereinten Arbeiterschaft und ihr Aufwärtsstreben versinnbildlichen sollte. Das runde Fenster im markanten Turm hat die Form eines Diamanten; besonders schön ist das Treppenhaus.

Hollandsche Schouwburg

Mit der deutschen Besatzung brach für die jüdischen Bewohner Amsterdams eine schreckliche Zeit an. Es fing an mit Schikanen: Vom November 1941 an standen ihnen nur noch wenige Theater offen, darunter die 1892 als Operettentheater gegründete Hollandsche Schouwburg. Nicht einmal ein Jahr später wurde dieses Theater zum Internierungslager umfunktioniert, in dem Amsterdamer Juden auf ihren Abtransport in die Konzentrationslager warten mussten. Binnen zwölf Monaten wurden 60 000 Menschen von hier aus deportiert. Auf der gegenüberliegenden Straßenseite befand sich eine Kinderkrippe, in der ab Oktober 1942 jüdische Kinder getrennt von ihren Eltern interniert wurden. Widerstandskämpfern gelang es, zwischen 600 und 1000 Kinder hier hi-

In der Gedenkstätte Hollandsche Schouwburg

Oben: Das Auschwitz-Mahnmal im Wertheimpark
Mitte: Das Verzetsmuseum hält die Erinnerung an den Widerstand wach.
Unten: Exponate aus aller Welt im Tropenmuseum

nauszuschmuggeln und ihnen so das Leben zu retten. Die Kinderkrippe wurde 1976 abgerissen. Seit 1962 ist die Hollandsche Schouwburg eine bewegende Gedenkstätte. Ein ewiges Licht leuchtet zur Erinnerung an die vielen Menschen, die von hier aus in den Tod geschickt wurden. In schwarzen Basaltstein sind die 6700 Familiennamen der aus den Niederlanden deportierten und ermordeten Juden eingraviert.

Wertheimpark

Eine weitere Gedenkstätte befindet sich im Wertheimpark. Der 1812 angelegte Park war zwar offiziell ein Geschenk Napoleons, die Kosten aber musste die Stadt selbst tragen. Den Eingang an der Ecke Plantage Midden- und Parklaan zieren zwei mit Sphinxen geschmückte Säulen. Der Park trägt seit 1898 den Namen des sozial sehr engagierten jüdischen Bankiers Abraham Carel Wertheim (1832–1897). Seit 1993 mahnt hier das aus zersprungenen Spiegeln gefertigte Auschwitz-Monument des Künstlers Jan Wolkers: *Nooit meer Auschwitz* – »Nie wieder Auschwitz!« Die weiße Häuserzeile vis-à-vis des Parks ist ein besonders schönes Beispiel für die elegante Wohnbebauung ab 1860.

Verzetsmuseum

An der Plantage Kerklaan fällt eine leuchtend gelbe Fassade ins Auge, deren Giebelfeld ein Davidstern ziert. Das stilvolle Gebäude, 1876 für einen jüdischen Chor errichtet, diente beinahe achtzig Jahre lang als Garage und beherbergt seit 1999 das Museum des niederländischen Widerstands (Verzetsmuseum). Nachgebaute Straßen und wandgroße Farbfotos beschwören die Zeit der deutschen Besatzung herauf. Die Ausstellung zeichnet nach, wie sich der Widerstand nach und nach ausweitete und hält die Erinnerung an die vielen mutigen Frauen und Männer wach, die sich den Nazis entgegenstellten. Die Besucher werden immer wieder mit auf den Boden projizierten Fragen konfrontiert – was hätte man selbst in dieser Situation getan?

Tropenmuseum

Folgt man der Plantage Middenlaan entlang dem Tierpark Artis, erreicht man jenseits der Plantage Muidergracht die Muiderpoort (1770), die als einziges Stadttor aus dem 18. Jahrhundert erhalten geblieben ist. Jenseits der Singelgracht liegt das 1926 erbaute Tropenmuseum (s. Autorentipp), hinter dem sich der im 19. Jahrhundert als grüne Lunge für die umliegenden Viertel angelegte Oosterpark erstreckt. Im Park erinnert eine 4,5 Meter hohe Eisenskulptur, die ein menschliches Gesicht im Profil zeigt, an den islamkritischen Filmemacher Theo van Gogh, der 2004 in der Nähe von einem extremistischen Jugendlichen erstochen wurde. Mit einem bunten, multikulturellen Fest wird jedes Jahr im Sommer das Ende der Sklaverei in zwei ehemaligen niederländischen Kolonien gefeiert (s. S. 204). Im Mittelpunkt des Festes steht das 2002 enthüllte Slavernijmonument in der südwestlichen Ecke des Oosterparks.

Huize Frankendael

Noch weiter draußen, im trockengelegten Watergraafspolder, ließen sich im 17. Jahrhundert wohlhabende Amsterdamer Bürger Landhäuser und Lustgärten anlegen. Als einziges davon ist das am Rande des gleichnamigen, wunderschönen Parks gelegene Huize Frankendael erhalten geblieben. Nach einer wechselvollen Geschichte kann es heute nach einer umfangreichen Restaurierung für Veranstaltungen und Trauungen gemietet werden.

AUTORENTIPP!

FÜRSTLICH SPEISEN IM GEWÄCHSHAUS

Mit frischeren Zutaten kocht wohl kein Koch: Im Jahr 2001 funktionierte Sternekoch Gert Jan Hageman ein 1926 erbautes, acht Meter hohes Gewächshaus zu einem lichtdurchfluteten Restaurant um. »De Kas« heißt Treibhaus. In unmittelbarer Nachbarschaft zum Restaurant bauen Hageman und sein Team in Treibhäusern und im Freiland mediterrane Gemüsesorten, Kräuter und essbare Blumen an. Geerntet wird bei Sonnenaufgang. Was nicht selbst angebaut wird, liefern Biobetriebe aus der Umgebung.

Restaurant De Kas. Mittagessen Mo–Fr 12–14 Uhr, Abendessen Mo–Sa 18.30–22 Uhr, So sowie Koningsdag und 24. Dez.–1. Jan. geschl., Kamerlingh Onneslaan 3, 1097 DE Amsterdam, Tel. 020/462 45 62, info@restaurantdekas.nl, www.restaurantdekas.nl

Infos und Adressen

SEHENSWÜRDIGKEITEN

de Burcht. Das ehemalige Hauptquartier der Diamantarbeitergewerkschaft kann nur gelegentlich im Rahmen von Führungen besichtigt werden (Termine siehe Webseite, Sondertermine für Gruppen ab zehn Personen). Henri Polaklaan 9, 1018 CP Amsterdam, Tel. 020/624 11 66, info@deburcht.nl, www.deburcht.nl

Desmet Studio's. In dem ehemaligen Theater mit der auffallenden Fassade sind heute Fernsehstudios untergebracht. Plantage Middenlaan 4 a, 1018 DD Amsterdam, Tel. 020/521 71 00, info@desmet.tv, www.desmet.tv

Häuser Weltevreden und Welgelegen. Diese Überbleibsel der ursprünglichen Bebauung in diesem Areal sind nicht zu besichtigen. Plantage Middenlaan 47 und 49, 1018 DC Amsterdam.

Hollandsche Schouwburg. Die Gedenkstätte für die deportierten und ermordeten jüdischen Bürger Amsterdams. Tgl. 11–17 Uhr, geschl. am Koningsdag, Versöhnungstag (Jom Kippur) und jüdischem Neujahrsfest Rosch Haschana, Plantage Middenlaan 24, 1018 DE Amsterdam, Tel. 020/531 03 40, info@hollandscheschouwburg.nl, www.hollandscheschouwburg.nl

Huize Frankendael. In dem alten Landsitz finden häufig Kunstausstellungen statt (Termine siehe Webseite), dann kann man das Haus sonntags zwischen 12 und 17 Uhr besichtigen. Middenweg 72, 1097 BS Amsterdam, Tel. 020/423 39 30, info@frankendaelfoundation.nl, www.huizefrankendael.nl

Sommerliches Treiben im Straßencafé

Muiderpoort. Das monumentale Stadttor wurde 1770 erbaut. Sarphatistraat 500, 1018 AV Amsterdam.

Slavernijmonument. Das Denkmal zur Erinnerung an das Ende der Sklaverei liegt im Oosterpark, nahe bei dem Eingang Oosterpark/Ecke Beukenweg, gegenüber dem Krankenhaus Onze Lieve Vrouw Gasthuis.

Verzetsmuseum Amsterdam. Die Geschichte des niederländischen Widerstands macht dieses beeindruckende Museum anschaulich erlebbar. Ein Audioguide ist im Eintrittspreis inbegriffen. Di–Fr 10–17 Uhr, Sa-Mo und Feiertag 11–17 Uhr, 1. Jan., 27. April und 25. Dez. geschl., Plantage Kerklaan 61, 1018 CX Amsterdam, Tel. 020/620 25 35, www.verzetsmuseum.org

ESSEN UND TRINKEN

Boom. Ruhiges Lokal mit bodenständiger französischer Küche und täglich wechselndem Tagesgericht. Im Sommer kann man sich hier einen Grill nebst Zubehör leihen, um darauf ein 3-Gänge-Barbecue selbst zuzubereiten. Di–So 12–0 Uhr, Mo geschl., Linnaeusstraat 63, 1093 DJ Amsterdam, Tel. 020/665 52 24, info@boometenendrinken.nl, www.boometenendrinken.nl

Café Smit & Voogt. Nettes Nachbarschafts-Eetcafé in einem tortenstückförmigen Eckhaus. Tgl. Frühstück 10–11.45 Uhr, Lunch 12–16 Uhr, Diner 17.30–21.30 Uhr, Plantage Parklaan 10, 1018 ST Amsterdam, Tel. 020 625 47 21, www.cafesmitenvoogt.nl

Pata Negra 2. Am Wochenende kann's hier voll und laut werden. Bunt gekachelte Wände und die große Tapas-Auswahl sorgen fürs Spanien-Feeling. Tgl. 9–24 Uhr (Küche 11–23 Uhr), Reinwardtstraat 1 hs, 1093 GT Amsterdam, Tel. 020/692 25 06, info@patanegra2.nl, www.patanegra2.nl

Gedenken in der Hollandsche Schouwburg

Plancius. Ein gemütliches, zwangloses Lokal im Haus des Widerstandsmuseums, gleich gegenüber dem Zooeingang, in dem auch Einheimische gern essen. Mo 9–18 Uhr, Di–So 9–22 Uhr, Plantage Kerklaan 61, 1018 CX Amsterdam, Tel. 020 330 94 69, restaurantplancius@gmail.com, www.restaurantplancius.nl

Restaurant Elkaar. An den schilfgrünen Wänden leuchten bunte Bilder; die hervorragende Küche und eine schöne Terasse sind weitere Pluspunkte. Mo–Sa 12–14.30 Uhr, So bis 15.30 Uhr, Sa auf Anfrage (mittags) sowie tgl. 18–22 Uhr (abends), Alexanderplein 6, 1018 CG Amsterdam, Tel. 020/330 75 59, info@etenbijelkaar.nl, www.etenbijelkaar.nl

Restaurant Merkelbach. Das Lokal im rechten Kutschhaus des Huize Frankendael steht der Slow-Food-Bewegung nahe – das hervorragende Essen sollte man mit Bedacht genießen... Di–Sa 8.30–23 Uhr, So–Mo 8.30–18 Uhr, Middenweg 72, 1097 BS Amsterdam, Tel. 020/665 08 80, info@restaurantmerkelbach.nl, www.huizefrankendael.nl/nl/restaurant

ÜBERNACHTEN

The Flying Pancake Bed & Breakfast. In einem beeindruckenden Haus aus dem 18. Jahrhundert stehen zwei exzellent ausgestattete Suiten bereit. Die Gastgeber sind sehr freundlich und hilfsbereit. Nieuwe Kerkstraat 153, 1018 VL Amsterdam, Tel. 06 38 30 52 19, info@theflyingpancake.com, www.theflyingpancake.com

The Manor Hotel Amsterdam – Hampshire Eden. Das historische Gebäude war bei seiner Eröffnung 1891 das erste Krankenhaus speziell für die aufstrebende Mittelschicht. Seit 2011 ist hier ein modern ausgestattetes, luxuriöses Hotel mit eigenem italienischem Restaurant untergebracht. Linnaeusstraat 89, 1093 EK Amsterdam, Tel. 020/700 84 00, reservations.manor@hampshire-hotels.com, www.hampshire-hotels.com/the-manor-hotel-amsterdam-hampshire-eden

AKTIVITÄTEN

Jeanette Loeb. Die jüdische Geschichte und Kultur Amsterdams lernt man sehr intensiv und persönlich auf einem der kenntnisreichen Rundgänge mit Jeanette Loeb kennen. Buitenzagerij 37, 1021 NP Amsterdam, Tel. 020 636 04 37, info@jewishhistoryamsterdam.com, www.juedischegeschichteamsterdam.de

MacBike. Eine der größten Fahrradverleihfirmen Amsterdams hat eine Filiale am Waterlooplein. Gute Angebote. Tgl. 9–17.45 Uhr, Waterlooplein 119, 1011 PG Amsterdam, Tel. 020/428 70 05, www.macbike.nl

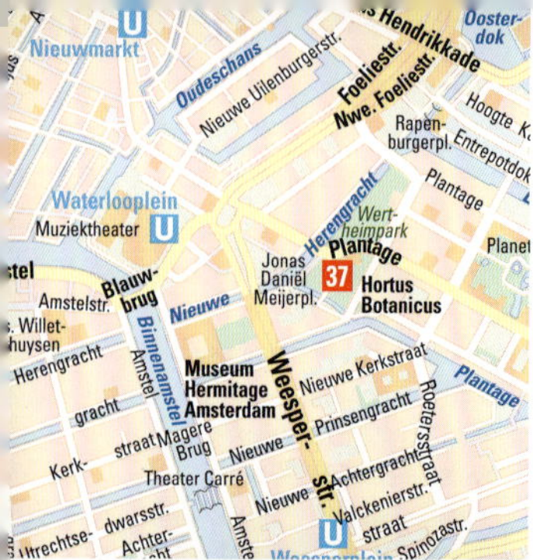

Oben: Das Palmenhaus im Hortus Botanicus
Unten: Die Blätter der Riesen-Seerose können angeblich ein Kind tragen.

37 Hortus Botanicus Amsterdam

Im Zaubergarten

Der 1638 durch den Magistrat der Stadt begründete Botanische Garten in Amsterdam ist einer der ältesten der Welt. Ursprünglich in der Nähe des Rembrandtplein gelegen, wurde er 1682 an seinen jetzigen Standort verlegt. Der Hortus Botanicus diente dazu, die Ärzte und Apotheker mit Heilkräutern zu versorgen. Heute beherbergt die grüne Oase im Herzen der Stadt auf einer Fläche von nur 1,2 Hektar rund 7000 Pflanzen.

Immer wieder forderten tödliche Krankheiten zahlreiche Opfer in der prosperierenden Stadt. Da Heilpflanzen damals die wichtigsten Grundstoffe für die Herstellung von Medikamenten waren, sollte der neue Hortus Botanicus nicht nur den im Fall einer neuerlichen Epidemie dringend benötigten Nachschub sichern, sondern diente auch der praktischen Ausbildung von Medizinern und Pharmazeuten. Die damals angebauten Heilpflanzen sind heute noch im sogenannten Snippendaal-Garten zu sehen. Johannes Snippendaal (1616–1670) übernahm 1646 die Leitung des Hortus Botanicus und katalogisierte als erster den Bestand von damals bereits 796 unterschiedlichen Pflanzenarten. Aus aller Welt brachten Forscher und Kaufleute ständig neue Pflanzen mit.

Schätze aus der Natur

Heute beherbergt der Garten zahlreiche geschichtsträchtige Raritäten. So hatte aufgrund der hohen Kaffeepreise die Vereenigde Oost-Indische Compagnie beschlossen, selbst Kaffee anzubauen.

Hortus Botanicus Amsterdam

Via Jakarta gelangten Kaffeesamen aus dem arabischen Raum in den Hortus in Amsterdam, wo sie im Gewächshaus prächtig gediehen. Der französische König Ludwig XIV., der 1714 einige dieser Kaffeepflanzen als Geschenk erhielt, ließ sie in die damalige Kolonie Guyana verschiffen und da anbauen. So nahm mit einigen Pflänzchen aus Amsterdam der Kaffeeanbau in ganz Süd- und Mittelamerika seinen Anfang.

Weitere botanische Kronjuwelen sind eine riesige Seerose, deren Blüten sich nur nachts öffnen und die aus der Wüste Namib stammende Welwitschie, die Tau aus der Luft aufnimmt und bis zu 2000 Jahre alt werden kann. Der Hortus beherbergt und vermehrt auch diverse extrem seltene, vom Aussterben bedrohte Pflanzen wie die Wollemie, einen Nadelbaum, den es schon in der Dinosaurierzeit gab.

Architektonische Highlights

Neben faszinierenden Pflanzen kann der der Hortus Botanicus auch mit etlichen historischen Gebäuden aufwarten. Die ältesten sind der achteckige Pavillon aus dem späten 17. und das elegante Eingangstor vom Anfang des 18. Jahrhunderts. Die Orangerie, die heute ein schönes Café beherbergt, wurde 1875 errichtet. Das Palmenhaus (1912) und das Laborgebäude (1915) sind zwei schöne Beispiele der Amsterdamer Schule. Im Jahr 1993 entstand ein neues, hochmodernes Gewächshaus, das in drei unterschiedliche Klimazonen unterteilt ist – Tropen, Subtropen und Wüste sind hier unter einem Dach vereint. Auf stählernen Stegen kann man in verschiedenen Höhen durch die gläserne Kuppel spazieren und auf die beeindruckende Pflanzenwelt hinabblicken. Ein unvergessliches Erlebnis ist auch ein Besuch im Schmetterlingspavillon.

Wandern zwischen den Baumkronen

Infos und Adressen

INFORMATION

Hortus Botanicus Amsterdam. Der botanische Garten ist eine grüne Oase am Rand der Innenstadt. Immer sonntags um 14 Uhr gibt es hier eine kostenlose Führung in niederländischer Sprache. Das schöne Café in der ehemaligen Orangerie gleich neben dem Eingang ist nur für Besucher und nur während der Öffnungszeiten des Parks zugänglich. Auf dem Weg zum Ausgang lohnt sich ein Abstecher in den Museumsladen: Hier gibt es neben Pflanzen, Samen und Gartenwerkzeugen auch Kunsthandwerk aus Umweltschutzprojekten. Eine echte Rarität ist der Hortus-Honig von den vier eigenen Bienenvölkern des Gartens. Jedes Jahr werden nur etwa 200 Gläser produziert und verkauft. Der Erlös des ehrenamtlich betriebenen Ladens fließt in den Erhalt des Parks. Tgl. 10–17 Uhr, 1. Jan. und 25. Dez. geschl. Plantage Middenlaan 2a, 1018 DD Amsterdam, Tel. 020/625 90 21, info@dehortus.nl, www.dehortus.nl

38 Natura Artis Magistra

Ein Zoo mit Tradition

Drei Geschäftsfreunde – ein Buchhändler, ein Uhrmacher und ein Kaufmann – legten im Jahre 1838 den Grundstein für den Amsterdamer Tierpark, den ältesten der Niederlande. Die begeisterten Naturfreunde gründeten nach dem Vorbild der Londoner Zoological Society in ihrer Heimatstadt eine zoologische Gesellschaft und wählten für ihr Projekt das Motto *Natura Artis Magistra* – »die Natur ist die Lehrmeisterin der Kunst«.

Die Gründer hatten sich zum Ziel gesetzt, mit ihrer Vereinigung die Kenntnisse der Bürger über die Naturgeschichte zu fördern. Die Anfänge waren zunächst eher bescheiden: ein Naturalienkabinett, bestückt mit ausgestopften Tieren, Muscheln, Fossilien und Skeletten, dazu einige Papageien, Äffchen und eine Wildkatze aus Surinam. Der Zugang war anfangs allein Mitgliedern vorbehalten.

Briefwechsel mit Darwin

Im Jahr 1839 konnte die zoologische Gesellschaft den Tierbestand einer reisenden Menagerie übernehmen und avancierte damit zu einem »richtigen« Zoo. Zu den Neuzugängen gehörten unter anderem ein indischer Elefant, mehrere Löwen, ein Panter, ein Tiger, ein Puma, eine Hyäne, ein Känguruh, ein Zebra, ein Gnu, Eisbären und eine fünf Meter lange Boa constrictor. Für weiteren Zuwachs sorgte alsbald der gute Draht zum Königshaus: Willem III. (1817–1890) ordnete an, regelmäßig neue, interessante Tiere aus den Kolonien nach Amsterdam zu transportieren. 1868 wandte sich der berühmte Naturforscher Charles Darwin

Oben: Rund ums Jahr zieht der Tierpark viele Besucher an.
Unten: Immer perfekt gekleidet: Die Pinguine im Zoo Artis

brieflich mit der Bitte um Auskünfte an den Tierpark, weil dieser damals als einziger weltweit sowohl blaue als auch grüne Pfauen besaß.

Der Tierpark spielte auch im Kulturleben der Stadt eine wichtige Rolle: Regelmäßig fanden Konzerte statt, Bildhauer und Maler ließen sich hier inspirieren. Zahlreiche Kunstwerke schmücken das Gelände. Durch Zukäufe und Schenkungen wuchs Artis über die Jahre auf eine Fläche von zehn Hektar an. 1863 kaufte der Zoo beispielweise eine benachbarte Herberge, die in der Folgezeit unter anderem als Wolfshaus diente. Ab 1894 war die obere Etage an das Militär vermietet, das hier eine Brieftaubenstation unterhielt. Während der Weltwirtschaftskrise stand der Park kurz vor dem Bankrott; doch schließlich kaufte die Stadt das Gelände und vermietete es für einen symbolischen Preis an den Tierpark zurück.

Besatzungszeit und Kriegsjahre

Während der deutschen Besatzung bot der Tierpark Menschen, die untertauchen mussten, Unterschlupf. Im Dachgeschoss des Raubtierhauses, aber auch in den Domizilen der Bären und der Wölfe waren Verstecke eingerichtet. In der Nacht vom 13. auf den 14. Juli 1941 fielen britische Bomben auf das Zoogelände. Wie durch ein Wunder gab es nur ein Todesopfer – ein Kaninchen. Ab September 1941 durften auf Anordnung der Besatzungsmacht Menschen jüdischer Abstammung keine öffentlichen Einrichtungen wie Schwimmbäder, Bibliotheken, Museen und Parks mehr besuchen. Daraufhin zahlte die Gesellschaft Artis ihren jüdischen Mitgliedern demonstrativ ihren Mitgliedsbeitrag zurück.

Im Hungerwinter 1944/45 wurde auch für die Tiere das Futter knapp. Die Zoomitarbeiter fingen wilde Tauben und Enten, die unvorsichtigerweise

AUTORENTIPP!

VOM GASTHAUS ZUM WOLFSHAUS

Das »Café Eik en Linde« kann auf eine lange Tradition zurückblicken: Die erste Herberge dieses Namens war in dem Gebäude beheimatet, das mittlerweile als *Wolvenhuis* mitten im Tierpark Artis steht. Eine Plakette an der Außenmauer erinnert noch daran. Am heutigen Standort ist das Café seit 1967 zu finden. Einmal im Monat gibt es Livemusik. Früher wurden von hier Radioprogramme gesendet und auch heute kehren hier mitunter Prominente ein. Die Gäste – nicht nur die aus der Nachbarschaft – schätzen vor allem die gemütliche Atmosphäre, den Billardtisch und die Auswahl an besonderen Bieren, darunter ein regelmäßig wechselndes »Bier des Monats«.

Café Eik en Linde. Mo–Do 11–1 Uhr, Fr 11–2 Uhr, Sa 14–2 Uhr, So geschl., Plantage Middenlaan 22, 1018 DE Amsterdam, Tel. 020/622 57 16, info@eikenlinde.nl, www.eikenlinde.nl

auf dem Zoogelände landeten, und bauten in den Tropenhäusern Gemüse an. Die Raubkatzen mussten mit Stockfisch, Reis und trockenem Brot vorlieb nehmen und die Schimpansen wurden nur noch außerhalb der Öffnungszeiten gefüttert, nachdem hungrige Zoobesucher versucht hatten, ihnen ihr Futter abspenstig zu machen.

Immer neue Attraktionen

Nach Kriegsende wuchs der Zoo weiter. Zum 125-jährigen Bestehen öffnete 1963 ein Nachttierehaus seine Pforten, zum 150-jährigen kam ein beeindruckendes Planetarium hinzu. 1997 gab die Stadt Amsterdam grünes Licht für eine lange geplante Ausdehnung bis ans Ufer des Entrepotdoks. Das 1882 erbaute Aquarium wurde 1998 runderneuert und um ein Korallenriff und die realitätsgetreue Nachbildung einer Amsterdamer Gracht bereichert. Ein Jahr später eröffnete Prinzessin Margriet das neue Savannengehege, 2004 Prinzessin Máxima eine Pampalandschaft für Tiere aus Südamerika. Weitere Highlights sind der zauberhafte Schmetterlingspavillon (2006) und das unter Denkmalschutz stehende Affenhaus. Seit 2010 wird in und an Artis wieder gebaut. Die umfangreiche Erneuerung und Erweiterung soll voraussichtlich 2014 abgeschlossen sein.

Im September billiger

Früher war der Besuch im Tierpark Artis allein Mitgliedern vorbehalten. Später durften dann auch »Normalsterbliche« hinein – anfangs aber nur im Monat September. Daraus entwickelte sich später die Sitte, dass im September verbilligte Eintrittspreise gelten. Im September 2012, dem letzten vor Drucklegung, betrug dieser Rabatt immerhin rund 25 Prozent. So wird der Zoobesuch auch für weniger Begüterte ein wenig erschwinglicher.

Oben: Wer beobachtet hier wen?
Mitte: Das Schmetterlingshaus begeistert Groß und Klein.
Unten: Gut getarnt ist dieser Terrariumsbewohner.

Infos und Adressen

SEHENSWÜRDIGKEITEN

Natura Artis Magistra. Im historischen Tierpark Artis kann man Stunden verbringen... Vom sehenswerten Aquarium bis zum Planetarium ist hier für jede Altergruppe etwas geboten. Immer sonntags von 13.30 bis 15.30 Uhr heißt es im Streichelzoo des Tierparks: *Knuffelen met kleine dieren*. Vor allem die jüngeren Kinder lieben diese Schmusestunde mit Meerschweinchen & Co.!
1. April–31. Okt. tgl. 9–18 Uhr, Juni, Juli und Aug. jeden Sa bis Sonnenuntergang, 1. Nov.–31. März 9–17 Uhr, 31. Dez. 9–16 Uhr, 1. Jan. 10–20 Uhr, Plantage Kerklaan 38–40, 1018 CZ Amsterdam, Tel. 0900/278 47 96, info@artis.nl, www.artis.nl

ESSEN UND TRINKEN

Flamingoserre. Auf dem Zoogelände gibt es verschiedene Gastronomieangebote. Schön und familienfreundlich ist das flächig verglaste Selbstbedienungsrestaurant direkt am Flamingoweiher. Man bestellt an der Kasse und wird dann per Pager benachrichtigt, wenn das Essen fertig ist.
Tgl. 11.30–17 Uhr, Schulferien bis 17.30 Uhr.
Meneer Nilsson. Ein aparter Mix aus spanischer und französischer Küche und eine nette und ungezwungene Atmosphäre zeichnen das Lokal aus.

Was krabbelt denn da?

Tgl. ab 11 Uhr, mittags ab 12 Uhr, abends ab 17.30 Uhr, Plantage Kerklaan 41, 1018 CV Amsterdam, Tel. 020/624 48 46, info@meneernilsson.eu, www.meneernilsson.eu

ÜBERNACHTEN

Hotel Rembrandt. Das nette Hotel in einem schönen alten Haus verfügt über 17 individuelle Zimmer, darunter auch geräumige Familienzimmer und eines mit eigener Sauna. Einen Raum schmückt eine originalgroße Kopie von Rembrandts berühmter *Nachtwache*. Plantage Middenlaan 17, 1018 DA Amsterdam, Tel. 020/627 27 14, info@hotelrembrandt.nl, www.hotelrembrandt.nl

Auch die Jüngsten finden den Zoo Artis spannend.

ALTER UND NEUER OSTEN

Van der Pekbuurt
Anemoonstr.
Van der Pekpl.
Meidoornweg
Badhuisweg
Ranonkelkade
Badhuisweg
Tolhuisweg
Buiksloterweg
Sixhaven
Sixhavenweg
Meeuwenlaan
IJplein
Vogelbuurt-ijplein
Ij-Tunnel
Adelaarsweg
Reigerweg
Nachtegaalstr.
Sperwerlaan
Spereeuwenpark
Spreeuwenpark
Valkenweg
Lijsterweg
Leeuwerikstr.
Havikslaan
Kraaienpl.
Mussenstr.
Sijsjesstr.
Putterstr.
Spechtstr.
Mezenstr.
Kievitstr.
Koekoeksstr.
Meeuwenlaan
Johan van
Vogelkade
Motorkade
Motorkanaal
Motorwal
Ketelmakerij
Bankwerkerij
Het Dok
Zagerij
Binnenhaven
Buitendraaierij
Insteekhaven
Koperslagerij
Gedempte
Noordwal
Spijkerkade
Hamerstr.
Schaafstr.
Beitelkade
Gedempt Hamerkanaal
Ketelstr.
Boorstr.
Aambeeldstr.
Mokerstr.
Ponthaven
De Zeeman op de uitkijk
Sumatrakade
Tosari-tuin
Brantasgracht
Imogiri-tuin
Javakade
Lamonggracht
Muziekgebouw aan 't Ij.
Passagierterminal Amsterdam
Mövenpick City centre
Zouthaven
Bimhuis
thinking of holland
Blauwhoedenveem
Vriesseveem
Veemkade
Fiftheen Amsterdam
Jollemanhof
Vemenpl.
Pakhuis de Zwijger
Veembroederhof
Withoedenveem
De Ruijterkade
Centraal Station
Piet Heinkade
Prins
Oosterdokskade
Conservatorium van Amsterdam
Oosterdoksstr.
Hannekes Boom
Centrale Openbare Bibliotheek
Dijksgracht
Restaurant Lastage
Geldersekade
Sea Palace
Grand Hotel Amrâth im Schneepvaarthuis
BoatForRent
Oosterdok
40
39
Science Center Nemo
Waalseilandsgracht
Hendrikkade
Hemelse Modder
Moes
de Appel arts centre
Amsterdam Centrum
Mariniersskade
Dijksgracht
3e Wittenburgerdwarsstr.
Windroospl.
42
Roes
Jacob-Bontiusplaats
Oostenburg
Wittenburgervaart
Nieuwe Jonkerstr.
Nieuwe Ridderstr.
Lastageew.
Oude Waal
Binnenkant
Kalkmarkt
Recht Boomssloot
Montelbaanstoren
Oudeschans
Korte Koningsstr.
Keizersstr.
's Gravenhekje
Peperstr.
Greetje
Rapenburg
Foeliestr.
Prins Hendrikkade
Het Scheepvaartmuseum
Oosterdok
Restaurant Stalpaert
ARCAM
Kattenburgerstr.
Kattenburgerkruisstr.
Kattenburgerkade
Wittenburgerkade
2e Wittenburgerdwarsstr.
Wittenburgerstr.
Bijltjespad
Kattenburgergracht
Wittenburgergracht
Ravenstr.
Grote
Kleine
Poolstr.
Oosterkerk
Waaigat
Oude Schans
Oudeschans
Uilenburgerstr.
Uilenburgergracht
Valkenburgerstr.
Nieuwe Foeliestr.
TownHouse Inn
Nieuwe Vaart
Frank's Smoke House
Oostenburgervoorstr.
Compagniestr.
Oostenburgerpark
Admiraliteitstr.
Conradstr.
Oostenburgergracht
Stichting het Werkthe
Mole de G
Bro Het
Zeeburgerstr.
Uilenburgerst.
Jodenbreestr.
Waterlooplein
Markenpl.
Rapenburgerstr.
Anne Frankstr.
Koffiehuis van den Volksbond
Entrepotdok
Nieuwe Hoogte
Laagte Kadijk
Tussen Kadijk
Kadijk
41
Paerz
Overhaalsgang
Museum 't Kromhout
Entrepotdoksluis
Hoogte Kadijk
Kruithuisstr.
Mr. Visserpl.
Waterlooplein
Muiderstr.
Wertheimpark
Parklaan
Henri Polaklaan
Plantage
Kerklaan
Doklaan
Artis Magistra Zoo
Plantage Doklaan
Waterloopl.
Herengracht
Hortusplantsoen
Nieuwe Herengracht
Nieuwe Keizersgracht
Weesperstr.
Plantage
Plantage Westermanlaan
Plantage Muidergracht
Middenlaan
Plantage Lepellaan
Plantage Badlaan
Sarphatistr.
Wenstr.
Mauritskade
Pieter Vlamingstr.
Binnenamstel
Amstel
Kerkstraat
Manegestr.
Prinsengracht
Lepelkruisstr.
Korte Lepelstr.
Roetersstraat
N. Prinsengracht
Muidergracht
Alexanderpl.
Alexanderstr.
Kazernestr.
Louise
Singelgracht
Von Zesenstr.
Commelinstr.
Dapperstr.
Wagenaarstr.
Magere Brug
Nieuwe
Lepelstr.
Onbekendegracht
Achtergracht
Weesperpl.
Valckenierstr.
Sarphatistr.
Korte 's-Gravesandestr.
Mauritskade
Linnaeusstr.
Eerste
Tweede

Sehenswürdigkeit, Denkmal
Aktivität, Ausgang, Theater
Museum, Galerie
Shopping
Restaurant, Bar, Café
Übernachtungsmöglichkeit
Kirche, Moschee
0
300 m
N
Zijkanaal naar Nieuwendam
Nieuwen-dammerkade
Het IJ
Mauresque
Stadswandelkantoor
Sumatrakade
Serang-gracht
Bogor-tuin
Einde van de Wereld
43
K. N. S. M.-eiland
Surinamekade
pols potten store
de Kompaszaal
K. N. S. M. laan
Azartpl.
Kanis & Meiland
Piraeus-pl.
Levant-pl.
Barcelona-pl.
Levantkade
Venetië-str.
Venetië-hof
Verbindingsdam
Ertshaven
Sporenburg-eiland
Ertskade
P.E. Tegelbergplein
Oostelijke Handelskade
Veemkade
Lloyd Hotel
J. F. van Hengelstraat
Seinwachterstr.
Lampenistenstr.
Baron G. A. Tindalplein
Panamakade
Piet Hein Tunnel
Fred Petterbaan
C. J. K. van Aalstsu.
D. L. Hudigstr.
Spoorwegbassin
2quaybb
Scheepstimmermanstr.
Stuurmankade
Stoker-kade
Borneokade
Borneo-eiland
Zeeburg
Rietlandterras
Borneolaan
Borreolaan
C. van Eesterenlaan
Blauwpijpstr.
F. de Boer-laan
Scheepsjongenstr.
Cruquiusweg
Entrepothaven
Sloep delen
Stichting Blijven drijven
Internationaal Instituut voor Sociale Geschiedenis
Persmuseum
Entrepotkade
Zeeburgerkade
Cruquiusweg
Veemarkt
Vee-markt
Veelaan
Dick Greiner-str.
H. J. M. Walenkamp-str.
J. M. v.d. Meylaan
J. C. v. Epenstr.
J. M. v. d. Meylaan
Th. K. van Lohuizenlaan
H. A. J. Baanderskade
Nieuwe-vaartkade
Nieuwe Vaart
Voorboezem
Zeeburgerpad
Lozingskanaal
Keerwal
Panamalaan
Bed Breakfast Boat
Zeeburgerdijk
Flevoparkweg
Zuider IJdijk
Zuiderzeeweg
Insulindeweg
Billitonstr.
Soenda-str.
Padang-str.
Lombok-str.
Djambistr.
Lampongstr.
Timor-pl.
Timorpl.
Borneostr.
Deli-str.
Bankastr.
Madurastr.
Madura-
Sumatra-
Molukkenstraat
Menado-str.
Niasstr.
Makassar-plein
Makassarstr.
Gorontalostr.
Ternate-str.
Kramatweg
Boeroestr.
Soembawastr.
Boetonstr.
Flevoweg
Java-pl.
Javastr.
Lang-katstr.
1e Ceram-str.
2e Ceram-str.
Ceram-pl.
Javaplantsoen
Indischebuurt
Balistr.
Eerste Atjehstr.
Tweede Atjehstr.
Riouw-str.
Haroe-koestr.
Insulindeweg
Batavia-str.
Celebesstr.
Nieuwe Diep
Blankenstr.

Seite 216/217: Schreierstoren und Sint Nicolaaskerk spiegeln sich im Wasser des Oosterdok.
Oben: Der Montelbaanstoren war einst ein Teil der Stadtbefestigung.

39 Rund um den alten Hafen

Auf den Spuren einer Seefahrernation

Seinen unaufhaltsamen wirtschaftlichen Aufstieg im Goldenen Zeitalter verdankte Amsterdam seinem Hafen. Von hier brachen Schiffe in aller Herren Länder auf und brachten wertvolle Handelswaren zurück, die den Reichtum der Stadt begründeten. Lagerhäuser, Werften und Kantorgebäude prägten lange das Bild des Hafenviertels. Heute setzen rund um das Wasser des Oosterdok Gebäude wie die neue Stadtbibliothek und das Museum NEMO moderne Akzente.

Zu Beginn des 16. Jahrhunderts lag östlich des mittelalterlichen Stadtkerns, außerhalb der Stadtmauern, das erste Werft- und Hafengebiet Amsterdams. Seinen Namen, Lastage, verdankte es dem Umstand, dass dort ein Kran stand, mit dem schwere Lasten an und von Bord der Schiffe gehievt wurden. Nachdem 1512 Geldernsche Truppen die Lastage überfielen, wurde entlang der heutigen Oude Schans eine Befestigungsanlage errichtet.

Montelbaanstoren – der Verrückte Jaap

Der 1516 errichtete Montelbaanstoren an der Einmündung der Waalseilandgracht in die Oude Schans war ein Teil dieser neuen Stadtbefestigung. Als im ausgehenden 16. Jahrhundert östlich der Lastage die künstlichen Inseln Uilenburg, Valkenburg und Rapenburg aufgeschüttet wurden, übersiedelten die Handwerksbetriebe dorthin; die Lastage wandelte sich zum Wohngebiet. Eine neue Stadtbefestigung – diesmal gegen drohende Angriffe der Spanier – umschloss das gesamte erweiterte Hafenareal, sodass der Montelbaansturm seine Funktion als Wachturm verlor. 1606 bekam der Turm eine Spitze im Renaissancestil und auch eine Turmuhr. Weil diese neue Uhr aber zu den ungewöhnlichsten Zeiten läutete, um dann wieder für Tage zu verstummen, hatte der Turm schnell den Spitznamen *Malle Jaap* (»Verrückter Jaap«) weg. Heute residiert hier die Stiftung Secret Garden, die sich um die Belange homosexueller Muslime kümmert.

Vereenigde Oost-Indische Compagnie

Im Jahr 1592 entsandte eine Gruppe von Amsterdamer Kaufleuten einen Mann namens Cornelis de Houtman (1565–1599) in geheimer Mission nach Lissabon. Bei dieser Reise handelte es sich um einen frühen Fall von Wirtschaftsspionage: Houtman sollte so viel wie möglich über die portugiesischen Handelsrouten in Erfahrung bringen. Portugal hatte zu dieser Zeit das Monopol auf den Handel mit exotischen Gewürzen. Bald nach Houtmans Rückkehr schickten ihn seine Auftraggeber erneut los, um den Seeweg nach Indien um das Kap der Guten Hoffnung herum zu erkunden und eigene Handelsbeziehungen anzuknüpfen. Mit vier Schiffen brach Houtman 1595 auf und kam 1598 nach einer langen und verlustreichen Reise tatsächlich mit einigen Fässchen Pfeffer wieder. Von den 249 Männern, die mit ihm aufgebrochen waren, kehrten nur 87 nach Amsterdam zurück.

Houtmans Reise war der Anfang vom Ende des portugiesischen Monopols. Schon 1602 bündelten mehrere bis dahin konkurrierende Handelsgesellschaften ihre Kräfte und Interessen, gründeten die

AUTORENTIPP!

KUNST IM ZEICHEN DES APFELS

Ein knallroter Apfel ist das appetitanregende Markenzeichen des Kunstzentrums de Appel. Die Geschichte dieser nicht-kommerziellen Institution für Gegenwartskunst begann 1975 in einem Lagerhaus namens »de Appel« an der Brouwersgracht. Nach mehreren Umzügen residiert de Appel seit 2012 in einem hochherrschaftlichen Haus am Hafenrand. De Appel ist eine der führenden Adressen vor allem für die Bereiche Performance, Installationen und Videokunst. Auf dem Programm stehen Ausstellungen, Lesungen und Performances. Im hauseigenen Verlag erscheinen Kunstbücher, außerdem gibt es ein Fortbildungsprogramm für angehende Kuratoren.

de Appel arts centre. Ausstellung: Di–Sa 12–20 Uhr, So 12–18 Uhr, Mo sowie 30. April, 25. Dez. und 1. Jan. geschl., Prins Hendrikkade 142, 1011 AT Amsterdam, Tel. 020/625 56 51, info@deappel.nl, www.deappel.nl

Oben: Das Scheepvaarthuis ist ein Glanzstück der Amsterdamer Schule.
Mitte: Auch am Ufer des Oosterdok sind zahlreiche Hausboote vertäut.
Unten: Das schwimmende Restaurant »Sea Palace«.

Vereenigde Oost-Indische Compagnie (VOC) und bauten systematisch ein umfangreiches Netz von Niederlassungen in Übersee auf. Amsterdam stieg rasch zur bedeutenden Handels- und Seemacht auf. Gegenüber der Einfahrt zum IJtunnel ist an der Prins Hendrikkade 176 noch ein Ensemble aus zwei doppelten VOC-Lagerhäusern aus dem frühen 17. Jahrhundert erhalten geblieben.

Scheepvaarthuis

Am Kopf des Waalseilands – genau an der Stelle, wo seinerzeit Houtmans erste Indienreise ihren Anfang nahm – ließen zwischen 1913 und 1916 sechs der wichtigsten Amsterdamer Schifffahrtsgesellschaften das Scheepvaarthuis als gemeinsames Bürogebäude errichten. Der Architekt Jan M. van der Mey (1878–1949) konzipierte den Komplex, der als erstes Gebäude im Stil der Amsterdamer Schule gilt, als Gesamtkunstwerk. Selbst die für die Fassaden verwendeten Backsteinsorten wurden eigens für diesen Bau entwickelt. Um für eine eventuelle Erweiterung gerüstet zu sein, brannte man eine große Menge Steine auf Vorrat. Der Anbau, der prompt in den Jahren 1926 bis 1928 folgte, fügte sich so nahtlos an den bestehenden Baukörper an.

Von der Prins Hendrikkade aus betrachtet wirkt der gewaltige Bau wie der Bug eines Ozeanriesen. Innen und außen beschwören unzählige Details die ruhmreiche Schifffahrtstradition Amsterdams herauf: Seepferde, Delfine, Anker, Schiffe, Muscheln und Kraken sind zu entdecken. Atemberaubend ist das zentrale Treppenhaus mit den riesigen Bleiglasfenstern. Nachdem 1981 die letzte Schifffahrtsgesellschaft den Komplex verließ, residierten hier die Städtischen Verkehrsbetriebe, bis 2007 das »Grand Hotel Amrâth« das prächtige Gebäude übernahm.

Sea Palace und Oosterdok

Folgt der breiten Piet Heinkade man vom Schifffahrtshaus aus am Oosterdok entlang stadtauswärts, passiert man mehrere Steiger, an denen Hausboote Seite an Seite liegen. Einige davon werden als Feriendomizil vermietet – zentraler und origineller kann man in Amsterdam kaum unterkommen. Abends sitzen die Bewohner gern mit einem Sundowner an Deck und genießen den herrlichen Panoramablick von der mächtigen Sint Nicolaaskerk bis zum Wissenschaftsmuseum NEMO (s. S. 226).

Jenseits des Wassers zieht ein buntes dreistöckiges Gebäude mit Pagodendächern, das nachts im Schein unzähliger Lämpchen glitzert, die Blicke auf sich. Der Sea Palace war bei seiner Eröffnung im Jahre 1984 das erste schwimmende China-Restaurant in Europa. Dahinter bildet die neuzeitliche Bebauung des Oosterdokeilands einen sachlich-modernen Kontrast. Highlights sind die neue Stadtbibliothek und der schlanke gläserne Kubus des Amsterdamer Konservatoriums gleich daneben. Bei letzterem liegen die Konzertsäle und Probenräume innen, sodass innen wie außen die nötige Ruhe gegeben ist.

Am alten Hafenrand hat das renommierte Kunstzentrum de Appel in einem vornehmen historischen Gebäude ein neues Domizil gefunden. Im Souterrain liegt das angesagte Restaurant »Moes«. Jeden ersten Montag im Monat ist hier zwischen 18 und 22 Uhr *meatless monday*; die Gäste entscheiden dann selbst, wie viel sie für das vegetarische Drei-Gänge-Menü bezahlen wollen. Überquert man einige Schritte weiter die hier mündende Oudeschans, steht man vor dem 1644 erbauten West-Indisch Pakhuis. Hier wurden einst die Schiffe der West-Indischen Compagnie ausgerüstet, heute hat hier die Verwaltung einer Kaffeehauskette ihre Büros.

AUTORENTIPP!

BIBLIOTHEK MIT AUSSICHT

Am 7.7.2007 öffneten sich die Türen der neuen Zentralbibliothek (OBA) auf dem Oosterdokseiland zum ersten Mal für das Publikum. Seitdem kommen im Durchschnitt 5000 Besucher am Tag. Mit 28 000 Quadratmetern ist die OBA die größte Bibliothek der Niederlande, bietet anderthalb Millionen Büchern, Filmen und Zeitschriften Platz und verfügt über mehr als 1000 Sitzplätze und knapp 500 Internetcomputer. Im Inneren des imposanten Gebäudes erwartet den Besucher Design vom Feinsten: Kreisförmige Regale, kugelige Sessel, raffiniert beleuchtete Rolltreppen. Der buchstäbliche Höhepunkt ist die 7. Etage: Hier gibt's ein Theater mit 250 Plätzen und ein Selbstbedienungsrestaurant. Von der Dachterrasse aus hat man einen Blick über die ganze Stadt.

Centrale Openbare Bibliotheek Amsterdam. Tgl. 10–22 Uhr, Oosterdokskade 143, 1011 DL Amsterdam, Tel. 020/523 09 00, www.oba.nl

Oben: Im Alten Hafen kann man traditionelle Boote bewundern.
Unten: Eine moderne Fußgängerbrücke überspannt das alte Hafenbecken.

Amsterdam Centre for Architecture

Wer sich für moderne Architektur begeistert, ist im ARCAM (Amsterdam Centre for Architecture) an der richtigen Adresse. Schon das 2003 fertiggestellte Gebäude, in dem das Institut selbst residiert, ist sehenswert. Der markante freistehende Pavillon liegt direkt am Wasser, zwischen der Einfahrt zum IJtunnel und dem Schifffahrtsmuseum. Das von René van Zuuk (*1962) entworfene skulpturale Gebäude besteht aus riesigen Glasflächen, umhüllt von einer rasant geschwungenen Aluminiumhaut. Architekturfans bekommen hier Tipps und Infos zu besonders interessanten modernen Gebäuden. Spaziert man dann weiter Richtung NEMO, kann man am Tunnelpier eine Anzahl historischer Schiffe bewundern, die die Mitglieder der Vereniging Museumhaven Amsterdam dort liebevoll pflegen und instandhalten.

Infos und Adressen

SEHENSWÜRDIGKEIT

Montelbaanstoren. Der Turm ist Sitz der Stiftung Secret Garden und kann nicht besichtigt werden. Oudeschans 2, 1011 KX Amsterdam, www.stichtingsecretgarden.nl

ESSEN UND TRINKEN

Hemelse Modder. Der namensgebende »himmlische Matsch« ist ein köstliches Schokoladendessert... Reservieren ratsam! Tgl. ab 18 Uhr, Oude Waal 11, 1011 BZ Amsterdam, Tel. 020/624 32 03, www.hemelsemodder.nl

Moes. Stylishes Café im Kunstzentrum de Appel. Di-Sa 11–1 Uhr, So 11–19 Uhr, Prins Hendrikkade 142, 1011 AT Amsterdam, Tel. 020/623 54 77, reserveren@totmoes.nl, www.totmoes.nl

Restaurant Lastage. Ein Michelinstern, akzeptable Preise – unbedingt reservieren! Mi–So ab 18.30 Uhr, Geldersekade 29, 1011 EJ Amsterdam, Tel. 020/737 08 11, info@restaurantlastage.nl, www.restaurantlastage.nl

Amsterdam, wir kommen!

Im Architekturzentrum ARCAM

Sea Palace. Schwimmendes China-Restaurant. Tgl. 12–23 Uhr, Oosterdokskade 8, 1011 AE Amsterdam, Tel. 020/626 47 77, info@seapalace.nl, www.seapalace.nl

ÜBERNACHTEN

BoatForRent Amsterdam. Vom Pärchen bis zur Großfamilie findet hier jeder das passende Hausboot am Ufer des Oosterdok. Buchung und Infos unter www.boatforrentamsterdam.com oder per Email info@boatforrentamsterdam.com

Grand Hotel Amrâth im Scheepvaarthuis. Fünf-Sterne-Luxushotel im Scheepvaarthuis. Sonntags 11 Uhr bietet das Museum Het Schip hier eine Führung an (nur nach Voranmeldung). Info/Anmeldung über Het Schip, Tel. 020/418 28 85, www.hetschip.nl (Rondleidingen) Prins Hendrikkade 108, 1011 AK Amsterdam, Tel. 020/552 00 00, info@amrathamsterdam.com, www.amrathamsterdam.com

AKTIVITÄTEN

Conservatorium van Amsterdam. Mit abwechslungsreichem Konzertprogramm begeistert es die Besucher. Oosterdokskade 151, 1070 LP Amsterdam, conservatorium.@ahk.nl, www.ahk.nl/conservatorium

ARCAM. Das Architekturzentrum bietet Führungen und Ausstellungen an. Di–Sa 13–17 Uhr, Prins Hendrikkade 600, 1011 VX Amsterdam, Tel. 020/620 48 78, arcam@arcam.nl, www.arcam.nl

40 Museum NEMO
Wissenschaften zum Anfassen

Das Wissenschaftsmuseum richtet sich in erster Linie an Kinder. Doch die spannenden Ausstellungen, Experimente und technischen Spielereien machen nicht nur den Kleinen Spaß – hier kommen auch die Großen auf ihre Kosten. Denn für dieses Museum gilt, was in anderen völlig undenkbar wäre: Anfassen und ausprobieren ist hier nicht nur erlaubt, sondern ausdrücklich erwünscht.

Oben: Wie funktioniert denn das? Hier darf man's ausprobieren!
Unten: Der Aufstieg zur Dachterrasse wird mit einer herrlichen Aussicht belohnt.

Das Museumsgebäude des Wissenschaftszentrums NEMO thront über der Einfahrt zum IJtunnel und nutzt diesen zum Teil als Fundament. Durch den 1968 eröffneten vierspurigen Tunnel, der das Stadtzentrum mit dem Stadtteil Noord jenseits des IJ verbindet, rollen täglich tausende von Autos.

Architektur des Museums

Das Gebäude des NEMO war bei seiner Fertigstellung 1997 eines der ersten architektonischen Highlights in der projektierten Neubebauung des

MAL EHRLICH

WISSENSCHAFT ZUM ANFASSEN
Kinder können hier Naturwissenschaft und Technik buchstäblich be-greifen. Das macht Spaß und vermittelt spielerisch und anschaulich allerlei Wissenswertes – kein Wunder also, dass das Museum ein beliebtes Ausflugsziel ist. Am besten kommt man möglichst früh: Morgens hält sich der Andrang noch halbwegs in Grenzen, ab mittags, am Wochenende und in den Ferien wird es hier sehr schnell ziemlich voll und dann auch recht laut.

Wie ein riesiges Schiff liegt das Museum NEMO im alten Hafen.

IJ-Ufers. Der renommierte Architekt Renzo Piano entwarf einen kompakten Baukörper, dessen Fassade sich zum IJ hin wie ein Schiffsbug rundet. Sie ist mit oxydierten Kupferplatten verkleidet, deren leuchtendes Grün den Bau zu einer weithin sichtbaren Landmarke macht. Die schräg ansteigende Silhouette des Komplexes soll den Verlauf des Tunnels widerspiegeln, der ebenso schräg hinabführt.

Seit Königin Beatrix den spektakulären Bau eröffnete, finden hier Kinder aller Altersgruppen Antworten auf Fragen wie: Passt ein Mensch in eine Seifenblase? Wie kommen Emails von hier nach da? Worauf muss man beim Bau eines Staudamms achten? Und wie lang ist die DNA eines einzelnen Chromosoms, wenn man sie abwickelt? Das Beste daran ist: Vieles kann und muss man selbst ausprobieren. Die Erklärungen und Beschriftungen gibt es in niederländischer und in englischer Sprache.

Wasseruhr und Bällefabrik

Schon im Eingangsbereich empfängt die Besucher ein bizarrer Aufbau aus gläsernen Kolben und Röhren, der sich als flüssigkeitsbetriebene Uhr

AUTORENTIPP!

PANORAMA ZUM NULLTARIF

Die ansteigende Dachfläche ist als Piazza, als innerstädtischer Treffpunkt, konzipiert. Von hier hat man einen sagenhaften Blick über die ganze Stadt. In der Regel ist die Dachterrasse während der Museumsöffnungszeiten geöffnet und auch unabhängig von einem Museumsbesuch kostenlos zugänglich. Sobald die Sonne scheint, strömen 4000 Liter Wasser in den riesigen Wasserspielplatz auf dem Dach. Wer wasserliebende Kinder hat, sollte auf jeden Fall Wechselkleidung und ein Handtuch mitnehmen! Zwei Sandkästen machen das Kinderparadies perfekt, für die Eltern gibt's im Café »Dek 5« einen Kaffee mit Aussicht.

NEMO Dachterrasse. Di–So 10–17 Uhr, während der holländischen Schulferien, Silvester, bei besonderen Veranstaltungen und extrem schlechtem Wetter geschl., Eintritt frei.

Oben: Spannende Einblicke für junge und ältere Forschernaturen
Unten: Kleine Entdecker ganz groß!

entpuppt. Im ersten Stock macht eine »Weltraumdusche« kosmische Strahlung sichtbar; die Abteilung »Codename: DNA« lädt zu einer Reise durch den eigenen Körper ein und die »Age Machine« gibt einen Vorgeschmack darauf, wie man wohl in 30 Jahren aussehen wird. Ein beliebter Klassiker ist die Kettenreaktions-Show, die mehrmals am Tag stattfindet und in der unter anderem ein fahrbarer Bürostuhl, platzende Luftballons und fallende Steine eine wichtige Rolle spielen.

Auf dem zweiten Deck gilt es, in der Bällefabrik knifflige Logistikaufgaben zu lösen; außerdem kann man hier selbst Wasser aufbereiten, in der Abteilung mit den technischen Konstruktionen mit schwankenden Wolkenkratzern experimentieren und im Bereich »Suche nach Leben« die chemische Zusammensetzung des eigenen Körpers berechnen. Im dritten Stock heißt es: Laborkittel an, Schutzbrille auf und ab ins NEMO Wonder Lab, wo aus Kartoffeln Kleber hergestellt oder das Vitamin C in einer Apfelsine sichtbar gemacht wird. Elektra, einer der größten humanoiden Roboter Europas, heißt die Gäste in der Abteilung »You, me, Electricity« willkommen.

Museum für Teenager

Auf Teenager ist die Ausstellung »Teen Facts« zugeschnitten, die die körperliche Entwicklung, das Gefühlschaos während der Pubertät und die erwachende Sexualität zum Thema hat. Dabei wird kein Blatt vor den Mund genommen und ist für jüngere Geschwister möglicherweise (noch) nicht so geeignet. Als krönenden Abschluss gibt es schließlich im vierten Deck eine Reise durch den menschlichen Geist. Hier kann man mit einer speziellen Software seinen Gesichtsausdruck analysieren lassen und sich einen Eindruck davon verschaffen, was sich im Gehirn so alles abspielt.

Infos und Adressen

ESSEN UND TRINKEN

Greetje. Traditionelle niederländische Gerichte aus frischen Bio-Zutaten, in charmant-altmodischem Ambiente mit tollem Blick auf den Montelbaanstoren. Reservierung erforderlich! Tgl. 18–22 Uhr, Sa bis 23 Uhr, Peperstraat 23–25, 1011 TJ Amsterdam, Tel. 020/778 74 50, info@restaurantgreetje.nl, www.restaurantgreetje.nl

ÜBERNACHTEN

TownHouse Inn. Das moderne Bed & Breakfast in einem schönen alten Grachtenhaus ist nur auf erwachsene Gäste (ab 18) eingestellt. Die modern eingerichteten Zimmer verfügen über freien Internetzugang und einen kleinen Kühlschrank. Vorsicht, steile Treppen! Schippersgracht 12, 1011 TS Amsterdam, Kontakt/Buchung über www.townhouse-inn.com

INFORMATION

Science Center NEMO. Das Mitmach- und Ausprobiermuseum macht allen großen und kleinen Menschen Spaß. Das familienfreundliche und behindertengerechte Science Center hat Wickelräume und Behindertentoiletten auf jeder Etage. Für 50 Cent kann man ein Schließfach mieten und hat dann in der Ausstellung die Hände frei. Ein echtes Highlight ist der Museumsshop, der neben Experimentierkästen und anderem Entdeckerspielzeug auch ein Selbermach-Set für Riesenseifenblasen führt. Wer sich Wartezeiten ersparen möchte, kann die Eintrittskarten vorab online kaufen. Di–So 10–17 Uhr, während der niederländischen Schulferien und im Juni, Juli und August auch Mo geöffnet, am 1. Jan., 25. Dez. und Koningsdag geschl. Oosterdok 2, 1011 VX Amsterdam, Info-Tel. 0900/91 91 100, info@e-NEMO.nl, www.e-NEMO.nl

Sieht so die mobile Zukunft aus?

Oben: Der ehemalige Freihafen ist heute ein beliebtes Wohnquartier. **Unten:** Von der Caféterrasse aus sieht man jenseits des Wassers den Zoo Artis.

41 Kadijken und Entrepotdok

Wohnen im Werftenviertel

Eine ehemalige Schleuse teilt die Kadijken in eine größere westliche und eine kleinere östliche Insel. Die beiden gegenüber der Plantage liegenden Inseln wurden Mitte des 17. Jahrhunderts angelegt. Zuvor verlief dort ein Sommerdeich (*kadijk*), der erhöht und verbreitert wurde. Lange prägten Werften und Lagerhäuser das Bild. Heute stehen viele Gebäude unter Denkmalschutz und die Kadijken sind ein beliebtes Wohngebiet.

Ab Mitte des 17. Jahrhunderts siedelten sich auf dem Uferstreifen entlang der Nieuwe Vaart zahlreiche Werften an. Um die Jahrhundertwende waren es noch 30, 1970 nur noch zwei. Eine davon ist die Museumswerft 't Kromhout. Hier wurden ab 1757 Segel-, ab Mitte des 19. Jahrhunderts dann Dampfschiffe gebaut. Die beiden Werfthallen in Stahlbaukonstruktion waren ursprünglich Teil der Weltausstellung 1895 auf dem Museumplein und wurden erst später hierher verlegt. In der einen ist bis heute eine Werft. Die andere beherbergt seit 1973 das Kromhoutmuseum.

Das Entrepotdok

Am Ufer des heutigen Entrepotdok entstanden zu Beginn des 18. Jahrhunderts die ersten Lagerhäuser. Um den durch internationale Konkurrenz angeschlagenen Amsterdamer Handel zu unterstützen, wurde hier 1827 ein Rijks-Entrepot eingerichtet, ein zollfreier Umschlagplatz für Güter im Transithandel. Den Komplex umschloss eine Mauer, der einzige Zugang war das Torgebäude am Kadijksplein. Gleich links daneben steht ein kleines Häuschen mit einer gelb-roten Klinkerfassade: Hier, im »Koffiehuis van den Volksbond«, bekamen im 19. Jahrhundert die Hafenarbeiter verbilligten Kaffee und andere warme Getränke – so sollte der Alkoholismus eingedämmt werden.

Das Entrepot wurde ab 1830 um weitere Lagerhäuser erweitert. Bis zur Entrepotschleuse tragen sie die Namen von niederländischen und belgischen Handelsstädten, jenseits davon liegen die nach den Monaten benannten *Kalenderpanden*. Mit einer Länge von 800 Metern und fast hundert Packhäusern war das Lagerhausensemble schließlich das größte in ganz Europa. Doch um die Jahrhundertwende löste ein neues Entrepotdok am Cruquiusweg das alte ab. In den 1980er-Jahren wurden die Speicherhäuser teils in Sozial-, teils in luxuriöse Eigentumswohnungen umgewandelt. Am östlichen Ende der Zeile entstand auf und aus einem alten Gebäude der Elektrizitätswerke der moderne Wohn- und Bürokomplex Aquartis.

Bier unter Windmühlenflügeln

Noch weiter östlich zieht sich entlang der Sarphatistraat die stolze 278 Meter lange Fassade der ehemaligen Oranje-Nassau-Kaserne (1814), die heute Büros und Wohnungen beherbergt. Kaum war sie fertig, zogen die Franzosen schon wieder ab. Die neue Kaserne nahm der nahegelegenen Mühle De Gooyer (1725) buchstäblich den Wind aus den Segeln – darum wurde diese kurzerhand an die Funenkade versetzt. In einem ehemaligen Badehaus gleich daneben liegt die »Brouwerij 't IJ«. Der Musiker Kasper Peterson gründete sie Mitte der 1980er-Jahre, weil ihm auf Tourneen das belgische Bier so gut schmeckte. Im Lokal und auf der großen Terrasse kann man die IJ-Biere verkosten und auch lecker essen.

Die Windmühle De Gooyer

Infos und Adressen

SEHENSWÜRDIGKEITEN

Molen de Gooyer. Alte Windmühle neben der Brauerei, nicht zu besichtigen. Funenkade 5, 1018 AL Amsterdam.

Museum 't Kromhout. Schiffsantriebe von der Dampfmaschine bis zum Dieselmotor... Di 10–15 Uhr, Mai–Sept. auch am 1. und 3. So im Monat 12–16 Uhr, Hoogte Kadijk 147, 1018 BJ Amsterdam, Tel. 020/627 67 77, www.kromhoutmotorenmuseum.nl

ESSEN UND TRINKEN

Brouwerij 't IJ. Leckere Biere im alten Badehaus. Tgl. 14–20 Uhr, Funenkade 7, 1018 AL Amsterdam, Tel. 020/320 17 86, www.brouwerijhetij.nl

Koffiehuis van den Volksbond. Einst Arbeitertreff, jetzt ein beliebtes Nachbarschaftslokal. Tgl. 18–22 Uhr, Kadijksplein 4, 1018 AB Amsterdam, Tel. 020/622 12 09, mickey@koffiehuisvandenvolksbond.nl, www.koffiehuisvandenvolksbond.nl

Paerz. Gehobene Küche im alten Speicherhaus. Mi–So ab 12 Uhr, Abendessen ab 18 Uhr, Entrepotdok 64, 1018 AD Amsterdam, Tel. 020/623 22 06, www.paerz.nl

Oben: Moderne Technik in historischem Rahmen
Unten: Das Schifffahrtsmuseum bekam eine neue, filigrane Kuppel.

42 Oostelijke Eilanden: Kattenburg, Wittenburg und Oostenburg

Vom Werftterrain zum Lebensraum

Die Oostelijke Eilanden (»Östliche Inseln«) Kattenburg, Wittenburg und Oostenburg wurden im Rahmen einer großen Stadterweiterung Mitte des 17. Jahrhunderts angelegt. Das runderneuerte Schifffahrtsmuseum ist heute einer der Hauptanziehungspunkte in diesem früheren Werft- und Industriegebiet, dem die Marine und die Vereenigde Oost-Indische Kompagnie ihren Stempel aufdrückten.

Kattenburg, die westlichste der Inseln, war zunächst als Festungsinsel Teil des Verteidigungsrings. Vom 17. Jahrhundert an nutzte erst die Amsterdamer Admiralität, danach die nationale Marine den gesamten Westteil der Insel. Nachdem das Verteidigungsministerium beschloss, den Stützpunkt aufzugeben, ist die Zukunft des Geländes derzeit noch offen. Östlich der Kattenburgerstraat prägten lange Zeit enge Sträßchen mit kleinen Häusern das Bild. Sie wurden in den 1960er-Jahren komplett abgerissen und durch Neubauten ersetzt.

Das frühere Arsenal

Die Amsterdamer Admiralität beauftragte Daniël Stalpaert (1615–1676) mit dem Bau eines riesigen Arsenals (1656), um dort Segel, Schiffsausrüstung und Kanonen zu lagern. Die Tonnengewölbe unter dem Innenhof dienten als Regenwasserzisterne für die Trinkwasserversorgung der Kriegsflotte. Die Marine nutzte das imposante Gebäude, bis 1973 das Schifffahrtsmuseum einzog. Nach einem vier Jahre dauernden und 58 Millionen Euro teuren Umbau wurde das Museum 2011 feierlich wiedereröffnet. Das neue Glanzlicht des liebevoll restaurierten Gebäudes ist die filigrane selbsttragende Glaskuppel, die den ehemaligen Innenhof überspannt. Die Exponate – Gemälde von Seeschlachten, Galionsfiguren und nautische Instrumente – zeichnen ein beeindruckendes Panaroma aus 500 Jahren Seefahrtsgeschichte, insbesondere des Goldenen Zeitalters. In der Ausstellung »Haven 24/7« kann man das Geschehen im Amsterdamer Hafen wie aus einem Frachtcontainer heraus erleben. Hochinteressant ist auch ein Besuch an Bord des Ostindienseglers, der draußen am Steg des Museums liegt. Dabei handelt es sich um den originalgetreuen Nachbau des VOC-Schiffs Amsterdam, das 1749 auf seiner ersten Reise sank.

Die Oosterkerk auf Wittenburg

Wittenburg, die mittlere der Inseln, war von Anfang an als Standort für Werften und Arbeiterwohnungen bestimmt. Die Inseln wurden hauptsächlich von Protestanten bewohnt, für die 1669 bis 1671 in zentraler Lage – auf der Insel Wittenburg, direkt an der Nieuwe Vaart – eine steinerne Kirche errichtet wurde. Die Oosterkerk komplettiert die vier »Himmelsrichtungskirchen« in Amsterdam. Die Kirche, ebenfalls nach Plänen des Stadtbaumeisters Daniël Stalpaert errichtet, hat die Form eines gleicharmigen Kreuzes. Am Giebel der Kirche erinnert ein Relief an die Binnenschiffer, die während des Hungerwinters 1944/45 Lebensmittelspenden aus Friesland auf die Inseln schmuggelten.

1962 fand in der Oosterkerk der letzte Gottesdienst statt, später wurde die Kirche zum Nachbarschaftszentrum. Der Vertrag mit dem derzeitigen Betreiber läuft 2013 aus. Auf der Wittenbur-

AUTORENTIPP!

FRISCH GERÄUCHERTE LECKEREIEN

Wenn man den kleinen Laden betritt, steigt einem schon dieser Duft in die Nase: Gleich hinter dem Geschäft liegt die Räucherei, in der hochwertiger Fisch und Fleisch aus nachhaltiger Tierhaltung auf traditionelle Weise geräuchert werden. Dafür braucht man Salz, Holz, Feuer und Geduld, sagt der Inhaber, der Besucher auch gern durch die Räucherei führt, wenn gerade nicht so viel Betrieb ist. Die hausgemachten Köstlichkeiten kann man hier kaufen oder auch gleich vor Ort probieren: An den kleinen Holztischchen werden leckere *Broodjes* mit frisch geräuchertem Lachs oder Wildschweinschinken serviert, dazu gibt's ein Glas Weißwein.

Frank's Smoke House. Mo 9–16 Uhr, Di–Fr 9–18 Uhr, Sa 9–17 Uhr, So geschl., Wittenburgergracht 303, 1018 ZL Amsterdam, Tel. 020/670 07 74, info@smokehouse.nl, www.smokehouse.nl

Oben: Das Museum bringt den Besuchern die Geschichte der Seefahrt nahe.
Unten: Der Nachbau eines Ostindien-Seglers liegt am Museumssteg.

gervaart, gleich neben der Ezelsbrug (»Eselsbrücke«), die zur Insel Oostenburg hinüberführt, liegt ein Schiff aus Autoreifen, das der Künstler Robert Jasper Grootveld (1932–2009) 1972 im Auftrag der Stadt für einen Kinderspielplatz entwarf.

VOC-Insel Oostenburg

Als die östlichen Inseln angelegt wurden, kaufte die Vereenigde Oost-Indische Compagnie (VOC) den größten Teil von Oostenburg und baute hier Lagerhäuser, eine Seilerei und eine Werft, in der der russische Zar Peter der Große (1672–1725) im Jahr 1697 einige Monate lang hospitierte. An der Oostenburgergracht ist das Vorgebäude der VOC-Seilerbahn erhalten geblieben. Hier ist heute die Stiftung Werktheater beheimatet. Das 1720 errichtete VOC-Magazin, am Rande des Oostenburgerparks an der Oostenburgervaart gelegen, wurde ab 1827 von einer Dampfmaschinenfabrik genutzt und in den 1990er-Jahren zu Wohnungen umgebaut. Auf einem weiteren ehemaligen Industrieterrain zwischen Isaac Titsinghkade und Oostenburgermiddenstraat entstand das markante INIT-Gebäude, eine Art Stadt unter Glas, in der unter anderem die Redaktion der bekannten Tageszeitung *Hat Parool* ihre Räume hat.

Infos und Adressen

SEHENSWÜRDIGKEITEN

Het Scheepvaartmuseum. Nach einem umfassenden Umbau präsentiert sich das Schifffahrtsmuseum in neuem Glanz. Tgl. 9–17 Uhr, Koningsdag, 25. Dez. und 1. Jan. geschl., Kattenburgerplein 1, 1018 KK Amsterdam, Tel. 020/523 22 22, info@hetscheepvaartmuseum.nl, www.hetscheepvaartmuseum.nl

Oosterkerk. Die alte Kirche diente lange als Nachbarschafts- und Veranstaltungszentrum. Kleine Wittenburgerstraat 1, 1018 LS Amsterdam, Tel. 020/627 22 80, beheer@oosterkerk-amsterdam.nl, www.oosterkerk-amsterdam.nl

ESSEN UND TRINKEN

Restaurant Stalpaert. Das hell und modern eingerichtete Museumscafe des Scheepvaartmuseum bietet durch große Fenster einen schönen Blick aufs Wasser. Tgl. 10–17 Uhr, Koningsdag, 25. Dez. und 1. Jan. geschl., Kattenburgerplein 1, 1018 KK Amsterdam.

Roest. Im nur minimal hergerichteten Kaltgasgebäude einer alten Maschinenfabrik eröffnete im Sommer 2011 ein Café mit Film-, Theater- und

Schiffsmodelle mit voller Beseglung

Festivalprogramm und eigenem (angeschütteten) Sandstrand. Mo–Do 11–1 Uhr, Fr 16–3 Uhr, Sa 11–3 Uhr, So 11–1 Uhr, Czaar Peterstraat 213-B (Jacob Bontiusplaats/ Wittenburgervaart), 1018 PL Amsterdam, Tel. 020/308 02 83, info@amsterdamroest.nl, www.amsterdamroest.nl

AKTIVITÄTEN

Stichting het Werktheater. Die Theaterstiftung bringt im Gebäude einer ehemaligen Seilerbahn moderne Produktionen in niederländischer Sprache auf die Bühne. Oostenburgergracht 75, 1018 NC Amsterdam, Tel. 020/627 02 96, info@werktheater.com, www.werktheater.com

Der Stadtstrand am Café »Roest«

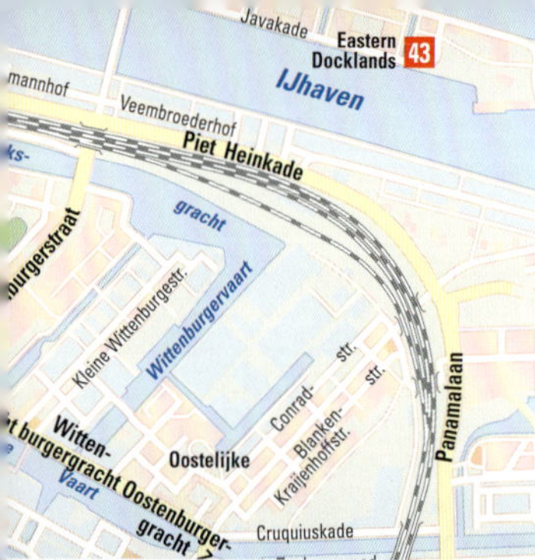

Oben: Das moderne Passagierterminal am IJ zieht alle Blicke auf sich.
Unten: Die schwungvolle Pythonbrug verbindet die Inseln Sporenburg und Borneo.

43 Oostelijk Havengebied

Spaziergang durch die Docklands von Amsterdam

Als im ausgehenden 19. Jahrhundert die Oostelijke Handelskade und die anderen östlichen Hafeninseln angelegt wurden, bekam Amsterdam erstmals einen Tiefwasserhafen. Rund 200 Jahre später wanderte der Hafenbetrieb in den Westen der Stadt ab. Die alten Lagerhäuser und die Kaianlagen verfielen. Doch seit in den 1990er-Jahren die Stadtplaner die Gegend wiederentdeckten, hat das ehemalige Hafengelände eine steile Karriere hingelegt.

Dem Neubau des Hauptbahnhofs musste in der zweiten Hälfte des 19. Jahrhunderts der bisherige Amsterdamer Hafen weichen. Ein Stück weiter östlich enstand ein neues Hafenareal aus künstlichen (Halb-)Inseln, wo dank der Wassertiefe nun auch Ozeanriesen anlegen konnten. Zu seiner Blütezeit zwischen den beiden Weltkriegen war dieser Hafen die Drehscheibe des Handels mit Amerika und Asien. Tausende von Auswanderern aus

MAL EHRLICH

AMSTERDAM IST »DUURZAAM«

Nachhaltigkeit und Umweltschutz werden in Amsterdam groß geschrieben. Unter dem Oberbegriff »Duurzaamheid« hat die Stadt 2011 ein Programm aufgelegt, das unter anderem eine massive Reduzierung des Kohlendioxid-Ausstoßes und die Förderung umweltfreundlicher Verkehrskonzepte in der »Fahrradhauptstadt« vorsieht. Es wäre schön, wenn neben Firmen und Anwohnern auch alle Besucher in das Programm mit einbezogen würden.

ganz Europa schifften sich von hier nach Übersee ein. Doch nach dem Zweiten Weltkrieg machten Flugzeuge den Passagierschiffen Konkurrenz, der Frachtverkehr verlagerte sich in den neuen Containerhafen. Ab den 1970er-Jahren verfiel der östliche Hafen langsam. Doch dann engagierte die Stadt eine Reihe renommierter Stadtplaner und Architekten, um das Niemandsland zu neuem Leben zu erwecken. Heute sind die östlichen Hafeninseln ein äußerst beliebtes Wohnquartier und ziehen mit ihrer einzigartigen Bebauung Architekturbegeisterte aus aller Welt an.

Oostelijke Handelskade

Die Revitalisierung des östlichen Hafengebiets bescherte der Stadt einige neue Landmarken, etwa das 2005 eröffnete Muziekgebouw aan 't IJ, ein avantgardistisches und ziemlich transparentes Konzertgebäude, entworfen vom dänischen Architekturbüro 3xNielsen. Das vielfältige, manchmal ebenso kühne Konzertprogramm umfasst klassische, zeitgenössische und Weltmusik. Dank beweglicher Decke und Wände kann der große Saal flexibel umgestaltet werden. Wie eine schwarze Schachtel ragt aus dem lichten Muziekgebouw seitlich das Bimhuis heraus, eine 1974 gegründete, international renommierte Jazzbühne. An der Oostelijke Handelskade machten früher große Passagierdampfer fest. Arme Auswanderer, die auf eine Passage warteten, wurden in dem riesigen Gebäude (1921) des Koninklijke Hollandsche Lloyd untergebracht. Inzwischen beherbergt der Bau ein außergewöhnliches Hotel (s. Autorentipp). An dem im Jahr 2000 eröffneten neuen Passagierterminal mit dem elegant geschwungenen Dach legen heute moderne Kreuzfahrtschiffe an. Strategisch günstig liegt hier der Designladen »thinking of holland« mit modernen Souvenirs und anderen netten Geschenkideen.

AUTORENTIPP!

WO EINST DIE AUSWANDERER WOHNTEN

Die Schiffahrtsgesellschaft Koninklijke Hollandsche Lloyd (KHL) ging mit diesem Prestigeobjekt auf Kundenfang. Das 1921 eröffnete Haus bot Schlafgelegenheiten für bis zu 900 Menschen. Tausende von Auswanderern warteten hier auf ihre Passage in ein neues Leben. 1936 ging die KHL Pleite. Der geschichtsträchtige Monumentalbau diente lange als Gefängnis, bis er nach umfangreicher Renovierung 2004 als Hotel wiedereröffnet wurde. Das neue »Lloyd Hotel« bietet vom schlichten Nachtlager ohne eigenes Bad bis zur luxuriösen Fünf-Sterne-Unterkunft alles unter einem Dach. Die 117 hellen Zimmer wurden von niederländischen Designern individuell gestaltetet. Bestandteil des Konzepts ist das vielseitige Kultur- und Veranstaltungsprogramm, das unter der Überschrift *Culturele Ambassade Amsterdam* (»Kulturbotschaft Amsterdam«) hier organisiert wird.

Lloyd Hotel. Oostelijke Handelskade 34, 1019 BN Amsterdam, Tel. 020/561 36 36, post@lloydhotel.com, www.lloydhotel.com

KNSM-Eiland: Wohnblock Barcelona

AUTORENTIPP!

EINE CHANCE FÜR JUNGE MENSCHEN

Wie in seinem Londoner Restaurant verbindet Starkoch Jamie Oliver auch in seiner Amsterdamer Dependance das Kulinarische mit dem Sozialen. Jedes Jahr erhalten zwischen 15 und 20 arbeitslose Jugendliche hier eine Ausbildung in der Gastronomie. Die Speisekarte hat einen deutlich italienischen Einschlag; in der vom Gastraum aus einsehbaren Küche wird alles frisch zubereitet und zwar gemäß Jamie Olivers Devise: No nonsense! Die Zutaten stammen überwiegend aus biologischem Anbau. Helle Böden, eine rustikale Balkendecke und Wandpaneele im Graffiti-Dekor zaubern eine anregende, unkonventionelle Atmosphäre. Bei Jamie Olivers Azubis is(s)t man in guten Händen.

Fifteen Amsterdam. Mo–Sa 12–15 Uhr, 17.30–22 Uhr Restaurant; sonst bis 1 Uhr, Jollemanhof 9, 1019 GW Amsterdam, Tel. 020/509 50 15, info@fifteen.nl, www.fifteen.nl

»Kultur«-Packhaus Wilhelmina

Viele alte Lagerhäuser sind zu schicken Wohnungen umgebaut worden. Manche, wie das jetzige »Kultur«-Packhaus Wilhelmina (1892), werden von benachbarten Neubauten teils umrahmt, teils fast erdrückt. Die Rampe der 2001 eröffneten Jan Schaeferbrücke über den IJ-Hafen führt sogar mitten durch das 1934 errichtete Kühlhaus »de Zwijger«, in dem sich jetzt ein Café und Arbeitsräume für Kulturschaffende befinden. Unweit davon lockt der angesagte Nachtclub »Panama« in einem Kraftwerk (1885), das einst den Strom für die Hafenkräne lieferte. Einen optischen Schlussakkord setzt ganz im Osten der 20 Stockwerke hohe Wohnblock Ijtoren (1998).

Java- und KNSM-Eiland

Java und KNSM begannen ihre Karriere als Wellenbrecher und wurden später zu Inseln verbreitert. Bei der Neubebauung schwebte Planer Sjoerd Soeters für Java eine moderne Version des alten Grachtencharmes vor. Die langen, höheren Häuserriegel entlang der Wasserseiten werden durch vier Quergrachten unterteilt. Junge Architekten entwarfen individuell gestaltete Häuser entlang dieser Kanäle. Verspielte Fahrrad- und Fußgängerbrückchen komplettieren das neuzeitliche Idyll. Java ist die grünste der Hafeninseln; die neue Wohnbebauung gruppiert sich um mehrere große begrünte Plätze. An der Westspitze steht das Denkmal *Der Seemann im Ausguck*, das eine früher auf Javaeiland ansässige Reederei 1950 zur Erinnerung an ihre im Zweiten Weltkrieg gefallenen Angestellten stiftete.
Am Azartplein beginnt die von riesigen Gebäudekomplexen geprägte Bebauung des KNSM-Eiland, das seinen Namen der einst hier ansässigen Koninklijke Nederlandsche Stoomboot Maatschappij, der Königlich-Niederländischen Dampfschifffahrtsgesellschaft verdankt. In deren Loods (Ha-

Spaziergang durch das Oostelijk Havengebied

Die östlichen Hafeninseln sind vor allem für Fans moderner Architektur ein wahres Schlaraffenland.

Ⓐ **Muziektheater aan 't IJ** – Rundum beeindruckend thront das Konzerthaus über dem Wasser.

Ⓑ **Passagierterminal**

Ⓒ **Packhaus de Zwijger** – Quer durch das Gebäude führt die Jan-Schaefer-Brücke zum Javaeiland – tolle Aussicht inklusive.

Ⓓ **De Zeeman op de uitkijk** – An der Spitze der Insel erinnert das Standbild eines Seemanns, der Ausschau hält, an Opfer des Zweiten Weltkriegs.

Ⓔ **Neuzeitliche Grachten** – Die vier neuen Grachten mit begrünten Innenhöfen. Über den Azartplein gelangt man nach KNSM-Eiland.

Ⓕ **Loods 6** – Das alte Hafengebäude beherbergt neben diversen schicken Läden auch das Restaurant »de Kompaszaal«. Von der KNSM-Laan geht es über die Levantkade zum Piraeusplein.

Ⓖ **Wohnblock Piraeus** – Der gewaltige Block scheint das historische Verwaltungsgebäude der KNSM behutsam zu umarmen.

Ⓗ **Verbindingsdam** – Über den Verbindingsdam läuft man auf den »Walfisch«, das markante Wahrzeichen der Insel Sporenburg, zu.

Ⓘ **The Whale** – Der hochgelobte Wohnkomplex scheint trotz seiner gewaltigen Größe fast zu schweben.

Ⓙ **Pythonbrug** – Feuerrot und in rasenten Schwüngen führt die preisgekrönte Fußgängerbrücke hinüber zur Insel Borneo.

Ⓚ **Scheepstimmermanstraat** – Auf dieser kreativen Architekten-Spielwiese gleicht kein Haus dem anderen. Besonders pittoresk sind die Hinterfronten entlang der Stokerkade.

Ⓛ **Pacman**

Ⓜ **Lloyd Hotel**

Ⓝ **Panama**

Oben: Wohnen als Experiment auf der Insel Borneo
Unten: Im Vordergrund Haus van Dongen, »The Whale«, dahinter der Ijtoren

fenschuppen) Nr. 6 residieren heute schicke Läden wie der Design-Store Pols Potten. Der ehemalige Wartesaal erster Klasse aus den 1950er-Jahren, im ersten Stock gelegen, beherbergt jetzt ein schönes Café namens »de Kompaszaal«.

Ein echter Hingucker ist der von den Berliner Architekten Hans Kollhoff und Christian Rapp entworfene, 300 Wohnungen umfassende Piraeus-Block (1993) an der Levantkade, der mit effektvoll schrägen Dachkanten um ein historisches Bürogebäude herumgebaut wurde. Im Café »Kanis & Meiland« kehren auch Anwohner gern ein.

Borneo und Sporenburg

Über den Verbindingsdam gelangt man hinüber nach Sporenburg, wo ursprünglich die Rangiergleise des Hauptbahnhofs lagen. Hier und auf der Nachbarhalbinsel Borneo wollte die Stadt eine niedrige, aber hoch verdichtete Bebauung mit Wohnraum für Familien realisieren. Die Planer Adriaan Geuze und Rudy Uitenhaak kreierten einen neuen Typ Wohnung: Rücken an Rücken gebaut, mit einer Dachterasse oder einem Innenhof zum Draußensitzen und einem hohen Erdgeschoss, das bei manchen Häusern als Carport genutzt wird. Mangels Gärten spielt sich das Leben im Sommer auf der Straße ab.

Zwischen den niedrigen Gebäuden platzierten die Planer pro Insel je ein großes, die sogenannten »Meteoriten«. Auf Sporenburg ist das The Whale (»der Walfisch«), ein von Frits van Dongen entworfener metallverkleideter Wohnblock (2000), der die schräge Linienführung des Piraeus-Blocks elegant zitiert. Eine knallrote Riesenschlange windet sich am östlichen Ende von Sporenburg nach Borneo hinüber: Die vom Büro West 8 designte und preisgekrönte Pythonbrug ist Fußgängern vorbehalten. Über eine ebenso rote, aber weniger kurvenreiche weiter westlich kommen Radfahrer von hüben nach drüben. Auch auf Borneo ist die Bebauung niedrig, der hiesige, nicht sonderlich spektakuläre »Meteorit« wird »Pacman« genannt. Das architektonische Highlight auf Borneo ist ganz eindeutig die Scheepstimmermanstraat, wo die insgesamt 60 für individuelle Bauvorhaben vorgesehenen Parzellen aufgrund der immensen Nachfrage verlost wurden. Das Haus Nr. 26 ist das schmalste der ganzen Straße, Nr. 62 ist wie ein »H« geformt und in Nr. 120 steht sogar ein Baum im Haus.

Cruquiuseiland

Auf der Halbinsel Cruquiuseiland zwischen Entrepothaven und Nieuwevaart standen ursprünglich Mühlen, die später dem Viehmarkt und einem Schlachthof weichen mussten. Um die Jahrhundertwende entstand an der Zeeburgerkade ein neues Entrepot, ein Zwischenlager für den Umschlag von Transitgütern. Die lange Reihe von Lagerhäusern, die nach den Wochentagen benannt sind, wurde Ende der 1980er-Jahre zu Wohnungen umgebaut. Gleich daneben residieren in einem alten Kakao-Packhaus das renommierte Institut für Sozialgeschichte und das Persmuseum, das die Geschichte der niederländischen Presse in einer multimedialen Ausstellung dokumentiert. Gleich dahinter dümpelt an der Zeeburgerkade seit 2007 eine Flotte begrünter Flöße. Kreiert hat sie der in den 1960er-Jahren als »Magier einer neuen Zeit« gefeierte Happening-Künstler Robert Jasper Grootveld (1932–2009). Er war einer der Köpfe der gegen das Establishment rebellierenden Provobewegung und wollte in den 1970er-Jahren mithilfe schwimmender Gärten die Natur in die Stadt zurückholen. Die Stiftung Blijven drijven (»Treibend bleiben«) hält sein Erbe lebendig.

AUTORENTIPP!

GEKONNTES RECYCLING: HANNEKES BOOM

Im 17. Jahrhundert war der Damrak (damals noch ein Kanal) mit einer doppelten Reihe Pfähle zum IJ hin abgegrenzt. Mit an Ketten befestigten Baumstämmen (*boomen*) konnten die wenigen Durchfahrten abgesperrt werden. Einer dieser Durchlässe hieß »Hannekes Boom«. Im Jahr 2010 schrieb die Stadt einen Ideenwettbewerb für ein Lokal auf einem Stückchen Niemandsland an der Einmündung der Dijksgracht aus. Das Rennen machte das Konzept von »Hannekes Boom ... sinds 1662«: Komplett aus und mit Treibholz und Recyclingmaterialien er- und eingerichtet hat sich das Lokal – nicht zuletzt dank der tollen Terrasse und des abwechslungsreichen Veranstaltungsprogramms – rasch zu einem solchen Hotspot gemausert, dass den wenigen Anwohnern der Trubel gelegentlich schon zu viel wird.

Hannekes Boom... sinds 1662.
So–Do 11–1 Uhr, Fr–Sa 11–3 Uhr,
Dijksgracht 4, 1019 BS Amsterdam,
Tel. 020/419 98 20,
www.hannekesboom.nl

Infos und Adressen

SEHENSWÜRDIGKEITEN

Internationaal Instituut voor Sociale Geschiedenis (IISG). Renommiertes Institut für Sozialgeschichte. Leseraum: Mo 10–17 Uhr, Di–Fr 9–17 Uhr, Sa und So geschl., Führungen auf Anfrage, Cruquiusweg 31, 1019 AT Amsterdam, Tel. 020/668 58 66, info@iisg.nl, www.socialhistory.org

Passagierterminal Amsterdam. Hier legen die großen Kreuzfahrtschiffe an. Piet Heinkade 27, 1019 BR Amsterdam, Tel. 020/509 10 00, info@ptamsterdam.com, www.ptamsterdam.nl

Persmuseum. 400 Jahre niederländische Presse im Überblick. Di–Fr 10–17 Uhr, So 12–17 Uhr, Zeeburgerkade 10, 1019 HA Amsterdam, Tel. 020/692 88 10, info@persmuseum.nl, www.persmuseum.nl

Stichting Blijven drijven. Die schwimmenden Gärten an der Zeeburgerkade kann man nur bei Veranstaltungen betreten. Kontaktadresse der Stiftung: Postbus 17605, 1001 JM Amsterdam, Tel. 020/686 96 43, info@blijvendrijven.nl, www.deoceaan.blogspot.com

ESSEN UND TRINKEN

de Kompaszaal. Leckeres Essen und regelmäßige Swing- und Tangotanzabende im alten Wartesaal. Mi 11.30–18 Uhr, Do–So 11.30–1 Uhr, Mo, Di geschl., KNSM-Laan 311, 1019 LE Amsterdam, Tel. 020/419 95 96, info@kompaszaal.nl, www.kompaszaal.nl

Einde van de Wereld. Unkonventionelles ehemaliges Hausbesetzerlokal, jetzt auf einem alten Binnenschiff daheim. Nur Mi und Fr ab 18 Uhr, Javakade 61, an Bord der Quo Vadis, Tel. 020/419 02 22, hallo@eindevandewereld.nl, www.eindevandewereld.nl

Kanis & Meiland. Hier gehen auch Einheimische hin - gemütliches Café gleich am Piraeusblock. Mo–Fr 8.30–1 Uhr, Sa–So 10–1 Uhr, Levantkade 127, 1019 MJ Amsterdam, Tel. 020/737 06 74, www.kanisenmeiland.nl

Mauresque. Mediterrane Küche im modernen Wintergarten. Mi–So 18–22.30 Uhr, Mo, Di geschl., Sumatrakade 613, 1019 PS Amsterdam, Tel. 020/419 15 96, info@mauresque.nl, www.mauresque.nl

Pakhuis de Zwijger Café/Restaurant. Italienische Küche in einem ausgeprägt künstlerischen Umfeld. Mo–Fr 9–23 Uhr, Sa, So geschl., Piet Heinkade 179, 1019 HC Amsterdam, Tel. 020/788 44 33, horeca@dezwijger.nl, www.dezwijger.nl

Zouthaven. Phänomenale Aussicht, wohlsortierte Speisekarte, zivile Preise – drei Pluspunkte für das Fischrestaurant im Muziekgebouw. Tgl. 10.30–23 Uhr, an Konzertabenden bis 24 Uhr, Piet Heinkade 1, 1019 BR Amsterdam, Tel. 020/788 20 90, info@zouthaven.nl, www.zouthaven.nl

ÜBERNACHTEN

Bed Breakfast Boat. Am Cruquiuseiland liegt dieser moderne schwimmende Bungalow. Für 5 Euro am Tag kann man auch Fahrräder leihen. Zeeburgerpad 178, 1019 DZ Amsterdam, welcome@bedbreakfastboat.nl, www.bedbreakfastboat.nl

Mövenpick City Centre. Das große 4-Sterne-Hotel bietet 408 moderne Zimmer und Suiten, in den oberen Stockwerken mit tollem Panoramablick. Piet Heinkade 11, 1019 BR Amsterdam, Tel. 020/519 12 00, hotel.amsterdam@moevenpick.com

2quaybb. Ideal für Architekturfans: Architekt Bert Tjhie hat das moderne Eckhaus auf Borneoeiland selbst entworfen. Zur Auswahl stehen eine Suite und ein geräumiges Zimmer. Bottelierplein 2, 1019 WV Amsterdam, Tel. 020/419 77 44, info@2quaybb.com, www.2quaybb.com

AUSGEHEN

Café Pakhuis Wilhelmina. Das Pakhuis Wilhelmina ist bekannt für seine monatlichen Hardrock-Karaoke-Sessions. Einlass ab 20 Uhr, Veranstaltungsbeginn variabel, Pakhuis Wilhelmina, Veemkade

576, 1019 BL Amsterdam, Tel. 020/419 33 68, www.cafepakhuiswilhelmina.nl
Panama. Konzerte internationaler Künstler und legendäre Clubabende in einem ehemaligen Kraftwerk. Tgl. ab 19 Uhr, Oostelijke Handelskade 4, 1019 BM Amsterdam, Tel. 020/311 86 86, info@panama.nl, www.panama.nl

EINKAUFEN

pols potten store. Modernes Design im alten Lagerschuppen. Geöffnet hat der hippe Laden Di–Sa 10–18 Uhr, So 12–17 Uhr, KNSM-Laan 39, 1019 LA Amsterdam, Tel. 020/419 35 41, winkel@polspotten.nl, www.polspotten.nl
thinking of holland. Mal was anderes als Tulpen und Holzschuhe – schöne Souvenirs in modernem Design. Tgl. 10–19 Uhr, Piet Heinkade 23 (im Passagierterminal), 1019 BR Amsterdam, Tel. 020/419 12 29, contact@thinkingofholland.com, www.thinkingofholland.com

AKTIVITÄTEN

Local Experts Adam. Statt per pedes kann man die Inseln auch per Pedale erkunden – der einheimische Guide kennt die schönsten Ecken. Postbus 90374, 1006 BJ Amsterdam, Tel. 020/408 51 00, info@local-experts.com, www.local-experts.com
Sloep delen. Online ein Schiffchen buchen, Schlüssel abholen, losfahren – zum Beispiel vom Borneosteiger 1 aus. Die Boote liegen gleich beim Café Steiger 1. Nutzungszeiten der Boote: 1. März–30. Nov., tgl. 10–20 Uhr, Tel. 020/419 10 07, info@sloepdelen.nl, www.sloepdelen.nl
Stadswandelkantoor. Unter kundiger Führung erwandert man sich die Inseln noch einmal gern. Termine nach Vereinbarung, Sumatrakade 493, 1019 PR Amsterdam, Tel. 020/419 00 22, info@stadswandelkantoor.nl, www.stadswandelkantoor.nl

VERANSALTUNGEN

Bimhuis. Das wichtigste niederländische Podium für Jazz. Kasse: an Konzertabenden von 18.30-23 Uhr, Piet Heinkade 3, 1019 BR Amsterdam, Tel. (Kasse): 020/788 21 88, Kartenvorverkauf auch über die Webseite www.bimhuis.nl
Muziekgebouw aan 't IJ. Hochklassige Musik in einem atemberaubenden Gebäude. (Kasse): Tgl. 12–18 Uhr (im Juli/Aug. jeweils etwa ein Monat Sommerpause), Piet Heinkade 1, 1019 BR Amsterdam, Tel. 020/788 20 00, www.muziekgebouw.nl. Unter dem Stichpunkt Rondleidingen findet man Termine für Führungen und die (kostenlosen) Lunchkonzerte.

Das spektakuläre Muziekgebouw aan 't IJ

AUSFLÜGE UND UMGEBUNG

44 Jenseits des IJ

Noord ist im Kommen

Ihre Stadt endete für Amsterdamer lange jenseits des IJ. Dies ändert sich gerade rasant: Kulturzentren in alten Industriebauten, neue Wohnviertel, ein hypermodernes Filmmuseum und vor allem viel Platz machen Amsterdam-Noord für Party- und Konzertgänger interessant und für Zuzügler attraktiv. Im Außenbezirk Landelijk Noord brüten Vögel, kreisen Windmühlenflügel und sind alte Fischerdörfer fast makellos erhalten.

Seite 244/245: Fischer in Zaanse Schans
Oben: Mehrere Fähren fahren Amsterdam-Noord an.
Unten: Mobiler Leuchtturm in Amsterdam-Noord

Seit 1981 ist Noord ein eigenständiger Stadtbezirk von Amsterdam, aber seine Geschichte ist länger: Amsterdam hatte schon früh Verfügungsrechte über die Halbinsel jenseits des IJ, die damals Volewejk nach dem gleichnamigen Fischerdorf hieß. Jedoch hatte diese Gegend lange kaum Anziehungskraft, schließlich befand sich dort bis 1795 das Galgenfeld, auf dem die Leichen Hingerichteter zur Tugend mahnten. Der Bau des Nordseekanals 1876 brachte Industrie nach Noord. Nach der verheerenden Sturmflut von 1916 ließen sich die Dörfer Durgerdam, Buiksloot, Nieuwendam, Zunderdorp, Ransdorp, Schellingwoude und Holysloot 1921 eingemeinden. Weitere Zuwächse folgten 1966 mit Landsmeer und Oostzaan. Heute hat Noord ca. 90 000 Einwohner.

Filmmuseum, Tolhuistuin und Overhoeks

Setzt man mit der Fähre zum Buiksloterweg über, ist das Filmmuseum »Eye« (2012) erster Blickfang. Nach Jahren im altehrwürdigen Domizil am Vondelpark fand die Sammlung im Bau des Architek-

Das Filmmuseum »Eye« ist neuer Besuchermagnet.

turbüros Delugan Meissl ihre neue Heimat. Im Erdgeschoss lässt sich eintrittsfrei in über 100 Jahren Filmgeschichte stöbern. Das umgebende Gelände war bis 2009 Sitz der Shell AG, auch das Gebäude neben dem Filmmuseum, der Tolhuistuin, gehört dazu. Hier finden bereits Festivals und Ausstellungen statt, der Bau soll ein Kulturzentrum werden.

Noord auf zwei Rädern

Wer Noord per Fahrrad erkundet, fährt vom Fähranleger am Ijplein über die Meeuwenlaan am Campingplatz Vliegenbos vorbei gen Osten in den Nieuwendammerdijk. In dieser stillen Straße mit kleinen Deichhäuschen vergisst man den Großstadttrubel schnell. Beim Café »Het Sluisje« an der Schleuse zwischen IJ und dem Verbindungskanal Kleine Die herrschte einst reger Bootsverkehr, heute tummeln sich hier Ausflügler, die auf der Terrasse ihren Kaffee und den Blick auf den Jachthafen genießen.

Tuindorp und Purmerplein

Nördlich des Nieuwendammerdijk und verbunden durch die Nieuwendammerstraat, liegt Tuindorp (»Gartendorf« Nieuwendam, 1924 bis 1934 als Ar-

AUTORENTIPP!

KOSTENLOSE PENDELFÄHRE

Amsterdam-Noord ist per Bus gut erreichbar (Linien 125, 391, 392, 394 ab Hauptbahnhof). Schöner und spannender als die Busfahrt durch den Ijtunnel ist die Überfahrt mit den kostenlosen Pendelfähren, die hinter dem Hauptbahnhof (De Ruijterkade) ablegen und die NDSM-Werft, den Ijplein und den Buiksloterweg (Filmmuseum) ansteuern. Was für Amsterdamer Routine ist, ist für Besucher eine Gelegenheit, nicht nur schnell die *Overkant* zu erreichen, sondern auch einen Panoramablick auf Amsterdam zu genießen. Mitfahren können Fußgänger, Radler und Mopedfahrer.

Für Nachteulen gibt es nach 23.50 Uhr nur die Fähre am Buiksloterweg. NDSM-Fähre und Ij-Fähre verkehren erst ab 6.30 Uhr. Vom Houthaven (Tasmanstraat) gibt es Fähren zur NDSM-Werft und zum Distelweg.

Info. www.gvb.nl

Oben: Industrielles steht neben Improvisiertem.
Unten: Der »Unvollendete« von Ransdorp

beitersiedlung errichtet. Die Stadt reagierte damit auf den Wohnbedarf der Arbeiter der Werften und Chemieindustrie. Die Planung übernahmen idealistische Architekten der Amsterdamer Schule mit dem Ziel, bezahlbare, optisch ansprechende und komfortable Arbeiterwohnungen zu schaffen. Viel Grün und ein eigenes Bad für jede Wohnung waren damals revolutionär.

Typisch für die Amsterdamer Schule sind expressiv gestaltete Backsteinfassaden. Eher Elemente der englischen Gartenstadtidee sind der Dorfcharakter des Viertels rund um den Purmerplein und die hölzernen Tordurchfahrten. Das Bezinningsmonument auf dem Purmerplein erinnert an die Besatzung durch die Nationalsozialisten.

Oranjesluizen und Durgerdam

Über den Monnickendammerweg und Schellingwouderdijk erreicht man die Oranjesluizen. Für Technikfreaks bietet sich ein Spaziergang über die Anlage an. Der Durgerdammerdijk führt zum ehemaligen Hafen- und Fischerdorf Durgerdam, heute ein Magnet für Ausflügler mit Einkehrmöglichkeiten. Das weiße Holzhäuschen mit Glockenturm erinnert an eine Kirche, dient aber weltlichen Zwecken wie Versammlungen.

Ransdorp

Über den Durgerdammergauw erreicht man Ransdorp, schon von weitem erkennbar an der Backsteinkirche mit ihrem spätgotischen Turm ohne Spitze. Von 1502 bis 1542 bauten die Ransdorper an ihrem Kirchturm, bis ihnen das Geld für den Turmhelm ausging. Eigentlich sollte er vom Wohlstand des Dörfchens künden, in dem im 15. und 16. Jahrhundert Handel, Gewerbe und Schifffahrt blühten.

Fahrradtour durch Amsterdam-Noord

INFORMATION

Länge: etwa 30 Kilometer
Ausrüstung: Wind- oder Regenjacke, Vogelfreunde sollten ein Fernglas mitnehmen.
Ausgangspunkt: Fähranleger am Ijplein
Endpunkt: Fähranleger am Buiksloterweg
Verpflegung: Gastronomie in Durgerdam
Orientierung: Radwege sind gut beschildert. Bei Cafés oder Fahrradvermietungen auf so genannte »TIP« achten. Hier erhält man Karten, Flyer und Routenbeschreibungen zu Noord (letztere nur auf Niederländisch).

STATIONEN

Ⓐ **Fähranleger Ijplein** – Die Tour beginnt am Fähranleger Ijplein und führt über den Nieuwendammerdijk.

Ⓑ **Tuindorp Nieuwendam** – ein schönes Beispiel für Arbeitersiedlungen der 20er-Jahre.

Ⓒ **Oranjesluizen** – Die Oranjesluizen (1865) in Schellingwoude regeln den Wasserzu- und Abfluss zwischen Ij und Noordzeekanaal.

Ⓓ **Durgerdam** – Im ehemaligen Fischerdorf kann man die Skylinc von Ijburg betrachten.

Ⓔ **Ransdorp** – Der unvollendete Kirchenturm in Ransdorp zeugt vom ehemaligen Wohlstand des Dorfes.

Ⓕ **Zunderdorp** – hat sich den Dorfcharakter erhalten.

Ⓖ **»D´Admiraal«** – ist die letzte Kreidemühle der Niederlande.

Ⓗ **Buiksloot** – war Altersitz für ehemalige Kapitäne am Buiksloterdijk.

Ⓘ **Tuindorp Oostzaan** – ebenfalls eine ehemalige Arbeitersiedlung in Backsteinarchitektur

Ⓙ **Meteorenweg 174** – Die Museumswohnung zeigt, wie man in den 20er-Jahren lebte, an jedem 2. Sonntag im Monat geöffnet.

Ⓚ **Van-der Pekstraat** – soll eine Shoppingmeile werden

Ⓛ **Filmmuseum »Eye«** – ist ein neuer Blickfang am Ufer

AUTORENTIPP!

AUF TUCHFÜHLUNG MIT FRACHTSCHIFFEN

Von 1899 bis in die frühen 1980er-Jahre ließ die Amsterdamsche Droogdok Maatschappij im Wilhelmina-Dok ihre Schiffe bauen. Ozeanriesen entstehen dort heute nicht mehr, dafür finden Magen und Augen im »Wilhelminadok« vor oder nach der Erkundung von Amsterdam-Noord Futter: Auf der geräumigen Terrasse des gleichnamigen Restaurants lassen sich heute wunderbar die Skyline von Amsterdam und der Blick auf die vorbeiziehenden Fracht-, Fähr- und Ausflugsschiffe genießen. »Tuchfühlung« wurde einmal zu wörtlich genommen: Von der Karambolage mit einem Ausflugsschiff 2005 hat sich der robuste orangefarbene Würfel schnell erholt.

Wilhelminadok. Tgl. 11–23 Uhr, nur Kartenzahlung, Noordwal 1, 1021 PX Amsterdam, Tel. 020/632 37 01, wilhelminadok@gmail.com, www.wilhelmina-dok.nl

Zunderdorp und Buiksloot

Zunderdorp, erreichbar über die Straße Nieuwe Gouw, hat sich trotz der Nähe zum städtischen Teil den Dorfcharakter erhalten. Seinen Namen hat es wahrscheinlich von den *Zundels*, schmalen Wassergräben, auf denen Kähne Milch, Käse und Butter zu den Amsterdamer Märkten transportierten. Von Zunderdorp geht es über den Buikslotermeerdijk am Golfplatz vorbei, durch die Unterführung unter dem Slochterweg am Noordhollandsch Kanaal nach Süden. Dieser Kanal teilt Noord in Nord-Süd-Richtung. Die Windmühle D'Admiraal (1792) kurz vor dem Stadtteil Buiksloot vermahlte Eifeler Tuffstein zu Trass, einem Bestandteil von Zement. Heute kümmern sich Ehrenamtler um die Mühle. (Achtung: Buikslotermeerdijk, Buiksloterdijk und Buiksloterweg nicht verwechseln). Buiksloot, vor allem der Buikslotermeerdijk, heißt im Volksmund »Kapitänshimmel«. Gut verdienende Kapitäne bauten sich hier ihre Alterssitze und förderten den Reichtum des Dorfes.

Tuindorp Oostzaan

Vom Buiksloterdijk geht es über den Barkpad, Landsmeerderdijk und Oostzanerdijk in die Arbeitersiedlung Tuindorp Oostzaan. Herzstück ist der Zonneplein mit dem Nachbarschaftszentrum Zonnehuis. Über den Zonneweg geht es auf den Meteorenweg, Haus Nummer 174 enthält eine Museumswohnung. Bei einer Sanierung stellte man fest, dass sie sich fast noch im Originalzustand – ohne warmes Wasser, Gas oder Badezimmer – befand. Über den Meteorenweg, Stenendokweg und Klaprozenweg führt die Tour in die Van-der-Pekbuurt. Auch dieses Viertel entstand als Arbeitersiedlung, entworfen von Jan Ernst van der Pek (1865–1919). Im Zweiten Weltkrieg bombardierten die Alliierten die nahe gelegenen Fokker-Flugzeugwerke, getroffen wurde das Wohnviertel.

Infos und Adressen

SEHENSWÜRDIGKEITEN

d'Admiraal. Die einzige Kreidemühle der Niederlande. Jeden 2. Sa 10–15 Uhr. Noordhollandschkanaaldijk 21, 1034 ZL Amsterdam, Tel. 020/ 334 21 63, molenaar@krijtmolen.nl, www.krijtmolen.nl

Filmmuseum Eye. Ijpromenade 1, 1031 KT Amsterdam, Tel. 020/589 14 00, info@eyefilm.nl, www.eyefilm.nl

Museum Amsterdam Noord. Wechselausstellungen zu Geschichte und Gegenwart von Noord. Tgl. 11–17 Uhr, Fr 13–17 Uhr, Zamenhofstraat 28A, 1022 AD Amsterdam, Tel. 06/30 97 56 02, hjcras@gmail.com, www.museumamsterdamnoord.nl

ESSEN UND TRINKEN

Al Ponte. Italienischer Edelkiosk, an dem Cappuccino und Panini das Warten auf die Fähre verkürzen. Mo–Fr 8–15 Uhr, Sa, So 10–16 Uhr. Meeuwenlaan 2, 1021 HR Amsterdam, Tel. 06/42 08 74 82, www.alponte.nl

Café t'Sluisje. Blick auf den Jachthafen. Nieuwendammerdijk 207, 1025 LM Amsterdam, Tel. 020/636 17 12, info@cafehetsluisje.nl, www.cafehetsluisje.nl

Il Pecorino. Alimentari mit Restaurant. Spezialität: Pizza Nutella. Di–So 16–22 Uhr, Van-der-Pekstraat 2, 1031 FA Amsterdam, Tel. 020/737 15 11, mail@ilPecorino.nl, www.ilpecorino.nl

Das neue Kulturzentrum Tolhuistuin

Speisen mit Aussicht im Filmmuseum »Eye«

ÜBERNACHTEN

Bed & Breakfast Kwint. Denkmalgeschütztes Haus in Tuindorp Oostzaan, farbenfroh eingerichtet. Kometensingel 187, 1033 BE Amsterdam, Tel. 020/631 49 30, info@bbkwint.nl, www.bbkwint.nl

Camping Badhoeve. Gelegen beim Naturschutzgebiet Kinselmeer. Uitdammerdijk 10, 1026 CP Amsterdam, Tel. 020/490 47 45, 1. April–1. Okt., info@campingdebadhoeve.com, www.campingdebadhoeve.nl

Camping Vliegenbos. Zentrale, aber grüne Lage im gleichnamigen Park. Meeuwenlaan 138, Tel. 020/636 88 55, info@vliegenbos.com, www.vliegenbos.com

De Oude Taveerne. Idyllisches Hotel/Restaurant im ehemaligen Fischerdorf Durgerdam. Durgerdammerdijk 74, 1026 CB Amsterdam, Tel. 020/490 42 59, deoudetaveerne@hetnet.nl, www.deoudetaveerne.nl

AKTIVITÄTEN

Amsterdam Rent-a-bike (Jantjes Fietsverhuur). Meerpad 2, 1025 LB Amsterdam, Tel. 00 31/(0)613/99 86 75, info@amsterdamrentabike.com, www.amsterdamrentabike.com

AUSGEHEN

Tolhuistuin. Tolhuisweg 5, 1031 CL Amsterdam, Tel. 020/763 06 50, info@tolhuistuin.nl, www.tolhuistuin.nl

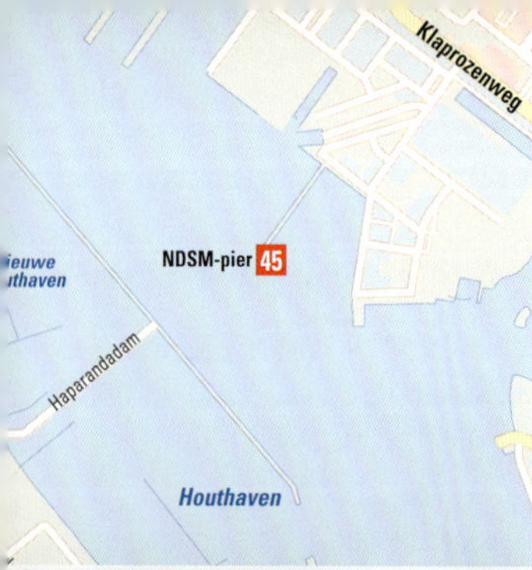

45 NDSM-Werft
Künstler, Skater, Medienleute

Wo einst Ozeanriesen ins Wasser glitten, wo Arbeiter nieteten und hämmerten, rumpeln heute Skateboards, entwerfen Künstler und Designer, filmen Kameraleute und sitzen Angestellte an ihren Schreibtischen. Das Gelände der ehemaligen NDSM-Werft ist aus dem Dornröschenschlaf erwacht. Gastronomie, Musik- und Kulturfestivals, neue Clubs und Bars locken nicht nur Besucher aus dem alten Amsterdam an die *Overkant*.

Ab 1922 baute die Nederlandsche Scheepsbouw Maatschappij ihre Schiffe in Amsterdam-Noord. 1946 fusionierte sie mit der Nederlandsche Dok Maatschappij zur Nederlandsche Dok en Scheepsbouw Maatschappij (NDSM). Nach dem Zweiten Weltkrieg erlebte die größte Werft der Niederlande ihre Blüte, billigere Konkurrenz aus Fernost und die Ölkrise brachten in den 1970er-Jahren allerdings den Niedergang. 1978 meldete die NDSM Konkurs an, 1985 schloss auch die zweite große Werft ADM. Es kam zu Massenentlassungen.

Oben: Ateliereinbauten in der alten Montagehalle der NDSM-Werft
Unten: Die IJ-Kantine war einst Büro, Montagehalle und Kantine.

Skater und Künstler

Schon in den 1980er-Jahren faszinierte das verlassene Industriegelände mit seinen Brachen, Hallen und gigantischen Kränen die Künstler. Theaterfestivals fanden dort statt, heute kümmert sich die Stichting NDSM um die Nutzung und Entwicklung des Geländes. »Hier können wir uns bestens austauschen«, erzählt Suzan Hidding, während sie unter dem Gerumpel der Skater im Obergeschoss Holzplatten lackiert. Die Goldschmiedin hat ihr Atelier im Herzstück der NDSM-Werft, der Kunststad, untergebracht in der ehemaligen Montagehalle. Von außen eine nüchterne Industriehalle, von innen ein geordnetes Durcheinander: Jeder Künstler hat sich in seiner rechteckigen »Parzelle« eine quaderförmige Konstruktion nach eigenem Geschmack gebaut. Hier sitzt die Goldschmiedin neben dem Fotografen, die Grafikerin neben dem Architekten. Steigende Mieten haben Hidding und ihre Kollegen bisher nicht abgeschreckt. An Pinnwänden informiert sich die Belegschaft auf altmodische Weise über gemeinsame Aktivitäten wie Ausstellungen, Partys und offene Ateliers.

Industriedenkmal in Bewegung

Denkmal und Wahrzeichen ist der beflaggte Kran 13 vor der Kunststad, den Künstler gerne für Performances nutzen. Dabei stand er wegen seines maroden Zustands kurz vor der Demontage. Jetzt plant ein Investor dort ein Mini-Luxus-Hotel.

Ein weiteres Werftrelikt enthält der nördlichste Teil des Geländes: Die »Kraanspoor« war eine Betonplattform als Unterbau für Hebekräne. Heute befindet sich darauf eine dreistöckige Konstruktion der Architektin Trudy Hooykaas mit Büros. Eine meterlange Bank lädt zum Ausruhen ein. In den Nachbarhallen haben Großbetriebe wie die Supermarktkette HEMA, Red Bull und MTV Quartier bezogen. Aber obwohl die »Etablierten« Einzug hielten, ist die NDSM-Werft weit davon entfernt, zu erstarren: Immer noch finden sich auf den von Unkraut überwucherten Brachen unverhofft Skulpturen oder Sinnsprüche, die Wegweiser sind selbst gezimmert und (Lebens-) Künstler arbeiten in Campingwagen oder alten Straßenbahnwaggons. Cafés und Restaurants sind bewusst provisorisch gebaut.

Kunstimpression der NDSM-Werft

Infos und Adressen

ESSEN UND TRINKEN

IJ-kantine. Brasserie im Gebäude der ehemaligen Baanderij. Große Spielecke, sonntags Kinderprogramm. Tgl. 9–24 Uhr. MT.Ondindaweg 15–17, 1033 RE Amsterdam, Tel. 020/6 33 71 62, www.ijkantine.nl

Noorderlicht. Die Küche wirbt mit Biofleisch und nachhaltig gefangenem Fisch. Tgl. ab 11 Uhr, Küche bis 22 Uhr. NDSM Plein 102/TT Neveritaweg 33 (Navi), 1033 WB Amsterdam, Tel. 020/4 92 27 70, info@noorderlichtcafe.nl, www.noorderlichtcafe.nl

Pllek. Strandrestaurant und Veranstaltungshaus aus alten Schiffscontainern, mit Second-Hand-Stühlen und Tischen aus alten Paletten. Bevorzugt regionale Bio-Produkte. Tgl. ab 10.30 Uhr, offenes Ende, Küche 12–16, 18–21 Uhr. TT Neveritaweg 59, 1033 WB Amsterdam, Tel. 020/2 90 00 20, info@pllek.nl, www.pllek.nl

AKTIVITÄTEN

Skatepark Amsterdam. Neveritaweg 15a, Di–Fr 15–22 Uhr, Sa–So 13–20 Uhr. Verleih von Skateboards und Schutzkleidung.

INFORMATION

Anfahrt. Gratis-Fähre für Fußgänger, Radler und Mopeds vom Hauptbahnhof und der Tasmanstraat.

46 Ijburg

Amsterdams jüngster Stadtteil

Wohnen in alten Grachtenhäusern ist idyllisch, aber eng und teuer. Was tun, wenn eine Stadt aus allen Nähten platzt? In Amsterdam wich man deshalb auf das Wasser aus. Auf acht künstlichen Inseln, von denen erst vier fertig sind, entstanden und entstehen Wohngebiete mit der nötigen Infrastruktur. Für Architekturfans und Stadtplaner, aber auch für Häuslebauer auf der Suche nach Inspiration lohnt sich ein Abstecher in den neuen Stadtteil Ijburg. An warmen Tagen lockt der Strand mit dem Strandpavillon Blijburg.

Die Insellösung entstand, weil Amsterdam durch den Flughafen Schiphol und die Naturschutzgebiete in Amsterdam-Noord wenig Ausweichraum hatte. 1997 setzte die Stadtverwaltung das umstrittene Projekt knapp in einer Volksabstimmung gegen Naturschützer durch. Die ersten Inseln wuchsen auf aufgeschüttetem Sand aus den Fahrrinnen des Markermeers. 2002 kamen die ersten Bewohner, 2006 öffnete die erste Schule. 2004 beschloss das Regierungsorgan Raad van State das Aufschütten neuer Inseln vorläufig zu stoppen, weil die ökologischen Folgen unzureichend untersucht waren, 2009 ging es weiter. Erst im Juli 2012 begann, auch aus finanziellen Gründen, die Sandaufschüttung für das Centrumeiland. Fertig sind deshalb bisher erst das Steigereiland, das Haveneiland sowie das große und kleine Rieteiland. Die Inseln der zweiten Phase (Centrumeiland, Buiteneiland, Middeneiland, Strandeiland) existieren bisher nur als Baustelle oder Plan. Zurzeit ist unklar, ob und wann weitere Inseln fertig gestellt werden.

Oben: Mehrfamilienhäuser auf dem Haveneiland in Ijburg
Unten: Eigenwillige Eigenheime auf dem Rieteiland

Die künstlichen Inseln von Ijburg

A Steigereiland – Das Steigereiland bietet an der Pedro-de-Medina-Laan den »Design Strip« mit mehreren Einrichtungs- und Designläden sowie Ein- und Mehrfamilienhäuser mit eigenwilliger Architektur. Im nördlichen Teil (zwischen Haringbuisdijk und Windjammerdijk) gibt es eine schwimmende Siedlung.

B Haveneiland – Das Haveneiland bietet Mehrfamilienhäuser, Geschäfte, und, entlang der Bert-Haanstra-Kade, das Kunstwerk »Space to take place« in Form einer 100 Meter langen Bank, geschaffen von der Künstlerin Claudia Linders. Am östlichsten Ende lädt der Theo-van-Gogh-Park zum Spielen ein. Im Hafen entlang der Krijn-Taconiskade lädt Gastronomie zum Verweilen ein.

C Rieteilanden – Eigenwillige Eigenheimarchitektur bieten auch das große und kleine Rieteiland.

D Centrumeiland – Das Centrumeiland wird gerade aufgeschüttet, dort sollen ein Einkaufszentrum, eine Bibliothek, Wohnungen und Einzelhandel entstehen. Außerdem soll es sich zum Knotenpunkt für öffentliche Verkehrsmittel entwickeln. Entlang der Muiderlaan hat sich zur Zeit der Strandpavillon »Blijburg« niedergelassen.

E Strandeiland – Strandboulevard und Endstation der Ijtram, existieren nur auf dem Papier, es ist unsicher, ob sie umgesetzt werden.

F Middeneiland – In Planung. Dieser Teil soll ca. 5000 Wohnungen bieten.

G Buiteineiland – Sollte ein ruhiges, grünes Wohnviertel werden. Es ist unsicher, ob es noch gebaut wird.

AUTORENTIPP!

MIT DER TRAM 26 ÜBER DIE BH-BRUG

Vom alten zum neuen Amsterdam gelangt man am besten mit der Straßenbahn 26, auch bekannt als Ijtram. Sie befördert Pendler und Besucher zwischen Ijburg und Hauptbahnhof und passiert die elegant geschwungene Enneüs-Heerma-Brücke (2000). Diese vom Architekten Nicholas Grimshaw entworfene Konstruktion hat vom Volksmund längst eine sinnlichere Bezeichnung erhalten: Statt unter dem Namen des biederen christdemokratischen Politikers Heerma kennen Ijburger die Brücke als »BH-Brücke« oder »Pam-An-Brücke« (kurz für Pamela-Anderson-Brücke). Die Ijtram fährt tagsüber im Zehnminutentakt entlang der Hauptstraße Ijlaan und endet zurzeit auf Haveneiland Oost.

Info. Ein Einzelticket des Verkehrsbetriebs GVB gilt eine Stunde lang – praktisch für das Inselhopping. www.gvb.nl

Pedro de Medinalaan und Jan Olphert Vaillantlaan

Wenn die Straßenbahn den Piet-Heintunnel, die Baustelle Zeeburgereiland und die BH-Brug passiert hat, erreicht sie das Steigereiland. Die Hauptstraße Ijlaan verbindet alle Inseln. Ihre erste Seitenstraße nach Süden, die Pedro de Medinalaan, hat sich mit ihren schicken Interieurläden zum kreativen Höhepunkt von Ijburg entwickelt.

Knallgelbe Fassaden neben Holz und Backstein – in der Parallelstraße Jan Olphert Vaillantlaan steht, was in Deutschland an Gestaltungssatzungen scheitern würde. Die Bewohner des Steigereilands durften ihre Häuser häufig selbst entwerfen und schufen so ein buntes Gesamtbild. Am Ende der Straße lädt das »Café Vrijburcht« zum Verweilen mit Blick aufs Wasser ein. Das Gebäude beherbergt ein gleichnamiges Theater und ein Wohnprojekt. Hingucker im nördlichen Teil des Steigereilands ist das Kadegebouw, umgeben von der Waterbuurt, einer Siedlung, deren Wohnungen entweder auf schwimmenden Konstruktionen oder auf Pfählen errichtet sind.

Haveneiland

Bürogebäude und Wohnungen für breitere Bevölkerungsschichten bietet das Haveneiland. Die Blocks wirken zur Hauptstraße festungsartig, aber viele Durchblicke und Höfe sorgen dafür, dass das Viertel trotz der monumentalen Bebauung für Fußgänger übersichtlich bleibt. Im Hafen legt neben Segelbooten eine Fähre an, die täglich zwei ehemalige Festungsinseln (Pampus, Vuurtoreneiland) und Schloss Muiderslot ansteuert (s. S. 265). Dass Ijburg ein junger, familienorientierter Stadtteil ist, zeigt der Theo-van-Gogh-Park am östlichen Ende des Haveneilands mit seinem weitläufigen, intensiv genutzten Spielplatz.

Jachten im Hafen von Ijburg

Relaxen am Strand

Wasser gibt es reichlich in Ijburg und bei warmem Wetter schwimmen Ijburger in den Grachten, auch wenn dies offiziell verboten ist. Zum Baden und Entspannen mit Musik lädt der Strand am äußersten Ende des Haveneilands. Kult ist der Strandpavillon Blijburg (*blij*=»fröhlich, freudig«), Marke Eigenbau aus Treibholz und Secondhand-Material errichtet. Gleichzeitig bildet er einen angenehmen Architekturkontrast zu den manchmal doch etwas geleckten Neubaufassaden von Ijburg. Dass er wegen der Baustellen ständig umzieht, gehört zum Konzept. Standorte sind frisch aufgeschüttete Grundstücke vor der Bebauung. Abends prasselt oft ein Lagerfeuer.

Rieteilanden

Jung, gut ausgebildet und gut verdienend – was für ganz Ijburg gilt, gilt für die Bewohnerschaft der Rieteilanden (»Schilfinseln«) ganz besonders. Die Rieteilanden grenzen an Ijburgs grüne Lunge, den Diemerpark. Auch hier finden sich viele Häuser mit eigenwilliger Architektur wie das Witte Huis (Mattenbiesstraat Ecke Diemerparklaan), dessen Räume in unterschiedlich changierenden Farben beleuchtet sind.

Infos und Adressen

ESSEN UND TRINKEN

Café Restaurant Blok 4. Nachhaltig genießen kann man in diesem Café an der Spitze des Haveneilands, mit spektakulärem Blick auf die Skyline von Amsterdam: Die Küche verarbeitet vorzugsweise Bioprodukte.
Tgl. 11–23 Uhr. Ijburglaan 500/Ecke Paul Hufkade, 1087 BT Amsterdam, Tel. 020/495 47 77, www.blok4.com

Espressofabriek. Eichenholzgetäfelte, familiäre Kaffeebar, Ableger der großen Schwester im Centrum.
Ijburglaan 1489, 1087 KM Amsterdam, Tel. 020/774 79 65, www.espressofabriek.nl

Café Vrijburcht. Café und Restaurant im gleichnamigen Theater. Di–Fr 15–24 Uhr, Sa/So 12–24 Uhr, Küche bis 22 Uhr, Mo Ruhetag Jan Olphert-Vaillantlaan 150, 1086 XZ Amsterdam, Tel. 020/416 50 05.

ÜBERNACHTEN

B&B Lieve Nachten. Bed & Breakfast in vier gemütlichen Zimmern mit eigenem Bad auf dem Steigereiland. Jan Olphert Vaillantlaan 77, 1086 XZ Amsterdam, Tel. 020/624 57 09 25.

Camping Zeeburg. Zuider IJdijk 20, 1095 KN Amsterdam, Tel. 020/6 94 44 30, www.campingzeeburg.nl

EINKAUFEN

design020. Läden mehrerer renommierter Möbelhersteller unter einem Dach. Di–Sa 10–18 Uhr, So 12–17 Uhr. Pedro de Medinalaan 89–91, 1086 XP Amsterdam, www.design020.nl

AKTIVITÄTEN

Baden. Strand mit dem Strandpavillon Blijburg aan Zee. Muiderlaan 1001, 1087 VA Amsterdam, Tram 26, Bus 66. Tel. 020/416 03 30, www.blijburg.nl

Oben: Gewässer durchziehen den Amsterdamse Bos.
Unten: Jogger, Radfahrer, Ruderer und Reiter nutzen den Amsterdamse Bos.

47 Amsterdamse Bos

Ab ins Grüne

Die geballte Ladung Kultur, Grachten, Nachtleben und Geschichte, die Amsterdam bietet, kann stadtmüde machen. Wenn dann noch die Kinder quengeln, lohnt sich ein Ausflug in Amsterdams Central Park, den Amsterdamse Bos. Dieses riesige Naherholungsgebiet zwischen Amstelveen und dem Flughafen Schiphol am südwestlichen Stadtrand bietet rund 1000 Hektar Wald, Wiese, Wasser, Sport, Spielplätze und ein Freilufttheater.

Artenreiche Wiesen und Wälder, Weiher, Schilf – was heute so natürlich aussieht, ist ein riesiges Kunstprodukt, geschaffen in Jahrzehnten. Bereits 1901 schlug der Lehrer und Naturschützer Jacobus Pieter Thijsse (1865–1945) in einem Zeitungsartikel die Anlage eines Parks auf dem Gelände eines abgegrabenen Torfmoors westlich von Amstelveen vor, den die Stadtverwaltung 1928 dann auch endlich beschloss. Erst in der Wirtschaftskrise der 1930er-Jahre, als Amsterdam rund 50 000 Arbeitslose versorgen musste, nahm der Park als Arbeitsbeschaffungsmaßnahme Gestalt an. Die ersten, 1936 gepflanzten Bäume endeten im Zweiten Weltkrieg größtenteils als Brennholz. Unter den Nationalsozialisten schufteten jüdische Zwangsarbeiter vor ihrer Deportation beim Parkbau. In den ersten Nachkriegsjahren ging der Bau als Arbeitsbeschaffungsmaßnahme weiter und man beauftragte Firmen. 1970 folgten die letzten Baumpflanzungen.

Ruderbahn und Kletterpark

Seine Gestalt erhielt der Amsterdamse Bos von Jakoba Helena Mulder (1900–1988) und Cornelis van

Eesteren (1897–1988). Pate stand die Idee des englischen Landschaftsparks mit kurvigen Wegen, Baumgruppen und Wiesen. Gleichzeitig sollte er dem Sport und der Erholung dienen. Darum versuchte man, ein ausgewogenes Verhältnis von Nutzung und Natur zu schaffen. Der nordöstliche Teil gehört dem Sport: Am Besucherzentrum liegen die Ruderbahn Bosbaan und der Kletterpark Fun Forest. Entlang des Amstelveense Weg gibt es Fußball- und Tennisplätze, eine Reitbahn und Hockeyclubs.

Grote und Kleine Vijver

Das Gelände zwischen der Bosbaan und der A9, die den Park durchschneidet, dient der Erholung. Mit dem Nachwuchs spaziert man vom Besucherzentrum parallel zur Bosbaan in südwestlicher Richtung am kleineren der beiden Kinderplanschbecken vorbei zum Grote Vijver mit Badestrand, Spielplätzen und Bootsvermietung. Zwischen den Teichen Grote Vijver und Kleine Vijver toben sich Kinder auf der Spielwiese (Grote Speelweide) aus. Richtung Süden geht das Kinderparadies mit dem zweiten Planschbecken und der Ziegenfarm Geitenboerderij Ridammerhoeve weiter. Hier kaufen Eltern Milch, Ziegenkäse, Fleisch und Eier in Bio-Qualität, während Kinder den Streichelzoo erkunden oder Zicklein füttern. Überquert man einen Arm des Kleine Vijver, kommt man an einer weiteren Spielwiese vorbei zur FKK-Wiese Zonneweide.

Schinkelbos

Der Weg zu den wirklich großen Tieren führt unter der A9 hindurch Richtung Süden: Im neuesten Teil Schinkelbos (1999) dämmen schottische Hochlandrinder als Rasenmäher den Waldwuchs ein. Ansonsten ist das Gelände sich selbst überlassen. Außer Wald prägen hier Feuchtwiesen, Gewässer und Schilf die Landschaft, in der die selte-

AUTORENTIPP!

COBRA-MUSEUM

Nur einen Katzensprung von Amsterdams grüner Lunge entfernt gibt es in der Nachbarstadt Amstelveen seit 1995 ein kleines, aber feines Museum: Das Cobra-Museum voor Moderne Kunst enthält eine Sammlung von Schlüsselwerken der gleichnamigen Künstlergruppe. Die Gruppe »CoBrA« gründeten Karel Christiaan Appel (1921–2006), Asger Jorn (1914–1973), Christian Dotremont (19221–1979) und weitere Künstler aus Kopenhagen, Brüssel und Amsterdam 1948 in Paris. Ihr Ideal war eine demokratische, spontane und ursprüngliche Kunst, inspiriert von Volkskunst, Kinderzeichnungen und fremden Kulturen. Es entstanden Gemeinschaftsarbeiten und Wort-Bild-Kombinationen, sogenannte »peinture-mots«. 1951 löste sich die Gruppe auf.

Cobra-Museum. Sandbergplein 1, 1181 ZX Amstelveen, Tel. 020/547 50 50, info@cobra-museum.nl, www.cobra museum.nl

Amsterdamse Bos lädt zu jeder Art von Sport ein.

Spazieren und Entspannen im Naherholungsgebiet

Ⓐ **Besucherzentrum** – Besucherzentrum mit Informationen auf Englisch und Niederländisch

Ⓑ **Kletterpark Fun Forest** – Im Kletterpark Fun Forest können sich Kinder in luftiger Höhen austoben.

Ⓒ **Freilufttheater Bostheater**– Das »Bostheater« bietet Open-Air-Aufführungen und Konzerte.

Ⓓ **Große Spielwiese** – Die Große Spielwiese (»Grote Speelweide«) ist die größte zusammenhängende Grünfläche zum Austoben.

Ⓔ **Ziegenfarm Geitenboerderijk Ridammerhoeve** – Auf der Ziegenfarm (»Geitenboerderij Ridammerhoeve«) gibt es einen Streichelzoo.

Ⓕ **Neuer Teil Schinkelbos** – Schottische Hochlandrinder grasen im neuen Teil namens »Schinkelbos«.

Ⓖ **Oeverlanden de Poel** – Naturbelassen und sumpfig sind die Ufer des Feuchtgebietes »Amstelveense Poel« (Oeverlanden de Poel).

Ⓗ Der See »Nieuwe Meer« ist älter als der Amsterdamse Bos.

Ⓘ **Oeverlanden Nieuwe Meer** – Auch die südlichen Ufer des »Nieuwe Meer« sind ein naturbelassenes Feuchtgebiet.

Ⓙ **Polder Meerzicht** – »Meerzicht« ist eine alte Polderlandschaft.

Ⓚ **Ruderbahn Bosbaan**

Ⓛ **Dachau-Monument**

Oben: Eine vielfältige Vogelwelt ist im Amsterdamse Bos zu Hause. **Unten:** Die Freiluftbühne bietet Theater und Musik für Alt und Jung.

nen Uferschnepfen und Kreuzkröten leben. Artgenossen der Schotten sind auch im älteren südlichen Teil des Amsterdamse Bos, unweit des Campingplatzes zu finden. Ein weiteres naturbelassenes Gebiet ist der Sumpf beim See Amstelveense Poel, ebenfalls im südlichen Teil.

Meerzicht

Will man einen kürzeren Weg zur Natur, geht man vom Besucherzentrum über die Koenenkade zum Nieuwe Meer, dessen sumpfiges südliches Ufer ein Vogelparadies ist. Der Polder Meerzicht daneben ist älter als der Amsterdamse Bos. Auch diese Kulturlandschaft enthält vielfältige Flora und Fauna. Hier machte Amsterdams Bürgertum im 19. und frühen 20. Jahrhundert Landpartien; Jacobus Pieter Thijsse, der geistige Vater des Parks, war hier mit der Botanisiertrommel unterwegs.

Kunst im Park

Kunst ist in dieser Kulturlandschaft allgegenwärtig. 116 Brücken überqueren die Kanäle. Typisch sind die 67 Brücken des Architekten Piet Kramer (1881–1961) in ihren charakteristischen Farben Weiß, Schwarz und Rot.

Im Freilufttheater Bostheater nahe des Grote Vijver veranstaltet eine engagierte Gruppe seit 1985 Konzerte und Theateraufführungen. Neben der Ziegenfarm schuf der Designer Adrian Fisher einen Irrgarten aus Hainbuchen. Auf der großen Spielwiese erinnert die Figur eines Arbeiters mit Karre an die Erbauer des Parks. Auch eine Skulptur des deutschen Bildhauers Ulrich Rückriem steht dort, eine weitere am Fuße des Aussichtshügels. Darüber hinaus inspiriert der Park regelmäßig Künstler zu temporären Kunstwerken.

Infos und Adressen

SEHENSWÜRDIGKEITEN

Geitenboerderij Ridammerhoeve. Ziegenfarm. 10–17 Uhr, Di geschl., Nov.–Mitte Feb. auch Mo. Nieuwe Meerlaan 4, 1182 DB Amstelveen. Tel. 020/645 50 34, www.geitenboerderij.nl

ESSEN UND TRINKEN

Chez Favié. Tapas und Sandwichs. De Duizendmeterweg 2, 1182 DC Amstelveen, Tel. 020/643 69 94, info@chezfavie.nl, www.chezfavie.nl

De Veranda. Tgl. ab 9 Uhr Sa/So ab 11 Uhr, Amstelveenseweg 764, 1081 JK Amsterdam, Tel. 020/644 58 14, info@deveranda.nl, www.deveranda.nl

Grand Café De Bosbaan. Blick auf die Ruderstrecke. Tgl. 10–22 Uhr, Küche 11–21 Uhr. Bosbaan 4, 1182 AG Amstelveen, Tel. 020/404 48 69, info@debosbaan.nl, www.debosbaan.nl

Pannenkoekenboerderij Meerzicht. Pfannkuchenrestaurant am Nieuwe Meer mit Spielplatz und Terrasse. Selbstbedienung, nur Barzahlung. 18. Feb.–30. Okt. 10–19 Uhr, sonst Fr–So 10–18 Uhr, Küche ab 11 Uhr. Koenenkade 56, 1081 KG Amsterdam, Tel. 020/679 27 44, www.boerderijmeerzicht.nl

Paviljoen Aquarius. Terrasse zum »Nieuwe Meer« Italienische, französische und asiatische Küche. Tgl. 11–23 Uhr, 12–17 Uhr Mittagessen, 17–22 Uhr Abendkarte. Anton Schleperspad 10, 1066 BV Amsterdam, www.paviljoenaquarius.nl

ÜBERNACHTEN

Camping Amsterdamse Bos. Auch Vermietung von Holzhäuschen. Kleine Noorddijk 1, Kleine Noorddijk 1, 1187 NZ Amstelveen, Tel. 020/641 68 68, info@campingamsterdam.com, www.campingamsterdamsebos.nl

AKTIVITÄTEN

Bostheater. Freilufttheater, Theater und Konzerte. De Duizendmeterweg 7, 1182 DC Amstelveen, Tel. 020/643 32 86, het@bostheater.nl, www.bostheater.nl

Ausgedehnte Wanderwege durchziehen den Park.

Fahrrad mieten. Fietsverhuur Het Amsterdamse Bos. 1. April–30. Sept. tgl. 10–18 Uhr, Bosbaanweg 1, 1182 DA Amstelveen, Tel. 020/644 54 73, E.Waaijer@xs4all.nl, www.amsterdamsebosfietsverhuur.nl

Kanus und Tretboote. Vermietung bei Kanoverhuur Het Amsterdamse Bos, Speelweide 5, 1182 AD Amstelveen, Tel. 020/645 78 31, info@kanoverhuur-adam.nl, www.kanoverhuur-adam.nl

Kletterpark Fun Forest. Ein kleiner Teil, der Speelbos, für Kinder von 5–7 J. gratis. Mi 12–18 Uhr, Sa/So 11–19 Uhr. Bosbaanweg 3, 1182 DA Amstelveen, www.funforest.nl

INFORMATION

Anfahrt. Bus 170, 172 ab Amsterdam Hauptbahnhof oder Bahnhof Haarlemmermeer, Bus 166 ab Bahnhof Amsterdam-Zuid

Wer es nostalgisch mag, kann ab Amsterdam, Bahnhof Haarlemmermeer (Amstelveenseweg 264, westlich des Vondelpark) die Museumstram nehmen. Auf dieser Linie fahren historische Straßenbahnwagen aus den Jahren 1904 bis 1960. Ostern–Okt. So 11–17 Uhr halbstündig. Haltestellen: Koenenkade, van Nijenrodeweg und Kalfjeslaan.

Besucherzentrum: Di–So 10–17 Uhr, Speelweide 5, 1182 DA Amstelveen, Tel. 020/545 61 00, bezoekerscentrum.dmo@amsterdam.nl, www.amsterdamsebos.nl

Parken. Am Besucherzentrum, weitere Parkplätze in der Nieuwe Kalfjeslaan, Bosbaanweg, Duizendmeterweg, Nieuwe Meerlaan.

48 Stelling van Amsterdam

Historischer Festungsring

Ein kleines Land mit großen Nachbarn muss wehrhaft sein. Die Hollandse Waterlinie und der Festungsring Stelling van Amsterdam rund um die Hauptstadt sollten die Niederlande schützen. Von der Stelling van Amsterdam, seit 1996 Weltkulturerbe, sind viele Forts erhalten. Dicke Mauern, düstere Kasematten, donnernde Kanonen und grüne Wälle machen sie reizvoll für Familienausflüge und Hobbyhistoriker.

Zur Verteidigung nutzten die Niederländer seit dem 17. Jahrhundert, was es im Überfluss gab: Wasser. Aus dieser Zeit stammt die Waterlinie, ein kompliziertes Schleusensystem, das ganze Landstriche flutete. Nach dem Deutsch-Französischen Krieg 1870/71 wuchs die Angst vor Invasionen und der Festungsring Stelling van Amsterdam kam dazu. Von 1880 bis 1920 baute man neue Forts oder verstärkte bestehende. Seit 1963 dienen Forts und Wälle als Naherholungsgebiete, Heimstätte für Museen sowie für private Zwecken.

Naarden – eine Stadt als Festung

Fast original als Festung erhalten ist das Zentrum des Städtchens Naarden südöstlich von Amsterdam. Aus der Festungsinsel im doppelten Wassergraben springen sternförmig sechs Bastionen. Im inneren Graben liegen Inseln. 1572 hatten die Spanier dort ein Gemetzel veranstaltet, danach baute man das Städtchen zur Festung um, die man nach der Invasion der Franzosen 1672 ab 1675 modernisierte. Seit 1955 sitzt das Vestingmuseum in den Kasematten, wo Schlafpritschen, Pulvermagazin und Kanonen vom Leben der Soldaten zeugen.

Oben: Muiden ist Wasserburg, Festung und Museum.
Unten: Viele Wälle erinnern an den ehemaligen Festungsring.

Ohne Museumsbesuch lässt sich die Anlage bei einem Spaziergang über die grünen Wälle erleben. Eine reizvolle Alternative ist die Rundfahrt in historischen Booten. Einen spektakulären Überblick bietet der Turm der spätgotischen Kirche Sint Vitus. Amsterdam war Zentrum der Stelling. Gut erreichbar sind die Festungsinsel Pampus, die »Leuchtturminsel« (Vuurtoreneiland) und das Wasserschloss Muiderslot.

Pampus, Muiderslot, Muizenfort

Auf Pampus gibt es seit 2011 das erste Besucherzentrum der Stelling van Amsterdam. Das Fort entstand zwischen 1885 und 1887, 1933 zog man die Truppen ab. Im Krieg plünderte man Holz und Metall, in den 1960er-Jahren kamen Studenten. Seit den 1980er-Jahren erhält eine Stiftung das verlassene Fort. Ruhe, Natur und der morbide Charme alter Gemäuer geben der Insel ihren Reiz. *Voor Pampus liggen* – »vor Pampus liegen« – die Redewendung erinnert an eine berüchtigte Sandbank und an Matrosen, die vor Pampus ihre Heuer versoffen.

Lebhafter geht es im Muiderslot in Muiden zu, das seine Wurzeln im 13. Jahrhundert hat und zwei bedeutende Bewohner beherbergte: Der Renaissancedichter Pieter Corneliszoon Hooft (1581–1647) war dort Truchsess. Spektakulär ist das brutale Ende des Erbauers Graf Floris V. (1254–1296): Von den eigenen Vasallen wurde der Machtpolitiker dort festgehalten und ermordet.

Das wehrhafte Schloss bietet Ritterrüstungen, Falknereivorführungen und Ausstellungen zur Kunst der niederländischen Blütezeit. Der Park ist ein typischer Zier- und Nutzgarten des 17. Jahrhunderts. Eine weitere Festungsanlage ist das Muizenfort (»Mäusefort«) im Zentrum von Muiden. Dieses Fort aus dem späten 19. Jahrhundert war eine Schnittstelle zwischen Stelling und Waterlinie.

Infos und Adressen

SEHENSWÜRDIGKEITEN

Muiderslot. Herengracht 1, 1398 AA Muiden, Tel. 029/42 562 62, www.muiderslot.nl
Turm Grote Kerk. Marktstraat 13, 1411 PB Naarden, Mai–Sept. Sa/So und Mi 14 und 15 Uhr Turmbegehung.
Vestingmuseum Naarden. Westwalstraat 6, 1411 PB Naarden, Tel. 035/694 54 59, info@vestingmuseum.nl, www.vestingmuseum.nl

ESSEN UND TRINKEN

Eetcafé Bastion Naarden. Ausflugsrestaurant. Turfpoortstraat 51, 1411 EH Naarden, Tel. 035/694 93 99, www.bastion-naarden.nl

AKTIVITÄTEN

Bootsfahrten. Von Naarden. Tgl. 13, 14, 15 und 16 Uhr, Sa/So und Feiertag auch 17 Uhr. Tel. 035/694 11 94, www.vestingvaart.nl

INFORMATION

Anfahrt Naarden. Mit dem Zug ab Amsterdam CS Richtung Amersfoort Vathorst bis Naarden-Bussum, dort umsteigen in Buslinie 110 oder 151.
Fähre. Anfahrt Pampus und Muiden. Fähre ab Ijburg Hafen, erreichbar mit der Tram 26 ab Hauptbahnhof, Haltestelle Pampuslaan. Pampus: Di–Fr 11 Uhr, Sa/So 11 und 13.30 Uhr (1. Mai–27. Okt.). Muiden: Di–Fr 11 Uhr, Sa/So 11 und 13.30 Uhr (1. Mai–27. Okt.). Preis für das Fährticket enthält den Eintritt. veerdienstamsterdam.nl
Touristeninformation Utrechtse Poort/Ruysdaelplein. Westwalstraat 6, 1411 PB Naarden, Tel. 035/69 426 73, contact@infonaarden.nl, www.infonaarden.nl

Windmühlen sind holländisches Industrieerbe.

49 Freilichtmuseum Zaanse Schans

Geschichte zum Anfassen

Mahlten Windmühlen nur Getreide? Wie begann die größte niederländische Supermarktkette Albert Heijn? Wo schlief Zar Peter I., als er den niederländischen Schiffbau studierte? Ein Tagesausflug zum Museumskomplex Zaanse Schans in Zaandam nordwestlich von Amsterdam zeigt die lange Handwerks- und Gewerbetradition der Region und bietet ein Stück Alltagsgeschichte zum Anfassen.

Windmühlen, Holzhäuschen und Wasser: Heute Postkartenidylle war der *Zaanstreek* nordwestlich von Amsterdam beim Städtchen Zaandam vom 17. bis zum 20. Jahrhundert ein Industriegebiet mit einer in Westeuropa einzigartigen Vielfalt. Dabei bot der Landstrich lange nur Torfstecherei. Die Blüte der nahen Hauptstadt, viel Wind und eine verbesserte Mühlentechnik ließen ab Ende des 16. Jahrhunderts Mühlen aller Art entstehen. Mit den Sägemühlen kam der Schiffsbau. Schmieden, Käsereien, Webereien, Böttcher und Tabakverarbeiter folgten.

Die Dampfmaschine beendete den Mühlenboom, aber die Zaandammer hüten stolz ihr Erbe. 13 von einst rund 1000 Industriemühlen an der Zaan sind erhalten. Sechs davon mahlen am Kalverringdijk: zwei Holzmühlen (De gekroonde Poelenburg, Het jonge Schaap), zwei Ölmühlen (De Bonte Hen, De Zoeker), eine Gewürzmühle (Specerijenmolen De Huisman) und eine Farbmühle. Die Verfmolen de Kat mahlt noch heute Pigmente von Ocker bis Titanweiß. Von der Ölmühle De Bonte Hen überquert man die Zaan mit der Fähre.

Zaans Museum

Über die Julianabrücke erreicht man das Herzstück, das moderne Zaans Museum. Es zeigt den Alltag der Region mit Möbeln, Gemälden, Werkzeugen und Maschinen. Neue Attraktion seit 2009 ist der bunte Anbau Verkadepaviljoen. Die Brot- und Zwiebackfabrik Verkade ist noch heute niederländische Mustermarke in puncto Gebäck und Süßwaren. Der Bau enthält die Firmensammlung mit echten Produktionsstraßen aus Verkadeschen Schokoladen- und Süßwarenfabriken.

1887 eröffnete ein gewisser Albert Heijn in Oostzaan einen Gemischtwarenladen. Die Wiege der Supermärkte mit dem weiß-blauen Logo stand in einem schlichten Holzhaus. Bald hatte der junge Geschäftsmann zehn Filialen, seit 1910 ist Albert Heijn Markenname, 1952 eröffnete der erste Supermarkt in Schiedam.

Honig-Breet-Huis

Das Leben der Unternehmerdynastien lernt man im Honig-Breethuis, 1770 bis 1892 das Zuhause der Fabrikantenfamilien Honig und Breet, kennen. Jacob Honig Janszoon Jr. (1816-1870) war Hobbyhistoriker und Sammler Zaanscher Altertümer. Seine Sammlung bildete den Grundstock für das 1940 eröffnete Museum.

Czaar Peterhuisje

Sorgfältig hütet Zaandam das Czaar Peterhuisje von 1632 im Zentrum. In dieser schlichten Holzhütte (heute mit Backsteinüberbau) lebte Peter I. von Russland während seiner Europareise 1697, als er modernen Schiffsbau lernte. Sein Inkognito hielt nur wenige Tage und er flüchtete vor den neugierigen Zaandammern in eine Amsterdamer Werft.

Infos und Adressen

SEHENSWÜRDIGKEITEN

Czaar-Peterhuisje. Krimp 23, 1506 AA Zaandam (Kontaktdaten siehe Zaans Museum).

Honig-Breet-Huis. Di–So 13–17 Uhr, 1. Okt.–1. April 13.30–16 Uhr, Lagedijk 80, 1544 BJ Zaandijk, Tel. 075/621 76 26, info@honigbreethuis.nl, www.honigbreethuis.nl

Verfmolen de Kat. Kalverringdijk 29, 1509 BT Zaandam, Tel. 075/621 04 77, www.verfmolendekat.com

Zaans Museum & Verkadepaviljoen. Mit Museumscafé. Tgl. 10–17 Uhr. Schansend 7, 1509 AW Zaandam, Tel. 075/681 00 00, www.zaanseschans.nl, www.zaanseschans-museum.nl, www.verkadepaviljoen.nl

ESSEN UND TRINKEN

De Kraai. Pfannkuchenrestaurant in ehemaliger Scheune. Kraaienpad 1, 1509 AX Zaandam, Tel. 075/615 64 03, info@dekraai.nl, www.dekraai.nl

ÜBERNACHTEN

Heerlijck Slaapen op de Zaanse Schans. Bed & Breakfast, regionaltypisch eingerichtet auf dem Museumsgelände. Kalverringdijk 21, 1509 BT Zaandam, reserveren@heerlijckslaapen.nl, www.heerlijckslaapen.nl

INFORMATION

Anfahrt. Ab Amsterdam Hauptbahnhof (CS) mit Bus 391, Haltestelle »Zaanse Schans« oder mit dem Zug Richtung Alkmaar, Haltestelle Koog-Zaandijk, übersetzen mit kostenloser Fußgängerfähre.

Oben: Mühlen bei Schermerhorn
Unten: Die grüne Idylle de Beemster entstand durch Trockenlegung.

50 Polder de Beemster

Landschaft am Reißbrett

Eine holländische Bilderbuchlandschaft: Im Polder de Beemster grasen Kühe und klappern Windmühlen, die Bauernhäuser haben das regionaltypische pyramidenförmige Dach (Stolpboerderijen), Straßen und Kanäle führen den Blick zum Horizont. Entstanden ist diese Landschaft zwischen Purmerend, Alkmaar und Edam aus dem Wasser, entworfen am Reißbrett. Besucher decken sich in Hofläden mit Käse und Obst ein, radeln zu alten Forts der Stelling van Amsterdam und genießen die grüne Weite.

Der Polder war ein Mammutprojekt, zu dem sich Amsterdamer Oligarchen um die Brüder Dirk und Hendrik van Oss zusammentaten: Nach mehreren Fluten war nördlich von Amsterdam de Beemster als riesiger Binnensee entstanden, der die Hauptstadt bedrohte. Der Ingenieur Jan Adriaanszoon Leeghwater (1575–1650) hatte zuvor kräftig mit seinem Haarlemmermeerboek für eine Trockenlegung geworben. Sie sollte Bau- und Ackerland hervorbringen, außerdem wollten reiche Kaufleute investieren. Nicht alle Einwohner waren begeistert, aber viel Verhandlungsgeschick brachte den Investoren 1607 die Genehmigung. Das Gelände bekam einen Ringdeich, dann pumpten 26, später 42 Mühlen das Wasser ab. Ein Sturm mit Deichbruch 1610 schreckte die Unternehmer nicht ab und 1612 war der Polder trocken.

Quadrat als Ideal

Jetzt ging es an die Gestaltung: Wege, Straßen, Dörfer und Bauernhöfe wurden angelegt nach den wiederentdeckten Idealen der Antike. Luftbilder zeigen noch heute die schachbrettartige Einteilung des Polders, denn das Quadrat stand für Ausgewogenheit. Der Entwerfer ist nicht sicher überliefert. Gerne wird auch das Idealmaß des Goldenen Schnitts zugrunde gelegt (zum Beispiel die Kreuzung im Dorf Middenbeemster). Die Patrizier, die Grundstücke kauften, ließen sich prächtige Landhäuser bauen, von denen nur noch wenige erhalten sind. Auch fünf Forts der Stelling van Amsterdam liegen in de Beemster, Fort Spijkerboor und Fort Benoorden Purmerend sind zugänglich.

Middenbeemster

Radelnd entdeckt man de Beemster am besten über den 42 Kilometer langen Ringdijk. Kern ist das Städtchen Middenbeemster, das einzige Dorf, das nach Plan gebaut wurde, alle anderen sind Zufallsgründungen. Im ehemaligen Pfarrhaus befindet sich heute das Mueum Betje Wolff, das an die Pfarrersgattin und Dichterin (1738–1804) erinnert. Nach dem Tod ihres Mannes 1777 lebte sie mit ihrer Freundin und Dichterkollegin Aagje Deken (1741–1804) zusammen. Ist man nicht literaturinteressiert, geben die Wohnräume einen Einblick in 300 Jahre Wohnkultur der Region.

Rijp und Graft

Am Westrand des Polders liegt de Rijp, in dessen Museum In' t Houten Huis (»Im Holzhaus«) Stücke zur Kulturgeschichte der Region vor dem Polderbau zu finden sind. Dazu gehören der Nachlass eines Reeders für Walfang- und Heringsfischerboote und Dokumente zum Genius Loci Leeghwater. Auch über die Konfession der Doopsgezinden, einer liberalen Richtung der Mennoniten, erfährt man einiges. Das Rathaus im Nachbarstädtchen Graft kündet mit seinen reich verzierten Renaissancegiebeln vom früheren Wohlstand des Städtchens.

Haus mit Stolpboerderijen

Infos und Adressen

SEHENSWÜRDIGKEITEN

Museum Betje Wolff. 1. Mai–1. Okt. Di–Fr 11–17 Uhr, Sa/So 14–17 Uhr, 1. Okt.–1. Mai So 14–17 Uhr. Middenweg 178, 1462 HL Middenbeemster, Tel. 0299/68 19 68.

Museum In 't Houten Huis. Tuingracht 13, 1483 AP De Rijp, Tel. 0299/67 12 86, www.houtenhuis.nl

ESSEN UND TRINKEN

Aagje Deken Restaurant. Marokkanische und französische Küche. Middenweg 191, 1462 HM Middenbeemster, Tel. 0299/47 51 79, www.aagjedeken.nl

't Beemster Pannenkoenen en Spijshuis. Pfannkuchenrestaurant in 200 Jahre altem Gebäude. Middenweg 177, 1462 HJ Middenbeemster, Tel. 0299/68 13 71, http://beemsterspijshuis.nl

INFORMATION

Infocenter Beemster. April–Okt. 10–16 Uhr, Okt.–April Fr/Sa/So 13–16 Uhr, Middenweg 185, Middenbeemster, Tel. 0299/62 18 26, infocenter@beemsterinfo.nl, www.beemsterinfo.nl

The

REISEINFOS

S.270/271: Große Buchstaben hinter dem Rijksmuseum: I amsterdam.
Oben: Gewaltige Kreuzfahrtschiffe legen am modernen Passagierterminal an.
Mitte: Ganz Sportliche reisen per Rad an.
Unten: Am Flughafen Schiphol

Anreise mit dem Auto

Amsterdam ist über das ausgebaute Autobahnnetz zwar gut erreichbar, doch in der Stadt macht das Autofahren wenig Freude. Vor allem in der Innenstadt sind Parkplätze knapp und sehr teuer. Am besten mietet man hier, wenn möglich, zusammen mit der Unterkunft auch einen Stellplatz. Eine echte Alternative sind die Park-&-Ride-Plätze, die rund um die Stadt nahe der Ringautobahn A 10 liegen. Für 24 Stunden Parkzeit bezahlt man nur acht Euro, die maximale Parkzeit beträgt allerdings 96 Stunden. Im Preis inbegriffen sind je eine Hin- und eine Rückfahrt für bis zu fünf Personen mit dem öffentlichen Nahverkehr (außer Nachtbusse). Bei der Einfahrt ins Parkhaus zieht man ein Ticket (dabei nicht mit Kreditkarte zahlen!), lässt dann im Parkhausbüro den Sondertarif aktivieren und bekommt die Fahrkarten. Bei der Rückkehr gibt man die Karten dort wieder ab und bezahlt. Park-&-Ride-Plätze gibt es unter anderem am Bahnhof Sloterdijk, in Bos en Lommer, am World Fashion Center, am Olympiastadion, unter dem Fußballstadion Arena und auf dem Zeeburgereiland.
Mehr Infos unter
www.parkerenindestad.nl/amsterdam

Anreise mit dem Flugzeug

Der Flughafen Schiphol liegt knapp 20 Kilometer vom Stadtzentrum entfernt, die Verkehrsanbindung per Bahn in die Stadt ist gut (alle 15 Minuten). Die Kosten für eine Taxifahrt in die Stadtmitte betragen je nach Ziel und Fahrtroute etwa 40 Euro.

Anreise mit der Bahn

Sehr bequem erreicht man Amsterdam mit der Bahn; vom Hauptbahnhof aus kommt man per Straßenbahn oder auch zu Fuß gut weiter.

Ausgehen

Tickets für viele Veranstaltungen und Konzerte, aber auch die I amsterdam Card (siehe dort) und die Museumkaart gibt es im Amsterdams Uit Bureau (AUB Ticketshop) im Gebäude der Stadsschouwburg am Leidseplein.

Drogen

Auch in Holland sind Drogen illegal; allerdings wird der Besitz kleiner Mengen Haschisch und Cannabis (bis fünf Gramm/Tag) für den Eigenverbrauch toleriert. Diese Mengen dürfen sogenannte Coffeeshops auch an Touristen verkaufen. Auf der Straße zu rauchen ist nicht erlaubt.

Einkaufen

Die meisten Geschäfte haben täglich geöffnet, viele auch sonntags. Am Donnerstagabend gelten oft längere Öffnungszeiten. Banken und Postämter sind in der Regel Montag bis Freitag von 9 bis 17 Uhr geöffnet. An der Kasse werden alle Beträge auf fünf Cent auf- oder abgerundet. In Holland ist es üblich, auch kleinere Beträge per EC-Karte und PIN zu bezahlen. Auch bei Kreditkartenzahlung muss man die PIN wissen. Viele Restaurants bevorzugen die bargeldlose Zahlung; manche bestehen sogar darauf. Kleinere Geschäfte und Cafés nehmen oft nur EC-, aber keine Kreditkarten an.

Einreise

Deutsche Staatsangehörige brauchen für die Einreise einen Reisepass oder Personalausweis. Kinder benötigen ein eigenes gültiges Ausweisdokument (ab 14 Jahren mit Passfoto). Kindereinträge im Pass eines Elternteils sind seit dem Sommer 2012 nicht mehr gültig (nähere Infos unter www.aus-

Oben: Eine wahre Augenweide ist dieses Käsegeschäft.
Mitte: Der Genuss weicher Drogen wird in Amsterdam geduldet.
Unten: In den Negen Straatjes ist der Schaufensterbummel ein Vergnügen.

Oben: In Amsterdam gibt es Parkplätze und sogar ein Parkhaus für Fahrräder.
Unten: Ein farbenfroher Umzug gehört zum alljährlichen Festival Gay Pride.

waertiges-amt.de). Für Haustiere ist ein EU-Heimtierausweis nötig, aus dem hervorgeht, dass das Tier gegen Tollwut geimpft ist (mehr dazu beim Landwirtschaftsministerium unter www.bmelv.de > Verbraucherschutz > Reisen & Verkehr > Reiseplanung mit Tieren).

Fahrräder leihen

Rund um den Bahnhof haben viele Fahrradverleiher eine Niederlassung. Bekannte Anbieter sind www.macbike.nl, www.yellowbike.nl, www.orange-bike.nl. Kinderräder und Tandems gibt es beispielsweise bei www.dutchbikeamsterdam.nl und www.rentabike.nl, letztere vermieten auch Roller und kindergeeignete Tandems. Dezente Räder ganz ohne Werbung findet man unter unter anderem bei www.bikecity.nl und www.starbikesrental.com.

Feste und Veranstaltungen

In Amsterdam ist immer etwas los. Viele Infos zu Lokalen und Veranstaltungen stehen im kostenlosen Veranstaltungskalender namens *Uitkrant*, der im Amsterdams Uit Bureau (AUB Ticketshop) am Leidseplein ausliegt, aber auch im monatlich erscheinenden englischsprachigen Magazin *Time Out*, das im Zeitschriftenhandel erhältlich ist. Aktuelle Tipps findet man im Internet beispielsweise unter www.amsterdamkalender.nl oder der englischsprachigen Seite www.timeout.com/amsterdam > Festivals & Events, eine Jahresübersicht unter www.iamsterdam.com > What to do > What's on > Monthly event guide

Hier eine Auswahl an Festen und Veranstaltungen:
Januar: Amsterdam Fashion Week (www.aifw.nl)
Februar: Chinesisches Neujahrsfest am Nieuwmarkt
März: 5 Days Off, Fest elektronischer Musik

(www.5daysoff.nl), diverse Filmfestivals
April: Am 27. April, dem Koningsdag, feiert die Stadt in Orange, mit Bootskorso, Livemusik und Straßenmärkten. Fällt der Geburtstag auf einen Sonntag, wird die Party um einen Tag verschoben (2014 auf den 26. April).
Mai: Am 4. Mai gedenkt Amsterdam der Opfer des Zweiten Weltkriegs; am 5. Mai: Fest zum Ende der deutschen Besatzung (www.amsterdamsbevrijdingsfestival.nl); Rollende Keuken Weekend: Freiluft-Restaurant im Park um die Westergasfabriek (www.rollendekeukens.nl)
Juni: Open-Air-Saison. Im Vondelpark: Theater unter freiem Himmel (www.openluchttheater.nl); Offene Gartentage (www.opentuinendagen.nl); Holland Festival: dreiwöchiges Opern-, Musik- und Tanzprogramm an diversen Spielstätten (www.hollandfestival.nl)
Juli: Am 1. Juli: Keti Koti Festival im Oosterpark, Fest zum Ende der Sklaverei in Surinam und den Niederländischen Antillen (www.ketikotiamsterdam.nl); Kwaku Festival im Bijlmerpark an vier Wochenenden (www.kwakufestival.nl); Julidans, zeitgenössischer Tanz (www.julidans.nl); Amsterdam Roots Festival: Weltmusik-Festival (www.amsterdamroots.nl); Over het Ij Festival: Theaterfestival (www.overhetIj.nl)
August: Amsterdam Gay Pride (www.amsterdamgaypride.nl); Grachtenfestival: klassische Musik (www.grachtenfestival.nl); am letzten Augustwochenende: Uitmarkt, ein riesiges Theater-, Tanz- und Musikspektakel mit über 450 Veranstaltungen (www.uitmarkt.nl); Sail Amsterdam alle fünf Jahre, das nächste Mal 2015 (http://sail.nl)
September: Tag des Offenen Denkmals (www.openmonumentendag.nl); Jordaanfestival (www.jordaanfestival.nl); Amsterdam Fringe Festival: Avantgarde-Theater

Oben: Eine Stadt in Feierlaune: Ende April beim Koninginnendag
Mitte: Fahrräder sind im Straßenbild allgegenwärtig.
Unten: Amsterdam ist seit Jahrhunderten ein Schmelztiegel der Kulturen.

Oben: Die Bloemgracht ist einer der schönsten Kanäle im Jordaanviertel.
Mitte: : Das Amsterdamer Tattoo-Museum musste leider schließen.
Unten: Am Rembrandtplein unterhalten Straßenkünstler ihr Publikum.

(www.amsterdamfringefestival.nl)
Oktober: Amsterdam Dance Event, ein fünftägiger Partymarathon mit elektronischer Musik (www.amsterdam-dance-event.nl)
November: Museumsnacht; Sinterklaas mit Bootskorso und anschließendem Ritt durch die Stadt (www.sintinamsterdam.nl); internationales Dokumentarfilm-Festival (www.idfa.nl)
Dezember: Amsterdam Light Festival (www.amsterdamlightfestival.com)

Fundbüro

In Amsterdam landen jährlich etwa 20 000 Fundstücke im städtischen Fundbüro, das hier Bureau Gevonden Voorwerpen heißt (Korte Leidsedwarsstraat 52, Mo–Fr 9–16 Uhr; telefonische Nachfragen Mo–Fr 12–16 Uhr, Tel. 020/251 02 22). Im Fundbüro der Verkehrsbetriebe lohnt sich eine telefonische Nachfrage erst am Nachmittag des darauffolgenden Werktages (Mo–Fr 14–18.30 Uhr, Tel. 0900 80 11); wird ein Schlüssel vermisst, kann man ab zwei Werktage nach dem Verlust im Servicecenter am Arlandaweg 100 vorstellig werden (Mo–Fr 9–8.30 Uhr). Für Fundsachen aus Zügen gibt es ein Fundbüro am Hauptbahnhof (Mo–Fr 8–20 Uhr, Tel. 0900 32121 00); Flugreisende wenden sich am Flughafen Schiphol an einen Infoschalter oder das Customer Contact Center (Tel. 0900 01 41, aus dem Ausland +31 207 94 08 00, www.schiphol.nl).

Geld

In den meisten Geschäften und Restaurants werden 200- und 500-Euro-Scheine nicht angenommen; auch mit 100-Euro-Noten kommt man nicht überall zurecht.

Gesundheit

Bei leichteren gesundheitlichen Problemen ist ein Hausarzt (*huisarts*) die erste Anlaufstelle. Bei schweren gesundheitlichen Problemen sind die Notaufnahmen der Krankenhäuser zuständig. Die Europäische Krankenversicherungskarte (EHIC) wird in den Niederlanden akzeptiert.

Grachtenrundfahrt

Vom Wasser aus gesehen ist die Stadt noch mal so schön. Viele Rundfahrtboote legen unweit des Hauptbahnhofs ab. Zum Sightseeing gut geeignet ist die Hop-on-hop-off-Tour mit dem Canal-Bus (www.canal.nl). Bekannte Rundfahrtanbieter sind zum Beispiel auch www.rederijkooij.nl, www.rederijplas.nl und www.lovers.nl. Die Blue Boat Company verfügt über mehrere Grachtenrundfahrtboote, die für Rollstuhlfahrer geeignet sind (bitte vorab anmelden, www.blueboat.nl).

I amsterdam Card

Wer sich in Amsterdam mehr als ein Museum anschauen möchte, sollte die I amsterdam Card in Erwägung ziehen. Die smarte Karte ist für 24, 48 oder 72 Stunden ab der ersten Nutzung zum Preis von 42, 52 oder 62 Euro (Stand 2013) erhältlich und eröffnet ihrem Besitzer freien Eintritt zu mehr als 50 Top-Attraktionen der Stadt. Außerdem berechtigt sie den Karteninhaber für diesen Zeitraum zur unbegrenzten Nutzung des öffentlichen Nahverkehrs (GVB) und beinhaltet eine kos-

Oben: Eine Grachtenrundfahrt lohnt sich.
Mitte: Kunstvolle Giebelsteine schmücken viele Fassaden.
Unten: Schön bunt: der Blumenmarkt am Singel

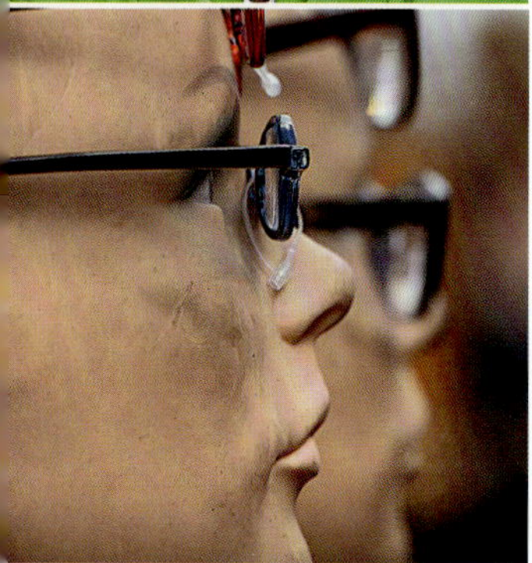

Oben: Große Auswahl: Hemden auf dem Wochenmarkt
Mitte: Auch modisch hat Amsterdam die Nase vorn.
Unten: Eine Auslage voller süßer Verlockungen

tenlose Grachtenrundfahrt sowie diverse Ermäßigungen. Nähere Infos unter www.iamsterdamcitycard.com

Internet

Viele nützliche Informationen über die Stadt, Sehenswürdigkeiten, Veranstaltungen, Restaurants und vieles mehr bietet das Amsterdam-Portal www.iamsterdam.com. Eine Fülle von Informationen, auch in deutscher Sprache, sowie einen Stadtplan in 21 handlichen Segmenten zum Ausdrucken und Mitnehmen gibt es auf der Seite www.amsterdam.info/print/map. Sucht man eine ganz bestimmte Adresse, ist der Online-Stadtplan unter www.atlas.amsterdam.nl sehr nützlich. Tipps für Alternativreisende gibt es unter www.simplyamsterdam.nl; an schwule und lesbische Besucher richtet sich die Seite www.gayamsterdam.nl mit Tipps zu Unterkünften, Restaurants, Ausgehadressen und einer interaktiven Karte.

Kleidung

Das Wetter ist eher kühl, mitunter regnerisch. Einen leichten Pulli oder eine Strickjacke, dazu Schirm oder Regenjacke sollte man auch im Sommer immer dabei haben. Wer die kleinste Metropole der Welt erwandern möchte, braucht bequemes, festes Schuhwerk.

Klima und Reisezeit

Ein Besuch in Amsterdam lohnt sich das ganze Jahr über. Die Hauptreisezeit istt von April bis September. Achtung, zum Koningsdag Ende April platzt die Stadt aus allen Nähten; wer dann in Amsterdam Urlaub machen möchte, muss sich frühzeitig um eine Unterkunft kümmern. Die

Niederlande haben ein gemäßigtes, feuchtes Seeklima, sodass das ganze Jahr über mit Niederschlägen zu rechnen ist. Selbst im Juli bringt Amsterdam es auf bis zu zehn Regentage. Die Winter sind eher mild und nass-kalt als frostig. Auch im Sommer wird es nicht sehr heiß; das Thermometer bleibt meist deutlich unterhalb der 30-Grad-Marke.

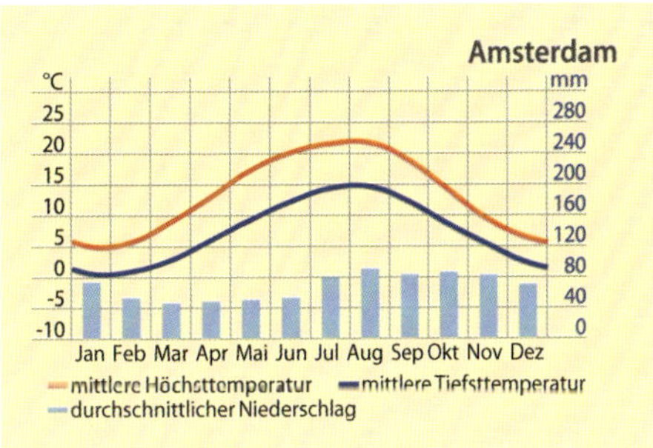

Kutschfahrten

Mal ganz romantisch per Pferdekutsche durch die Straßen rollen? Die Rundfahrten starten und enden täglich zwischen 11 und 18 Uhr am Dam, dem Platz vor dem Königlichen Palast. Infos unter www.karos.nl

Lokalkolorit

Tipps von Einheimischen findet man auf den Seiten www.likealocalguide.com/amsterdam und www.spottedbylocals.com/amsterdam. Wer einmal in einem Privathaushalt zu Gast sein möchte, kann auf der Seite www.dinewiththedutch.com ein *home dinner* buchen und wird dann zu Hause bekocht. Preiswerte Privatunterkünfte, oft mit »Familienanschluss«, findet man auf der Seite www.airbnb.de/s/amsterdam

Oben: Auch für Fahrradfahrer werden Umleitungen ausgeschildert.
Mitte: Was wann wo los ist, steht im Veranstaltungsmagazin Uitkrant.
Unten: Blick in die Küche eines chinesischen Restaurants

Oben: Nach wie vor sind Tulpen in Amsterdam sehr beliebt.
Mitte: Umweltfreundlich: Eine »Stromzapfsäule« für Elektroautos
Unten: Amsterdam hat auch eine U-Bahn, die hier Metro heißt.

Menschen mit Behinderungen

Kopfsteinpflaster, unebene Gehwege und extrem steile Treppen in vielen alten Grachtenhäusern sind die gravierendsten Hindernisse, mit denen Gehbehinderte und Rollstuhlfahrer in Amsterdam häufig rechnen müssen. Die U-Bahn ist gut zugänglich, die Straßenbahnen sind es nur bedingt. Die meisten Museen sind gut auf Menschen mit Behinderungen eingestellt. Auf der Internetseite www.toegankelijkamsterdam.nl findet man Informationen über die Erreichbarkeit und Zugänglichkeit von über dreißig Museen, aber auch Geschäften, Apotheken und Restaurants. Außerdem sind die Amsterdamer recht hilfsbereit und finden mitunter auch unkonventionelle Lösungen.

Notrufnummern

Die zentrale Notrufnummer für Polizei, Feuerwehr und Krankenwagen lautet 112. Außerhalb der Sprechstunden ist der hausärztliche Notdienst (Huisartsenposten Amsterdam) unter der Rufnummer 088 003 06 00 erreichbar (werktags 17–8 Uhr, Wochenende: von Fr 17 Uhr bis Mo 8 Uhr, Feiertage: 8 Uhr bis 8 Uhr am Folgetag). Bei Zahnschmerzen außerhalb der Praxisstunden hilft das Tandarts Bemiddelingsbureau unter 0900 821 22 30 weiter. Eine gestohlene EC-Karte sollte man umgehend unter 0049/1805 021 021 sperren lassen; für viele EC- und Kreditkarten gilt auch die zentrale Sperrnummer 0049/116 116 (Liste der teilnehmenden Institute unter www.sperr-notruf.de).

Öffentlicher Nahverkehr

Amsterdam verfügt über einen gut organisierten ÖPNV mit Bussen, U-Bahnen (Metro), Straßenbahnen (Tram), Fähren und Nachtbussen. Für alle Verkehrsmittel gelten die OV-Chipkarten, die bei jedem Ein- und Aussteigen an dem dafür vorgesehenen Gerät eingelesen werden müssen. Für Touristen ohne I amsterdam Card lohnen sich Tages- oder Mehrtageskarten, die bei den Verkehrsbetrieben GVB und den Tourist Offices erhältlich sind. Weitere Infos unter www.gvb.nl

Sprache

Viele Amsterdamer verstehen Deutsch; höflicherweise sollte man aber einige gängige Redewendungen beherrschen oder aber sein Glück zunächst auf Englisch versuchen.

Toiletten

Öffentliche Toiletten sind in Amsterdam recht dünn gesät. Am Rand der Grachten stehen hie und da Bedürfnisanstalten für Männer; die Damen müssen oft auf die Waschräume von Cafés oder Museen zurückgreifen. Hier wird meist eine Servicegebühr von 50 Cent verlangt.

Touristeninformation

Gleich gegenüber vom Hauptbahnhof, im Noord-Zuid Hollands Koffiehuis, ist das zentrale Touristen-Informationsbüro. Hier bekommt man Auskünfte, Pläne und Broschüren, kann Hotels und Ausflüge buchen, Museumskarten und die I amsterdam Card erwerben (Mo–Sa 9–18 Uhr, So 10–17 Uhr, Tel. 020/702 60 00, www.iamsterdam.com).

Weitere Geschäftsstellen befinden sich im Ticketshop am Leidseplein und in der Geschäftsstelle des Muziektheater am Waterlooplein.
Am Flughafen Schiphol hilft die Holland Tourist Information in der Ankunftshalle 2
weiter (Mo–So 10–17 Uhr).

Oben: Den Amsterdamern wird nachgesagt, dass sie sich's gern gutgehen lassen.
Unten: Das Busnetz ist flächendeckend und eng getaktet.

Infos und Adressen

BEWEGEN

Bad Buiten. Ein schwimmendes Schwimmbad! Das himmelblaue Becken des Bad Buiten hat an einem Kai an der Amstel festgemacht, gleich nebenan fahren die Schiffe vorbei. Juni–Sept., nur bei Temperaturen über 20 Grad ab 11 Uhr, Korte Ouderkerkerdijk 7, 1096 AC Amsterdam, www.badbuiten.nl

Ballorig Amsterdam Arena. Großer Indoorspielplatz mit Kletterwand, Trampolinen, Autoscooterbahn und separatem Kleinkindbereich. Eintritt für Eltern/Begleiter frei. Tgl. 10–19 Uhr, Arena Boulevard 240, 1101 DJ Amsterdam, Tel. 020/365 11 00, www.ballorig.nl/amsterdam-arena

Elefantennachwuchs im Tierpark Artis

Bounz. Hier kann der Nachwuchs große Sprünge machen: 32 miteinander verbundene Trampoline laden zum Hopsen ein. Reservieren ratsam, Di–Fr 13–19 Uhr, Sa, So und Feiertag 11–18 Uhr, Willinklaan 3–5, 1067 SL Amsterdam, Tel. 020/611 44 81, amsterdam@bounz.nl, www.bounz.eu

Canal Bike. Eimal mit dem Tretboot über die Grachten schippern? An vier Anlegestellen (Leidseplein, Rijksmuseum, Westerkerk, Keizersgracht/Leidsestraat) kann man die Vehikel mieten. Im Sommer tgl. 10–18 Uhr. www.canal.nl/de/canal-bike

Natuurspeeltuin Het Woeste Westen. Der Wilde Westen im Westerpark ist ein Naturspielplatz zum Buddeln, Klettern, Matschen für Kinder bis 13 Jahren. Spielplatzaufsicht anwesend, Kiosk/Toilette geöffnet: Mo, Di, Do, Fr 13–18 Uhr, Mi, Sa, So 11–18 Uhr, Overbrakerpad 3, 1014 AZ Amsterdam, info@woestewesten.nl, www.woestewesten.nl

Speeltuin Amstelpark. Großer Spielplatz, auch kostenpflichtige Attraktionen wie Karussells, eine Mini-Autostrecke und Sandbagger. Durch den Park fährt eine kleine Bahn, außerdem gibt es einen Minigolfplatz und einen Kinderbauernhof. Fahrgeschäfte: Okt.–März Sa–So 10–17 Uhr, April–Aug. tgl. 10–18 Uhr, Sept. Mi, Fr–So 10–18 Uhr, Amstelpark 18, 1083 HZ Amsterdam, Tel. 020/644 17 44, info@speeltuin-amstelpark.nl, www.speeltuin-amstelpark.nl

TunFun. Mitten in der Stadt ist dieser Indoorspielplatz in einer ehemaligen Unterführung untergebracht. Tgl. 10–18 Uhr (Kasse bis 17 Uhr), Mr. Visserplein 7, 1011 RD Amsterdam, Tel. 020/689 43 00, info@tunfun.nl, www.tunfun.nl

EINKAUFEN

Joe's Vliegerwinkel. Nicht nur im Herbst eine gute Adresse. Vom einfachen Kinder- bis zum rasanten Lenkdrachen gibt es hier Luftvögel aller Art. Di–Fr 12–18 Uhr, Sa 12–17 Uhr, Mo geschl., Nieuwe Hoogstraat 19, 1011 HD Amsterdam, Tel. 020/625 01 39, www.joesvliegerwinkel.nl

papabubble. Mitten im Laden werden hier leckerbunte Bonbons und riesige Lollis gemacht. Mo, Mi–Fr 13–18 Uhr, Sa 10–18 Uhr, Di und So geschl., Haarlemmerdijk 70, 1013 JE Amsterdam, Tel 020/626 26 62, www.papabubble.nl

ESSEN UND TRINKEN

Flinders Café Amsterdam. Familienfreundliches Café mit eigenen Kinderspeisekarte, preiswerten Menüs für Minis und einer netten Mal- und Spielecke. An der Theke bekommt man Milchpulver fürs Fläschchen und Windeln. Mo–Di 10.30–20 Uhr, Mi–So 10.30–23 Uhr,

Frederik Hendrikplantsoen 36, 1052 XS Amsterdam, Tel. 020/223 15 83, www.flinderscafe.nl

MUSEEN

Viele Museen haben eigene Kinderabteilungen oder -angebote, etwa Het Kleine Weeshuis (»Das kleine Waisenhaus«) im Amsterdam Museum (s. S. 52), die Kindermuseen im Joods Historisch Museum (s. S. 198) und im Tropenmuseum (s. S. 210), aber auch die Kunstmuseen rund um den Museumplein. Toll für Kinder sind auch das Wissenschaftsmuseum Nemo (s. S. 226) und das Schifffahrtsmuseum.

SPASS UND STAUNEN

Glowgolf Amsterdam. Minigolfanlage mit Schwarzlicht und 3D-Effekten, im Untergeschoß des »Grand Café Noah's Arq«. Tgl. 10–22 Uhr (Reservierung ratsam), Prins Hendrikkade 194, 1011 TD Amsterdam, Tel. 020/737 18 09, amsterdam@glowgolf.nl, www.glowgolf.nl

Pannenkoekenboat. Während der zweieinhalbstündigen Familie Cruise auf dem Ij kann man sich an Pfannkuchen sattessen. Fahrtzeiten: Sa, So 13.30 Uhr, während der Ferien auch Do, Fr, Ms. van Riemsdijkweg, 1033 RC Amsterdam, Tel. 020/636 88 17, www.pannenkoekenboot.nl

THEATER

Amsterdams Marionetten Theater. Hier kommen Opern und Musiktheaterstücke auf die Marionettenbühne – ein besonderes Erlebnis, auch ohne Sprachkenntnisse. Nieuwe Jonkerstraat 8, 1011 CM Amsterdam, Tel. 020/620 80 27, info@marionettentheater.nl, www.marionettentheater.nl

ÜBERNACHTEN

Camping Zeeburg. Dicht an dicht stehen viele kleine, kunterbunte Wohnwagen (*Wagonette*) auf diesem Campingplatz, ausgestattet mit Etagenbetten, Tisch und Stühlen – eine Unterkunft, die vor allem Kindern Spaß macht. Zuider Ijdijk 20, 1095 KN Amsterdam, Tel. 020/694 44 30, info@campingzeeburg.nl, www.campingzeeburg.nl

Im Wissenschaftmuseum NEMO: Spaß für die ganze Familie

Kleiner Sprachführer

ALLGEMEIN

Guten Morgen! Goedemorgen!
Guten Tag! Goedendag! oder kurz: Dag!
Guten Abend! Goedenavond!
Auf Wiedersehen! Tot ziens!
Wie geht's? Hoe gaat het?
Danke, gut! Goed, dank u wel.
Entschuldigung! Pardon!
bitte (Könnten Sie bitte...?) alstublieft (Kunt u alstublieft...?)
Bitte! (Gern geschehen!) Graag gedaan!
Danke!/ Vielen Dank! Bedankt!/Dank u wel!
Ja Ja
Nein Nee
Wie bitte? Hoe bedoelt u?
Könnten Sie bitte langsamer sprechen? Kunt u langzamer praten, alstublieft?
Ich kann Sie nicht verstehen. Ich spreche kein Niederländisch. Ik kan u niet verstaan. Ik spreek geen Nederlands.
Sprechen Sie Deutsch/Englisch? Spreekt u Duits/Engels?
Können Sie das bitte aufschreiben? Kunt u dat misschien opschrijven?
Was...? Wat...?
Wo...? Waar...?
Wann...? Wanneer...?
Wie...? Hoe...?
Warum...? Waarom...?

UNTERWEGS

Wie komme ich nach/zu...? Hoe kom ik naar/bij...?
Wo ist...?/Wo gibt es hier...? Waar is...?/Waar is hier...?
Kennen Sie ein gutes Restaurant? Weet u een goed restaurant?
links/rechts links/rechts
geradeaus rechtdoor
Eingang Ingang/Entree
Ausgang Uitgang
Bahnhof Station
Postamt Postkantoor
Tankstelle Tankstation, pompstation
Rathaus stadhuis
Kirche kerk
Platz plein
Straße straat
geöffnet open
geschlossen gesloten
Stadtplan plattegrond

ESSEN UND TRINKEN

Haben Sie einen Tisch für vier Personen? Is er een tafel voor vier personen?
Reservieren Sie uns bitte einen Tisch für vier Personen für heute abend. Wilt u voor vanavond een tafel voor vier personen reserveren?
Ich habe reserviert. Ik heb gereserveerd.
Ich bin Vegetarier. Ik ben vegetariër.
Ich bin allergisch gegen... Ist da ... drin? Ik ben allergisch voor.... Bevat dit...?
Ich hätte gerne... Ik had graag...
Ich möchte zahlen, bitte!/Die Rechnung, bitte! Ik wil graag betalen!/De rekening, alstublieft!
Frühstück ontbijt
Mittagessen lunch
Abendessen dinner
Speisekarte/Weinkarte de kaart/wijnkaart
Salz/Pfeffer/Senf/Essig zout/peper/mosterd/azijn
Nachtisch toetje
eine Tasse Kaffee een kopje koffie
Apfelkuchen mit Schlagsahne appelgebak met slagroom

Kuchen/Torte/Eis koek/taart/ijs
Milch melk
Bier biertje/pilsje
Mineralwasser mineraalwater
Suppe soep
Fleisch (Rind, Kalb, Schwein, Lamm, Huhn, Pute, Kaninchen, Schinken) vlees (rund, kalf, varken, lam, kip, kalkoen, konijntje, ham)
Beefsteak/Frikadelle biefstuk/bal gehakt
Kartoffeln aardappels
Pommes frites patates frites, friet
Reis rijst
Nudeln... pasta
Gemischter Salat gemengde sla
Fisch (Hering, Scholle, Hecht, Lachs, Seezunge, Aal, Makrele, Forelle) vis (haring, schol, snoek, zalm, zeetong, paling, makreel, forel)
Muscheln mosselen
Gemüse groenten
Spargel asperges
Erbsen erwten
Möhren/Karotten wortels
Chicoree witlof
Lauch Prei
Grünkohl boerenkool
Zwiebeln uien

ÜBERNACHTEN

Sind noch Zimmer frei? Zijn er nog kamers vrij/beschikbaar?
Wie viel kostet das Zimmer pro Nacht? Hoeveel kost de kamer per nacht?
Ich möchte... Nächte bleiben. Ik wil voor... nachten blijven.
Wo kann ich mein Auto abstellen? Waar kan ik mijn auto parkeren?
Einzel-/Doppelzimmer eenpersoons-/tweepersoonskamer
Zimmer mit Bad/Dusche kamer met bad/douche

EINKAUFEN

Haben Sie...? Heeft u...?
Ich schaue mich nur um, danke. Ik kijk alleen maar even, dank u.
Ich würde das gern anprobieren. Ik wil het graag even passen.
Ich möchte es kaufen. Ik wil het graag kopen.
Wieviel kostet das? Hoe duur is dat?/Hoeveel kost dat?
Kleidergröße maat

ZAHLEN

0-10 nul, een, twee, drie, vier, vijf, zes, zeven, acht, negen, tien
11-20 elf, twaalf, dertien, veertien, vijftien, zestien, zeventien, achttien, negentien, twintig
30 dertig
40 veertig
50 vijftig
60 zestig
70 zeventig
80 tachtig
90 negentig
100 honderd
1000 duizend

WOCHENTAGE

Montag maandag
Dienstag dinsdag
Mittwoch woensdag
Donnerstag donderdag
Freitag vrijdag
Samstag zaterdag
Sonntag zondag
Feiertag vakantiedag

Produktmanagement: Claudia Hohdorf, Ulrich Jahn
Lektorat: Stephanie Lofing, Lektorat Lofing, Berlin
Korrektorat: Helga Würtz, STUBE text&design, Berlin
Layout: Géraldine Barette, Barette Design, Berlin
Umschlaggestaltung: Fuchs-Design, Sabine Fuchs, München
Repro: Repro Ludwig, Zell am See
Kartografie: Kartographie Huber, Heike Block, München
Herstellung: Bettina Schippel
Printed in Slovenia by Korotan, Ljubljana

Textautorin für das Kapitel »Ausflüge und Umgebung« ist **Annette von Czarnowski**, Jg. 1965. Sie studierte Kunstgeschichte, Geschichte und Germanistik in Bochum und lernte Amsterdam bei einem Auslandssemester kennen und lieben. Auch heute entdeckt sie immer noch gerne neue Seiten an der Hauptstadt. Nach beruflichen Stationen als Museumsmitarbeiterin lebt sie als freie Journalistin in Köln.

Alle Angaben dieses Werkes wurden von den Autorinnen sorgfältig recherchiert und auf den aktuellen Stand gebracht sowie vom Verlag geprüft. Für die Richtigkeit der Angaben kann jedoch keine Haftung übernommen werden. Für Hinweise und Anregungen sind wir jederzeit dankbar. Bitte richten Sie diese an:
Bruckmann Verlag, Postfach 40 02 09, 80702 München
E-Mail: lektorat@verlagshaus.de

Bildnachweis:
Alle Bilder des Innenteils und des Umschlags stammen von Hans Zaglitsch, EB Deventer, außer:

Cassander Eeftinck Schattenkerk, S. 221; Jannes Linders, Rotterdam, S. 152 o.; Ronald Hoeben, S. 207; Anne Frank Museum, S. 78 o., 78 u., 80 o., 80 u.; Arthur de Smidt, S. 235 o.; Floating Dutchman, Pressefoto, S. 31; Hotel JL, Museumskwartier, S. 151 u.; Mira May/Rijksmuseum, Amsterdam, S. 151 o.; Pedro Pegenaute/Rijksmuseum Amsterdam, S. 150; Rijksmuseum Amsterdam 152 u., 154 o., 154 u., 155 u., 156 u.; Shutterstock/Elzbieta Sekowska, S. 25 M.; Shutterstock/r.martens S. 24 M.; Wikimdia/Jorge Royan, S. 86 u.

Umschlag:
Vorderseite:
Oben: Tulpen (Shutterstock/Aleksander Karpenko)
Mitte links: Umzug am Königinnentag (picture-alliance/dpa)
Mitte rechts: Fahrrad an einer Gracht (Shutterstock/Vitaly Titov & Maria Sidelnikova)
Unten: Der Groenburgwal in Amsterdam (Bildagentur Huber / Kremer Susanne)

Rückseite:
Links: Volkssänger Johnny Jordaan wird »gekrönt«.
Rechts: Gute erhaltene Giebel am Rokin

Die Deutsche Nationalbibliothek verzeichnet diese Publikation in der Deutschen Nationalbibliografie; detaillierte bibliografische Daten sind im Internet über http://dnb.d-nb.de abrufbar.

ISBN 978-3-7654-6073-9